HISTOIRE
AMOUREUSE
DES GAULES

Paris. — Imprimé par CHARLES JOUAUST, 338, rue S.-Honoré,
avec les caractères elzeviriens de P. JANNET.

HISTOIRE
AMOUREUSE
DES GAULES
PAR BUSSY RABUTIN
revue et annotée
PAR M. PAUL BOITEAU
Suivie des Romans historico-satiriques du XVIIᵉ siècle
recueillis et annotés
PAR M. Ch.-L. LIVET

Tome III

A PARIS
Chez P. Jannet, Libraire

MDCCCLVIII

PRÉFACE.

e troisième volume complète la publication des libelles contenus dans les anciennes éditions, en quatre ou en cinq volumes, de l'*Histoire amoureuse des Gaules* [1].

En dehors de ce Recueil, il est encore quelques pièces du même genre et du même intérêt historique, qui ont été jusqu'ici publiées isolément : nous les réunirons à cette collection dans une quatrième et dernière partie, à laquelle nous joindrons un travail d'ensemble et une table alphabétique des noms propres.

---

1. Une pièce nouvelle, inédite jusqu'ici, a même été publiée dans le volume précédent : l'*Histoire des amours de Louis XIV et de Marie Mancini*.

Nous espérons ainsi rendre à ces documents leur véritable caractère. Le public contemporain de ces ouvrages les a lus avec cette sorte de plaisir que la malignité attache toujours aux médisances ; mais ce seroit aujourd'hui un singulier anachronisme que de feuilleter comme des romans des récits où l'historien seul, par ses vivifiantes études, peut chercher l'intérêt qu'on y trouvoit au temps où ils parurent. Aux noms propres qui figurent à la fois ici et dans les Saint-Simon ou les Dangeau, qu'on substitue des noms vulgaires, et ni l'homme d'études n'en commencera la lecture, ni le public léger ne l'achèvera, s'il l'entreprend trompé par une réputation usurpée.

Voilà pourquoi, dans ce volume comme dans le précédent, nous nous sommes si scrupuleusement attaché à distinguer le scandale de l'histoire : nous sommes donc toujours resté dans le système d'annotations que nous avions déjà suivi. En un mot, nous avons évité le travail facile d'un commentaire plus piquant et plus léger que nous offroient tout fait les *sottisiers* contemporains, le *Recueil de Maurepas*, et tant d'autres ; c'est dans les ouvrages réputés plus sérieux et dans des sources justement accréditées que nous avons cherché le contrôle sévère des allégations produites.

Ch.-L. L.

LE PASSE-TEMPS

ROYAL

OU

LES AMOURS DE Mlle DE FONTANGES.

LE PASSE-TEMPS

ROYAL

OU

LES AMOURS DE Mlle DE FONTANGES.

Si l'emploi des armes est glorieux, il faut avouer que les périls en sont grands, et qu'il est pardonnable à un héros de chercher son repos dans les plaisirs après avoir exposé sa vie dans les dangers. Ne soyons donc point surpris de voir un Alexandre faire un même sacrifice à Mars et à l'Amour, et ne blâmons point un Hercule de ce que, se partageant également entre ces deux Divinités, il n'a point trouvé de plus doux délassements dans ses travaux qu'entre les bras du beau sexe. Si cette passion amoureuse a été le caractère de ces Demi-Dieux, elle le doit être de ceux que la nature a formés sur leur modèle; et, comme il n'y en a point qui nous en représente une copie plus parfaite que notre monarque, nous ne devons pas nous étonner de voir qu'il a leur penchant et leur inclination.

Avant que de parler de la personne qui fait à présent[1] ses plaisirs, il est bon d'apprendre comment la place qu'elle occupe est devenue vacante, et par quel accident le sceptre royal a changé de mains. Il faut donc savoir que, madame de M. T. P.[2], que nous appellerons dans la suite Astérie, étant une des plus belles et des plus spirituelles du sexe, il ne faut pas être surpris si elle a fait pendant un si long temps l'unique attachement de son prince. En effet, on peut dire qu'elle doit encore plus à son esprit qu'à sa beauté le degré d'élévation où elle s'est vue ; elle l'a d'une trempe telle qu'il le faut pour la Cour, et elle sait feindre et dissimuler ; et les grandes correspondances qu'elle a toujours eues, et qu'elle entretient encore à présent avec les personnes les plus spirituelles des autres royaumes, en sont des preuves trop évidentes pour être contredites.

C'est avec ce génie merveilleux qu'elle s'est rendue la maîtresse du Roi et qu'elle a si bien su en ménager l'amour, qu'elle l'a possédé sans partage et a donné l'exclusive à celle qui avoit ses premières inclinations. Elle ne s'est donc pas plus tôt vue dans ce haut rang de gloire, qu'elle

---

1. Ce mot « à présent » montre assez que ce récit a été écrit avant la mort de mademoiselle de Fontanges. Comment donc expliquer la négligence des éditeurs modernes ? Supprimant le passage par lequel se termine l'édition primitive, et qui s'accorde avec ce début, ils y ont substitué un extrait de *la France galante* où est racontée la mort de la favorite.
2. Madame de Montespan.

s'est servie de toutes sortes d'artifices pour s'y maintenir ; elle a tout mis en usage, et sans doute elle y auroit réussi si la discorde, qui se mêle presque de toutes choses, n'avoit point troublé, par une aventure que vous apprendrez, une si parfaite intelligence.

Bien qu'Astérie se fût étudiée, pendant sa fortune, à ne se faire aucuns ennemis qui pussent lui nuire, quelques paroles néanmoins qu'elle ne souffrit pas comme elle devoit lui en firent naître de très considérables et du premier rang : elle connut bien les mauvaises conséquences de quelques traits de médisance dont elle avoit fait le rapport au Roi, comme pour lui en demander justice ; elle eût bien voulu n'avoir pas été si sensible, mais il n'étoit plus temps : le mal devint sans remède, parce que la punition suivit de si près le crime prétendu, qu'elle se vit hors d'état d'y apporter aucun soulagement. Comme ses ennemis ne pouvoient pas lui nuire davantage qu'en tâchant de la mettre mal avec le Roi, ils firent leur possible de le persuader qu'il y avoit une extrême différence entre l'amour excessif qu'il avoit pour cette créature et le peu de retour qu'elle faisoit paroître dans l'occasion. Cette corde étoit bien délicate à toucher ; mais, outre que les personnes qui la manioient avoient l'oreille du Prince, ils s'y prenoient si adroitement que leur dessein ne pouvoit être découvert, ni leur ruse aucunement soupçonnée. Pour faire mieux réussir leur entreprise, elles représentèrent au Roi le peu de déférence qu'Astérie avoit eue en telle et telle rencontre, et ils sembloient faire leur rapport avec tant de désintéressement, que le Roi, tout éclairé qu'il est, eut bien de la peine à ne se pas laisser emporter à ce torrent qui tâchoit de l'entraîner après soi.

Toutes ces paroles n'ayant fait qu'une légère impression sur son esprit, on crut qu'il étoit nécessaire, pour le persuader, de lui faire voir quelque chose de réel qui le désabusât de l'estime qu'il avoit conçue pour Astérie. La mauvaise foi d'une suivante leur en fit naître le moyen. Cette fille, qui étoit de leur cabale, leur mit un billet d'Astérie entre les mains; mais, comme ils ne pouvoient pas en faire un usage conforme à leur inclination s'ils l'avoient laissé dans sa pureté, ils le falsifièrent, et eurent tant de bonheur dans leur mauvais dessein que l'addition de peu de mots causa un équivoque fort désavantageux pour celle qui n'y avoit jamais pensé. Le billet fut donné au Roi comme une chose trouvée par hasard; il il en fit la lecture, et ne put connoître la différence de l'écriture, tant elle étoit bien contrefaite; le véritable sens de l'équivoque lui frappa d'abord les yeux, et l'étonnement qu'il lui causa ne lui permit pas de tarder plus longtemps sans en recevoir l'éclaircissement. Il alla donc aussitôt à l'appartement d'Astérie; il la trouva dans son cabinet, faisant la lecture d'un nouveau roman. « Eh quoi! madame, lui dit-il avec un air un peu méprisant, vous arrêtez-vous encore à ces bagatelles? — Il est vrai, reprit-elle, que, dans le fond, il n'y a rien de solide; et j'avoue que ce ne sont que les songes et les visions des autres qui nous donnent de la joie ou nous causent de la tristesse; néanmoins, je suis encore assez foible pour m'y laisser séduire, et je n'ai pu voir l'infidélité d'une amante dont il parle, sans donner des larmes aux déplaisirs de son berger. — Je m'étonne, dit le Roi, comme une chose si ordinaire vous a émue, puisqu'il n'est rien de plus commun que l'inconstance du sexe. » Il continua l'entretien sur ce sujet, et le poussa si loin qu'Astérie, qui ne savoit point où cela tendoit, lui dit : « Hélas ! Sire, ce n'est pas une personne faite comme vous qui doive rien craindre, quand même elle auroit affaire à la plus volage de nous autres, et ceux dont le mérite particulier est aussi éclatant que le vôtre sont au-dessus de tous soupçons. — Jusqu'à présent, reprit le Roi, je m'en étois flatté ; mais souvent on s'abuse, et ceux qui ne jugent que des apparences sont fort sujets à être trompés. » Ces sortes d'expressions dont le Roi se servoit causèrent un embarras à Astérie qui ne se peut exprimer : elle n'étoit coupable que dans le stratagème de ses ennemis, et, ne pouvant rien se reprocher dans le particulier, elle ne répondit à ces paroles que par des marques d'une tendresse extraordinaire ; elle mit en usage tout ce que l'amour le plus passionné lui put inspirer, et les larmes qui accompagnèrent tous ses transports touchèrent le cœur de cet amant irrité. Le Roi est bon et sensible autant qu'il se peut aux déplaisirs de ce qu'il aime ; c'est pourquoi il ne put se résoudre à prendre l'éclaircissement qu'il souhaitoit : ce qu'il voyoit le persuadoit du contraire ; il se contenta de glisser adroitement le billet dans la poche d'Astérie, puis il se retira.

A peine le Roi fut-il sorti qu'Astérie tirant son mouchoir pour essuyer les larmes que l'amour lui avoit fait répandre, elle vit tomber à ses pieds la lettre funeste qui étoit la cause de sa peine sans qu'elle le sût; elle la ramasse, elle l'ouvre, elle la lit, et y aperçoit aussitôt l'artifice de ses ennemis. Comme il lui étoit de la dernière importance de défaire au plus tôt le Roi de ses premières impressions, elle l'alla aussitôt trouver, lui fit connoître l'addition de quelques paroles, et lui fit avouer que c'étoit là ce qui avoit donné sujet à l'entretien précédent. Il la consola et lui promit de n'avoir dorénavant aucun égard à tous les rapports qu'on pourroit lui faire; que jamais on n'effaceroit de son âme, par des craintes ridicules et mal fondées, l'affection qu'il lui avoit jurée, et qu'elle pouvoit entièrement se reposer de cela sur sa parole. — « Ah! Sire, lui dit-elle en pleurant, si Votre Majesté souffre que la médisance aille si proche du trône, il est à craindre qu'elle n'épargne pas même dans la suite votre personne, quoique sacrée, et qu'elle ne viole ce qu'il y aura de plus saint. — Vivez en repos, dit le Roi, j'y mettrai ordre. »

On eut bien de la peine à découvrir qui étoit l'auteur de la tragédie; la lettre étoit venue entre les mains du Roi par une personne hors de soupçon, et qui, en effet, n'étoit point coupable. Les sentimens étoient entièrement divisés : les uns attribuoient ce coup à La Vallière[1], disant qu'au milieu de son cloître elle ne

---

1. Voici un passage de madame de Sévigné qui est bien de nature à détruire ce soupçon : « La Reine a été deux fois aux Carmélites avec *Quanto* (madame de Montespan). Cette dernière causa fort avec sœur Louise de la Miséricorde; elle lui demanda si tout de bon elle étoit aussi aise qu'on le disoit. — « Non, répondit-elle; je ne suis point aise, mais je

laissoit pas d'être sensible, et que, comme elle avoit toujours éperdument aimé le Roi, la jalousie avoit pu lui suggérer ce dessein ; d'autres, plus avisés, rejetoient toute l'intrigue sur une des dames de la Reine, qui, étant la confidente de sa maîtresse, avoit cru sans doute lui rendre un bon service que de procurer, par cet artifice, l'éloignement de sa rivale. Quoi qu'il en soit, le Roi, apparemment, en jugea mieux que tous les autres en disant que Lauzun avoit part dans cette affaire ; non pas qu'il crût qu'en effet ce fût lui, cela étoit moralement impossible, puisqu'il étoit déjà prisonnier, mais il donnoit à connoître qu'il croyoit que les personnes qui se sont toujours intéressées pour lui y avoient trempé. Tout le monde ne comprit pas la conséquence de ces paroles ; mais ceux qui savoient que la disgrâce du comte n'étoit venue que pour avoir mal parlé d'Astérie la conçurent aussitôt [1].

Il sembloit qu'après les protestations qui suivirent l'éclaircissement de nos amans, jamais on ne devoit plus parler de changement ; mais la suite des temps nous a bien fait connoître qu'il n'y a rien d'assuré dans ce monde, et qu'à la Cour les places les plus hautes y sont toujours les plus glissantes. L'indifférence a insensiblement succédé à l'amour, et cette passion, qui étoit si

---

suis contente. » *Quanto* lui parla fort du frère de Monsieur, et si elle vouloit lui mander quelque chose, et ce qu'elle diroit pour elle. L'autre, d'un ton et d'un air tout aimables, et peut-être piquée de ce style : « Tout ce que vous voudrez, Madame, tout ce que vous voudrez. » Mettez dans tout cela toute la grâce, tout l'esprit et toute la modestie que vous pourrez imaginer. » (*Lettre* du 29 avril 1676.)

1. Voyez t. II, p. 390 et suivantes.

grande dans le Roi à l'égard d'Astérie, peu à peu est devenue languissante, et enfin a expiré. On peut dire que jamais maîtresse n'a su si bien donner la vie à un amour mourant comme celle-là ; elle l'a accompagné jusqu'au tombeau, et on peut dire que ce fut entre ses bras qu'il poussa son dernier soupir. Aussitôt qu'elle s'aperçut qu'il falloit céder la place, elle médita sa retraite, mais une retraite glorieuse, et telle qu'on pouvoit se l'imaginer d'une personne aussi sage et aussi prudente qu'elle. Ceux qui ne jugent des choses que par elles-mêmes, sans en faire une juste application, crurent d'abord qu'elle iroit augmenter le nombre des religieuses de Fontevrault [1] : il sembloit que les fréquents voyages qu'elle y avoit faits n'avoient été que pour marquer sa place ; mais on s'abusoit, et le dessein qu'elle avoit étoit bien plus conforme à la raison et au sens commun. Elle ne vit donc pas plus tôt le jeu fini et la partie perdue qu'elle se retira, mais d'une manière à ne rien perdre que ce qu'elle n'avoit pas pu conserver. Bien loin de se retirer de la Cour, à l'exemple de celle qui l'avoit précédée, elle y est restée ; elle voit le monde et a encore part à toutes les intrigues du cabinet. Tous les sages ont trouvé cet adieu bien plus prudent que celui de La Vallière, et font fondement de croire que, comme cette fille aimoit éperdument le Roi, la retraite qu'elle fit fut plutôt un coup de désespoir qu'un vérita-

---

[1]. Madame de Montespan auroit trouvé à la célèbre abbaye de Fontevrault sa sœur, la pieuse et savante Marie-Madeleine-Gabrielle de Rochechouart, qui, après avoir été religieuse à l'Abbaye-au-Bois, avoit été nommée abbesse de Fontevrault, et chef et générale de l'ordre le 16 août 1670.

ble mouvement de dévotion. Quoi qu'il en soit, sa démarche a été un peu précipitée; peut-être que, sans l'honneur qu'on se fait de tenir ferme dans ce qu'on a entrepris, elle auroit corrigé la faute qu'elle fit dans le temps qu'elle la confirma par son engagement[1].

Voici donc le Roi sans maîtresse, c'est-à-dire dans un état qui n'a guère de rapport avec son humeur; mais ne croyez pas qu'il y reste longtemps, puis qu'un homme fait comme lui, quand il n'auroit ni sceptre ni couronne, ne laisseroit pas de faire des conquêtes. L'amour, qui se seroit fait un crime de laisser dans l'oisiveté un héros dont les moindres actions sont éclatantes, lui marqua bientôt celle qu'il lui destinoit[2]. Ce fut mademoiselle de Fontange, fille jeune, belle et aimable autant qu'il se peut, et dont les manières sont si engageantes que, quelque indifférente chose qu'elle puisse dire, il semble toujours qu'elle demande le cœur. La première nouvelle qu'elle apprit du commencement de sa bonne fortune lui fut portée par madame D. L. M.[3] C'est une per-

1. Si le parti qu'avoit pris mademoiselle de La Vallière de quitter la cour lui eût été si pénible, les instances du Roi l'auroient sans doute décidée à quitter le couvent la seconde fois comme la première.
2. Ici se place, dans certaines éditions, un long passage détaché, on ne sait pourquoi, de *la France galante*, et qui ne figure dans les premières éditions ni de *la France galante* ni de l'histoire de mademoiselle de Fontanges. Nous l'avons indiqué en son lieu. Voy. ci-dessus, p. 454, 464, etc. — En revanche, le passage que nous donnons, et où, entre autres particularités, il est question de mademoiselle de Ludre, a été entièrement supprimé.
3. Nous n'osons interpréter ces initiales, qui ne sont pas les mêmes dans tous les textes. Certains manuscrits portent Melle D. L.

sonne qui a l'esprit bien tourné et qui sait qu'il n'y a que de la gloire à se rendre commode aux amours de son prince. Le préjugé qu'elle eut des affections du Roi étoit fondé sur ce que, dans un cercle des personnes du premier rang où elle faisoit figure, il s'enquit avec une curiosité extraordinaire du mérite particulier de mademoiselle de Fontange ; il prit un plaisir extrême d'en entendre dire du bien, et le cœur, qui porte quelquefois les sentimens les plus cachés jusque sur les lèvres, lui fit lâcher une parole qui fit connoître aux plus éclairés ce qu'il sentoit pour cette fille : « Assurément, dit le Roi, une personne si belle et si spirituelle est digne d'un attachement considérable, et je ne suis point surpris qu'elle ait fait soupirer tant de monde. — Ah! reprit M. D. L. M., elle a un défaut : elle est fière et cruelle au dernier point ; on peut dire que tous ses amans ont perdu leur temps auprès d'elle, et qu'ils tenoient plus à sa personne par leur passion que par ses soins. — Il est du devoir, dit le Roi, d'une fille aussi parfaite comme vous la dépeignez, de ne se rendre qu'à bonnes enseignes. » La conversation finit, et le Roi se retira dans le dessein de voir et de parler au plus tôt à celle qui commençoit à faire son inquiétude.

Jamais nouvelle n'a causé tant de transports de joie comme celle qui apprit à mademoiselle de Fontange les sentimens que le Roi avoit pour sa personne ; elle demeura près d'un quart d'heure sans pouvoir répondre à madame D. L. M., qui lui en portoit la parole ; tellement que celle-ci, surprise de son silence, et le prenant pour une marque d'indifférence ou d'insensibilité, lui dit : « Hé quoi! mademoiselle, le Roi vous aime, et vous n'y êtes pas sensible ! — Ah ! reprit mademoiselle de Fontange, en poussant un soupir du fond du cœur, je la suis, et plus que vous ne pouvez vous l'imaginer. » En effet, la suite en fit bien connoître la vérité : car, l'excès de sa joie étant extraordinaire, elle tomba dans une foiblesse où, perdant l'usage de la parole, elle ne répondoit plus que par des regards languissans et par des soupirs que l'amour le plus tendre tiroit de son cœur. Aussitôt qu'elle fut revenue de cette syncope, elle se fit instruire particulièrement de la manière que le Roi avoit parlé. Madame D. L. M. lui apprit jusqu'aux moindres circonstances, et lui dit comment il s'y falloit prendre pour bien ménager ce commencement de bonne fortune. « Sachez, continua-t-elle, que tout dépend des premières démarches que vous ferez, et qu'il n'y a qu'elles seules qui puissent vous assurer d'une réussite avantageuse. L'expérience m'a donné un peu de connoissance dans ces sortes d'affaires ; c'est pourquoi, si vous me croyez, quand vous serez avec le Roi, qui étudiera bien toutes vos manières devant que de s'engager, accompagnez toutes vos paroles d'un air sage et modeste, qui ne tienne rien de la liberté des coquettes ; un peu de fierté mêlée avec de la douceur, si vous la ménagez bien, ne pourra produire qu'un bon effet : car il faut que vous sachiez qu'il y en a qui, pour s'être rendues avec trop de facilité, ont perdu leur fortune. Mademoiselle de Ludre[1], poursuivit-elle, peut vous servir d'exemple : son bonheur fut si

1. Marie-Elisabeth de Ludres, chanoinesse de Poussay, tour à tour fille d'honneur de Madame Henriette, de la Reine et de la seconde MADAME.

court qu'un jour le commença et le suivant le finit; sa complaisance, un peu trop prompte, gâta tout, et, pour vouloir être trop tôt heureuse, elle devint malheureuse en un moment.—Il est néanmoins bien difficile, dit madame de Fontange, d'aimer avec ardeur sans pouvoir le dire, lorsque l'objet que nous chérissons le requiert de nous avec empressement, et je me suis toujours laissé dire que le Roi, en matière d'amour, est ennemi du retardement; qu'il est impatient au dernier point, et que si, dès la première ouverture qu'il fait, on ne lui donne pas à connoître ce qu'on ressent pour lui, il se lasse, il se rebute, et porte son inclination d'un autre côté. Ce seroit beaucoup que de s'exposer à ce malheur par sa conduite. —Vous avez raison, reprit madame D. L. M., et, pour s'assurer du succès d'une affaire, il faut toujours éviter les deux extrémités; il y a un certain milieu entre toutes choses, dont on ne peut s'éloigner sans prendre un mauvais chemin. C'est là mon sentiment, et l'exemple que je vous ai proposé vous doit servir de règle. »

Cependant le Roi n'étoit pas oisif : il ne pensoit qu'à sa belle; le désir de la posséder bientôt lui fit chercher avec un soin extraordinaire l'occasion de lui parler. Il fut deux jours sans pouvoir la trouver assez favorable pour lui dire quelque chose de particulier. Il la voyoit presque tous les jours, tantôt chez la Reine ou chez Madame, et, plus il la regardoit, plus il en devenoit amoureux. Ces deux jours lui durèrent un siècle [1], et l'impatience où il étoit lui fit consulter le duc de Saint-

[1]. Les éditions qui se sont écartées du texte primitif y rentrent pour un instant, depuis cette phrase. Voy. plus haut.

Aignan sur les moyens de pouvoir entretenir seul à seul la personne pour qui il avoit conçu tant de tendresse. Le duc fut ravi de ce que le Roi lui faisoit confidence de ses nouvelles inclinations, comme il avoit fait des premières ; il va, il cherche, et fait tant de perquisitions qu'il apprend que madame de Fontange devoit se trouver le lendemain aux Tuileries avec madame D. L. M. ; il le dit au Roi, qui y alla, et trouva l'occasion aussi favorable qu'il la pouvoit souhaiter. Il eut une longue conférence avec cette belle, où ses regards lui en apprirent plus que ses paroles, parce que, suivant le conseil qu'on lui avoit donné, elle accompagna tous ses discours de tant de modestie que le Roi ne put s'empêcher de lui reprocher son peu de sensibilité. Elle ne se défendit de ce reproche que sur l'estime qu'elle avoit pour Sa Majesté. « Ah ! Dieu, reprit le Roi, l'estime est une chose qui ne me satisfait point quand elle va toute seule ; c'est à votre cœur que j'en veux, et tant que vous m'en refuserez la tendresse, je me tiendrai malheureux. Eh quoi ! poursuivit-il, est-ce vous blesser que de vous dire que votre mérite me force à ne plus vivre que pour vous, et que, si vous voulez, vous trouverez en m'aimant toutes les douceurs qu'on peut espérer de la plus sincère correspondance ! — Ah ! Sire, dit mademoiselle de Fontange, ne pouvant perdre le souvenir de ce que vous êtes et de ce que je suis, permettez-moi de vous dire qu'il n'y a guère apparence que Votre Majesté parle sérieusement. — Que faut-il donc, reprit le Roi, pour vous justifier la sincérité de mes intentions ? Est-ce que ces paroles ne sont pas expressives : Je vous aime! — Ah! elles ne le sont que trop pour faire souffrir un cœur qui est sensible à l'amour! » Elle dit cela avec un air si embarrassé que ce trouble acheva de charmer le Roi, et on peut dire que sa pudeur lui fut pour lors d'un usage merveilleux, parce que, sa rougeur donnant une nouvelle vivacité à son teint, elle parut aux yeux du Roi la plus belle et la plus aimable qu'il eût jamais vue[1]. Ils se séparèrent, et le Roi lui dit en la quittant : « Je me suis bien aperçu, mademoiselle, que la pudeur a empêché votre amour de dire tout ce qu'il pensoit; je demande qu'il s'exprime avec plus de liberté sur le papier, et j'attends un billet de votre part. » A la sortie des Tuileries, M. de Louvois vint au devant de Sa Majesté pour lui communiquer quelques affaires; le Roi lui dit, en parlant de mademoiselle de Fontange, qu'il n'avoit jamais vu une fille si fière et dont la vertu fût plus difficile à ébranler. M. de Louvois, qui savoit de qui le Roi parloit, lui dit : « Eh quoi! Sire, une fille peut-elle conserver de la fierté auprès de Votre Majesté? — Sans doute, reprit-il; mais aussi j'espère que, quand l'amour se sera une fois rendu le maître de ce cœur, qui lui a si longtemps résisté, comme il ne seroit pas assuré d'y rentrer quand il voudroit, il n'abandonnera pas facilement la place. »

Cependant mademoiselle de Fontange fit un fidèle rapport à madame de D. L. M. « C'est à

---

1. La princesse Palatine, mère du Régent, représente Melle de Fontanges comme « charmante, mais sans esprit. » — « Elle étoit décidément rousse, mais belle comme un ange de la tête aux pieds. C'étoit une femme furieusement romanesque. »

présent, lui dit-elle, qu'il faut agir : il y auroit danger de tout perdre par le retardement, et il est temps de vous déclarer; c'est pourquoi écrivez au Roi une lettre telle que l'amour vous l'inspirera. » Elle la fit aussitôt et la conçut dans ces termes :

Sire, bien que le peu de proportion qu'il y a entre un prince comme vous et une fille comme moi dût m'obliger à prendre plutôt le discours de Votre Majesté pour une galanterie que pour une sincère déclaration, néanmoins, s'il est vrai que les véritables amans connoissent en se voyant ce qui se passe de plus secret dans leur cœur, ce seroit en vain que je vous en voudrois plus longtemps cacher les sentimens. Oui, Sire, je vous l'avoue, le seul mérite de votre personne avoit déjà disposé de moi-même devant que Votre Majesté m'eût fait l'aveu de ses inclinations. Pardonnez-le-moi si j'ai combattu cette passion dès le moment de sa naissance : ce n'étoit pas par aucune répugnance que j'eusse à chérir ce qui me paroissoit si aimable, mais plutôt par la crainte que j'avois que mes yeux ou mes actions ne vous fissent connoître, à l'insu de mon cœur, ce qu'il ressentoit pour vous. Jugez, Sire, de la disposition où je suis par une confession si ingénue de ma foiblesse.

Je ne vous dirai point par qui la lettre fut portée; quoi qu'il en soit, le Roi la reçut, il la lut, et il est difficile de trouver des termes pour vous exprimer son ravissement; il répéta plusieurs fois ces dernières paroles : « Jugez de la disposition de mon cœur par une confession si ingénue de ma foiblesse. » En un mot il est charmé, il meurt pour sa belle et voudroit être en lieu de pouvoir se jeter à ses genoux pour la remercier comme il doit des tendres marques de son amour. Le Roi étoit dans ces transports de joie lorsque le duc de Saint-Aignan entra. Tout autre que lui auroit été incommode dans ce moment; le Roi fut bien aise de le voir; il ne l'entretint que des qualités engageantes de mademoiselle de Fontange. Le duc, qui sait faire sa cour autant qu'homme du monde, témoigna au Roi qu'il ne pouvoit pas mieux placer ses affections, que le choix qu'il avoit fait ne pouvoit pas être plus juste, et que dans toute sa Cour il n'y avoit pas une fille dont le mérite fût plus éclatant. Le Roi fut ravi de voir qu'on approuvoit ainsi ses élections; il s'étendit sur les louanges de son amante. « Non, dit-il au duc, on ne peut pas voir une taille mieux prise; elle a le plus bel œil qu'on ait jamais vu; sa bouche est petite et vermeille, et son teint et sa gorge sont admirables; mais ce qui me charme davantage, c'est un certain air doux et modeste qui n'a rien de farouche ni de trop libre. » Le duc ne manqua pas de relever encore tout ce que le Roi avoit dit, et il poussa sa complaisance si loin qu'il eût été difficile de rien ajouter à un portrait si achevé.

On ne faisoit donc plus de mystère de l'amour du Roi; il n'y avoit que mademoiselle de Fontange qui souhaitoit que Sa Majesté en tînt le secret caché le plus qu'elle pourroit; mais c'étoit demander une chose inutile, et, dans un entretien particulier qu'il eut avec elle le jour d'après celui qu'il reçut la lettre, il leva toutes ses craintes et la fit résoudre à partir avec lui pour Versailles. Jamais il n'a paru plus content qu'après avoir tiré le consentement de sa Déesse pour son départ. Ce fut dans ce tête-à-tête amoureux que nos amants se jurèrent une affection éternelle, et l'entretien de mademoiselle de Fontange eut des charmes si doux pour le Roi, que, pendant qu'il dura, il fut entièrement attaché à renouveler à cette aimable personne toutes les protestations du plus tendre amour. Ils se séparèrent ; et, cette belle disant à son amant un adieu tendre des yeux, elle le laissa le plus amoureux de tous les hommes.

Le Roi, devant que de partir pour Versailles, envoya à mademoiselle de Fontange un habit dont la richesse ne se peut priser, non plus que l'éclat de la garniture qui l'accompagnoit ne se peut trop admirer. Elle le reçut, et partit un peu après avec Sa Majesté, qui donna tous les divertissemens ordinaires à toutes les dames de la Cour, en réservant un particulier pour son aimable maîtresse. Ce fut un jeudi après midi que cette place d'importance, après avoir été reconnue, fut attaquée dans les formes : la tranchée fut ouverte, on se saisit des dehors, et enfin, après bien des sueurs, des fatigues et du sang répandu, le Roi y entra victorieux. On peut dire que jamais conquête ne lui donna tant de peine. Pour moi, quoique je le croie fort vaillant, je n'en suis point surpris, parce que, s'il nous est permis de juger de la nature de la place par les dehors, l'entrée n'en a pu être que très difficile.

Quoiqu'il en soit, cette grande journée se passa au contentement de nos deux amans ; il y eut bien des pleurs et des larmes versées d'un côté, et jamais une virginité mourante n'a poussé de plus doux soupirs. Cette fête fut suivie pendant huit jours de toutes sortes de jeux et de divertissements; la danse n'y fut pas oubliée, et mademoiselle de Fontange y parut merveilleusement, et se distingua parmi les autres [1]. Le duc de Saint-Aignan s'étant trouvé au lever du Roi le lendemain de la noce, d'abord que le Roi l'aperçut, il sourit, et, le faisant approcher, il lui fit confidence du succès de ses amours. Il l'assura que jamais il n'avoit plus aimé, et il lui dit que, selon les apparences, il ne changeroit jamais d'inclination. Le duc suivit le Roi chez sa nouvelle maîtresse; ils la trouvèrent qui considéroit attentivement les tapisseries faites d'après M. Lebrun, qui représentoient les victoires de Sa Majesté [2]: elles faisoient la tenture de son appartement; le Roi lui-même lui en expliqua plusieurs circonstances, et, voyant, qu'elle y prenoit plaisir, il dit au duc de faire un *impromptu* sur ce sujet. La vivacité de l'esprit de M. le duc de Saint-Aignan parut et se fit admirer, car dans un moment il écrivit sur ses tablettes les vers suivants :

Le héros des héros a part dans cette histoire.
Mais quoi! je n'y vois point la dernière victoire.

1. Mademoiselle de Fontange ne se distingua pas toujours à la danse : « On m'a dit de bon lieu qu'il y avoit eu un bal à Villers-Cotterets; il y eut des masques. Mademoiselle de Fontange y parut brillante et parée des mains de madame de Montespan. Cette dernière dansa très-bien. Fontange voulut danser un menuet; il y avoit longtemps qu'elle n'avoit dansé : il y parut; ses jambes n'arrivèrent pas comme vous savez qu'il faut arriver. La courante n'alla pas mieux, et enfin elle ne fit plus qu'une révérence. » (*Lettre* de Sévigné, du 6 mars 1680, jour du mercredi des cendres.)

2. Ces tapisseries, exécutées aux Gobelins d'après les ta-

De tous les coups qu'a faits ce généreux vainqueur,
Soit pour prendre une ville ou pour gagner un cœur,
Le plus beau, le plus grand et le plus difficile
Fut la prise d'un cœur qui sans doute en vaut mille,
Du cœur d'Iris enfin, qui mille et mille fois
Avoit bravé l'Amour et méprisé ses lois.

Le Roi, impatient de voir ce que le duc écrivoit, lui tira ses tablettes devant même qu'il eût achevé. Il fit la lecture des vers et les trouva fort spirituels ; il les fit voir à sa maîtresse, qui les trouva fort bien tournés et fort galans. Le duc lui dit que la chose étoit imparfaite ; mais il lui répondit que, dans son imperfection même, il la trouvoit agréable, et qu'il lui demandoit un petit ouvrage sur ce sujet[1]. Le duc fit un remercîment à Sa Majesté de l'honneur qu'elle lui faisoit de lui commander de travailler sur une matière si noble et si charmante. Après ce compliment, le duc se retira, et laissa le Roi avec mademoiselle de Fontange. Il y passa presque toute la journée ; il ne mangea point en public, et la solitude eut pour lui des charmes qu'il n'auroit pas rencontrés dans la grandeur de sa Cour. De vous dire à quoi il employa tout le temps, ce seroit un peu trop pénétrer ; néanmoins nous avons lieu de croire que l'amour fut mis souvent sur le tapis, et quelquefois sur la couverture, parce

---

bleaux, existent encore au palais de Saint-Cloud. L'œuvre du peintre est au Louvre.

1. Louis XIV restoit dans les traditions de Henri IV et de la plupart des seigneurs de son temps. On sait combien on trouve, dans les œuvres des poètes, de pièces écrites par eux à des dames au nom de leurs protecteurs.

que le lendemain, qui étoit destiné à une partie de chasse, notre belle se trouva un peu lasse et fatiguée, et elle pria le Roi de la dispenser de l'accompagner dans un si pénible exercice. Le Roi, qui ne pouvoit l'abandonner, aima mieux en différer le divertissement que de le donner aux autres dames sans qu'elle y eût part. On remit la partie à trois jours, et on passa cet intervalle de temps dans des jeux, des bals et des festins, où l'adresse et la magnificence du Roi parurent toujours avec éclat. Ce fut dans une de ces fêtes que le duc présenta au Roi les vers qu'il avoit faits par son ordre; le Roi en fit la lecture après le bal fini, et, les ayant trouvés d'une justesse merveilleuse, il en donna le plaisir à toute la Cour par la lecture qu'on en fit publiquement pendant la collation. En voici une copie, qui m'est tombée entre les mains :

TRIOMPHE DE L'AMOUR

SUR

LE COEUR D'IRIS.

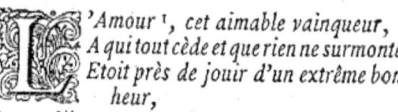'Amour [1], cet aimable vainqueur,
A qui tout cède et que rien ne surmonte,
Etoit près de jouir d'un extrême bonheur,
Lorsqu'il se souvint, à sa honte,
Que, bien que tout lui fût soumis,
Il n'avoit point le cœur d'Iris.

1. Le Roi. La *clef* de cette pièce est donnée par le texte.

Il voyoit mille cœurs qui s'empressoient sans cesse
De venir en foule à sa cour,
Car les cœurs ont cette foiblesse
Depuis que l'univers est soumis à l'Amour.

Le cœur d'Iris ne pouvoit se contraindre;
Il les regardoit tous avec quelque mépris.
Il n'appartient qu'au cœur d'Iris
De connoître l'Amour et de ne le pas craindre.
Ce conquérant avoit droit de s'en plaindre;
Que l'on ne soit donc pas surpris
Si, rempli d'une noble audace,
Il voulut attaquer cette invincible place;
Il le voulut en effet,
Et ce que l'Amour veut est fait.

Avant que d'entreprendre une si juste guerre,
Il fit assembler son conseil.
Ce conseil n'a point de pareil
Ni dans les cieux ni sur la terre;
C'est un agréable amas
De guerrières vigilantes,
Qui sont toutes ses confidentes,
Et qui toutes ont des appas.
L'on y vit la Magnificence,
L'Espérance, la Complaisance,
La Tendresse, la Propreté.
L'on y vit la Flatterie,
La Hardiesse et la Galanterie.
L'Amour les aime avec égalité;
Car elles sont sous son obéissance,
Et le servent de tous côtés,
En rendant toutes les beautés
Tributaires de sa puissance.

Mais il n'est pas mal à propos
De dire, en passant, quatre mots
De tant de guerrières aimables.
La Galanterie, aujourd'hui,
Est une des plus agréables ;
Elle plaît à l'Amour et ne va point sans lui,
Toutes ses actions font voir sa bonne grâce,
Elle charme, quoi qu'elle fasse ;
Elle a de merveilleux talents ;
Elle se voit partout chérie,
Et plus d'un cœur hait les galants
Sans haïr la Galanterie.

La Flatterie a l'air charmant ;
Elle paroît d'abord douce, aimable et sincère,
Mais, à parler ingénument,
Quand elle dit du bien, ce n'est pas pour en faire,
Ou du moins c'est très rarement.

L'on connoît la Complaisance :
Lorsqu'on dira que son pouvoir est grand ;
Qu'elle vient par sa patience
Presque toujours à bout de ce qu'elle entreprend ;
Et l'on sait par expérience
Qu'Amour, ce charmant vainqueur,
Se déguise en Complaisance
Pour faire moins de bruit ou pour surprendre un cœur.

La Magnificence a des charmes,
Quoique la vanité forme tous ses desseins,
Et les richesses sont des armes
Qui peuvent, dans de nobles mains,
Vaincre les plus rebelles,
Et gagner l'amitié des belles.

La Propreté[1] *fait moins de bruit.*
Elle se plaît d'être bien mise,
Et souvent en une entreprise
Elle retire plus de fruit;
  On la voit toujours paroître
  Sans qu'elle ait rien d'affecté :
L'Amour a de la peine à se faire connoître
  Lorsqu'il est sans la Propreté.

L'Espérance est toujours confiante
Et ne se rebute jamais;
Quelquefois elle se contente
Dans des desseins et des souhaits
Qui passent souvent son attente;
Mais, quoiqu'ils soient hors de saison,
Elle croit faire avec raison.

La Tendresse prétend qu'on l'aime
Autant qu'elle prétend aimer,
Et les cœurs se laissent charmer
A sa délicatesse extrême;
A peine peut-on concevoir
Et son adresse et son pouvoir :
Chacun l'estime et la caresse,
Et l'Amour avoue à son tour
  Que dès qu'il est sans tendresse,
Il ne passe plus pour Amour.

Je dirai que la Hardiesse
Est incapable de foiblesse;
Elle n'a jamais de langueur;
Tout lui donne de l'assurance;
Rien ne l'étonne, et sa vigueur
S'augmente par la résistance.

---

1. La propreté signifioit alors l'élégance, le luxe des habits.

Les amans les plus amoureux
La consultent dans leurs affaires,
Et souvent les plus téméraires
Ne sont pas les plus malheureux.

Parlons encor de trois guerrières,
Moins aimables que les premières
Dont j'ai déjà fait les portraits.
Commençons par la Jalousie,
De qui les coups, de qui les traits
Blessent toujours la fantaisie.
Dieux ! qu'elle est d'une étrange humeur !
Elle n'explique rien qu'à son désavantage,
    Et, sur le moindre ombrage,
Elle se rompt la tête et se ronge le cœur.

    L'Inquiétude est la seconde ;
  Elle se plait à fatiguer l'Amour.
    Il n'est point d'endroit dans le monde
Qui ne la divertisse et l'ennuie à son tour,
    On n'a point de mesure à prendre
    Pour l'arrêter ou pour l'attendre.
    L'Amour s'en plaint à tout propos ;
    Mais ce qu'il trouve de plus rude
Est que presque toujours il chasse le Repos,
    Pour retenir l'Inquiétude.

    La Ruse n'a que lâcheté
    Et que malice pour partage ;
    Quand elle dit la vérité
    C'est qu'elle est à son avantage.
L'Amour peut s'en servir à la prise d'un cœur,
    Quoique bien souvent il s'abuse,
    Car les services de la Ruse
    Ne lui font jamais de l'honneur.

Or, ces guerrières se rendirent
Dans le lieu du conseil le jour qu'on avoit pris.
On y parla du cœur d'Iris,
Et quelques unes, d'abord, dirent
Qu'il étoit honteux à l'Amour
De laisser encor plus d'un jour
Cette place en état de pouvoir se défendre;
Qu'il falloit désormais ou périr ou la prendre;
Qu'en vain l'Amour avoit fait tant d'exploits
Si ce cœur refusoit d'obéir à ses lois.

Quelques autres, plus retenues,
Leur répondirent hautement
Que bien que ces raisons fussent assez connues,
On devoit agir prudemment;
Qu'on ne prenoit pas de la sorte
Une place si forte,
Et que le cœur d'Iris
Pouvoit bien plus d'un jour
Opposer ses remparts aux forces de l'Amour;
Que la place étoit bien gardée,
Que par la Vertu même elle étoit commandée,
Et que l'Amour avoit été battu
Plus d'une fois par la Vertu.

L'Amour avoit trop de courage
Pour s'arrêter à cet avis,
Et, sans haranguer davantage,
Il voulut que les siens fussent d'abord suivis.
La Valeur lui faisoit entendre
Qu'il est beau de tout entreprendre
Pour posséder le cœur d'Iris,
Et tenoit pour indubitable
Qu'il n'est point de cœur imprenable,

*Et qu'il doit prendre un jour tous ceux qu'il n'a pas
Rempli de ce désir, ce conquérant s'apprête* [pris.
    *A cette importante conquête.
Il veut mettre en effet ses généreux projets,
Et pour montrer à tous qu'il peut ce qu'il désire,
Il commande à l'instant qu'on arme ses sujets,
    Dans tous les lieux de son empire.*

*La Vertu, qui voyoit un effort si puissant,
Craignoit d'être contrainte à céder la victoire;
Et pour mettre remède à ce danger pressant,
    Elle fit avertir la Gloire.
La Gloire* [1] *a de l'honneur et de la probité;
    Jamais le malheur ne l'étonne ;
Elle songe toujours à l'immortalité,
    Et ne fait que ce qui la donne.
Elle aime la Vertu, mais c'est du fond du cœur;
La Vertu l'aime aussi comme sa propre sœur;
    Elles sont deux et ne sont qu'une.
Souvent l'une pour l'autre elles ont combattu,
Et l'on a vu souvent la Gloire et la Vertu
    Faire tête à la Fortune.
    Si la Gloire aimoit les appas,
    La Vertu, cette guerrière aimable,
    Quand l'Amour étoit raisonnable,
    Ne le haïssoit pas.
Il est vrai qu'autrefois ils avoient eu querelle:
L'Amour l'ayant choquée en cent occasions,
La Gloire avoit aussi blâmé ses actions,
L'ayant même traité d'ingrat et d'infidèle;
Mais dans leur amitié sincère et mutuelle
    La Gloire avoit aussi servi l'Amour*

---

1. Mad. L. D. M. *Sic* dans le texte; mais voyez à la p. 11 et à la p. 33.

*A gagner plus d'une victoire,
Et l'Amour avoit à son tour
Travaillé souvent pour la Gloire.*

*Mais cependant l'Amour, pour ne perdre le temps,
   Commande à la Renommée
   De faire venir son armée,
   Et dans deux jours se met aux champs,
Et divise en trois corps ses troupes amoureuses.
   Il choisit les plus belliqueuses
   Pour les ménager prudemment ;
   Il étoit lui-même à leur tête,
   Prêt à combattre vaillamment
   Pour une si belle conquête.
      Il prétend à tout prix
      Soumettre le cœur d'Iris.
   Il se fondoit sur son expérience,
   Sur son adresse et sa vaillance.
   Dès qu'on met l'Amour en jeu,
      Il n'entend plus raillerie,
Et ne dresse jamais aucune batterie
   Qu'à dessein de faire grand feu.*

*   Dans sa marche il fit paroître
   Qu'il est toujours très puissant,
   Car il conquit en passant
   Les cœurs qu'il put reconnoître ;
Il emporta d'assaut le cœur d'Amarillis* [1],
Il prit celui d'Aminthe [2] *et celui de Philis* [3],
Il accepta les clefs de celui de Climène [4]

1. Manchini.
2. La Vallière.
3. Montespan.
4. Du Lude. *Sic* dans le texte. Il faut lire Mademoiselle de Ludres. Voyez p. 13.

Et celui de Cloris[1] le reconnut sans peine.
Ces cœurs n'étoient pas assez forts
Pour soutenir un siège et pour se bien défendre :
Aussi l'Amour, pour les prendre,
Ne fit pas de grands efforts.

Enfin les troupes se rendirent
Auprès du cœur d'Iris, qui ne les craignoit pas,
Et par les formes l'investirent
Après avoir donné quelques légers combats.
Le cœur d'Iris est fait sur un parfait modèle ;
C'est une place forte, aimable, noble, belle,
Qui va même de pair avec les plus grands cœurs ;
Elle n'est en état que depuis quatre lustres,
Mais le sang de ses fondateurs
Tient rang depuis long-temps parmi tous les illustres[2].
Cette place a de beaux dehors
Et cinq portes très régulières.

La porte de la vue est une des premières,
Et ne sauroit céder qu'à de puissants efforts.
C'est là que sans cesse se montrent
Une troupe de doux regards,
Qui, sans avoir nuls égards,
Volent innocemment tous ceux qui s'y rencontrent.
Cent fois l'Amour, ce conquérant rusé,
Après s'être bien déguisé,
Voulut entrer par cette porte ;
Mais la Vertu, qu'on trompe rarement,
Le reconnut toujours déguisé de la sorte,
Et le chassa honteusement.

1. La C. H. N. S.
2. Flatterie de M. D. S. (de M. de Saint-Aignan, auteur de la pièce).

*La porte de l'Ouïe est étroite et petite;
  Il faut passer par cent jolis détours,
    Et c'est en vain qu'on sollicite
    D'y pouvoir entrer tous les jours.
  On n'entre pas dès qu'on ose y paroître,
  Il faut parler et se faire connoître.*

    *Celle du Goût a ses beautés,
      Et mille régularités;
  La nature la fit avec un soin extrême,
      C'est un ouvrage sans égal,
  Et cette porte, enfin, d'ivoire et de corail,
    S'ouvre à propos et se ferme de même.*

*Celle de l'Odorat exhale des odeurs
    Plus douces que celles des fleurs.*

*La porte du Toucher est extrêmement forte;
  Mais tout le monde sait, sans en être surpris,
      Que ce n'est point par cette porte
      Qu'on entre dans le cœur d'Iris.*

      *Enfin cette place fameuse
      Par son assiette avantageuse
      N'est pas difficile à garder,
      Et l'on a toujours pu connoître
      Qu'on n'y prétend souffrir qu'un maître,
  Et que la Vertu seule a droit d'y commander.
  C'est aussi la Vertu qui défend cette place,
      Avec mille beaux sentiments.
      L'Amour sans cesse la menace,
    Mais elle rit de ses emportements.
      Cette personne incomparable,
      Parfaite en tout, partout aimable,
      Rejettoit tous ses favoris,*

Et le monde seroit dans une paix profonde,
    Si, comme dans le cœur d'Iris,
La Vertu commandoit dans tous les cœurs du monde.

Huit guerrières servoient, presque en toute saison,
    D'officiers dans la garnison.
L'on y voyoit toujours la Force, la Prudence,
    La Justice, la Tempérance,
    L'Indifférence et la Tranquillité ;
    L'on y trouvoit la Modestie,
    Et l'Amitié, qu'un peu de sympathie
Rend semblable à l'Amour par bien plus d'un côté.

L'Amour, pour les gagner, mettoit tout en usage ;
Mais il en connoissoit la vaillance et l'honneur.
    Ce n'est pas un petit ouvrage
    Que d'attaquer un noble cœur.
    Comme il a de l'expérience,
    Il distribua les quartiers,
S'empara des hauteurs, des bois et des sentiers,
    Avec beaucoup de diligence.
Tous ses retranchements n'avoient aucun défaut.
L'ennemi ne pouvoit lui dresser aucun piége,
Car il étoit alors aussi savant en siége
    Qu'il étoit heureux en assaut.
Son courage étoit grand, son soin étoit extrême ;
    Il voyoit ses travaux lui-même,
    Et ce conquérant, à son tour,
Employoit son adresse à remuer la terre,
    Pour persuader que l'Amour
    Est infatigable à la guerre.

    Cependant, sur le prompt avis
Que la Gloire[1] *eut du siége et de la guerre ouverte,*

Elle se dépêcha d'aller au cœur d'Iris,
Pour empêcher les deux partis
De courir à leur perte.
Depuis longtemps elle savoit
Que la Vertu n'avoit point de foiblesse,
Qu'elle écoutoit tous ses conseils sans cesse,
Et que l'Amour quelquefois les suivoit,
Mais que l'Amour, étant opiniâtre,
Ou battroit, ou se feroit battre.
Elle eût voulu que la Vertu
Eût traité l'Amour sans rudesse,
Et que l'Amour eût combattu
Par le conseil de la Tendresse.
Le plus grand de tous ses souhaits
Etoit de presser une paix
Où tous les deux partis eussent de l'avantage :
Le monde l'espéroit, et l'on disoit partout
Que la Gloire étoit assez sage
Pour en pouvoir venir à bout.

L'Amour n'étoit pas sans peine,
Il redoutoit les assiégés,
Et ses gens étoient affligés
De voir son entreprise vaine.
Il prétendoit tout hasarder,
Il ne manquoit ni d'ardeur ni d'audace,
Et vouloit par assaut emporter cette place,
Croyant que la Vertu ne pourroit la garder.

Il fut la reconnoître et résolut ensuite
De l'attaquer des deux côtés :
Il se fondoit sur sa conduite,
Mais souvent il en manque et fait des nullités.

---

1. Les intrigues de M. D. L. M. (Voyez p. 11 et 28.)

La porte de l'ouïe et celle de la vue
    Lui parurent foibles d'abord;
Mais sur ce point l'Amour se trompa fort,
    Car la place étoit bien pourvue.

    Les assiégés à tous momens
    L'incommodoient dans ses retranchemens;
    Et, quoiqu'il fît toutes choses possibles,
        Ils étoient toujours invincibles;
    Ils regardoient avec indignité
        L'Espérance et la Propreté;
    Ils se moquoient de la Tendresse [1],
    Ils repoussoient la Hardiesse,
    Et sans relâche ils s'opposoient
        A ce que les autres faisoient.
    Encor que l'Amour soit habile,
Et qu'il puisse achever tout ce qu'il entreprend,
        Il vit bien qu'il est difficile
De prendre un cœur que la Vertu défend.

Ces guerrières pourtant, quoiqu'alors malheureuses,
        Faisoient leur devoir constamment;
        L'Inquiétude seulement,
            Par façons séditieuses,
        Les troubloit indirectement;
        Son humeur toujours inconstante,
    A qui tout plaît et que rien ne contente,
        Donnoit de la peine à l'Amour;
De tout ce qu'on faisoit elle étoit offensée,
        Il ne se passoit point de jour
        Qu'elle ne changeât de pensée.
Quant à la Jalousie, elle étoit sans emploi,

---

1. Conduite de Madame de F. T.

Quoique l'Amour l'eût avec soi,
Et quoiqu'elle en fût bien traitée.
La Ruse, qui veille toujours,
Fit une mine en peu de jours,
Mais la mine fut éventée.
L'Amour[1] étoit au désespoir
De voir que la Vertu méprisoit son pouvoir;
Mais une fortune contraire
Changea le vainqueur en vaincu,
Et fit connoître, en cette affaire,
Que souvent la Fortune aide peu la Vertu;
Car la Tendresse, étant suivie
Des Soins, des Soupirs et des Pleurs,
Malgré cent nobles défenseurs,
Gagna la porte de l'Ouïe.
Les assiégés crurent d'abord
Que tout cédoit à cet effort,
Et la surprise fut si grande
Que leur courage en fut presque abattu;
Mais rien n'ébranle la Vertu
Lorsque c'est elle qui commande.

Durant ces mouvemens, quelques légers Soupirs,
Courant au gré de leurs désirs,
Rapportent à l'Amour qu'on voit dans la campagne,
Un gros de gens qui viennent sur leurs pas.
L'Amour, que la peur accompagne,
Se vit d'abord dans l'embarras;
Il reprend cœur, il s'arme en diligence
Pour voir qui sont ces ennemis,
Et plus ce gros de gens s'avance
Plus l'Amour demeure surpris.

1. Le Roi.

Mais il l'est plus qu'on ne peut croire
Lorsqu'il voit que ce gros accompagne la Gloire,
Et qu'elle s'en détache afin de l'embrasser.
Pour répondre à ces soins il s'avance, il se presse,
  Et, chacun les laissant passer,
Ils se rendent tous deux caresse pour caresse.

 Les complimens durèrent tout le jour ;
 Celui d'après, la Gloire vit l'Amour
Et lui parla de paix dès cette conférence.
  L'Amour fit de la résistance,
 Lui remontra qu'il étoit en pouvoir
  De vaincre et de tout entreprendre,
  Et par des raisons lui fit voir
  Que la Place devoit se rendre ;
  Mais la Gloire lui fit entendre
 Que bien souvent un noble désespoir
Fait faire des efforts qu'on ne sauroit comprendre.
Il se laisse toucher à ce zèle pressant,
  Et sans différer il consent
  Que la Gloire se satisfasse.
On fait trois jours de trève, et la Gloire d'abord,
Pour mettre enfin l'Amour et la Vertu d'accord,
  Se présente devant la place.

  Mais quels plaisirs ne goûte pas
  Un cœur que la Vertu possède,
  Quand la Gloire avec ses appas
  Se présente et vient à son aide !
  La Vertu la reçut avec empressement,
  Lui donna d'abord audience ;
  Il est vrai que par bienséance
  Tout se passa publiquement.
  Le monde sait que d'ordinaire

La Vertu n'a point de secret,
Et qu'elle auroit bien du regret
Si chacun ne voyoit tout ce qu'elle veut faire.
Pour persuader la Vertu,
La Gloire mit tout en usage,
Et lui fit voir qu'elle avoit combattu
Jusqu'alors à son avantage;
Qu'elle ne seroit pas moins sage [1]
Pour être bien avec l'Amour,
Et que peut-être à son dommage
Il faudroit y venir un jour;
Que ce n'étoit pas une honte
De céder à ce conquérant;
Qu'elle même étoit son garant,
Et que le cœur d'Iris y trouveroit son compte;
Qu'il falloit céder au vainqueur
De l'air, de l'onde et de la terre,
Et que la paix, en matière de cœur,
Valoit cent fois mieux que la guerre.
Enfin la Gloire agit avec tant de douceur,
Avec tant d'adresse et d'ardeur,
Qu'on reçut ses conseils comme de vrais oracles.
La Vertu répondit par des remercîmens,
Et prit un jour pour vaincre les obstacles
Que pouvoient apporter ses nobles sentimens.
Alors, la Gloire crut qu'il étoit nécessaire
Qu'Amour fût instruit de l'affaire.
L'Amour lui répondit qu'il tiendroit à bonheur
Qu'elle voulût lui rendre office:
L'Amour acquiert bien de l'honneur,
Lorsque la Gloire agit pour lui rendre service.
Cependant le Conseil s'assemble au cœur d'Iris,

---

1. Conseil de M. D. L. M. (Voyez p. 11, 28 et 33.)

Et la Vertu prend les avis
Pour rendre réponse à la Gloire.
On conclut à la paix, et dès le même jour,
Ce qu'on ne peut qu'à peine croire,
Le cœur d'Iris hait moins l'Amour.
Ensuite on parle, on demande, on propose,
Et pour ne perdre pas le temps,
La Gloire règle toute chose
Et fait dresser les articles suivans.

I.

Que dans le cœur d'Iris, sans nulle dépendance,
L'Amour et la Vertu vivroient d'intelligence,
Et que tous les beaux sentimens
Obéiroient à leurs commandemens.

II.

Que la Gloire pourroit revenir à toute heure
Y faire sa demeure,
Soit dans un temps de guerre ou dans un temps de
Sans que l'Amour le pût trouver mauvais. [*paix,*

III.

Que l'Amitié ne seroit point chassée,
Et qu'elle seroit caressée.

IV.

Qu'on feroit sortir à l'instant,
Balle en bouche et tambour battant,
Les troupes d'Indifférence,

Et qu'elle iroit faire sa résidence
Dans quelque ingrat et froid séjour,
Loin de l'empire de l'Amour.

V.

Que la Tranquillité pourroit aussi, par grâce,
Aller et venir dans la place,
Mais que l'Amour lui pourroit ordonner
De n'y pas toujours séjourner.

VI.

Que l'Amour, conduit par la Gloire,
Pour triomphe de la Victoire,
Entreroit dans le cœur d'Iris
Avec les Jeux, les Appas et les Ris;
Que ces troupes seroient suivies
De quelques autres compagnies.

VII.

Qu'il seroit permis à l'Amour
De retenir à sa cour,
Quand il lui prendroit fantaisie,
L'Inquiétude avec la Jalousie,
Mais que présentement
L'Amour consent à leur éloignement.

VIII.

Que la Hardiesse et l'Audace
N'entreroient jamais dans la place,
Et que la Ruse aussi ne pourroit obtenir
Nul passage pour y venir.

IX.

Que tous ces grands donneurs d'allarmes,
Comme Chagrins, Soucis et Larmes,
N'entreroient point au cœur d'Iris,
Et que, s'ils osoient l'entreprendre,
La Justice, les voyant pris,
Les casseroit sans les entendre [1].

Les articles furent signés.
Tout se passa de bonne grâce.
Les otages étant donnés,
L'Amour incognito fut visiter la place.
Les Festins, les Cadeaux, les Bals et les Concerts,
Troupes aussi belles que fortes,
Allèrent se poster aux portes,
Trouvant les passages ouverts.
Leur prompt abord troubla la Modestie;
Mais, la Vertu lui défendant d'agir,
Elle obéit sans nulle repartie [2];
Et se contenta d'en rougir.
Enfin l'Amour, pompeux et magnifique,
Fit son entrée au cœur d'Iris [3].
Les Plaisirs, les Jeux et les Ris
Rendirent la fête publique.
La Gloire et la Vertu marchoient à ses côtés,
Et, sous leur charmante conduite,
Ces guerrières, qu'Amour a toujours à sa suite,
Etaloient à l'envi mille et mille beautés.
Tout le monde admiroit son superbe équipage,

---

[1]. On appeloit « cassation de soudrilles » le licenciement des troupes.
[2]. Passe-temps royal.
[3]. Le doux moment.

*Et dès que la Vertu
Le vit paroître avec tant d'avantage,
Elle se repentit d'avoir tant combattu.*

Comme j'ai cru que la lecture de cette pièce du duc de Saint-Aignan ne pourroit pas vous lasser, je l'ai placée dans cet endroit, qui lui seroit encore plus naturel si elle n'étoit point si longue. Quoi qu'il en soit, il faut avouer que, bien que ces vers ne soient qu'une description énigmatique des amours de notre héroïne, ils ont néanmoins de la beauté, et ils doivent paroître fort spirituels à ceux qui en pourront pénétrer le sens. Ils furent lus du Roi et de la cour avec bien de la satisfaction, et le contentement qu'on témoigna doit passer pour une marque assurée de leur valeur. Le duc y réussit merveilleusement, et lorsqu'il travaille sur une matière qui a du rapport avec son naturel fort galant, il ne fait rien qui ne soit agréable. Le style en des endroits est un peu flatteur, mais aussi ceux qui pourront voir clair dans l'obscurité de quelques mots connoîtront que la satire n'en est pas entièrement bannie. Mais revenons à notre histoire, et suivons, s'il se peut, notre belle, qui part avec son prince pour une partie de chasse qui lui donnera du divertissement.

Elle étoit vêtue ce jour-là d'un justaucorps en broderie d'un prix considérable, et la coiffure étoit faite des plus belles plumes qu'on eût pu trouver. Il sembloit, tant elle avoit bon air avec cet habillement, qu'elle ne pouvoit pas en porter un qui lui fût plus avantageux. Le soir, comme on se retiroit, il se leva un petit vent qui obligea mademoiselle de Fontange de quitter sa capeline ; elle fit attacher sa coiffure avec un ruban dont les nœuds tomboient sur le front, et cet ajustement de tête plut si fort au Roi qu'il la pria de ne se coiffer point autrement de tout ce soir ; le lendemain toutes les dames de la cour parurent coiffées de la même manière. Voilà l'origine de ces grandes coiffures qu'on porte encore, et qui de la cour de France ont passé dans presque toutes les cours de l'Europe [1]. La crainte qu'avoit son amant qu'il n'arrivât quelque accident dans la course à cette nouvelle chasseresse l'obligea à rester toujours à ses côtés ; il ne l'abandonna point, et, après lui avoir donné le plaisir de faire passer devant elle le cerf que l'on couroit, il s'écarta avec elle dans le lieu le plus couvert du bois, pour lui faire prendre quelque rafraîchissement. Comme l'on sait qu'il est de certains momens où la solitude a plus de charmes pour nous que toute la pompe de la cour, on laissa jouir paisiblement le Roi et sa maîtresse du repos qu'ils cherchoient à l'écart, et on jugea fort bien quand on crut qu'il préféroit ce delassement à la gloire qu'il auroit pu tirer de la chasse. Quoi qu'il en soit, la suite a fait connoître que nos amans ne se retirèrent ainsi tous deux que pour faire un tiers. Mademoiselle de Fontange, depuis ce jour, a été fort incommodée de maux de cœur et de douleurs de tête, qui, étant les véritables symptômes de la grossesse, nous pouvons croire, sans deviner, que la course fut vigoureuse et que ces momens de

---

1. On les appela dans la suite *des Fontanges*.

retraite ne se passèrent pas tous dans l'oisiveté. C'est ainsi que les Héros se faisoient autrefois ; les Dieux n'avoient point de lieu plus propre pour l'exercice de leurs amours que la campagne, et nous avons sujet de croire que le fruit qui naîtra de ce passe-temps n'en sera pas plus sauvage pour avoir pris son commencement dans les bois.

Le jour qui suivit cette partie de divertissement ne fut pas également heureux pour toute la cour, puisque le Roi et sa maîtresse ne le passèrent que dans la tristesse : cette belle se ressentant des fatigues de la chasse, ou, si vous voulez, des momens de la retraite, souffrit des maux de cœur fort grands et des douleurs de tête fort aiguës. Bien que son amant connût que ces maux ne seroient pas de durée, il y parut néanmoins aussi sensible que s'ils avoient été fort dangereux ; il ne la quitta point et agit toujours auprès d'elle en amant, mais le plus passionné du monde : il court, il va, il revient et semble mourir d'un mal qui ne le touche que dans ce qu'il aime. La tristesse de sa maîtresse le mit dans un abattement extraordinaire ; mais ce qui lui tira presque les larmes des yeux, ce fut lorsqu'au plus fort de la douleur mademoiselle de Fontange, attachant ses regards sur lui, lui dit d'une manière tendre et languissante : « Ah ! mon cher prince, faut-il que les douleurs suivent de si près les plaisirs les plus purs ? Ah ! il n'importe, poursuivit-elle, j'en chéris la cause et l'aimerai éternellement. » A ces paroles le Roi l'embrassa étroitement ; il étoit sur son lit, et, la serrant le plus amoureusement du monde, il lui jura que jamais il n'auroit d'autre maîtresse qu'elle, et que de sa vie il n'avoit conçu tant d'amour pour une personne comme il en ressentoit pour elle.

L'après-dînée, notre malade se porta mieux ; elle reçut plusieurs visites, et jamais reste de journée n'a été si bien employé que le fut celui-là : on y parla de nouvelles galantes et des pièces d'esprit qui étoient les plus récentes ; et comme c'étoit à qui contribueroit davantage au divertissement de la belle, Mme D. A.[1], qui avoit été de la chasse, tira un écrit de sa poche et en fit la lecture assez vite pour qu'aucun ne pût en pénétrer le sens. C'étoit une énigme qu'elle dit qui lui étoit tombée par hasard entre les mains ; qu'elle en ignoroit le mot, mais qu'elle croyoit qu'elle ne pouvoit être que noble et relevée, puisqu'il y étoit parlé du Roi ; la voici :

ÉNIGME.

Tantôt je suis ouvert, tantôt je suis fermé,
Selon qu'il plaît au roy le plus puissant qu'on voie.
Je ressens la douleur et je donne la joie.
Je suis ou peu s'en faut de tout le monde aimé.

Mon frère fort souvent contre moi animé[2]*,*
Vient fouler sans respect mon corail et ma soie ;
Il me perce le sein, mais aussi je le noie,
Et éteins tous les feux dont il s'étoit armé.

Je suis petit de corps, mais je donne la vie ;

---

1. Madame la duchesse d'Arpajon. (*Note de l'édition de* 1740.)

2. Les éditions modernes donnent seules cette variante, qui supprime l'hiatus :

. . . . . . De transport animé.

Plus je suis à couvert, plus je reçois de pluie ;
J'ai la langue en ma bouche, et je ne parle point.

Mon nom est trop caché pour le pouvoir connoître ;
Un ombrage à vos yeux m'empêche de paroître :
Ne vous rompez donc plus la tête sur ce point.

Devant que l'énigme passât de main en main, le Roi en voulut faire la lecture. Bien qu'il ait de l'esprit infiniment, il ne l'eut pas pour lors assez pénétrant pour en découvrir le sens. Sa maîtresse fut plus spirituelle et entra d'abord dans la pensée de celui qui l'avoit composée ; mais, bien loin de la déclarer, elle dit, pour dégoûter les autres d'une recherche plus exacte, que cela ne méritoit pas qu'on s'y appliquât davantage. Cela donna à penser à une de la compagnie, qui, faisant une seconde lecture de l'ouvrage, y connut ce qui y étoit mystérieux ; elle eut pour lors plus d'esprit que de jugement, car elle ne put s'empêcher de dire tout haut qu'on ne devoit pas être surpris si le véritable sens de l'énigme étoit si difficile à trouver, puisqu'il n'y avoit que le Roi qui en eût la véritable clef. Cette parole ne produisit pas un effet tel que celle qui l'avoit imprudemment lâchée auroit souhaité ; le Roi et toutes celles qui composoient le cercle devinèrent facilement qui étoit celle qui étoit sur jeu. On s'enquit de Mad. D. A. de qui elle avoit eu ces vers, on fit toutes les perquisitions possibles pour en apprendre l'auteur ; mais Mad. D. A., qui étoit innocente du stratagème, s'en excusa facilement et dit qu'elle l'avoit trouvée sur sa table à son lever, sans savoir par qui ni comment elle y avoit été mise. Cela ne satisfit pas le Roi, qui ne veut pas qu'on raille ce qu'il aime. La compagnie prit congé de mademoiselle de Fontange, et plusieurs des personnes qui la composoient se retirèrent afin de rire à leur aise, et se divertir de l'énigme dont la plaisanterie avoit choqué si vivement cette belle. On soupçonna quelques amies d'Asterie[1] d'avoir part à cet ouvrage; mais elle les justifia toutes auprès du Roi, et fit voir que le hasard se mêloit souvent de beaucoup de choses qui sembloient être exécutées avec dessein. Pour confirmer ce qu'elle disoit, elle apporta pour exemple la simplicité avec laquelle elle avoit produit quelques années auparavant un sonnet qui étoit bien plus satyrique. Je vais vous dire comment cela se passa. Vous saurez donc que la ruelle d'Astérie a toujours été composée de tout ce qu'il y a de plus spirituel et de plus éclairé à la cour parmi le sexe. Un jour entre autres que la compagnie étoit fort grande et que le Roi étoit présent, après avoir parlé des modes, qui est l'entretien le plus ordinaire des dames, un jeune abbé, qui ne cherchoit que l'occasion de faire paroître son esprit, fit tomber la conversation sur les ouvrages galans nouvellement imprimés. On y parla de toutes sortes de sciences, mais d'une manière qui n'avoit rien de pédantesque; la philosophie de M. Descartes y fut agitée; Gassendi eut ses partisans, et on peut dire que les maîtres auroient eu de la peine à en parler plus savamment. Astérie, qui étoit pour la sceptique, envoya quérir dans son cabinet un livre

---

1. Madame de Montespan.

dont elle avoit besoin pour confirmer quelque chose qu'elle avoit avancé. On l'apporta. Il avoit pour titre *la Recherche de la Vérité*[1]. Elle l'ouvrit, et elle trouva dedans les vers suivans, écrits sur un papier volant :

SONNET.

Quatre animaux M. D. T. S.[2] *sont maîtres de ton*
Chacun voit son rival d'un œil de jalousie [*sort;*
Et veut gouverner seul, mais leur rage est unie
Pour sucer tour à tour ton sang jusqu'à la mort.

Le lion[3] *prend partout, sans épargner l'autel;*
Le timide mouton[4] *opprime l'innocence;*
Le lézard[5] *des rappins*[6] *dort dessus la finance;*
Mais du dernier de tous le poison est mortel[7].

1. C'est le célèbre ouvrage de Malebranche.
2. Ces lettres, initiales des mots : maîtres de ton sort, semblent mises ici pour dérouter la recherche ; mais, dans les notes qui suivent, nous croyons avoir donné le mot de l'énigme.
3. Le lion désigne évidemment M. de Lyonne, ministre et secrétaire d'Etat, dont voici les armes : il portoit écartelé au premier et quatrième de gueules à la colonne d'argent mise en pal, au chef d'azur chargé d'un *lion* passant d'or, qui est de Lyonne ; au deuxième et troisième, d'azur à trois bandes d'or, au chef aussi d'azur chargé d'une tête de *lion* arrachée d'or, qui est Servien.
4. F. Séguier, chancelier de France, portoit d'azur au chevron d'or, accompagné de deux étoiles en chef de même, et d'un *mouton* passant d'argent en pointe. — C'étoient des armes parlantes : *Segui*, en Auvergne, signifie *mouton*.
5. Michel Le Tellier, marquis de Louvois, ministre et secrétaire d'Etat, portoit d'azur à trois *lézards* d'argent posés en pal, deux et un, au chef cousu de gueules, chargé de trois étoiles d'or.
6. Les textes imprimés portent : *des jappins*. Un manuscrit nous a autorisé à faire cette restitution.
7. Colbert portoit d'or à la *couleuvre* ou guivre ondoyante d'azur.

*C'est ce funeste auteur de toutes nos misères
Qui chassa du jardin le premier de nos pères,
Et pour prix de sa foi lui promit un trésor.*

*Ce serpent garde encor son ancienne malice;
Il se couvre de fleurs, et tout son artifice
Est de tromper son maître avec la pomme d'or.*

Il n'est pas nécessaire de vous dire que la lecture de ce sonnet fit changer l'entretien : on connut d'abord l'excès de la satyre, et chacun voulut faire paroître son zèle pour en rechercher l'auteur; mais ce fut inutilement. On l'attribua à un Italien fort critique, qui s'appeloit Gerolamo Pamphilio; quelques mécontentemens qu'il avoit reçus sans sujet d'un des ministres d'Etat donnèrent fondement de croire que c'étoit lui qui avoit ainsi répandu sa bile sur tous les autres; il avoit déjà été soupçonné d'être l'auteur de cette inscription qui fit tant de bruit et qui fut placée dans un cartouche au-dessus de la porte de la chambre d'Astérie, un jour que le roi lui donnoit le divertissement de la musique. Comme je crois que personne ne l'ignore, je ne la mets point ici, outre qu'elle ne fait rien au sujet.

Revenons à mademoiselle de Fontange, que nous avons laissée avec le Roi, bien fâchée de ce qu'elle avoit servi de divertissement à la compagnie. Elle témoigna que cette aventure la touchoit d'autant plus vivement, qu'on l'attaquoit dans ce qu'elle avoit de plus sensible. Le Roi n'en marqua pas moins de déplaisir, mais seulement à cause qu'il en donnoit à sa maîtresse; car, pour lui, on peut dire qu'il se met au-dessus de ces sortes de bagatelles. Il la consola et lui promit d'en faire une si exacte recherche, qu'il découvriroit celui ou celle qui auroient voulu se divertir à ses dépens. Cela la remit un peu, et, après quelques réflexions, elle le pria de laisser le tout dans le silence, sans y penser davantage. Elle fit prudemment, car c'étoit l'unique moyen d'étouffer la raillerie et d'empêcher le monde d'en parler. Nos amans ne s'appliquèrent donc plus qu'à passer agréablement le temps et à se donner tous les témoignages les plus tendres de leurs amours. On peut dire que le Roi n'en a jamais marqué davantage que pour mademoiselle de Fontange. Il ne peut pas être plus ardent, et le retour avec lequel cette belle témoigna le sien ne peut pas être plus passionné. Elle le fit paroître particulièrement lorsqu'étant à Paris, elle apprit de Saint-Germain que le Roi, qui se fait souvent un de ces plaisirs de vigueur, avoit couru grand danger dans la poursuite d'un sanglier; que son cheval avoit été blessé par cette bête, et que sans une force et une adresse particulières, Sa Majesté auroit eu de la peine à se tirer du péril. Cette nouvelle lui fut communiquée par un gentilhomme de madame la princesse d'Epinoi[1], qui étoit elle-même de la partie. Mademoiselle de Fontange y fut presque aussi sensible que si le mal étoit effectivement arrivé; elle tomba dans la plus

---

1. Jeanne Pelagie de Chabot-Rohan, seconde femme d'Alexandre Guillaume de Melun, prince d'Espinoy. Elle se maria le 11 avril 1668, devint veuve le 16 février 1679, et mourut le 18 août 1698.

grande tristesse du monde, et envoya dès le même jour ce billet au Roi :

Je ne puis, mon cher Prince, vous exprimer l'inquiétude où je suis. Puis-je apprendre de tous côtés le peu de soin que vous apportez à votre conservation sans trembler ? Au nom de Dieu, ménagez mieux une vie qui m'est plus chère que la mienne, si vous voulez me trouver à votre retour. Eh quoi ! votre courage n'est-il pas assez connu, aussi bien que votre adresse, pour vous exposer ainsi à de nouveaux dangers ? Pouvez-vous trouver le délassement des fatigues de la guerre dans un exercice si pénible et si périlleux ? Ah ! j'en tremble de peur ! Pardonnez, mon cher Prince, ces reproches, à l'ardeur de ma passion, et revenez si vous aimez et si vous voulez retirer de la crainte celle qui vous chérit si tendrement.

Il est aisé à connoître que l'étude a moins de part à cette lettre que le cœur; l'on découvre d'abord que c'est lui qui parle, et il seroit difficile de le faire parler plus tendrement. Elle fut lue du roi avec des transports de joie qu'il seroit mal aisé d'exprimer ; il la baisa mille fois, et envoya aussitôt un exprès à sa maîtresse, avec cette réponse :

Non, ma chère enfant, ne craignez pas, le péril est passé, et je ne veux plus me conserver que pour vous seule. Je vous l'avoue, je ne suis pas excusable d'avoir cherché du plaisir dans des exercices que vous n'avez pas partagés avec moi; mais pardonnez ces momens que j'ai donnés aux désirs de la gloire, et je pars pour passer les jours entiers à vous dire que je vous aime. Ah! qu'il est doux seulement d'y penser, lorsqu'on aime un enfant si aimable, et qu'on est certain d'en être aimé!

Le Roi suivit de bien près cette lettre, et partit de Versailles le jour d'après celui qu'elle fut envoyée, pour aller rassurer sa belle. « Ah! que je suis heureuse, mon cher Prince, lui dit-elle en l'abordant avec un air engageant, de vous voir ainsi de retour! Ah! que l'éloignement de ce qu'on aime est une chose difficile à supporter! — Je l'ai bien éprouvé, ma chère enfant, lui dit le Roi en l'embrassant, et ce n'est que l'amour extrême que je vous porte qui m'a si tôt rappelé et qui n'a pas pu me permettre de vivre un moment sans vous. » Cette entrevue fut accompagnée d'autant de marques de joie que si c'eût été la première : nos amans ne pouvoient assez se regarder, et les plaisirs qui suivirent ces transports furent goûtés de l'un et de l'autre dans toute leur étendue. Oui, on peut dire que ce fut dans toute leur étendue, puisque la nuit qui suivit l'arrivée de Versailles fut trop courte pour Mars et pour Vénus; le jour d'après partageoit une partie de leurs ébats, et les dégoûts qui suivent de si près les plus purs contentemens n'osèrent pas troubler le doux passe-temps de notre monarque.

Ce fut dans ces doux momens que mademoiselle de Fontange obtint du roi la grâce de... qui lui avoit inutilement été demandée par la bouche de plus d'un prince. Il lui accorda une pension considérable en faveur d'une demoiselle de ses amies; et l'abbaye de Chelles¹, dont sa sœur a été pourvue, fut encore un effet de sa libéralité. Tant il est vrai que nous n'avons plus rien de cher, quand une fois nous avons donné notre cœur. Cette nouvelle abbesse fut bénite avec une pompe et une magnificence extraordinaires; c'étoit assez qu'elle fût la sœur de la maîtresse du Roi pour qu'il ne manquât rien à la cérémonie : aussi fût-elle honorée d'un grand nombre d'évêques; presque toute la cour y assista, et mademoiselle de Fontange y parut avec un si grand éclat qu'elle attira autant de regards sur elle que celle qui en faisoit le principal personnage.

Si toutes ces grâces et ces faveurs dont nous venons de parler avoient été accordées à des personnes qui ne fussent pas recommandables par leur mérite particulier, elles pourroient être sujettes aux changemens; mais toutes les demandes de mademoiselle de Fontange sont faites avec tant de choix et de discrétion, qu'il n'y a rien à craindre de ce côté-là. Si la V♦ L. R. avoit autant apporté de circonspection dans tout ce qu'elle a exigé du Roi², son oncle³ ne seroit pas devenu d'évêque meunier; le proverbe est un peu commun, mais il ne convient pas mal au sujet. On dit que c'est sur sa pure et simple démission que M. de B. V. U⁴. remplit dignement sa place;

1. Voy. t. 2, p. 469.
2. Ceci est en contradiction avec ce que l'on a vu ailleurs de sa réserve, qui étoit qualifiée d'égoïsme.
3. Guillaume de La Baume le Blanc de La Vallière, oncle de la duchesse de La Vallière, se démit de l'évêché de Nantes en 1677.
4. M. de Beauveau. Guillaume de La Baume le Blanc de

nous ne pouvons le croire pieusement, sans ôter à une vertu ce qui appartient à une autre et donner à l'humilité de L. B. L. B¹. ce qui a été un pur effet de son obéissance. Peut-être que s'il eût eu autant de bonheur qu'il eut de zèle pour apaiser quelques légers troubles de son diocèse, il ne seroit pas si tôt déchu de sa grandeur ; mais le peu de réussite qui suivit ses empressemens ne causa pas seulement sa disgrâce, mais contribua aussi à celle de M. de Molac². Le Roi lui en marqua son ressentiment par une lettre, qu'il eut la simplicité de faire voir, où entre autres termes il y avoit : *J'entends que votre Bréviaire fasse toute votre occupation.* Tant il est vrai que la cour ne juge de la nature d'une entreprise que par le bon ou le mauvais succès, et que les bonnes intentions ne produisent pas toujours de bons effets.

Comme l'air de la campagne donne souvent de l'assaisonnement à des plaisirs que nous trouverions fades et insipides dans les plus grandes villes, le Roi ne passa pas longtemps à Paris sans méditer son retour à Versailles : il est vrai que c'est un lieu rempli d'enchantement, depuis qu'on s'est appliqué à l'orner et à l'embellir. Toute la cour partit donc pour ce lieu de plaisance, et le Roi y renouvela toutes les fêtes et tous les di-

---

La Vallière, évêque de Nantes, eut pour successeur à ce siége Gilles de Beauveau, son neveu, fils de François de Beauveau et de Louise de La Baume le Blanc.

1. M. de La Baume le Blanc. — La première édition seule donne ces initiales.

2. Sébastien de Rosmadec, quatrième du nom, marquis de Molac, qui avoit épousé Catherine Gasparde de Scorraille, sœur de mademoiselle de Fontange. Voy. t. 2, p. 469.

vertissements qui avoient été en quelque manière interrompus par son départ si précipité : les parties de chasse y furent assignées ; les dames qui accompagnent d'ordinaire Sa Majesté dans cet exercice y parurent infatigables et y firent voir beaucoup de vigueur. La santé de mademoiselle de Fontange étoit trop chère au Roi pour qu'il lui permît de s'engager, comme beaucoup d'autres dames, dans la course ; elle en eut le plaisir sans se mettre dans le hasard, et vit de son carrosse tout ce qui pouvoit satisfaire sa curiosité. La chasse finie, le Roi descendit de cheval, prit la place auprès d'elle et la conduisit dans son appartement. Elle étoit pour lors dans l'humeur la plus gaie du monde, et elle dit mille plaisanteries à son amant sur le divertissement qu'une de la troupe avoit donné en tombant de son cheval. Le Roi rioit de tout son cœur, particulièrement quand elle dit devant plusieurs personnes que cette chute devoit être d'autant plus sensible à cette belle chasseresse, que les dames ne s'étoient pas pourvues de caleçons, contre l'ordinaire. Cela donna occasion à mademoiselle de B[1]..., fille d'honneur de Madame[2], de dire qu'elle mourroit s'il lui étoit arrivé un pareil accident. « Je me

1. « J'avois une fille d'honneur nommée Beauvais, dit la princesse palatine, mère du régent ; c'étoit une personne fort honnête. Louis XIV en devint très amoureux ; mais elle tint bon. Alors il se tourna vers sa compagne, la Fontange, qui étoit charmante aussi, mais sans esprit. » — L'initiale de notre texte a sans doute ici son explication.

2. Marie-Anne-Christine-Victoire de Bavière, fille de Ferdinand-Marie, duc de Bavière, électeur du Saint-Empire, et d'Adélaïde-Henriette de Savoie, épousa le 28 janvier 1680 Louis, dauphin de France, fils de Louis XIV.

réserve, continua-t-elle, pour des divertissemens plus tranquilles, et je ne puis assez admirer celles qui ne peuvent goûter de plaisirs sans courir fortune de leur vie. » Elle lâcha cette parole sans prendre garde que Madame, qui étoit présente, est une des plus passionnées pour cet exercice. Aussi releva-t-elle hautement ce qui avoit été dit. « Je vois bien, reprit-elle en s'adressant à celle qui eût bien voulu retirer sa parole, je vois bien que les plaisirs de la ruelle vous toucheroient plus vivement que ceux qui se trouvent dans l'agitation : il faut des divertissemens paresseux et sédentaires à celles dont la foiblesse ne leur permet pas d'en prendre d'autres. » Madame la Dauphine fit changer l'entretien en parlant du bal que Sa Majesté donnoit le lendemain. Ce fut un des plus beaux de tous ceux qui ont paru auparavant ; tout y étoit pompeux et magnifique. Le Roi y dansa avec son adresse ordinaire ; mais ce qui surprit le plus, ce fut qu'il prit jusques à deux fois une jeune demoiselle et lui dit quelques galanteries fort obligeantes. Il fut le lendemain au lever de sa maîtresse ; mais il la trouva dans une tristesse et un abattement extraordinaires. Il témoigna bien du chagrin de la voir dans cet état ; il lui demanda fort tendrement quel en étoit le sujet. « Ah ! Sire, lui dit-elle en le regardant avec un air fort touchant, si votre personne étoit moins aimable, on auroit moins de tristesse ! » Il connut que c'étoit la jalousie qui causoit ce désordre ; il n'en fut pas fâché, car quand il aime il veut être aimé, et il n'y a rien qui l'engage si fortement que ces sortes de craintes, quand on les marque à propos. Il apprit de sa belle que ce qui s'étoit passé au bal l'avoit un peu alarmée, et que c'étoit la seule cause de sa mauvaise humeur. Il lui fit voir le peu de sujet qu'elle avoit eu de s'affliger, l'assura qu'il n'aimeroit jamais qu'elle, et que le soupçon qu'elle avoit eu étoit le plus mal fondé du monde. « Eh quoi ! continua-t-il, est-il possible que vous connoissiez si mal les sentimens de mon cœur ? J'abandonne tout ce que j'ai de plus cher dans la vie. Ah ! c'est faire tort à mon amour que d'en avoir seulement la pensée, et vous ne le pouvez sans condamner mon jugement dans le choix que j'ai fait de votre personne. Non, je vous le dis encore une fois, ne jugez pas de l'amour que je vous porte par celui que j'ai témoigné à d'autres par le passé ; la différence vous en doit être connue si vous connoissez votre mérite. Croyez que, trouvant en vous seule tout ce qu'il y a d'aimable dans toutes les autres, je ne ferai rien contre mon intérêt, ma parole et mon inclination. — Ah ! Sire, quel plaisir n'ai-je point goûté par votre discours ! et qu'il est doux d'entendre de la bouche d'un prince si aimable des paroles si tendres et si obligeantes ! Mais aussi qu'il est difficile d'aimer un prince comme vous sans crainte et sans inquiétude ! Non, je ne puis posséder un cœur comme le vôtre sans en appréhender la perte ! C'est pourquoi excusez ma tristesse passée, et profitez de la joie que vous m'avez rendue en me confirmant dans la possession de votre cœur. » Elle dit ces dernières paroles en se jetant au cou du Roi, qui ne put résister plus longtemps à ses caresses ; il la baisa, il l'embrassa, et après tout ce badinage, ils font quelque chose qui n'est guère plus sérieux.

[¹ Bien que les choses qui sont d'une ardeur si violente ne semblent pas devoir être de longue durée, nous avons néanmoins sujet de croire que comme c'est la beauté, l'esprit et le mérite d'une personne toute charmante, qui ont fait cet attachement, il subsistera tant qu'elle conservera les mêmes avantages.

Si nous faisons un juste parallèle du mérite de notre héroïne avec les qualités de celles qui l'ont précédée dans son emploi, nous trouverons que sans le secours de sa beauté elle les surpasse toutes. Ceux de la Cour qui se piquent d'être savants dans le discernement des esprits disent que le sien ne peut être plus accompli, qu'il a en même temps les lumières et le brillant de celui de La Vallière ², et le fond et le solide de celui d'Astérie. S'ils ne se trompent point dans le jugement qu'ils en font, il est à croire que, ramassant de la sorte en soi toutes les perfections qui

---

1. Toute la fin de cette histoire, écrite du vivant de mademoiselle de Fontange, a été changée dans les éditions faites après sa mort. Nous avons suivi le texte le plus ancien. On a lu dans *la France galante* tous les passages que les éditeurs maladroits de 1754 en ont détachés pour les recoudre à ce récit, dont ils ont dénaturé la rédaction primitive.

2. Madame de Sévigné a fait aussi la comparaison de mademoiselle de Fontange et de madame de La Vallière, mais tout à l'avantage de la seconde : « *La belle beauté*, dit-elle (mademoiselle de Fontange) est si touchée de sa grandeur qu'il faut l'imaginer précisément le contraire de cette petite *violette* (mademoiselle de La Vallière) qui se cachoit sous l'herbe, et qui étoit honteuse d'être maîtresse, d'être mère, d'être duchesse : jamais il n'y en aura sur ce moule. » (*Lettre* du 1er septembre 1680.)

peuvent rendre le Roi sensible, elle sera toujours aimée, et que tant qu'elle saura ménager sa fortune, il ne cherchera point d'autre amusement. Madame de Fontange est bonne, fort spirituelle, et sensible autant qu'il se peut à deux passions toutes différentes, à l'amour et à la haine ; ce qui fait que, si elle aime avec ardeur ce que son cœur trouve agréable, elle ne hait pas avec moins d'excès ceux dont elle croit être méprisée. Elle aime l'honneur et la gloire, et le titre de duchesse ne lui déplaît pas. Elle a un grand air de jeunesse, qui la rend toute aimable. Elle parle agréablement. Mais pour faire son portrait en deux paroles, il suffit de dire qu'elle est du goût du plus délicat de tous les hommes en matière d'amour, et qu'elle a su engager le plus grand et le plus fier de tous les cœurs[1].]

1. On a vu, à la fin du second volume, le récit de la mort de mademoiselle de Fontange. Nous devons le compléter ici par cette lettre, où Louis XIV, craignant peut-être de trouver les preuves d'un empoisonnement, écrit au duc de Noailles de ne laisser ouvrir le corps que si on ne pouvoit absolument l'empêcher. Voici cette lettre, publiée par la Société de l'histoire de France, *Bulletin*, nov. 1852 :

Ce samedy à dix heures. — « Quoyque j'atandisse il y a longtemps la nouvelle que vous m'avés mendée, elle n'a pas laissé de me surprendre et de me fascher. Je voy par vostre lettre que vous avés donné tous les ordres nécessaires pour faire exécuter ce que je vous ay ordonné. Vous n'avés qu'à continuer ce que vous avés commencé. Demeurés tant que vostre présence sera nécessaire, et venés ensuitte me rendre compte de touttes choses. Vous ne me dittes rien du père Bourdaloue. Sur ce que l'on désire de faire ouvrir le corps, si on le peut esvister, je croy que c'est le meilleur party. Faites un compliment de ma part aux frères et aux sœurs, et les assurés que dans les occasions ils me trouveront toujours disposé à leur donner des marques de ma protection.

« LOUIS. »

SUITE

DE

LA FRANCE GALANTE

OU

LES DERNIERS DÉRÉGLEMENTS

DE LA COUR.

AVERTISSEMENT[1]

DU LIBRAIRE AU LECTEUR[2].

'auteur *de la suite de la France Galante a été si mal informé de ce qui s'est passé sur le sujet de Madame de Maintenon, que l'on peut dire que la plupart des choses qu'il y a*

---

1. Deux éditions de ce pamphlet ont paru : l'une reproduite par l'édition de 1754 et les éditions modernes, l'autre par l'édition de 1740. Toutes deux sont également fausses, et, à ce titre, la plus courte nous a paru la meilleure. Toutefois, nous reproduisons en note les passages de la première supprimés dans la seconde.

2. *Var. I.*

AU LECTEUR.

L'amour et la fortune ont des effets si bizarres et si surprenants que l'esprit de l'homme, qui s'accoutume à penser à toutes choses, n'y sauroit penser sans étonnement. On n'y voit pas seulement les plus viles et les plus abjectes créatures élevées jusques au faîte de la gloire et de la grandeur, mais encore les plus hautes et les plus agréables renversées par le caprice de ces brutales passions et de ces chimériques effets de l'imagination que les hommes encensent comme des divinités ; et la nature n'a jamais tant eu de diversités dans ses productions que l'amour et la fortune en ont dans leurs adorateurs et dans leurs esclaves. L'histoire que nous entreprenons d'écrire nous marquera cette vérité.

avancées n'ont été que pour grossir son historiette[1]*..
Il y a même mis plusieurs choses malhonnêtes et peu
séantes à un auteur, qui doit être plus modeste, et qui
doit savoir que son ouvrage sera lu par l'un et l'autre
sexe. Aussi la plupart n'ont pas voulu le lire à cause
des saletés qu'ils y ont trouvées, mais surtout les
dames, dont quelques-unes se sont plaintes de ce que
plusieurs auteurs, par leurs ordures*[2], *les privoient
de lire plusieurs petites histoires galantes de ce temps.
C'est donc pour y remédier et satisfaire à leur curiosité que j'ai bien voulu, dans cette seconde édition,
corriger toutes les periodes sales et les faussetés que
j'ai remarquées dans l'autre édition, pour les accommoder au goût de toutes sortes de personnes. C'est,
dis-je, pour leur faire plaisir que j'ai fait imprimer*

Madame de Maintenon en sera l'héroïne. Elle en est aussi la
preuve la plus surprenante et la plus agréable, comme la
suite le pourra faire voir ; heureuse elle-même, si dans la vie
on peut réputer pour bonheur la prospérité dont elle jouit.
Au reste, je veux bien avertir le lecteur que, quoique diverses personnes aient écrit sur de semblables matières et
n'aient fait que de purs romans, au moins ce que j'écris est
une vérité essentielle, car les Mémoires d'où ceci est tiré
sont sortis de la cassette de madame de Maintenon. Ils sont
en partie écrits de sa propre main, et nous les avons recouvrés d'une demoiselle qui l'a servie pendant un assez long
temps. C'est donc d'elle que nous tenons ce que nous allons
vous exposer. Je souhaite qu'il vous satisfasse autant qu'il
m'a satisfait dans la peine que j'ai prise à rassembler les
Mémoires que je vous donne ; et s'il y a quelque chose de
ridicule, n'en accusez que les originaux, et non la copie.
Adieu.

1. L'auteur de cette préface a voulu faire son texte meilleur qu'il n'est. A quelques suppressions près, les deux textes
sont, en général, également erronés.

2. Le libraire calomnie l'édition rivale pour assurer le
débit de la sienne. Ni dans l'une ni dans l'autre on ne trouve
un style ordurier.

cette seconde édition, dans laquelle je me suis étudié à leur plaire. Si l'auteur de la première a tiré, comme il dit, de la cassette de madame de Maintenon tout ce qu'il a inséré dans son ouvrage, j'ose dire que c'est une fort vilaine cassette. Ainsi l'on pourra lire cette édition sans scrupule, et j'espère que l'on me saura bon gré de la peine que j'ai prise à faire ce retranchement, comme je ferai encore à l'avenir, en tout ce qui passera de tel par mes mains. Adieu.

SUITE
DE
LA FRANCE GALANTE
OU
LES DERNIERS DÉRÉGLEMENTS
DE LA COUR

Entre tous les effets que l'amour a produits[1], il ne s'en trouve point de plus surprenant que celui qui joint le sceptre à la houlette, et qui rend par ses effets les conditions les plus éloignées tellement unies

---

1. *Var. II.* La première édition a fait précéder ce début du passage qui suit :

« On a dit depuis longtemps, et l'expérience de tous les jours le confirme, qu'en matière d'amour les apprentis en savent plus que les maîtres. C'est pour cela peut-être que les poëtes le représentent toujours comme un enfant et jamais comme un vieillard. On peut dire que ses coups d'essai sont toujours des coups de maître, et des coups même qui surpassent tous les autres qu'il peut faire dans la suite. J'en prends à témoin tous ceux qui sont entrés la première fois dans la cité d'amour, et même tous nos jeunes mariés. C'est

ensemble que les deux parties en oublient ce qu'ils ont été et ce qu'ils se doivent. Plusieurs exemples nous ont appris cette vérité; mais nous n'en avons aucune qui nous en marque plus la

ordinairement la première nuit des noces qu'ils se montrent de vaillants champions, après quoi ils vont toujours en empirant. Enfin, il en est de l'amour tout le contraire des autres choses : le forgeron, dit-on, se fait en forgeant; un avocat doit avoir plaidé plusieurs fois avant que de se rendre habile dans sa profession; un médecin ne devient expert qu'après avoir fait l'essai de ses remèdes sur le corps d'un grand nombre de malades qu'il a envoyés en l'autre monde; et le métier pénible de la guerre ne se peut apprendre qu'après une longue suite de campagnes. Il en est de même de toutes les autres choses, à la réserve des mystères d'amour : ceux qui y sont initiés savent qu'on préfère toujours un novice à un vieux routier. Mais il faut excepter Louis-le-Grand de cette règle générale. Ce prince, qui depuis l'âge de quinze ans a fait de l'amour ses plus chères délices, y trouve tous les jours de nouveaux raffinements, et fait goûter à ses dernières maîtresses des douceurs qui avoient été inconnues à toutes les autres. Madame de Maintenon, qui est celle qui va faire le sujet de cette histoire, et qui occupe aujourd'hui la place que les La Vallière, les Montespan et les Fontange avoient si dignement remplie, pourroit nous en dire des nouvelles. Aussi l'on dit que la première fois que le Roi la vit pour lui offrir son cœur, il s'y prit d'une manière qui surprit agréablement cette dame, et qui confirme la vérité de ce que je viens d'annoncer à la gloire de ce monarque. Comme il savoit que la Maintenon avoit elle seule autant d'esprit que toutes les femmes ensemble, et un goût exquis sur toutes choses qui la met au-dessus des esprits du premier ordre, il crut qu'il devoit rappeler tous ses feux et tout ce qu'une longue expérience lui avoit appris en amour, pour en faire un sacrifice à sa nouvelle maîtresse, et lui fit la déclaration suivante :

Iris, je vous présente un cœur
Qui connoît de l'amour et le fin et le tendre,
Et qui s'est souvent laissé prendre,
Dans l'unique dessein d'apprendre
Et de vous faire plus d'honneur.

netteté et qui soit plus connue dans nos jours que celle que nous décrivons.

Personne n'ignore[1] dans notre France que

> *Pour savoir de l'amour les tours et les souplesses,*
> *Les raffinements, les tendresses,*
> *Il en a senti tous les coups.*
> *Il a fait dans cet art un long apprentissage,*
> *Pour être plus savant, plus discret et plus sage,*
> *En un mot, plus digne de vous.*
> *Il veut, à présent qu'il est maître,*
> *Aimer le seul objet qui mérite de l'être.*
> *Iris, ne le refusez pas :*
> *Vous pouvez l'accepter sans honte,*
> *Puisqu'en amour il n'a point fait de pas*
> *Que vous ne puissiez bien mettre sur votre compte.*

Mais avant que de venir à l'histoire de leurs amours, il faut prendre les choses dans leur source et parler premièrement de la naissance de madame de Maintenon, de son éducation et de ses premières aventures, qui l'ont conduite, comme par degrés, à ce rang éminent qu'elle tient aujourd'hui à la cour de France.

1. *Var. III :* Madame de Maintenon s'appelle Françoise d'Aubigné ; elle est demoiselle, et M. d'Aubigné, son grand-père, étoit homme de mérite et de considération. Il étoit de la religion protestante, et son corps est enterré dans l'église de Saint-Pierre à Genève. Le père de notre héroïne étoit fils de cet illustre d'Aubigné. Dans sa jeunesse il eut le malheur de tomber entre les mains de la justice, et il en auroit éprouvé les rigueurs si la fille du concierge, touchée de son mérite et de son malheur, ne se fût déterminée à lui procurer la liberté. Cette fille étoit fort aimable et fort généreuse. M. d'Aubigné, qui connoissoit son bon cœur et le besoin qu'il avoit de la ménager, prenoit grand soin de lui plaire ; et quand il crut pouvoir compter sur sa tendresse, il lui offrit une vie qu'il ne pouvoit conserver que par son moyen, et lui jura que c'étoit l'espérance de la passer avec elle qui la lui faisoit souhaiter. La belle, attendrie par un discours si obligeant, s'assura par des serments de la parole qu'il venoit de lui donner, et lui promit de le faire sortir de prison, d'en sortir avec lui et de le suivre partout, pourvu qu'à la première occasion il l'épousât en bonne forme. Etant

ainsi convenus de leurs faits, ils ne songèrent plus qu'à leur liberté. M. d'Aubigné s'en remit aux soins de sa maîtresse, qui prit des mesures si justes que peu de jours après elle l'avertit de se tenir prêt pour la nuit suivante. Elle en avoit choisi un fort obscur pour favoriser son dessein; et, après avoir fait passer son amant à tâtons par des lieux où l'amour lui servit de guide, enfin elle le mena dans une rue où ils trouvèrent des chevaux et un homme de confiance qui les conduisit, avec toute la diligence possible, en un lieu de sûreté. Là M. d'Aubigné, qui avoit les sentiments d'un homme de bien, s'acquitta de la promesse qu'il avoit faite à sa maîtresse et l'épousa publiquement.

Leur fuite fit grand bruit. On courut après eux; mais voyant qu'il n'y avoit pas moyen de les rattraper, il n'en fut plus parlé, et M. d'Aubigné et sa nouvelle épouse jouissoient dans leur asile des douceurs de la liberté. Elle avoit plié la toilette de sa mère et pris ce qu'elle avoit chez elle. Ils firent argent de tout; tant qu'il dura, nos nouveaux mariés se trouvèrent les plus heureux du monde. Mais ces fonds n'étant pas fort considérables, ils furent aussi bientôt épuisés; et comme on ne vit pas de tendresse, M. d'Aubigné se trouva à la veille de mourir de faim. Toute sa douleur étoit de voir que sa chère femme y étoit exposée, avec une petite créature qui étoit le fruit de leurs amours et qui sembloit destinée à perdre le jour avant de l'avoir vu. Dans cette dure extrémité M. d'Aubigné forma un dessein bien dangereux; mais il n'y avoit de risque que pour lui seul; il l'exécuta sans consulter sa femme, et revint en France pour tâcher de ramasser quelques effets et de trouver les moyens de la faire subsister, comptant, dès qu'il auroit pu faire une petite somme, de la venir retrouver. Il croyoit même, comme on ne pensoit plus à lui dans le pays, qu'il pourroit, par le moyen de quelques amis, y demeurer incognito. Mais tout cela lui réussit très mal, puisqu'il tomba entre les mains de gens qui le trahirent et le livrèrent de nouveau à la justice. M. d'Aubigné n'ayant point pris congé de sa femme, elle n'avoit su son dessein que par une lettre qu'il lui écrivit de la première couchée.

Cette nouvelle la fit trembler pour la vie d'un époux qui lui étoit fort cher, et elle fut dans des inquiétudes terribles quand elle apprit que son mari avoit été remis en prison.

que[1] ; que son père[2], qui se nommoit d'Aubigné,

Mais elle s'arma de constance ; et ne pouvant se flatter de le tirer une seconde fois du péril où il étoit, elle résolut du moins de le partager avec lui.

Quelque risque qu'il y eût à se mettre en chemin dans une grossesse avancée, elle ne voulut rien ménager, et partit en diligence pour se rendre auprès de son mari, et se remit volontairement prisonnière avec lui. Ce fut[1] là qu'elle accoucha de cette fameuse fille dont la fortune fait l'étonnement du siècle.

Les parents de M. d'Aubigné, mécontents de sa conduite et de son mariage, l'avoient abandonné, et madame de Villette sa sœur fut la seule qui le vint visiter. Elle fut touchée de l'état où elle le trouva, manquant des choses les plus nécessaires ; mais ce qu'il y avoit de plus triste, c'étoit de voir cette pauvre petite enfant, couverte de méchants haillons, exposée aux horreurs de la faim, et qui, par ses cris languissants, auroit attendri les âmes les plus dures. La misère et les chagrins avoient entièrement ôté le lait à madame d'Aubigné, qui, n'ayant pas le moyen de donner autre chose à sa fille, s'attendoit à tous moments à la voir expirer de faim entre ses bras. Madame de Villette avoit une petite fille, qui a été ensuite madame de Saint-Hermine, et comme sa nourrice avoit beaucoup de lait, elle emporta la petite d'Aubigné chez elle, et la nourrice de sa fille les nourrit toutes deux. Madame de Villette envoya aussi à son frère du linge pour lui et pour sa femme ; et quelque temps après M. d'Aubigné trouva le moyen de sortir de prison, en abjurant sa religion, et il en fut quitte pour sortir du royaume. Comme il ne comptoit pas y revenir de ses jours, il tâcha de ramasser de quoi faire un long voyage et s'embarqua avec sa famille pour l'Amérique, où il a vécu en repos avec sa femme, donnant tous leurs soins à l'éducation de leurs enfants. Ils ont beaucoup mieux réussi dans ceux qu'ils ont pris pour la fille, qui est assurément un prodige d'esprit. Le fils, qu'on appelle à présent le comte d'Aubigné, n'en manque pas ; mais on peut dire avec vérité que le mérite est tombé en quenouille dans cette famille. M. et madame d'Aubigné moururent dans leur exil, et laissèrent leurs enfants assez jeunes. La fille, qui étoit l'aînée, pressée du désir commun à tous les hommes de revoir leur patrie, chercha les moyens de revenir en France, et trouvant un

étoit d'une famille noble et assez connue dans le royaume, et surtout du temps de Henri IV. Il se sauva de France par une aventure assez particulière : car, ayant eu quelques affaires, il fut arrêté et mis prisonnier en Guienne3 ; mais, après y avoir

vaisseau prêt à prendre cette route, elle s'y mit et vint débarquer à La Rochelle. De là elle prit le chemin du Poitou et fut trouver sa marraine, chez qui elle demeura sans revers de fortune.

1. Madame de Maintenon est née dans la prison de Niort, le 27 novembre 1635, selon les uns; selon le P. Laguille, qui invoque, sans le citer textuellement, un extrait baptistaire, le 20 mars 1636. (*Variétés histor. et litt.* de la Bibl. elzev., t. 8, p. 59.)

2. Constant d'Aubigné, baron de Surineau, étoit le fils indigne du célèbre Agrippa d'Aubigné, l'auteur des *Tragiques*, et de Suzanne de Lezay. Son père le fait ainsi connoître dans ses *Mémoires* (édit. Lud. Lalanne, p. 151) : « Constant, fils esné et unique d'Aubigné, fut nourry par son père avec tout le soin et despence qu'on eust pu employer au fils d'un prince. Ce miserable, premierement debauché à Cedam (à l'Université protestante de Sedan) par les yvrogneries et les jeux, et puis s'estant destraqué des lettres, s'acheva de perdre dans les jeux dans la Hollande. Peu après, en l'absence de son père, se maria à La Rochelle à une malheureuse femme (Anne Marchand, veuve du baron de Chatelaillon), que despuis il a tuée (l'ayant surprise avec un amant). » Devenu veuf comme on vient de le voir, perdu de débauches, emprisonné à Paris le 7 juin 1611 pour dettes, et retenu pour rébellion envers le sergent chargé de l'arrêter, il épousa ensuite, en 1627, Jeanne de Cadillac (et non Cardillac), fille de Pierre de Cadillac, seigneur de Lalanne, lieutenant du duc d'Epernon, gouverneur de Château-Trompette, et propriétaire du château de Cadillac, qui existe encore. Pierre de Cadillac avoit pour femme Louise de Montalembert.

3. Les vrais motifs de la nouvelle incarcération de Constant d'Aubigné sont fort controversés. Les uns attribuent son emprisonnement à ses dettes, d'autres à ses opinions religieuses, d'autres enfin à des satires contre le duc d'Epernon. — Ses dettes l'ont fait emprisonner, comme on l'a vu

demeuré quelque temps, et ne voyant pas de jour d'en sortir, il s'avisa de cajoler la fille du geôlier, et lui promit de l'épouser si elle vouloit faciliter son évasion [1]. Cette fille, plus amoureuse que fidèle à son père, écouta les propositions du

plus haut, en 1611; mais dès le lendemain il avoit satisfait, et son créancier, Samuel de Bechilon, sieur d'Erlaut, et le sergent Mathieu Goujon, et il étoit relaxé (8 juin). Quant à ses opinions religieuses, écoutons son père : « Rien ne pouvant satisfaire à l'insolence d'un esprit perdu, il se jeta à la cour, où il perdit au jeu vingt fois ce qu'il avoit vaillant, et à cela ne trouve remède que de renoncer sa religion. Le père, adverty de sa grand frequentation avec les jesuistes, luy deffendist par lettres telle compaignie. Il respondit qu'à la verité il entretenoit le père Arnou et Dumets. Le vieillard répliqua que ces deux noms lui faisoient peur... Constant se trouva en peu de temps en exsecration à tous les siens, et en horreur et mespris à ceux qui le servoient... Il fit parler à son pere de reconciliation. Il vint à Genesve, se presenta au ministre, fit là, en Poictou et à Paris, toutes les reconnoissances qui lui furent enjointes, obtint une pension et de l'argent... » — Enfin, quant à ses satires, on voit aussi par les mémoires de son père que du vivant de celui-ci il « escrivit en prose et en vers furieusement contre la papauté ». (*Mémoires*, éd. Lud. Lalanne, p. 152 et suiv.) De plus, le P. Laguille (*Variétés histor. et littér.*, t. 8, *initio*) affirme que Constant d'Aubigné, « se melant de poësie, composa une satire contre le duc d'Epernon », gouverneur de Bordeaux, qui avoit refusé de l'employer. « La pièce ou la nouvelle en ayant été portée au duc, celui-ci fit enlever d'Aubigné et ordonna qu'on le conduisît dans son château de Cadillac. »

1. Ce fait est confirmé par le P. Laguille. La note 2, p. 70, montre que le prétendu geôlier de Constant d'Aubigné n'étoit autre qu'un gentilhomme d'une bonne noblesse, et noblement allié, lieutenant du gouverneur de la province. — Le mariage auroit été célébré en 1627. Cette date est assez peu probable, puisque Agrippa d'Aubigné, dans son testament, qui est du 24 avril 1630, ne parle pas de cette seconde femme de son fils et ne fait aucune allusion à son mariage.

galant prisonnier, et sut si bien prendre son temps qu'un dimanche, pendant que ses parents étoient à la messe, elle se sauva avec lui, et ils trouvèrent tous deux le moyen de s'embarquer pour la Martinique [1], où d'Aubigné lui tint parole et l'épousa d'abord qu'ils y furent arrivés [2]. Pour tâcher d'y pouvoir subsister, il prit des terres pour un plantage, suivant la coutume de ce pays-là; et de ce mariage naquit la dame de Maintenon, si connue dans le monde, et qui fait aujourd'hui tant de bruit à la cour de France. Cependant, soit qu'elle eût perdu son père et sa mère en bas âge, ou que sa marraine [3], qui n'avoit pas d'enfants [4], la prit en amitié, cette dame chari-

1. Le P. Laguille rapporte le motif de la fuite de Constant d'Aubigné, fuite qui fut précédée d'une dernière incarcération, pour vol et fausse monnoie. C'est dans la prison de Niort, où madame d'Aubigné suivit son mari, que naquit Françoise d'Aubigné. Sorti de prison en 1639, Constant d'Aubigné partit d'abord pour la Martinique. Il mourut sans doute dans l'île de la Grenade en 1646, et alors sa veuve revint à la Martinique, d'où elle passa à la Guadeloupe, puis à Saint-Christophe, où elle s'embarqua pour la France, selon les uns, où elle mourut, au dire du P. Laguille. Selon ce dernier, ce seroit une demoiselle Rossignol qui auroit fait passer en France les deux enfants orphelins de Constant d'Aubigné. Une troisième version, c'est que madame d'Aubigné auroit fait elle-même un voyage en France avec ses enfants, les y auroit laissés, et seroit retournée en Amérique, où elle seroit morte. (Voy. *Variétés histor. et littér.*, t. 8, p. 60.)

2. D'Aubigné étoit marié avant son départ pour l'Amérique.

3. Françoise d'Aubigné avoit été tenue sur les fonts de baptême par le duc de La Rochefoucauld, gouverneur de Poitou, et par Françoise Tiraqueau, comtesse de Neuillant, dont le mari étoit gouverneur de Niort. Elle fut baptisée par un prêtre catholique.

4. Sa marraine eut une fille que plusieurs poëtes du temps,

table ¹ la retira chez elle à l'âge de trois ans et en prit soin comme de sa fille ; et, comme elle étoit jolie et agréable, elle l'éleva chez elle, ensuite de quoi elle l'amena en France ², où, après un assez long et pénible voyage, à cause des mauvais temps de la saison, ils arrivèrent heureusement et vinrent débarquer à la Rochelle ³ ; et après quelque séjour elles prirent leur route pour le bas Poitou, où elles demeurèrent quelque temps sans revers de fortune ⁴. Le pre-

Bois-Robert et Scarron entre autres, ont connue et ont fait connoître par leurs vers.

1. On s'accorde à reconnoître la dureté de madame de Neuillant pour sa pupille.
2. Voy. plus haut la note 1, p. 72.
3. Saint-Simon dit aussi que la première « abordée » de madame de Maintenon fut à La Rochelle. — « Etant arrivés à La Rochelle, dit le P. Laguille (*loco citato*), ils y demeurèrent pendant quelques mois logés par charité, obligés de vivre d'aumônes, jusque-là qu'ils obtinrent par grâce que de deux jours l'un on voulût bien leur donner, au collège des jésuites de cette ville, du potage et de la viande, que tantôt le frère, tantôt la sœur, venoient chercher à la porte. C'est ainsi que l'a raconté le P. Duverger, jésuite, doyen à Xaintes, mort en 1703, ce père ayant été non-seulement témoin de ce fait, mais leur ayant lui-même donné leur petite pitance, étant régent de troisième. » (Voy. aussi *Madame de Maintenon peinte par elle-même*, 1 vol. in-8, 1810, p. 136.) Madame Suard, l'auteur anonyme, rapporte qu'un prêtre se présenta à madame de Maintenon au temps de sa plus grande puissance et lui remit en mémoire ces détails qui rappellent le P. Duverger.
4. Elle auroit été recueillie d'abord par M. de Montabert, dit le P. Laguille, mais nous croyons plutôt qu'il faut lire Montalembert, l'aïeule maternelle de Françoise d'Aubigné étant une Montalembert ; de là elle auroit été reçue tour à tour chez M. de Miossens et M. d'Alens, et enfin chez madame de Villette-Murçay, sœur de son père et femme d'un petit chef d'escadre de la flotte du Poitou. Il est difficile de croire à toutes ces pérégrinations de madame de Maintenon

mier[1] qui arriva à notre héroïne fut la mort inopinée de sa marraine. En ce temps elle étoit environ dans la quinzième année de son âge. Cette mort la toucha sensiblement, et elle se souhaitoit cent fois dans l'Amérique; et il est à croire qu'elle en eût été inconsolable, si un villageois, voisin du lieu où elle demeuroit, n'eût tâché par ses compliments de lui persuader qu'elle pourroit trouver en lui ce qu'elle avoit perdu dans sa marraine[2]. Il avoit assez de bien pour un homme de sa qualité, mais il étoit mal bâti et incapable de donner de l'amour à une jeune fille; à cela près, dis-je, on ne pouvoit trouver dans tout le village un homme qui le pût surpasser. Il avoit autant d'esprit qu'il en faut pour le négoce qu'il faisoit.

Longtemps avant la mort de la marraine de notre héroïne, il avoit un certain penchant pour elle qui ne peut s'exprimer, car il sentoit un petit je ne sais quoi qu'il n'osoit découvrir. Sans doute

quand on songe aux tantes, sœurs de son père, qu'elle avoit, et aux nombreux amis que le nom seul d'Agrippa d'Aubigné devoit lui assurer.

1. Les deux textes redeviennent identiques.
2. Le premier adorateur de la jeune Françoise d'Aubigné semble avoir été le chevalier de Méré, bien connu dans la littérature. On a conservé quelques lettres qu'il lui écrivit. (Voy. *Madame de Maintenon peinte par elle-même*, p. 8 et 10-11; *Mémoires sur madame de Sévigné*, par Walckenaër, t. 1, p. 74.) Le chevalier de Méré lui avoit même proposé de l'épouser (*OEuvres*, Amst., 1692, lettre 43) : « Je ne sache point, lui disoit-il, de galant homme aussi digne de vous que moi. » Nous n'avons pas à dire que le chevalier de Méré ne peut guère être pris pour ce villageois mal bâti dont il est question ici, et qui ne semble guère avoir existé que dans l'imagination des romanciers.

le respect de madame de…[1], marraine de la Maintenon, l'en empêchoit; mais, dès qu'elle fut morte, il chercha tous les moyens du monde pour l'accoster; il ne se chantoit point de grand'-messe qu'il n'y fût, point d'assemblée dans le village qu'il n'y eût part. Et s'il arrivoit une foire de conséquence, il n'y avoit aucune sorte de rubans qu'il n'achetât pour lui en faire présent, pour par là tâcher de gagner ses bonnes grâces. Mais il n'avançoit pas beaucoup dans ce langage muet, et on peut dire que toutes ses assiduités eussent été de nul effet s'il n'eût trouvé l'occasion de l'aborder un jour qu'elle puisoit de l'eau. « Voulez-vous que je vous aide? dit-il.— Hélas! reprit-elle, vous m'obligerez. » Il se mit en devoir, et par excès de civilité il porta ses cruches jusqu'à sa chambre, où, se trouvant seul avec elle, il lui dit : « N'est-il pas vrai que vous avez bien du chagrin de la mort de votre marraine? C'étoit une bonne femme, qui avoit bien du soin de vous, et qui n'auroit pas manqué à vous donner quelque petite chose pour avoir un bon laboureur du village; mais, poursuivit-il encore, quoiqu'elle ne vous ait rien laissé, j'ai assez d'amitié pour vous donner la moitié de ce que j'ai si vous voulez être ma femme; vous serez maîtresse avec moi, et rien ne vous manquera. — Donnez-moi, répondit-elle, un peu de temps pour y songer, et demain, auprès de notre grange, je vous rendrai réponse. » Notre Esope amoureux fut fort satisfait de cette visite, et après avoir folâtré quel-

1. L'édition qui a précédé celle que nous suivons nomme en toutes lettres madame de Villette; mais celle-ci, tante de madame de Maintenon, n'étoit pas sa marraine. V, note 3, p. 72.

que peu, il se retira, en attendant le jour suivant pour sa réponse, lequel ne fut pas plus tôt venu, et l'heure assignée, qu'il se trouva au lieu. De si loin qu'il la vit : « Eh bien ! serez-vous ma femme ? dit-il. — Je ne sais, dit-elle ; je n'aurois pas beaucoup de répugnance à l'être, mais je n'ai pas encore grande amitié pour vous ; il faut espérer que le temps amènera toutes choses. — Ah ! ma chère Guillemette [1], dit-il, que je t'aime ! Je te ferai tant de bien et de si beaux présents que tu seras comme forcée d'avoir de l'amour pour moi. »

En effet, il n'alloit en aucun des marchés voisins qu'il ne lui apportât quelques gâteaux ou fouaces, des aiguilles, des épingles, des jambettes [2], et quantité d'autres raretés de cette nature. Elle, qui voyoit avec quel zèle, quelle affection, il agissoit pour son service, commença à avoir de l'amitié pour lui. Elle se voyoit sans père, mère, parents ni amis, dénuée de biens, comme étrangère dans un pays ; et, d'un autre côté, elle voyoit un bon laboureur qui la recherchoit et qui l'aimoit. Il étoit un peu mal fait, mais enfin ce n'auroit pas été le premier mariage que la nécessité auroit fait : car, lorsqu'on se voit tomber dans un précipice, on s'attache à la première chose qu'on rencontre pour éviter sa perte. Elle lui témoigna donc beaucoup plus d'amitié qu'à l'ordinaire, et sans doute que leur mariage eût réussi si une dame d'un château voisin n'eût eu compassion de sa jeunesse et de l'embarras

1. Pourquoi ce nom de Guillemette ? Nous n'avons pas d'explication à donner de ce caprice de l'auteur.
2. Mot particulier à l'Anjou et au Poitou. — La *jambette* est, en Anjou, un petit couteau dont le bout est arrondi.

où elle se mettoit en épousant ce villageois ; et, ayant trouvé en elle un esprit capable d'être amené à quelque chose, elle la prit chez elle, où elle servit de fille de chambre. Là, elle oublia tout à fait son pauvre village, et commença à s'éclaircir un peu l'esprit à la mode de la noblesse. Son pauvre amant fut au désespoir de la perte qu'il faisoit ; il auroit bien été jusque dans le château pour la voir, mais on l'avoit averti de n'en point approcher s'il ne vouloit en remporter une charge de bois, si bien qu'il étoit dans les plus grands chagrins du monde. Néanmoins il avoit toujours quelque espérance de lui parler, et, sachant qu'elle devoit, à quelques jours de là, aller seule faire ses dévotions dans l'église de la paroisse, il prit la résolution de lui parler ; pour cet effet, il s'y rendit de grand matin, crainte de la manquer. Lorsqu'elle voulut entrer dans l'église, il s'avança pour lui parler ; mais elle, qui se sentoit le cœur relevé par les habits qu'elle portoit, et auxquels elle n'étoit pas accoutumée, le rebuta et ne le voulut du tout point écouter. Peu s'en fallut qu'il ne perdît tout à fait le respect dans ce lieu saint et qu'il ne l'accablât d'injures ; mais, sa raison se trouvant plus forte que sa passion, il attendit à la fin de l'office, et, lorsqu'elle sortit, il l'accabla, en la suivant, des plus sanglantes injures ; il lui reprocha mille fois jusqu'à la dernière bagatelle qu'il lui avoit donnée ; quelquefois il juroit, d'autre part il la supplioit de n'oublier point l'amour ardent qu'il lui avoit témoigné. Enfin il fit cent postures par lesquelles il n'avança rien, car elle poursuivoit toujours son chemin sans le vouloir écouter ni même le regarder, ce qui le pénétra tellement de douleur qu'il fut le jour même saisi d'une grosse fièvre qui en peu l'emporta du monde. Elle ne laissa pas d'en avoir un peu de chagrin, mais si peu que deux heures de temps le firent oublier pour jamais. Elle demeura bien quelque temps dans cette manière de vivre médiocre, et sans doute elle y eût passé sa vie si le marquis de Chevreuse[1] n'eût trouvé des charmes en elle. Il la vit la première fois avec cette dame, et, ayant su son extraction, il médita de s'en faire une conquête. Pour cet effet, il l'attaqua par tous les endroits qu'il crut la pouvoir mieux vaincre, mais inutinement : elle étoit avec une personne vertueuse, qui avoit incessamment l'œil sur elle, et qui l'avoit instruite dans la voie d'honneur, si elle y eût voulu rester. M. de Chevreuse, qui avoit vu la cour, ne s'étonnoit pas de ses refus ; il continuoit toujours dans sa poursuite, et ne désespéra point de venir à son but. Un jour que sa dame étoit à recevoir visite, et qu'elle étoit, contre son ordinaire, seule dans la chambre, il l'aborda avec de grandes civilités : « Eh bien, Mademoiselle, lui dit-il, avez-vous juré de m'être toujours cruelle, et ne voulez-vous point correspondre à la plus forte passion du monde ? Je vous aime, Mademoiselle, je vous l'ai dit diverses fois de bouche, et mes yeux vous le disent à tous moments ; cependant vous ne voulez pas me souffrir, et il semble que toute votre tâche n'est qu'à me faire souffrir mille martyres par le mépris que

---

[1]. Nous ne voyons aucun fondement à ce conte ridicule, et il est difficile de dire à laquelle des familles de ce nom appartenoit ce marquis de Chevreuse.

vous faites de mon amour et par l'indifférence avec laquelle vous recevez mes protestations. — Je n'ai, Monsieur, lui répondit-elle froidement, ni rigueurs ni douceurs à votre égard; je me connois, et il me suffit d'avoir pour vous le respect qui est dû à votre rang, sans envisager autre chose. » En finissant, elle sortit brusquement de la chambre et se rangea avec ses compagnes, sans qu'il pût l'obliger à rester, quelque prière qu'il fît. Néanmoins il ne laissoit point passer d'occasion sans lui parler de son amour, et il croyoit remarquer quelque avance dans ses affaires, lorsqu'il fut obligé d'aller prendre possession d'une terre peu éloignée, qu'une tante lui venoit de laisser par sa mort. Avant de sortir de la province, il voulut lui dire adieu; mais il ne la put trouver en particulier, parce qu'elle étoit occupée auprès de sa dame, qui se trouvoit mal; il résolut pourtant de lui écrire, ce qu'il fit incontinent qu'il fut arrivé au lieu où il devoit être, et, pour lui faire tenir sa lettre avec sûreté, il fit partir un de ses gens pour visiter de sa part la dame chez qui elle étoit, avec ordre de lui rendre à elle-même la lettre, ce qu'il fit. D'abord qu'elle l'eut reçue, elle ne savoit si elle la porteroit à sa maîtresse ou si elle la liroit. Son esprit demeura ainsi quelque temps en suspens; mais enfin la curiosité l'emporta, et elle l'ouvrit et y lut ces mots :

MADEMOISELLE,

Après vous avoir souventes fois dit de bouche que je vous aime plus que moi-même, je prends la liberté de vous en assurer plus certainement, et en même temps vous protester que je vous aimerai toujours nonobstant votre indifférence. J'ai un chagrin cuisant de n'avoir pas pu prendre congé de vous avant mon départ; j'en ai cherché avec soin toutes les occasions; mais, cruelle, vos rigueurs et mon amour ne suffisoient pas pour me tourmenter, vous avez encore affecté d'éviter ma rencontre, parce que vous pouviez bien préjuger que par un moment de votre charmante conversation j'aurois adouci les maux que votre absence me cause. Quittez, Mademoiselle, toutes ces rigueurs, si contraires aux belles âmes comme la vôtre, et, en considerant la force de mon amour, agissez en généreuse; et rendez cœur pour cœur. Le mien est vôtre; il ne souffrira jamais d'autre image que celle de votre charmante personne, et jamais il ne sera partagé. Donnez-moi donc une petite place dans le vôtre; c'est l'unique chose que je demande au monde, et pour laquelle j'abandonnerois volontiers mes biens et mes dignités. Correspondez donc à mon amour, Mademoiselle, et ne soyez pas seulement maîtresse absolue de mon cœur, mais encore de mes biens. Le porteur prendra votre réponse; je vous supplie, ne me la deniez pas, non plus que ce que je vous demande, sans quoi vous réduirez au désespoir un homme qui n'a de vie que pour vous aimer et de biens que pour vous servir.

DE CHEVREUSE.

Elle demeura toute déconcertée à la lecture

de cette lettre, et ne savoit si elle y devoit répondre ou non ; à la fin, elle se détermina de ne point faire de réponse, et même d'éviter la rencontre du messager, ce qu'elle fit en se rendant auprès de ses compagnes, où elle fut jusqu'à son départ ; après quoi elle fut se promener seule auprès d'un petit bois joignant la maison, où elle ne fut pas plus tôt que la démangeaison de revoir cette lettre la reprit. D'abord elle se fit un peu de violence pour martyriser sa passion ; mais la curiosité annexée au sexe l'emporta : elle lut et relut la lettre. D'abord il lui sembloit que ce n'étoit que divertissement, et que cent lettres n'auroient pas d'empire sur son cœur ; après elle se plaisoit à la lire et trouvoit un certain charme qui attachoit ses yeux comme par violence, et enfin elle commença d'y faire réflexion ; elle la lut avec beaucoup d'attention et la trouvoit charmante. « Quoi ! disoit-elle, un marquis amoureux de moi, mais amoureux passionné, qui m'offre son cœur et ses biens, et je le dédaignerois ! Non, je commence de voir ma faute, je veux l'aimer ; il me fera grande dame, et, au lieu que je suis ici servante des autres, j'en aurai qui me serviront ; je relèverai par-là l'obscurité de ma naissance. Mais, disoit-elle en se reprenant elle-même, tu connois qui tu es, et s'il t'aime ce n'est que pour ravir ce que tu as de plus cher au monde, après quoi il ne voudra pas te regarder ; alors tu seras abandonnée et sans appui. Non, ne l'aimons point, et conservons notre honneur. »

Flottant ainsi entre ces deux passions, elle laissa tomber sa lettre et l'oublia sans s'en apercevoir. Elle poursuivit la promenade, quand une vieille servante du logis avec qui elle étoit intime arriva. Elle marchoit si doucement que Guillemette ne la put voir que lorsqu'elle étoit déjà contre elle, et après qu'elle eut amassé la lettre, laquelle elle cacha soigneusement, se doutant bien qu'il y avoit quelque mystère de caché. Elle l'aborda donc et tâcha de la tirer de sa rêverie. « Je ne vous ai jamais vue de telle humeur, lui dit-elle, et sans doute il y a quelque chose d'extraordinaire qui vous la cause ; ne me cachez rien de vos affaires, et, si je puis y apporter du soulagement, soyez persuadée que je n'y épargnerai rien. » Elle lui dit encore quantité de choses, mais le tout sans pouvoir tirer aucune réponse positive. Elle ne l'importuna pas davantage, se doutant bien qu'elle découvriroit quelque chose par la lettre. En effet, elles ne furent pas plus tôt à leur appartement que la vieille, fermant la porte sur soi, en fit la lecture, par laquelle elle fut à plein éclaircie de la cause du changement de Guillemette. Néanmoins elle eut du chagrin de ne pouvoir savoir comment le marquis étoit avec elle et quel effet avoit produit cette lettre. Elle jugea bien que Guillemette ne lui découvriroit pas ce secret; ainsi elle résolut d'attendre le retour de monsieur le marquis, afin d'en pouvoir savoir quelque chose de lui; et, comme elle savoit par expérience que les amants sont souvent libéraux, elle ne se promit pas une petite fortune si elle pouvoit lui être utile dans ce commerce.

Dans ce temps, la pauvre Guillemette avoit l'esprit accablé de mille différentes pensées. Elle

voulut relire encore cette lettre, et la chercha
pour cet effet dans sa poche. Rien ne sauroit décrire son étonnement lorsqu'elle ne la trouva pas.
Elle courut d'abord au lieu où elle l'avoit lue
pour la seconde fois, mais elle ne s'y rencontra
point. Ce fut alors qu'elle ne douta plus d'être
entièrement perdue dans l'esprit de sa dame;
mille pensées différentes déchiroient son âme, et
elle déchut en peu de jours de l'embonpoint où
elle étoit auparavant. Sa dame, qui l'aimoit, en
voulut savoir la raison; elle lui supposa quelque
incommodité, et ne lui dit jamais la véritable.
Il n'y avoit que notre vieille Agnès qui en savoit
la cause; elle voulut aussi y apporter le remède,
et, s'étant transportée dans la chambre de la malade: « Eh bien! Guillemette, lui dit-elle, vous
ne m'avez pas voulu dire l'autre jour, auprès du
bois, le sujet de votre chagrin, et je crois que
jamais je ne l'eusse su si le hasard ne me l'eût
appris en me faisant trouver cette lettre, qui m'a
éclaircie de tout. Il n'y a qu'elle qui cause votre
chagrin, mais elle a été en de bonnes mains; la
voilà que je vous remets; personne ne l'a vue
que moi. Je vous ai toujours été affectionnée, et
je vous la serai toujours; mais, pour correspondre à mon amitié, il me faut faire votre confidente
et ne me rien cacher de vos intrigues. » Guillemette prit cette lettre avec joie, et elle ne contribua pas peu à la remettre, puisque son changement
ne provenoit que de l'appréhension que sa dame
n'eût vu la lettre; ensuite elle remercia Agnès et
lui fit une entière confidence de toutes choses.
La vieille ne contredisoit à rien; au contraire,
elle tomboit entièrement dans ses sentiments,

pour après en faire son profit, ainsi qu'elle se le proposoit.

Cependant M. de Chevreuse étoit au désespoir de n'avoir point de réponse : il se résolut de lui écrire une deuxième fois, et, si sa lettre ne faisoit pas plus d'effet, d'abandonner tout et d'aller lui-même travailler à cette conquête. Il prit donc la plume en main et traça ce sonnet, qu'il enferma dans le billet suivant :

Billet de M. de Chevreuse a Guillemette.

C'en est fait, Mademoiselle, et vous avez juré ma mort ; vous serez bientôt satisfaite : car, depuis que je suis absent de vous, mon adorable, je ne puis avoir un moment de relâche à mes maux. Encore si tout au moins vous les allégiez par un mot de votre adorable main, j'aurois la consolation d'être dans votre souvenir : faites-le donc, je vous supplie, et, si vous ne daignez pas répondre à ma prose, du moins répondez aux vers que vous envoie le plus passionné et le plus sincère de tous les amants,

De Chevreuse.

Sonnet a mon adorable Guillemette

Beauté dont les attraits ont captivé mon âme,
Beaux yeux qui m'ont percé d'un des traits de l'amour,
Que je serai heureux si je puis voir le jour
Auquel vous donnerez de l'espoir à ma flamme !

Depuis que je vous vis je n'ai point de repos,
Jour et nuit je souffre martyre ;
Au lieu que ci-devant je ne faisois que rire,
J'ai peine à prononcer deux mots.

Soulagez mon tourment, allégez mes douleurs,
Faites par un aveu dessécher tous mes pleurs,
Et me rendez par là ma liberté nouvelle.

Donnez donc votre arrêt en juge de mon sort,
Et qu'un oui ou un non soit ma vie ou ma mort
Et prononcez en douce, et non pas en cruelle.

Il donna ceci ensuite à un autre valet, espérant qu'il s'acquitteroit mieux de sa commission que le précédent. Il arriva à leur château, et, après s'être acquitté de quelques légères commissions dont il étoit chargé, il épia le temps de trouver Guillemette seule, et il eut le bonheur de la rencontrer ainsi dans les parterres. Il s'en approcha, et, d'abord l'ayant saluée avec une apparence de profond respect, il lui dit qu'il avoit ordre d'attendre la réponse. Elle connoissoit ses livrées, et ce fut ce qui lui fit penser si elle recevroit la lettre ou non ; mais le porteur la sut si adroitement persuader qu'il l'obligea de la prendre. Toute la réponse néanmoins qu'il put tirer d'elle fut qu'il n'en auroit point. Ainsi, lassé d'attendre, il fut obligé de se retirer et de s'en retourner auprès de son maître, qui ne sut pas plus tôt le succès de sa seconde lettre qu'il mit au plus tôt ordre aux plus pressantes de ses affaires, et se prépara pour partir le lendemain de grand matin, comme en effet il partit, et arriva au logis de cette dame.

D'abord il lui fut rendre ses devoirs, et n'y resta

pas longtemps, dans l'impatience où il étoit de parler à sa chère Guillemette, qui prenoit autant de peine à l'éviter qu'il en prenoit à la chercher. Elle réussit pour cette fois, car elle fit toujours en sorte d'être auprès de sa dame. Le marquis en étoit au désespoir et faisoit bien remarquer son impatience; néanmoins, pour la cacher le plus qu'il lui étoit possible, il visita toutes les filles de madame; entre autres, en passant devant la chambre de la vieille Agnès, il la salua, et, comme ils se connoissoient de longue main, elle le pria d'entrer; d'abord elle le fit seoir, et débuta son discours ainsi : « Je ne sais, Monsieur, quelle mélancolie s'est depuis peu emparée de votre esprit. Je ne vous vois plus cette belle humeur toujours gaillarde que vous aviez accoutumé d'avoir; au contraire, on ne vous voit que penser, soupirer, et toujours les yeux attachés sur terre. Hé! de grâce, d'où procède ce changement? Çà, Monsieur le marquis, point de déguisement : Guillemette vous en a donné. Ne cachez rien, et soyez persuadé que j'ai assez de compassion de votre état et assez d'amitié pour vous pour entreprendre quelque chose pour votre service; dites-moi seulement les progrès que vous avez faits sur son cœur et en quel état vous êtes. — Puisqu'il te faut donc tout dire, ma chère Agnès, répondit-il, tu sauras qu'elle s'est jusqu'à présent moquée de moi, et qu'elle me fuit tout ainsi que si j'avois le mal pestilentieux. Je ne t'en puis dire davantage; tâche à me faire contenter, et, outre une bonne récompense que je te donnerai, voici dix louis que je te prie d'accepter. » Elle fit un peu de cérémonie pour les prendre; mais enfin elle se laissa vaincre et lui promit de s'y employer d'une manière dont il auroit sujet de se louer.

Guillemette, d'ailleurs, qui ne se méfioit de rien, après avoir lu sa lettre, chercha une occasion favorable pour la communiquer à sa confidente Agnès, suivant sa promesse. Elle la trouva qui venoit de conduire le marquis. D'abord elle lui montra la lettre, et lui demanda ce qu'elle en pensoit. « En vérité, mon enfant, dit-elle, j'ai du déplaisir de n'être pas jeune, et propre à plaire : un amant si sincère ne se tireroit pas de mes filets, et Dieu sait comme je ménagerois cette fortune. Je te donne en amie le même conseil ; fais ton profit de cette affaire, et ne le rebute point tant : car il pourroit s'attacher à quelque autre, qui prendroit d'abord l'occasion aux cheveux. » En un mot, elle lui allégua tant de raisons, et la sut si bien persuader, qu'elle promit à l'avenir de correspondre aux avances du marquis. Notre vieille ne fut jamais plus aise ; elle lui écrivit d'abord l'état où étoient les choses ; ce qu'il n'eut pas plus tôt appris qu'il se prépara à donner une visite à sa malade, à laquelle ayant rendu ses respects, il sortit pour se promener dans le jardin, où il rencontra d'abord notre vieille Agnès, qui lui fit un récit fort ample de ce qui s'étoit passé, et lui apprit en même temps qu'il pourroit voir Guillemette, d'autant qu'elle étoit seule dans sa chambre. Il y courut d'abord, et la trouva en effet occupée à travailler à son linge. « Enfin, Mademoiselle, je me puis compter le plus heureux des hommes, puisque j'ai, dit-il, un moment pour vous expliquer les véritables sentiments de mon cœur : ils sont sincères et purs,

Mademoiselle ; je vous aime, je vous adore ;
correspondez à mon amour. Hé quoi ! continuoit-
il, vous ne me répondez rien ! Voulez-vous me
réduire au désespoir ? » A tout cela elle ne répondit que par des soupirs, qui firent comprendre au marquis que les soins d'Agnès avoient
beaucoup opéré. Il ne se contenta néanmoins
pas de ce langage muet ; mais par toutes sortes
de raisons il la conjura, il la pria de se déclarer,
et fit tant enfin qu'il tira cet aveu de sa bouche,
qu'il n'étoit point haï. Il en voulut être assuré
par un baiser, mais elle ne voulut pas le lui permettre si tôt. En le lui refusant, elle ne lui ôtoit
néanmoins pas l'espérance de l'obtenir à l'avenir ; mais lui, extrêmement passionné, ne pouvant avoir ce petit soulagement à son feu, pensa
tomber en foiblesse, et il seroit sans doute tombé
s'il n'y eût eu un fauteuil proche de lui qui le
soutint. Il en fut quitte pour une petite pâmoison,
de laquelle il ne fut pas plustôt revenu que, la
regardant d'un œil languissant, il lui adressa ce
sonnet :

*Ha mon Dieu ! je me meurs ! il ne faut plus
   attendre*   [*ment,*
De remède à ma mort, si tout soudaine-
Guillemette, je n'ai un baiser seulement,
Un baiser, qui pourra de la mort me défendre.

Hélas ! je n'en puis plus, mon cœur ; je vais le prendre.
Mais non, car je crains trop ton courroux véhément.
Hé ! me faudra-t-il donc mourir cruellement,
Près de la guérison, qu'un baiser me peut rendre ?

Hélas ! je crains mon mal en pourchassant mon bien.

Le dois-je prendre ou non ? Hélas ! je n'en sai rien !
Mille débats confus agitent ma pensée.

Si je retarde plus, j'avance mon trépas.
Je le prendrai. Mais non, je ne le prendrai pas ;
Car j'aime mieux mourir que te voir courroucée.

Cette agitation et cette manière respectueuse du marquis achevèrent de faire brèche au cœur de la pauvre Guillemette ; elle ne lui en fit pourtant rien remarquer, et ne lui donna que l'aveu qu'elle lui avoit déjà fait savoir, qu'il ne lui étoit pas indifférent.

Notre marquis fut rendre compte à Agnès de l'issue de son voyage, et visitoit sa Guillemette le plus qu'il lui étoit possible. Il gagna tant qu'à la fin elle lui avoua qu'elle l'aimoit ; il ne s'en voulut pas tenir là, il la conjura de répondre à son amour. Agnès, d'autre côté, la poussoit à ne se point ménager envers le marquis et à avoir soin de sa fortune. Ils surent en un mot si bien la persuader l'un et l'autre, qu'elle lui donna rendez-vous à la nuit prochaine dans sa chambre, où ils parleroient de leurs affaires. Mais le malheur voulut qu'une dame de qualité du voisinage ayant perdu par la mort deux de ses filles de service, et sachant que dans la maison où étoit Guillemette il y en avoit plusieurs, elle envoya supplier la dame de lui en envoyer une. Cette dame, qui avoit soupçon de l'intelligence du marquis avec Guillemette, eut de la joie d'avoir trouvé cette occasion pour s'en défaire, et d'autant plus qu'elle savoit que, par une haine invétérée entre le marquis et cette maison, il n'oseroit y fréquenter. Elle ordonna donc à notre amante et à une autre de ses filles de se préparer pour partir le lendemain, et commanda à Guillemette de venir ce soir-là pour la dernière fois coucher dans sa chambre, et qu'elle avoit des avis d'importance à lui donner sur sa conduite à venir. Jamais un coup mortel ne causa plus d'étonnement ; ces paroles furent une foudre, ou comme la tête de Meduse, car elle en pensa être changée en pierre. Sa dame, qui s'aperçut du désordre où elle étoit, en voulut savoir la cause. Elle n'eut pas de peine à lui inventer une fourbe, la conjoncture présente lui en fournissoit le moyen ; et, pour mieux donner la couleur à son jeu, elle répandit quelques larmes, après quoi elle lui parla en ces termes : « Sans doute, Madame, que mon déplaisir vous est bien connu ; mais, puisque vous le voulez encore savoir de ma bouche, je n'ai rien à y contredire. Ainsi, Madame, je crois qu'il ne vous semblera pas étrange qu'après avoir tant reçu de grâces et de bienfaits de vos mains libérales, je n'aie un sensible regret de vous quitter, après la résolution que j'avois faite de vous servir toute ma vie et de correspondre par mes soins à toutes vos bontés. Le seul déplaisir de m'en voir frustrée occupe tellement mon esprit, qu'il m'est impossible de songer à autre chose, et, bien que vos commandements m'aient toujours servi de loi, cependant je n'obéirai à celui-ci que par une grande répugnance. Si mes prières et mes supplications vous pouvoient fléchir à le révoquer ! — Je vous éloigne de moi pour votre bien, lui répondit brusquement sa dame ; cela n'est pas pour toujours ; suivant la manière dont vous agirez, je saurai aussi agir. Allez seulement vous préparer à m'obéir. » Elle sortit et courut d'abord avertir Agnès de l'ordre fatal qu'elle avoit reçu, et lui enjoignit de dire au marquis qu'elle conserveroit toujours pour lui la même amitié, moyennant qu'il n'entreprît rien sur leur chemin : «car, disoit-elle, cela feroit grand bruit et découvriroit toute l'affaire, laquelle je veux tenir autant secrète qu'il m'est possible. » Agnès eut du regret de ce contre-coup, car elle ne fondoit pas une petite espérance sur le succès de ses intrigues. Néanmoins elle lui promit tout ce qu'elle voulut, et courut promptement pour en avertir le marquis, qui déjà goûtoit mille plaisirs en idée. Il tomba dans la plus grande consternation du monde. Cependant il n'y avoit point de remède, et il s'en falloit consoler. Comme la nuit approchoit, il ne jugea pas à propos de partir que le lendemain, afin de ne point donner de soupçon, et aussi pour trouver le moyen de lui parler avant son départ.

Guillemette, ayant fait son coffre, fut, suivant qu'elle en avoit reçu ordre, dans la chambre de sa dame. Cette bonne personne, qui, ayant passé près de soixante années dans le monde, avoit beaucoup d'expérience, prévoyant qu'un bon arbre se gâte facilement s'il n'est cultivé jeune, voulut, avant que de la faire partir, lui donner de bonnes et solides instructions. Elle commença donc ainsi son discours :

« Depuis qu'il a plu à Dieu de me retirer mon cher époux et mes enfants, j'ai laissé là toutes ces folles vanités et ne me suis attachée qu'aux choses qui peuvent rendre éternellement heureux ceux qui les suivent; et, comme vous allez être séparée de moi pour un temps, j'ai lieu de craindre pour vous : dans l'âge où vous êtes on court bien des dangers, mais on acquiert beaucoup de gloire à les surmonter. Je veux bien vous faire part de l'expérience que j'en ai, et vous donner ici de petits avis pour votre conduite ; et je vous puis assurer que vous ne pouvez être qu'heureuse si vous les suivez.

« Premièrement, soyez dévote, sans affectation, et vous donnez bien garde de tomber dans l'hypocrisie, car par-là on s'attache directement à la Divinité.

« 2. N'ayez point tant à cœur les plaisirs de la chair, car celui qui préfère les plaisirs du corps au salut de son âme fait ainsi que ceux qui laissent noyer un homme pour courir après son vêtement.

« 3. Ne prenez point trop de plaisirs dans la mondanité ; abhorrez-la, et que vos accoutrements soient modestes ; ayez toujours plus de soin de parer votre âme que votre corps, sans quoi vous encensez à une idole et abandonnez Dieu.

« 4. Ne commencez jamais rien sans y bien penser, et que d'un jugement mûr ; car celui qui commence une affaire sans cela ne doit pas être surpris s'il ne réussit pas.

« 5. N'entreprenez rien au-dessus de vos forces, car tout ce qui s'entreprend ainsi ne sauroit produire des effets qu'au-dessous de l'espérance qu'on en a conçue.

« 6. Ne regardez jamais avec envie le bien d'autrui, car par-là vous vous rendrez indigne de posséder le vôtre.

« 7. Fuyez avec soin ce qu'on appelle amour dans le monde ; n'écoutez point les discours flatteurs de tout le monde : tel vous déifie dans ses discours, qui ne tend qu'à vous rendre la plus misérable des créatures. Bouchez donc, à l'imitation de l'aspic, vos oreilles à la voix de ces enchanteurs, et soyez fortement persuadée qu'il n'y a rien qui soit si dommageable à la réputation, et que, de tout ce qui est capable de gâter notre jugement, l'amour est le plus fort et celui dont on s'aperçoit le moins : car il n'allume son feu que pour nous aveugler, et nous troubler le cerveau et l'esprit. Et, pour nous en faire avoir de l'horreur, il nous est dépeint nu, non-seulement pour nous représenter son effronterie, mais encore pour nous apprendre qu'ordinairement il met en chemise ceux qui le suivent.

« 8. Si vous soumettez votre jugement à vos plaisirs, vous vous brûlerez d'un flambeau qui avoit été donné pour vous conduire.

« 9. Fuyez autant qu'il vous sera possible le jeu, car qui l'aime avec excès cherche à mourir dans la pauvreté.

« 10. Pensez plus d'un moment à ce que vous voulez dire, et plus de deux à ce que vous voulez promettre, crainte qu'il ne vous arrive d'avoir du déplaisir de ce que vous aurez promis avec précipitation.

« 11. Obéissez en toute révérence et avec joie à la personne à qui vous servirez, tâchant autant que vous pourrez à vous rendre utile ; ne point se laisser commander ce qu'on voit qui est nécessaire d'être fait, et considérer que le plus grand ressort qui fait agir la bonté des maîtres envers les serviteurs, c'est lorsqu'ils s'acquittent bien de leur devoir; et, pour me servir du proverbe, *bon valet fait bon maître*.

« 12. Soyez contente de votre condition, car qui ne se contente pas d'une honnête fortune se donne souvent bien de la peine pour la rendre moindre en tâchant de l'agrandir.

« 13. Ne vous empressez pas à savoir le secret d'autrui ; soyez fort réservée à communiquer les vôtres : vous n'en êtes plus maîtresse dès lors que vous en avez fait confidence à quelqu'un, et votre exemple justifie l'infidélité qu'on pourroit vous faire en le communiquant à un autre.

« 14. Encore une fois, défiez-vous des cajoleurs et des flatteurs : les uns et les autres visent par le vent de leurs paroles à tirer l'argent de votre bourse et à vous ravir l'honneur. Enfin, l'infection de la peste n'est pas tant à craindre pour le corps que le poison des mauvaises compagnies, et qui se sert de discours trop étudiés pour nous persuader un crime emploie un poignard parfumé pour nous percer le cœur.

« Voilà, Guillemette, ce que j'avois à vous dire, et que je vous prie de bien retenir dans votre cœur; et, crainte que vous ne l'oubliiez, je l'ai succinctement rédigé par écrit: le voilà, ayez-en soin, et le lisez souvent. »

Guillemette le lui promit, après quoi elles se reposèrent jusques au matin, que sa dame ne la voulut point quitter que pour se mettre dans le carrosse. Ainsi, nos amants ne purent se dire d'autres adieux que dans les termes généraux. Et notre marquis, ayant demeuré là quelque temps, prit congé, et se retira à une de ses maisons, située à deux lieues de distance du nouvel appartement que prenoit sa maîtresse, laquelle fut assez bien reçue à son arrivée; mais la suite n'y répondit pas. Elle avoit affaire à une dame que nous nommerons Olympe, pour ne pas découvrir sa famille [1]. Elle étoit impérieuse, et traitoit mal ses gens, quelque diligence qu'ils apportassent à faire leur devoir. Cette manière parut fort rude à notre Guillemette: elle sortoit de chez une personne qui l'avoit toujours traitée comme son enfant, au lieu que là elle se voyoit comme dans un esclavage; ce qui la dégoûta beaucoup, et servit à établir d'autant plus le marquis dans son cœur. Il étoit au désespoir, et il ne se passoit point de jours qu'il ne passât par-là à cheval; mais jamais il ne put être aperçu d'elle; à la fin il se servit d'une ruse qui lui réussit. Il gagna un paysan du village qui pourvoyoit le château de poisson, et lui fit promettre de remettre une lettre à Guillemette: il lui désigna sa taille et sa figure, afin qu'il ne fît point de bévue. L'autre le lui promit: en effet, il réussit, et lui donna la lettre. Elle fut d'abord un peu surprise de la manière avec laquelle elle la recevoit; mais le paysan sut lui mettre l'esprit en repos, en l'assurant qu'il étoit tout dévoué à son service. Elle lui promit que le lendemain elle lui donneroit réponse. D'abord il en fut porter la nouvelle au marquis, qui l'attendoit avec impatience. Dans ce temps Guillemette ouvrit sa lettre, et y lut :

---

[1]. Autre erreur de l'auteur. Cette nouvelle position de sa *Guillemette* est encore une calomnie.

MADEMOISELLE,

Je suis persuadé que, si je ne vivois entièrement pour vous, je n'aurois pu vous voir enlever à mes yeux sans mourir. Encore si j'eusse pu avoir l'honneur de prendre congé de vous, et de savoir vos sentiments, je m'en serois consolé. Faites-moi donc la grâce que je vous puisse parler en quelque lieu. Ha! qui l'auroit cru, si près de nous voir, être si cruellement separés! Il n'importe, et j'espère que votre bonté réparera la perte que nous avons faite. Adieu, ma chère; faites-moi savoir de vos nouvelles, et vous fiez entièrement au porteur, car il est de nos amis.

Elle ne balança point sur sa réponse. Il y avoit du temps qu'elle souffroit de cette nouvelle maîtresse, et elle en vouloit sortir absolument, à quelque prix que ce fût; ainsi elle fit la réponse suivante, qu'elle glissa subtilement dans la poche du paysan :

MONSIEUR,

Quoique je ne vous aye pas vu depuis mon départ de.... je n'ai pourtant pas laissé éteindre dans mon cœur la passion que vous y aviez allumée; et pour preuve de cela, trouvez-vous demain à quatre heures, déguisé en fille, au bord du bois qui joint au grand chemin : là j'aurai l'honneur de vous voir.

Jamais le marquis n'eut plus de joie que lorsqu'il apprit cette nouvelle; il baisa cent fois cette lettre. Il se trouva au rendez-vous à l'heure assignée, où il lui dit mille douceurs. Elle, qui s'étoit apprivoisée avec lui, se plaignit de l'humeur hautaine de madame Olympe et de la manière indigne dont elle la traitoit. Le marquis s'offrit d'abord de la tirer de cet esclavage; mais elle n'y vouloit point consentir dans le commencement, ne désirant, disoit-elle, faire autre chose que retourner chez son ancienne maîtresse; mais il la sut si bien prendre, lui remontrant qu'elle seroit toujours dans un pareil état, au lieu qu'auprès de lui elle seroit maîtresse absolue de son bien, qu'elle donna son consentement pour le dimanche suivant, sur le soir, et s'abandonna entièrement à sa volonté. Il la remercia le plus éloquemment qu'il put, il l'embrassa et la baisa tendrement, à quoi elle ne fit pas tant la rigoureuse comme auparavant; et il est à croire que, s'ils eussent été dans un autre endroit, elle n'en seroit pas sortie vierge. Quoi qu'il en soit, il la baisa aux yeux, à la bouche, au sein, et où il voulut. Il en étoit tant extasié, qu'il ne disoit rien. Quand elle se réveilla : « Il me semble, lui dit-elle, que vous voilà dans le même état que l'autre jour que vous fîtes cet impromptu de vers parce que je ne voulois pas vous donner un baiser. Si le chagrin vous en fit lors composer si promptement, il me semble que la joie que vous témoignez vous en devroit aussi dicter. — Vous avez raison, dit-il, Mademoiselle »; et, après avoir un peu rêvé, il récita ceux qui suivent, en badinant avec elle :

Vers sur un Baiser.

Fais que je vive, ô ma seule Déesse !
Fais que je vive, et change ma tristesse
    En plaisirs gracieux.
Change ma mort en immortelle vie,
Et fais, cher cœur, que mon âme ravie
    S'envole avec les Dieux.
Fais que je vive, et fais qu'en la même heure
Que je te baise, entre tes bras je meure,
    Languissant doucement ;
Puis, qu'aussi-tôt doucement je revive,
Pour amortir la flamme ardente et vive
    Qui me va consumant.
Fais que mon âme à la tienne s'assemble ;
Range nos cœurs et nos esprits ensemble
    Sous une même loi.
Qu'à mon désir ton désir se rapporte ;
Vis dedans moi, comme en la même sorte
    Je vivrai dedans toi.
Ne me défens ni le sein, ni la bouche :
Permets, mon cœur, qu'à mon gré je les touche
    Et baise incessamment,
Et ces yeux, où l'amour se retire ;
Car tu n'as rien qui tien se puisse dire,
    Ni moi pareillement.
Mes yeux sont tiens ; des tiens je suis le maître.
Mon cœur est tien, à moi le tien doit être,
    Amour l'entend ainsi.
Tu es mon feu, je dois être ta flamme ;
Tu dois encor, puisque je suis ton âme,
    Etre la mienne aussi.
Embrasse-moi d'une longue embrassée ;

Ma bouche soit de la tienne pressée,
    Suçant également
De nos amours les faveurs plus mignardes ;
Et qu'en ces jeux nos langues frétillardes
    S'étreignent mollement.
Au paradis de tes lèvres écloses
Je vais cueillir de mille et mille roses
    Le miel délicieux.
Mon cœur s'y paît, sans qu'il s'y rassasie,
De la liqueur d'une douce ambroisie,
    Passant celle des Dieux.
Je n'en puis plus, mon âme à demi fole
En te baisant par ma bouche s'envole,
    Dedans toi s'assemblant.
Mon cœur hallette à petites secousses ;
Bref, je me fonds en ces liesses douces,
    Soupirant et tremblant.
Quand je te baise, un gracieux zéphire,
Un petit vent moite et doux, qui soupire,
    Va mon cœur éventant.
Mais tant s'en faut qu'il éteigne ma flamme,
Que la chaleur qui dévore mon ame
    S'en augmente d'autant.
Ce ne sont point des baisers, ma mignonne,
Ce ne sont point des baisers que tu donne,
    Ce sont de doux appas,
Faits de Nectar, de Sucre et de Canelle,
Afin de rendre une amour éternelle
    Vive après le trépas ;
Ce sont des fruits de l'Arabie heureuse,
Ce sont parfums qui font l'âme amoureuse
    S'éjouir dans ces feux ;
C'est un doux air, un baume, des fleurettes,
Où comme oiseaux volent les amourettes,

Les plaisirs et les jeux.
Parmi les fleurs de ta bouche vermeille,
On voit dessus voler comme une abeille
     Amour plein de rigueur;
Il est jaloux des douceurs de ta bouche :
Car aussi-tôt qu'à tes lèvres je touche,
     Il me pique le cœur.

En finissant, il laissa aller un soupir, et dit : « Hé bien ! ma chère, que vous en semble ? y en a-t-il assez ? — Oui, certes, dit-elle, et je vous proteste que j'aime infiniment les vers ; et si je pouvois avoir pour vous plus d'amitié que je n'en ai, ce seroit le don que vous avez de faire les vers si galamment qui pourroit y contribuer plus qu'autre chose : car je vous avoue que j'ai une grande passion pour les poëtes, et tous les gens d'esprit, ce me semble, en doivent avoir aussi. — J'ai bien de la joie, ma chère, répondit-il, d'avoir quelque chose dans mes qualités intérieures qui vous plaise, et je vous assure que je m'y attacherai avec plus de plaisir, puisque vous y en prenez, et qu'il ne se passera rien de galant dont je ne vous fasse part en vers. — En vérité, je vous serai fort obligée », lui répliqua-t-elle.

Ils se dirent encore de tendres paroles, et se donnèrent quelques raisons, puis ils se séparèrent avec promesse de ne point manquer à l'assignation [1]. D'abord qu'elle fut de retour dans sa chambre, elle se mit à faire réflexion sur cette affaire. Et comme par hasard, en cherchant quelque chose dans son coffre, elle mit au même

---

1. Rendez-vous.

temps la main sur les instructions que lui avoit données son ancienne dame, elle les lut avec quelque espèce de chagrin, parce qu'elle y trouvoit son action blâmée ; mais qu'y faire ? La parole est donnée, et la chose est trop avancée pour s'en dédire. Mais d'autre côté les instructions ont raison, elle va entreprendre une affaire dont elle se pourra repentir ; que faire à cela ? Elle trouva une fin : c'est qu'elle sacrifia ces instructions au feu, pour n'avoir rien qui lui pût reprocher son procédé. Les voilà donc brûlées, et elle en repos.

Le dimanche cependant approchoit. Elle se hâta de plier ses meilleures nippes dans un petit paquet, et à l'heure assignée elle le prit sous son bras et sortit du château sans être aperçue de personne ; à deux cents pas de là elle trouva son amant, qui l'attendoit avec un carrosse à six chevaux, qui firent grande diligence lorsqu'ils furent dedans [1]. Ainsi, dans moins de deux heures ils furent rendus à sa maison, où il lui avoit fait préparer un appartement magnifique, et où il coucha cette nuit avec elle, et lui ravit ce qu'elle avoit de plus précieux au monde. On la trouva d'abord à dire au château, et on crut qu'elle s'en étoit retournée chez son ancienne dame ; on y envoya voir, mais elle n'y étoit pas. La vieille dame s'en mit beaucoup en peine, et Olympe aussi de son côté faisoit tous ses efforts pour savoir si elle n'auroit point été assassinée. Tout cela n'éclaircissoit rien, et je crois qu'on auroit été longtemps sans en savoir de nouvelles,

---

[1]. Nouvelle calomnie, si contraire à toutes les traditions que nous n'avons pas même à la discuter.

si un des serviteurs de la vieille dame, qui alloit chez le marquis pour s'acquitter d'une commission, ne l'eût vue à la fenêtre. Il n'en fit pas paroître son étonnement, et elle, qui l'avoit aperçu, s'étoit incontinent retirée ; mais lorsqu'il fut de retour à son logis, il déclara le tout à la bonne femme, qui du commencement en eut du chagrin, mais qui pourtant s'en consola ; néanmoins elle bannit le marquis de sa maison, et ne l'a pas voulu voir depuis. Il ne laissoit pas pour cela de bien passer son temps auprès de sa maîtresse. Et comme il se souvint qu'elle aimoit fort les vers, et qu'il ne cherchoit qu'à la divertir, il lui fit les suivants sur la première nuit qu'il l'avoit possédée.

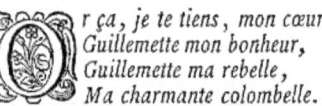r ça, je te tiens, mon cœur,
Guillemette mon bonheur,
Guillemette ma rebelle,
Ma charmante colombelle.
Mon cher cœur, voici le temps,
Qui nous doit rendre contens,
Nous donnant la jouissance
De notre longue espérance.
Donc, à l'honneur de Cypris,
Passons cette nuit en ris ;
Et dans ces douces malices,
Nous trouverons nos délices.

Quoi ! cruelle, qu'attens-tu ?
Las ! que ne me permets-tu,
Que ne permets-tu, farouche,
Que je te baise la bouche ?
Las ! Guillemette, dis-moi,

*Dis à mon âme pourquoi,
Cruelle, tu me dénie
Ce que tu as tant d'envie ?
Tu ne demandes pas mieux,
Mais je vois bien que tu veux
D'un front masqué contrefaire
La pudique et la sévère.
Ha ! tu te veux déguiser,
Et tu feins de mépriser
Mes folâtres gaillardises,
Et mes douces mignardises !
Mais par tes yeux éclairans
Comme deux astres naissans
Dans la céleste voûture,
Par ton beau front je te jure,
Et par cette bouche encor,
Mon plus précieux trésor,
Par cette bouche rosine,
Par tes lèvres ambrosines ;
Par tes blonds cheveux épars,
Dont l'or fin de toutes parts
Au gré du vent par secousse
Baise mille fois ta bouche ;
Par tes deux gentils tetons,
Par ces deux gentils boutons
Plus rouges que l'écarlate
Dont une cerise éclate ;
Par ce beau sein potelé,
Dont je suis ensorcelé :
Ne permets pas, je te prie,
Qu'ici je perde la vie.
Hélas ! déjà je suis mort !
A moins que d'un prompt effort,
Ma chère âme, tu n'appaise*

La chaude ardeur de ma braise.
Vénus, prens-moi à merci,
Et toi, Cupidon, aussi :
Car d'une nouvelle rage
Furieusement j'enrage,
Rage qui me vient domter,
Sans la pouvoir supporter.
La priant en cette sorte,
D'une façon demi morte,
Mes soupirs eurent pouvoir
A la fin de l'émouvoir :
Ainsi elle fut vaincue
Et sa colère abattue.
Une charmante pâleur
Lui fit changer de couleur.
Lors elle se prit à dire :
Tu as ce que tu désire,
Guillemette est toute à toi.
Et puis, s'approchant de moi,
Sans contrainte elle me baise,
Et coup sur coup me rebaise.
Enfin, se laissant aller,
Elle me vint accoler,
Et entre mes bras pâmée,
Elle demeura charmée.
Alors sur mon lit doré,
Mignardement préparé,
Dessus la folâtre couche
Nous dressons notre escarmouche.
Je me déchargeai soudain
De l'ardeur dont j'étois plein
Et de cette ardente flamme
Que je sentois dans mon âme.
Tout de mon long je me couche

Entre ses bras bouche à bouche.
Alors tout doucement j'entre
Là-bas, dans ce petit centre
Où Cypris fait son séjour,
Dedans les vergers d'amour,
Vergers qui toûjours verdissent,
Vergers qui toujours fleurissent.
Mais pour cela je ne cesse
De la rebaiser sans cesse,
Et nos corps ensemble étraints
Sont sans contrainte contraints
D'une mignardise étrange
Faire un amoureux échange,
Et doucement haletans,
Nos âmes vont se mêlans ;
Nos languettes fretillardes
Se font des guerres mignardes,
Et sur le rempart des dents
S'entre-choquent au dedans.
 Oh ! combien de friandises !
Oh ! combien de paillardises
Aperçurent, cette nuit,
Et le flambeau et le lit,
Seuls témoins de nos délices,
Seuls témoins de nos malices,
Lors qu'étroitement pressés,
Nous nous tenions embrassés,
Et qu'une chaleur fondue,
Par nos veines épandue,
Va d'une douce liqueur
Attiédissant sa langueur !
Alors je me pris à dire :

 O Dieux ! gardez votre empire,

*Et jouissez sûrement
De ce haut gouvernement :
Moyennant que je te tienne,
Moyennant que tu sois mienne,
Guillemette, n'aie peur
Que j'envie leur grandeur;
N'aie peur que je désire,
Ni leur ciel, ni leur empire.
Ainsi je vais m'égayant,
Ainsi je vais m'égarant,
Souvent hazardant ma vie
Entre ses deux bras ravie.
Puis en ses yeux affectés
Je noie les miens enchantés.
Tantôt de sa chevelure
Je fais une entortillure;
Puis je baise ses mamelles
Aussi charmantes et belles
Que celles de la Cypris;
Puis, de grand amour épris,
Visant à place plus haute,
Dessus son beau col je saute;
Puis après, d'un coup de dent
Je vais sa gorge mordant,
Et d'une main fretillarde
Par l'obscurité j'hasarde
De tâter les piliers nus
Dont ses flancs sont soutenus;
Flancs où, sous garde fidelle,
Amour fait sa sentinelle,
Portier de ce lieu sacré
A sa mère consacré.
Enfin de mille manières,
Dans ces amoureux mystères,*

Folâtres, nous nous baisons,
Et jouant contrefaisons
Les amours des colombelles,
Et celles des tourterelles ;
Et à l'envi furieux,
Et à l'envi amoureux,
Par nos bouches haletantes
Nos deux âmes languissantes
D'un doux entrelacement
Se rassemblant doucement,
Et de leurs corps homicides
Tour à tour les laissent vuides.
Ainsi nous nous combattions,
Comme vaillans champions,
Non pas sans sueur et peine,
Ni même sans perdre haleine,
Quand enfin, les nerfs lassés,
Et les membres harassés,
Lorsque, l'humeur découlante,
Et ma vigueur défaillante,
Sans cœur, sans force et vertu,
Enfin je fus abattu.
A l'instant mon chef j'incline
Sur sa douillette poitrine,
Où un sommeil gracieux
Me ferma bien-tôt les yeux.
Lors, voyant que je repose
D'une un peu trop longue pause,
Elle me sait reveiller
Sans me laisser sommeiller.
Comment ! me dit-elle alors,
Comment donc, lâche, tu dors !
Comment donc, tu te reposes !
Lors, les paupières écloses,

A ces mots me relevant
Plus dispos qu'auparavant,
Je me saisis de mes armes,
Et d'abord donnai l'alarme,
Et d'une grande furie
Je perçai sa batterie.
Blessée d'un coup si doux,
Elle redouble ses coups.
Chacun de sa part s'efforce
De faire valoir sa force,
Et chacun, de son pouvoir,
S'acquitta de son devoir :
Par de petites secousses,
Par réciproques repousses,
Chacun mêle de sa part
Quelque petit tour paillard,
Et de cent façons jouée
Vénus est contr'imitée.

 Cent mille fois je t'honore,
Nuit que je révère encore,
Nuit heureuse, dont les Dieux
Doivent être bien envieux,
Nuit que Cypris immortelle
Ne peut promettre plus belle !

 O claires obscurités !
O ténébreuses clartés !
Qu'entre tant de friandises,
Qu'entre tant de faveurs prises,
Tant de faveurs, tant d'ébats,
Tant de glorieux combats,
Tant de soupirs, tant de crainte,
Tant de baisers sans contrainte,

*Tant d'étroites liaisons,
Tant de douces pâmoisons,
Tant de baisers, tant d'injures,
Tant de friandes morsures,
Tant de plaisans déplaisirs,
Tant d'agréables plaisirs,
Tant de belles gayetés,
Tant de douces cruautés,
Tant de folâtres malices,
Tant de paillardes délices,
Tant de copieux combats,
Qu'entre tant de vifs trépas,
Et tant de douceur sucrée,
O nuit, nous t'avons passée!*

Elle les trouva fort agréables, et eut de la joie de les lire; elle l'en paya de la même monnoie qu'elle payoit tous les bienfaits qu'elle avoit reçus de lui; et ainsi, selon toutes les apparences, ils passoient leur temps assez agréablement. Cela dura un petit espace de temps assez considérable, sans que ce cher couple songeât à autre chose. Le marquis fit un voyage en cour, après quoi il s'en revint plus amoureux qu'auparavant. Sur ces entrefaites, le juge d'un des principaux villages du marquis devint veuf. D'abord il songea à remplir cette place avec sa Guillemette. C'étoit un honnête homme, fort riche, et encore jeune; mais la difficulté étoit de savoir si le juge voudroit bien prendre les restes de son seigneur. Il espéroit pourtant de le gagner. Il en communiqua pour cet effet avec Guillemette, et lui représenta que c'étoit un parti fort avantageux pour elle, que cela répareroit son honneur, et ne nuiroit en rien à leur commerce. « Car enfin, ma chère, lui disoit-il, ce n'est que pour votre bien. Et ne croyez pas que je vous abandonne : non, j'abandonnerois plutôt tout mon bien, et trop heureux encore de vous posséder pour l'unique qui me resteroit ce n'est donc; que pour votre fortune, et pour tenir nos intrigues plus à couvert. Si vous le jugez ainsi pour votre bien, nous ferons nos efforts pour l'attirer. » Elle convint de la force de ses raisons, et le remercia de ses bons soins, lui promettant de bien jouer son personnage pour attirer ce pigeon à son pigeonnier; mais à bon chat bon rat.

Le marquis invitoit monsieur le juge souvent chez lui, il plaignoit avec lui la perte de sa femme, il le faisoit manger à sa table, et lui donnoit tout autant de marques d'amitié qu'on peut, sans que notre pauvre juge en sût la véritable cause. Guillemette l'entretenoit aussi souvent en particulier, quand Monsieur étoit empressé à d'autres compagnies. Jamais vestale ne marqua plus de prudence et de piété qu'elle en faisoit éclater dans ses discours et dans son maintien; et qui ne l'auroit connue, l'auroit prise pour une seconde Lucrèce. Cependant le marquis sondoit peu à peu l'intention du juge sur un second mariage, et lui touchoit toujours quelque petite chose en passant, à quoi l'autre ne répondoit que fort ambigüement; mais un jour notre marquis voulut s'en éclaircir plus à fond, et pour cet effet, après être sorti de table un jour qu'il y avoit dîné, il le mena promener dans un des parterres de son jardin, et lui dit : « Vous savez, monsieur le juge, l'estime que j'ai toujours faite de votre personne; je vous ai distingué de tous les justiciers de mes terres, pour vous placer comme vous êtes ; de plus, je trouve en vous une certaine humeur civile, honnête et complaisante, qui me fait avoir un grand penchant pour vous ; c'est pourquoi je voudrois bien vous voir placé avantageusement dans votre second mariage, et pour cela j'ai envie de vous marier de ma main. »

D'abord le juge le remercia des éloges qu'il lui donnoit, de la bonté qu'il avoit pour lui, et de l'honneur qu'il recevoit journellement. « Mais, monsieur le marquis, dit-il, vous me parlez d'une chose à laquelle je n'ai encore eu aucune pensée depuis la mort de ma femme. Je ne doute pas que, venant de votre main, ce ne soit une personne qui ait infiniment de l'honneur et du mérite ; mais, Monsieur, pourroit-on savoir qui est cette personne ? — C'est, lui répondit le marquis, cette demoiselle que vous avez souvent vue dans le château, qui m'a été donnée pour gouvernante, et pour la vertu de laquelle j'ai assurément beaucoup d'estime. Elle a beaucoup d'esprit, et outre cela quatre mille livres que je lui veux bien donner, outre la première place vacante au présidial de Poitiers, que je m'offre de vous faire avoir. »

Le juge n'étoit pas ignorant, et dès lors qu'il entendit nommer Guillemette, il s'aperçut de l'appât, et prit résolution qu'il n'en feroit rien. Mais comme il étoit de son intérêt de ménager monsieur le marquis, il ne voulut pas le rebuter d'abord par un refus, ne doutant pas que l'autre, qui épioit tous ses gestes, ne se fût douté qu'il avoit connoissance de leur dessein : c'est pourquoi il prit un milieu à cela, et dit à monsieur le marquis, après l'avoir humblement remercié de la bonté qu'il avoit pour lui, qu'une affaire de l'importance d'un mariage méritoit que l'on y songeât; que dans la quinzaine il feroit sa réponse par écrit, ou du moins qu'il dépeindroit son sentiment au cas qu'il ne pût accepter ce parti. Le marquis le pressa de s'expliquer plus clairement sur cette affaire, mais inutilement : il ne fit que réitérer la promesse précédente, de quoi le marquis fut obligé de se contenter, et en fut incontinent porter la nouvelle à Guillemette, qui d'abord n'en prévit rien de bon; néanmoins ils attendirent la réponse, qui ne manqua pas d'être apportée au bout du temps précis. Ils eurent de la curiosité pour savoir ce que le papier leur apprendroit, et, l'ayant ouvert, ils trouvèrent : « Monsieur, après avoir bien fait de la réflexion sur les malheurs et les incommodités qu'apporte le mariage, je me suis proposé de ne me point embarquer pour la seconde fois sur cette mer orageuse, mais de jouir des délices du port. Les plus fortes raisons qui m'ont porté à suivre cette résolution est une lettre d'un poëte de mes amis. Je vous l'envoie, afin que vous ayez aussi la satisfaction de voir les avis qu'il me donne, et comme il déclame contre le mariage. Cependant, Monsieur, je ne cesserai jamais de vous rester obligé des bontés qu'il vous a plu d'avoir pour moi, et j'ai un sincère déplaisir de ne pouvoir forcer mon inclination, pour offrir mes vœux à cette charmante personne. Il faut croire que je ne suis pas destiné à un si grand bonheur; mais je me réserve celui de me dire toujours, Monsieur,

Votre, etc.

AVIS TOUCHANT LE MARIAGE.

La femme est une mer, et le mari nocher
Qui va mille périls sur les ondes chercher,
Et celui qui deux fois se plonge au mariage,
Endure par deux fois le péril du naufrage;
Cent tempêtes il doit à toute heure endurer,
Dont n'y a que la mort qui l'en peut délivrer.
Sitôt qu'en mariage une femme on a prise,
On est si bien lié, qu'on perd toute franchise :
L'homme ne peut plus rien faire à sa volonté.
Le riche avec orgueil gêne sa liberté,
Et le pauvre par là se rend plus misérable,
Car pour un il lui faut en mettre deux à table.
Qui d'une laide femme augmente sa maison
N'a plaisir avec elle en aucune saison
Et seule à son mari la belle ne peut être :
Les voisins comme lui tâchent de la connoître.
Elle passe le jour à se peindre et farder;
Son occupation n'est qu'à se regarder
Au cristal d'un miroir, conseiller de sa grâce.
Elle enrage qu'une autre en beauté la surpasse.
Semblable en leur beau teint à ces armes à feu
Qui, n'étant point fourbis, se rouillent peu à peu,
Si le pauvre mari leur manque de caresse,
On l'accuse d'abord d'avoir d'autre maîtresse :
La femme trouble un lit de cent mille débats,
Si son désir ardent ne tente les combats,
Et si l'homme souvent en son champ ne s'exerce,

Labourant et semant d'une peine diverse.
La mer, le feu, la femme avec nécessité,
Sont les trois plus grands maux de ce monde habité.
Le feu bientôt s'éteint ; mais le feu de la femme
La brûle incessamment, et n'éteint point sa flamme.
   Ainsi, crois-moi dessus ce point,
   Mon cher ami, n'y songe point.

Le marquis eut du chagrin que la chose n'avoit pas réussi ; cependant ils s'en consolèrent par la continuation de leurs amours.

   Mais comme par résistance
   On augmente le désir,
   Ainsi dans la jouissance
   On perd bientôt le plaisir[1].

1. *Var.*: Ici la 1re édition intercale un long passage mêlé de prose et de vers. Le voici :
« Ce fut environ vers ce temps-là qu'un jeune homme, venu depuis peu des Universités, et qui ne savoit pas l'intrigue du marquis avec Guillemette, en devint effectivement amoureux, et l'auroit infailliblement épousée sans un accident qui arriva et qui ne lui permit pas de douter de la bonne intelligence qui étoit entre sa maîtresse et le marquis de Chevreuse. Cet accident fut une certaine enflure de ventre causée à la pauvre Guillemette par un commerce trop fréquent avec son marquis. Elle ne s'en fut pas plus tôt aperçue qu'elle l'avoua d'abord à celui qui en étoit l'auteur. Et cependant, pour tromper le jeune bachelier, dont elle espéroit de faire un mari, elle feignit d'être malade d'une hydropisie. Son amant le crut quelque temps, mais enfin on lui dessilla les yeux. Certaines manières libres qu'il avoit remarquées entre Guillemette et le marquis le firent entrer dans de grands soupçons, et une confidente affidée qui étoit dans la maison du marquis lui découvrit le pot aux roses et la véritable cause de cette hydropisie prétendue. Elle en guérit au bout de neuf mois ; et quoique la chose fût assez

En effet, notre marquis perdit bientôt le souve-

secrète et que le jeune homme qui la recherchoit se soit contenté de la laisser, sans la diffamer, il ne put s'empêcher pourtant, avant de la quitter, de lui faire connoître la cause de sa froideur ; et, comme il étoit poëte et qu'il aimoit sa patrie, il fit des vers sur cette aventure, qu'il lui envoya tout cachetés en forme de lettre. Comme elle en avoit reçu grand nombre de sa façon où il lui parloit de son amour, elle crut que c'étoient des vers du même style ; mais elle fut bien surprise quand elle lut ces paroles, qui étoient une raillerie sanglante du malheur qui lui étoit arrivé :

STANCES.

Vous faisiez à l'amour un trop pénible outrage
De déguiser un mal dont lui-même est l'auteur.
Iris, ne cachez plus un si parfait ouvrage,
Qui fait de deux amants le souverain bonheur.

En vain pour nous tromper vous usiez d'artifice,
Couvrant de son mal feint un chef-d'œuvre si beau ;
Puisque l'illustre enfant de la déesse Erice
A daigné l'éclairer de son divin flambeau.

Qu'aucun regret pourtant ne saisisse votre âme,
Et ne rougissez pas du fruit de votre amour ;
Ce sont les doux effets d'une féconde flamme,
Qui s'alloient amortir s'ils n'eussent vu le jour.

Peut-être que ces jeux, ces ébats, ces caresses,
Dont vous payez les feux de votre cher amant,
Et que ces doux baisers, ces aimables tendresses,
N'étoient, à votre avis, qu'un simple jeu d'enfant.

Sachez pourtant, Iris, que l'Amour, ce fier maître,
A qui l'on donne à tort un éloge si bas,
N'est pas toujours enfant, puisqu'il en fait tant naître,
Et que même il se plaît dans les sanglants combats.

S'il revêt quelquefois une forme si tendre,
C'est pour nous abuser, c'est pour tromper un cœur ;
Mais après qu'à ses traits on s'est laissé surprendre,
Il prend d'un homme fait la force et la vigueur.

Que le triste regret de vous être déçue
N'apporte aucun obstacle à des plaisirs si doux ;

nir de ses promesses[1], car il commençoit à la négliger, et ne la voir qu'avec une espèce de chagrin. Elle fut encore assez heureuse de l'avoir possédé pendant près de dix ans; après quoi, voyant qu'il ne l'estimoit pas comme il avoit fait, qu'au contraire il la négligeoit tout à fait, elle prit une résolution de se retirer. Elle lui demanda la permission. D'abord il l'en voulut retenir par manière de bienveillance; mais il y consentit enfin sans grands efforts. Elle eut, tant de ses épargnes que de ce qu'il lui donna, une petite somme avec quoi elle s'achemina à Paris. D'abord elle fit assez bonne chère, ne pouvant se désaccoutumer aux bons morceaux qu'elle mangeoit avec le marquis; mais comme à Paris tout est cher, elle fut obligée de retrancher sa dépense et de songer à se mettre en condition. Elle pria

S'il ne vous eût frappée, Iris, que dans la vue,
Vous ne sauriez pas bien ce que peuvent ses coups.

Savante à vos dépens, vous avez cette gloire
Qu'il a, pour vous soumettre, employé tous ses traits,
Et, pour être plus sûr de gagner la victoire,
Sans doute qu'il voulut vous frapper de plus près.

Cessez donc de pleurer un sort digne d'envie,
Et ne regrettez pas la plus belle des fleurs;
Si ne la garder pas c'est faire une folie,
On goûte en la perdant mille et mille douceurs.

Ces vers piquèrent un peu celle pour qui ils avoient été faits; mais comme elle étoit au-dessus de ces petits reproches et qu'elle s'étoit familiarisée avec son marquis, elle ne s'en mit pas fort en peine, et, résolue desormais de laisser parler le monde, elle ne songea qu'à goûter les douceurs de la vie et à y chercher de nouveaux raffinements, à quoi elle réussit mieux que femme du monde, comme nous l'allons apprendre dans la suite de cette histoire. »

1. Ici les deux textes recommencent à se confondre.

pour cet effet une vieille entremetteuse de lui en procurer une ; mais cette femme, la voyant jeune et d'assez bonne mine, lui proposa un parti pour se retirer. Elle ne s'en éloigna pas beaucoup, et s'inquiéta de la personne et de sa vacation ; à quoi l'autre lui répondit que c'étoit monsieur Scarron, et qu'il étoit poëte [1]. Ce nom de poëte lui ravit d'abord l'âme, et elle demanda incontinent à le voir; mais la vieille, jugeant qu'il étoit à propos de la préparer à voir cette figure et de lui en faire d'avance un petit portrait, afin que l'aspect ne lui en parût pas si horrible, lui dit : « Ecoutez, Mademoiselle, je suis bien aise de vous dépeindre la personne avant que vous la voyiez. Premièrement, c'est un jeune homme qui est d'une taille moyenne, mais incommodé ; ses jambes, sa tête et son corps font, de la manière dont ils sont situés, la forme d'un Z [2]. Il a les yeux fort gros et enfoncés, le nez aquilin, les dents couleur d'ébène et fort mal rangées, les membres extrêmement menus, j'entends les visibles (car pour le reste je n'en parle point). Il a

---

1. D'après le P. Laguille, mademoiselle d'Aubigné auroit demeuré, quand elle accompagna à Paris, soit madame de Neuillan, comme l'assure Tallemant (in-8, t. 9, p. 126), soit madame de Villette, soit madame de Navailles, fille de madame de Neuillan, « dans le même quartier où logeoit le fameux Scarron. » Segrais, cité par M. Ed. Fournier dans une note sur ce passage (*Var. hist. et littér.*, VIII, 65), dit aussi que l'intimité s'établit par le voisinage. Scarron demeuroit rue des Saints-Pères, à l'*Hôtel de Troie*. D'après le P. Laguille, ce seroit madame de Navailles qui auroit proposé à Scarron son mariage.

2. Scarron nous a laissé de lui un portrait qui est la meilleure preuve de la fidélité de celui-ci.

infiniment de l'esprit au dessus du reste des hommes ; de plus, il a de quoi vivre, il a une pension de la Cour, et est fils d'un homme de robe. A présent, si vous voulez, nous l'irons voir. » Elle s'y accorda, et elles y furent. Scarron, qui avoit été averti de leur venue, s'étoit fait ajuster comme une poupée, et les attendoit dans sa chaise. A leur abord il les reçut avec toute la civilité possible ; à quoi Guillemette tâcha de correspondre, mais non pas sans rire de voir cette plaisante figure. Leur conversation ayant duré près d'une bonne heure, elles prirent enfin congé de lui, et la vieille l'engagea encore à y retourner avec elle. Elles eurent, à la seconde visite qu'elles lui rendirent, un petit régal de collation, et, la vieille s'étant employée pour aller chercher quelque chose qui leur manquoit, Scarron fit briller les charmes de son esprit et étala sa passion aux yeux de Guillemette. Il lui dit qu'il pouvoit bien conjecturer qu'une personne aussi bien faite comme elle l'étoit ne seroit pas bien aise de s'embarrasser d'un demi-monstre comme lui : « Mais pourtant, disoit-il, Mademoiselle, si j'osois me priser moi-même, je dirois que je n'ai que l'étui de mon âme mal composé, et possible y loge-t-il un esprit qui à peine se trouve dans ces personnes dont la taille est si avantageusement pourvue par la nature. D'ailleurs, une personne comme moi sera toujours obligée de rester dans un certain respect, au cas qu'on eût le bonheur de vous agréer. Je vous déclare peut-être trop nettement mon sentiment ; mais, Mademoiselle, la longueur n'est pas bonne dans de telles occasions. » Comme elle alloit répondre, il entra une des sœurs de Scarron[1], qui lui fit retenir ce qu'elle avoit à dire, tellement qu'elle ne s'en expliqua point pour cette fois; mais à l'autre visite qu'elle lui rendit, la vieille la sçut si adroitement persuader qu'elle lui promit d'être sa femme. Il en eut toute la joie imaginable, et depuis cet heureux aveu il ne manquoit journellement de lui écrire des billets doux, qu'il dictoit agréablement[2]; ce qui ne ser-

1. Le poëte avoit deux sœurs, dont l'une épousa, dit-on, secrètement, le duc de Tresmes, père du marquis de Gesvres, ou plutôt fut sa maîtresse. « Scarron disoit de ses deux sœurs que l'une aimoit le vin et l'autre aimoit les hommes. On savoit qu'il n'avoit que ces deux sœurs et qu'elles n'é-toient point mariées. » (*Segraisiana*, p. 58.)

2. On a deux lettres de Scarron à mademoiselle d'Aubigné : dans l'une elle est nommée ; dans l'autre, adressée à***, on la reconnoît facilement ; enfin, dans une troisième, adressée à M. de Villette, Scarron parle de mademoiselle d'Aubigné devenue sa femme, et donne quelques détails précieux qui ne semblent pas avoir été relevés. La première est connue : « Mademoiselle, lui dit le pauvre estropié, je m'étois toujours bien douté que cette petite fille que je vis entrer il y a six mois dans ma chambre avec une robe trop courte, et qui se mit à pleurer, je ne sçay pas bien pourquoy, estoit aussi spirituelle qu'elle en avoit la mine. La lettre que vous avez écrite à madame de Saint-Hermine est si pleine d'esprit que je suis mal content du mien de ne m'avoir pas fait connoître assez tout le mérite du vôtre. Pour vous dire vray, je n'eusse jamais cru que dans les îles de l'Amérique ou chez les religieuses de Niort on apprît à faire de belles lettres. » (*Dernières œuvres de M. Scarron*, t. I, p. 11.) Dans la seconde, nous remarquons les passages suivants : « Vous êtes devenue malade de la fièvre tierce ; si elle se tourne en quarte, nous en aurons pour tout notre hiver, car vous ne devez point douter qu'elle ne me fasse autant de mal qu'à vous... Je me fie bien à mes forces, ac-cablé de maux comme je suis, de prendre tant de part dans les vôtres. Je ne sçay si je n'aurois point mieux fait de me défier de vous la première fois que je vous vis. Je le devois,

vit pas peu à la tenir toujours dans le même sentiment, où elle ne demeura pas longtemps, car il arriva entre eux une petite rupture. Sa vieille se remit aux champs pour raccommoder leur affaire; mais Guillemette demeura ferme dans sa résolution, et jura de ne le voir ni l'entendre jamais. Lorsque le pauvre Scarron sut cela, il en fut au désespoir, et encore plus de ce qu'elle avoit rebuté toutes ses lettres. Il étoit presque à bout de son rôle, aussi bien que sa confidente ; mais comme il avoit infiniment de l'esprit, il se sou-

à en juger par l'événement. Mais aussi, quelle apparence y avoit-il qu'une jeune fille dût troubler l'esprit d'un vieil garçon?...

   Tandis que, la cuisse étendue,
    Dans un lit toute nue
  Vous reposez votre corps blanc et gras
    Entre deux sales draps,
   Moy, malheureux pauvre homme,
   Sans pouvoir faire un somme
  Entre mes draps, qui sont sales aussy,
    Je veille en grand soucy.

Tout cela pour vous aimer plus que je ne pensois. La male peste! que je vous aime! et que c'est une sottise que d'aimer tant! Comment, vertu de ma vie! à tout moment il me prend envie d'aller en Poitou, et par le froid qu'il fait! N'est-ce pas une forcenerie! » (*Dernières œuvres*, t. I, p. 23.) La troisième est datée du 12 novembre 1659. Scarron écrit à M. de Villette : « Madame Scarron est bien malheureuse de n'avoir pas assez de bien et d'équipage pour aller où elle voudroit, quand un si grand bonheur lui est offert que celuy d'estre souhaitée à Brouage par une mademoiselle de Mancini... J'espère qu'elle se r'acquittera d'une si grande perte quand la cour sera retournée à Paris... Paris est désert autant que votre Brouage est remply. Je ne m'en apperçois point dans nostre petite maison. On fait dire tous les jours aux princes, ducs et officiers de la couronne qu'on ne voit personne, et l'ambition d'être admis dans notre petite société commence à être grande et à s'échauffer furieusement dans la cour et dans la ville... »

vint qu'elle avoit marqué d'aimer fort les vers, et qu'elle avoit pris un indicible plaisir à lui en entendre réciter : il voulut donc la tenter par là, il lui écrivit plusieurs billets de cette manière. D'abord elle les rebuta comme les autres ; après elle les lut, mais n'y vouloit point faire de réponse. Néanmoins notre amant ne se lassa jamais de lui envoyer ses billets doux : sa constance, ses soins respectueux, à quoi joint les assiduités de la confidente, le firent rentrer dans ses bonnes grâces ; et comme il avoit éprouvé l'inconstance du sexe, il ne crut pas à propos de prolonger plus longtemps cette affaire : il la pressa donc, et firent si bien que dans peu ils achevèrent leur mariage [1], de crainte de quelque autre désastre,

---

1. La date du mariage de Scarron s'est trouvée, pour des écrivains superficiels, dans ce passage de Segrais : « Scarron se maria en 1650, et cette année plusieurs personnes d'esprit se marièrent aussi comme lui... Cela fit dire à madame de Rambouillet qu'elle craignoit que l'envie ne lui prît aussi de se marier. » (*Segraisiana*, p. 100.) Or, premièrement madame de Rambouillet n'etoit pas encore veuve à ce moment, et la plaisanterie ne s'expliqueroit pas de sa part étant mariée ; ensuite Segrais dit, en parlant du projet qu'avoit formé Scarron d'aller en Amérique, que, cette année, il demanda la main de mademoiselle d'Aubigné et que le mariage se fit deux ans après. Ce sont là de purs commérages. Loret est bien mieux renseigné. Dans sa *Gazette* du 31 décembre 1651, il dit :

> Monsieur Scarron, dit-on, se pique
> De transporter en Amérique
> Son corps meigret, foible et menu.

Il ajoute que sa sœur, Céleste Scarron, doit l'accompagner, et ne dit mot de sa femme, dont il n'eût pu manquer de parler si Scarron eût été marié. — Dans sa lettre du 14 juin

car le sieur Scarron avoit tout sujet de se méfier de lui-même, connoissant son état et sa foiblesse [1]. Mais au lieu de trouver son bonheur et son repos dans le mariage, il y trouva tout le contraire; et n'ayant pas rencontré dans sa nouvelle épouse la satisfaction et la pudeur qu'il s'attendoit, et qu'un mari souhaite en telle occasion, il

il écrit que Scarron vient de perdre un procès important contre la seconde femme de son père,

> Dont il se plaint mal à propos,
> Car enfin, ledit personnage
> Ayant contracté mariage
> Avec une epouze ou moitié
> Qu'il a prise par amitié,

il doit plutôt se féliciter de voir finir, avec son procès, ses embarras. Scarron, qui n'étoit pas marié le 31 décembre 1651, est donc marié le 14 juin 1652. Mais depuis quand? La *Lettre* du 9 novembre suivant nous l'apprend à peu près. Loret rappelle ce qu'il a dit dans ses lettres du 14 juin et du 5 octobre, et il ajoute :

> Or j'ay maintenrnt à vous dire
> Que cet autheur à faire rire,
> Nonobstant son corps maladif,
> Est devenu generatif;
> Car un sien amy tient sans feinte
> Que sadite espouse est enceinte
> De trois ou quatre mois et plus;
> Et puis, dites qu'il est perclus!

Le fait rapporté par Loret étoit une grossière plaisanterie. Mais une grossesse de trois ou quatre mois supposoit bien alors que le mariage s'étoit fait vers le mois de juin, au temps même où Loret en a parlé pour la première fois. — Le P. Laguille s'est également trompé en donnant pour date 1649 ou 1650.

1. Malgré le bruit qui courut et que nous avons rappelé dans la note précédente, madame Scarron ne fut jamais mariée que de nom. C'est ce qu'elle dit elle-même dans une lettre à son frère : « Vous savez bien que je n'ai jamais été mariée. » — « Elle est vefve sans avoir été femme », dit Somaize. (*Dict. des Précieuses*, t. 1, p. 221.)

eut recours aux plaintes et aux reproches. Mais la nouvelle mariée, qui n'étoit pas sotte, se prévalant de la mauvaise constitution de son époux[1], le traita d'abord du haut en bas, et, bien loin de dénier la chose, elle ne se mit pas beaucoup en peine de l'événement, car elle lui dit d'un ton impérieux que ce n'étoit pas à une posture[2] comme la sienne de posséder tout entière une femme comme elle, et qu'il devoit encore être trop heureux de ce qu'elle le souffroit. Ce discours, qu'il n'attendoit pas, le réduisit au dernier des chagrins; et comme cela lui pesoit extrêmement sur le cœur, il s'en voulut décharger entre les mains d'une de ses sœurs, ne croyant pas qu'il pût être mieux confié et qu'elle voulût elle-même publier l'infamie de sa famille. Mais il se trompoit beaucoup de faire fonds du secret sur un sexe autant fragile et inconstant que celui-là. Il le lui découvrit donc enfin, après lui avoir fortement exagéré la conséquence de la chose, et combien il leur importoit que la chose demeurât secrète. Elle ne manqua pas de lui promettre tout ce qu'il voulut, dans la démangeaison où elle étoit de savoir l'affaire,

1. *Var.*: Après ces mots : « ils achevèrent leur mariage », et avant ceux-ci : « le traita d'abord du haut en bas », on trouve cette variante dans l'autre édition :

« Mais il se trouva déçu, car ce qu'il avoit cru être son bonheur ne fut que le contraire : il trouva la brèche toute faite, et qu'un autre ou plusieurs avoient monté à l'assaut. Il s'en plaignit à elle, qui le traita d'abord du haut en bas... »

2. On a, dans certaines éditions, remplacé par le mot *figure* le mot *posture* qui se trouve ici. Appliqué à Scarron, *posture* étoit bien le mot propre, dans le sens qu'il avoit alors. On connoît le ballet des *Postures*. On disoit : *les postures* de l'Arétin, etc.

qu'elle n'eut pas plutôt sue, qu'elle en avoit une plus grande de s'en décharger. Ainsi, tous les jours, dans une irrésolution féminine, elle se disoit la même chose. Un jour entre autres elle se disoit :

> J e ne l'ai dit qu'à moi, et si je me défie
> Que moi-même envers moi je ne sois ennemie,
> En disant un secret que j'ai pris sur ma foi,
> Je ne le dirai point. Mais pourrai je le taire ?
> Non, non, je le dirai. Mais se pourroit-il faire
> Que je pusse trahir ainsi mon frère et moi ?
> Oui dà, je le dirai ; je m'imagine et pense
> Que, ne le disant point, je perdrai patience.
> Si je le dis, j'en aurai grand regret ;
>   Si je ne le dis point, j'en serai bien en peine.
> Mais quoi! si je le dis, la chose est bien certaine
> Que je ne pourrai plus rapporter mon secret.
> Je ne le dis donc point, crainte de me dédire.
> Mais si je le disois, à quoi pourroit-il nuire ?
> Je ne le dirai point, j'ai peur de m'en fâcher.
> Je le dirai pourtant : qu'est-ce que j'en dois craindre ?
> Oui, oui, je le dirai. A quoi bon de tant feindre ?
> S'il lui importoit tant, il le devoit cacher.

Après tant d'irrésolutions et d'agitations si différentes, elle arrêta d'en faire confidence à une amie, celle-là à une autre, et en peu tout le quartier en fut imbu et toute la conversation des compagnies ne rouloit que là-dessus. Cependant, comme chaque chose a son temps, une autre affaire fit évanouir celle-ci ; mais cela ne modéra néanmoins pas le chagrin du pauvre Scarron : il s'y laissa emporter, et d'autant plus que le tout venoit de lui et rejaillissoit sur lui. Il fut donc tellement accablé des remords de sa propre faute qu'il en mena une vie languissante et qui finalement l'ôta du monde [1]. Sa femme n'en parut affligée qu'autant que la bienséance le requéroit. Ce qu'elle hérita de ses biens la fit subsister pendant quelque temps; mais comme cela ne pouvoit pas toujours durer, elle se résolut à poursuivre son premier dessein, et de chercher condition chez quelque dame de qualité, et qui ne fût pas, surtout, scrupuleuse sur la galanterie[2]. L'occasion ne s'en étoit jamais présentée plus belle, car elle avoit une de ses compagnes du Poitou qui avoit eu le bonheur de parvenir jus-

1. Madame Scarron eut toujours pour son mari les soins les plus dévoués, et, si Scarron ne parloit d'elle qu'avec reconnoissance et respect, elle-même, dit Segrais, plus croyable quand il rapporte des faits que quand il donne des dates, témoigna toujours à lui et à tous ses amis les plus grands égards; elle conserva toujours pour lui ce sentiment de pitié qui lui avoit fait verser des larmes quand elle le vit la première fois. Scarron en parle sans cesse dans ses lettres à Pellisson.

2. A la mort de Scarron, sa veuve hérita, sans nul doute, de son mobilier, qui étoit assez élégant, dit Segrais, et valoit bien cinq à six mille livres. Elle le vendit, et Segrais rapporte même qu'il vit emporter cette chaise particulière sur laquelle les portraits de Scarron le représentent huché, avec son cou tordu et sa tête forcément baissée. Madame Fouquet lui obtint ensuite, dit M. Walckenaër (*Mém. sur madame de Sévigné*), une pension de 1,600 livres. Enfin, la reine Anne d'Autriche lui continua une pension de 2,000 livres que touchoit son mari, à la demande, selon le P. Laguille, du marquis de Puiguilhem (Lauzun), qui dit à la reine « qu'il avoit vu exécuter les meubles d'une jeune dame qui lui avoit fait pitié »; et, selon madame de Caylus, à la prière de M. de La Garde.

qu'à avoir une place assez avantageuse chez madame de Montespan [1], et elle y réussit enfin, car elle lui en procura une de gouvernante dans une maison de qualité ; mais c'étoit en Portugal, et il falloit s'y transporter, à quoi elle consentit volontiers ; et pendant que tout se préparoit pour le voyage des personnes qui la devoient emmener, elle fut par diverses fois chez madame de Montespan pour remercier sa cousine et tâcher d'avoir une audience auprès de cette favorite, ce qu'elle obtint par sa faveur [2], et sut si bien prendre madame de Montespan qu'elle voulut la voir une seconde fois. Elle lui plut tellement que, croyant qu'elle pourroit lui être utile à quelque chose, elle la retint [3], et ayant fait rompre le voyage en Por-

1. Réduite à la misère par la mort de son mari, parce que la pension que lui faisoit la Reine cessa bientôt de lui être payée, madame Scarron se retira dans un couvent, « à la Charité des femmes, dit Tallemant, vers la place Royale, par le crédit de la maréchale d'Aumont, qui y a une chambre meublée, qu'elle lui prêta. » M. de Monmerqué rectifie Tallemant, et nomme la maréchale d'Albret au lieu de la maréchale d'Aumont. (Voy., pour plus de détails, Ed. Fournier, notes sur le Mémoire du P. Laguille, dans les *Variétés histor. et littér.*, t. 8, p. 30.)

2. C'est par madame de Thianges, sa sœur, que madame de Montespan connut madame Scarron. Elle lui obtint d'abord du Roi le rétablissement de sa pension, que Louis XIV lui rendit, avec ces paroles : « Madame, je vous ai fait attendre bien longtemps. J'ai été jaloux de vos amis, et j'ai voulu avoir ce mérite auprès de vous. » (Voy. Walckenaër, *Mémoires sur madame de Sévigné*, t. 3. p. 95-97, et t. 5, ch. 11 et les notes. Cf. Somaize, *Dict. des Précieuses*, t. 1, p. 221.)

3. Madame Scarron devoit accompagner la princesse de Nemours, qui alloit faire en Portugal ce mariage qui fut cassé pour fait d'impuissance de la part de son mari, et madame Scarron auroit été sous les ordres de la dame d'hon-

tugal, la garda auprès d'elle, où elle s'insinua si bien qu'en peu elle fut sa confidente[1]. Rien ne se faisoit pour lors auprès du Roi que par la faveur de la Montespan, et rien auprès d'elle que par la Scarron. Elle sut si bien ménager sa fortune que jamais elle n'en a souffert de revers ; au contraire, sa grande faveur lui attiroit journellement quantité de présents, et singulièrement un d'assez grande importance pour en rapporter ici la cause, et pour marquer son pouvoir dans ces commencements, lequel n'a fait qu'augmenter depuis.

Le premier médecin du Roi étant mort, Sa Majesté résolut de n'en prendre plus par faveur, mais d'en choisir un de sa main, et pour remplir cette place il avoit jeté les yeux sur M. Vallot[2], et il est à croire que, si la mort ne l'eût ravi, il l'auroit possédée. Sa mort fit réveiller grand nombre de prétendants, qui n'avoient osé paroître de son vivant, et un chacun employa les brigues et les prières de ses amis pour y parvenir ; mais toutes

---

neur de la princesse. (Voy. les *Mém. de madem. de Montpensier.*)

1. On sait que madame de Montespan s'attacha madame Scarron pour faire la première éducation des enfants qu'elle avoit eus du Roi. (Cf. *Mém. du P. Laguille* et les notes de M. Ed. Fournier.)

2. Le fait rapporté ici semble inexact. En effet, déjà en 1669 nous trouvons sur l'état de la France M. Vallot, premier médecin, aux gages de 3,000 livres. Des huit médecins servant par quartier qui l'assistoient, aux gages de 1,200 livres, le premier nommé est « le sieur Daquin, et son fils en survivance ». M. Daquin sembloit donc être naturellement désigné pour remplacer M. Vallot, et celui-ci, qui, au dire du pamphlétaire, seroit mort avant d'avoir obtenu la place, l'exerça réellement.

les prières ne servirent pas de grand'chose, et la prière sans don étoit sans efficace, ce qui fit bien voir à plusieurs qui étoient mal en bourse qu'ils n'avoient rien à y prétendre. Celui qui trouva le plus d'accès fut M. d'Aquin[1], car il ne débuta pas par de foibles et simples oraisons, mais par une promesse à madame Scarron de lui compter vingt mille écus incontinent qu'elle lui en auroit fait avoir le brevet. L'offre étoit trop belle pour être refusée; ainsi, elle s'y employa de tout son pouvoir auprès de la Montespan, avec toutes les voies dont elle se put imaginer, et ne lui déguisa même pas le gain qu'elle feroit si son affaire réussissoit. La Montespan, qui l'aimoit beaucoup, ne fut pas fâchée de trouver l'occasion de lui faire gagner cette somme, et elle employa pour cet effet toute sa faveur auprès du Roi, en quoi elle réussit, et donna ce beau gain à notre héroïne. Pour lui en faire paroître plus ses reconnoissances, elle redoubla tellement ses soins auprès d'elle qu'il lui étoit presque impossible d'en souffrir une autre, car c'étoit elle qui gardoit tous ses secrets, et entre les mains de laquelle la Montespan ne faisoit point de difficulté de laisser les lettres que le Roi lui écrivoit, et même souvent de se servir de sa main pour y répondre. Elle en dicta une, un jour, si charmante et si spirituelle, que le Roi, qui est fort éclairé, connut bien ne sortir point du génie de sa maîtresse; il résolut de s'éclaircir de quelle main elle partoit, et commença même d'avoir quelques soupçons jaloux, dans la crainte de quelque chose de funeste à

---

1. Voy. la note précédente.

son amour; et s'étant rendu chez madame de Montespan, il lui déclara qu'il vouloit savoir quelles personnes avoient dicté cette lettre z « Car pour vous, Madame, dit-il, il y a assez longtemps que je vous connois pour savoir quel est votre style ; point ici de déguisement, dites-moi qui c'est. — Quand je vous l'aurai dit, Sire, lui dit-elle, vous aurez peine à le croire ; mais pour ne vous point laisser l'esprit en suspens, c'est la Scarron qui me l'a dictée, et moi je l'ai transcrite ; et afin que Votre Majesté n'en fasse aucun doute, j'en vais rapporter l'original de sa main. »

En effet, elle l'apporta et le lui présenta. Le Roi fut satisfait de cela et demanda à voir mademoiselle Scarron[1], qui pour lors ne se trouva point. Mais un jour qu'elle étoit auprès de la Montespan, le Roi arriva. D'abord elle voulut se retirer, par respect ; mais il n'y voulut pas consentir, et lui dit mille louanges sur son beau génie à écrire des lettres. Elle répondit avec tant d'esprit à ce qu'il lui dit, qu'il l'en admira de plus en plus, et qu'il commença de la distinguer des autres domestiques ; et en sortant il la recommanda à madame de Montespan, à laquelle il écrivoit beaucoup plus souvent qu'à l'ordinaire, pour avoir le plaisir de voir les réponses que la Scarron dictoit ; et il les trouvoit si agréables qu'il en redoubloit ses visites, à toutes lesquelles il ne manquoit point d'entrer en conversation avec

---

1. Mademoiselle Scarron. Il faudroit dire : madame Scarron, puisque son mari étoit noble et qu'elle-même étoit noble aussi. Le titre de *mademoiselle* se donnoit aux filles nobles ou aux femmes qui n'étoient pas nobles.

elle. Cela ne plaisoit pas beaucoup à sa maîtresse[1], qui commença de s'apercevoir qu'à l'exemple de Madame, elle avoit fait connoître au Roi une créature pour la supplanter. La Scarron, qui aussi s'apercevoit de l'altération que sa faveur causoit à la Montespan, fit tout son possible pour affermir son esprit et se rendoit toujours de plus en plus assidue auprès d'elle, ce qui la remit un peu[2].

Le Roi prenoit un tel plaisir dans sa conversation qu'il sembloit qu'il y avoit un peu d'amour ; en effet, il s'aperçut qu'il étoit touché de cette passion en sa faveur. Il ne se mit pas beaucoup en peine d'y résister, car il crut qu'elle s'évanouiroit aussitôt comme elle étoit venue ; mais il se trompa, car sa passion redoubla tellement qu'il résolut de lui parler de son amour. En effet, un jour que la Montespan avoit la fièvre et qu'elle avoit besoin de repos, le Roi passa dans la chambre de la Scarron. D'abord toutes les filles sortirent, par respect, et le Roi se trouvant seul avec

1. Pendant deux ans il y eut entre madame Scarron et madame de Montespan une lutte cachée qu'elles tenoient l'une et l'autre à laisser ignorer sinon du Roi, qui intervint souvent, mais du monde. Le secret ne commença guère à percer parmi les courtisans que lors du voyage de madame de Maintenon et du duc du Maine à Barèges. Madame de Sévigné ne manqua pas, dès qu'elle le connut, d'en instruire sa fille. (Voy. *Mémoires sur mad. de Sévigné*, t. 5, ch. XI.)

2. *Var.* : Ici l'édition 1754 intercale le passage suivant : « Le Roi ne se contenta pas de recommander à madame de Montespan de la distinguer, il la distingua si bien lui-même qu'il donna ordre à un généalogiste de la faire descendre de Jeanne d'Albret, reine de Navarre, qui, après la mort du Roi son époux, se maria en secret avec un de ses gentilshommes, qui fut, à ce qu'on prétend, le père de M. d'Aubigné, grand-père de madame de Maintenon. Après cela, le Roi prenoit un tel plaisir... »

elle, il lui dit¹ : « Il y a déjà quelques jours, Mademoiselle, que je me sens pour vous un je ne sais quoi plus fort que de la bienveillance. J'ai cherché diverses fois les moyens de vous le déclarer et en même temps de vous prier d'y apporter du remède ; mais le temps ne s'étant jamais trouvé si favorable qu'à présent, je vous conjure de m'accorder ma demande, et de recevoir l'offre que je vous fais d'être maîtresse absolue de mon cœur et de mon royaume¹. » Ce discours donna à notre héroïne une étrange émotion, et, toute pénétrée de joie : « Hélas! Sire, lui répondit-elle, que Votre Majesté est ingénieuse à se railler agréablement des gens ! Quoi ! n'est-ce pas assez de sujet que celui que vous aviez sur ma manière d'écrire, sans en trouver un nouveau ? Je me dois néanmoins estimer heureuse de pouvoir contribuer au plaisir du plus grand monarque du monde.

— Non, non, Mademoiselle, lui répliqua-t-il précipitamment, ce ne sont point des sujets de raillerie, et c'est la vérité toute pure que je vous dis ; je suis sincère, croyez-moi sur ma parole, et répondez à mon amour. — Seroit-il bien possible, Sire, poursuivit-elle, qu'un grand Roi voulût jeter les yeux si bas ? Je ne suis pas digne d'un tel honneur, Sire, et un nombre innombrable de beautés les plus rares du monde, dont votre Cour est remplie, sont plus propres à en-

---

1. Il est fort peu probable que Louis XIV ait offert ainsi son royaume à une femme qu'il pouvoit à peine souffrir dans les premiers temps des rapports de madame de Montespan avec elle. Tout le monde sait quelle antipathie madame Scarron inspiroit d'abord au Roi.

gager le cœur d'un si grand prince : on traiteroit Votre Majesté d'aveugle dans ce choix, et à moi on me donneroit un nom qui ne m'appartient pas. Enfin, Sire, outre mon âge avancé et mon peu d'attraits, Votre Majesté ne peut ignorer que je suis veuve ; ainsi, elle ne sauroit faire un choix marqué de tant d'imperfections sans s'attirer le mépris de tout le beau sexe. — Ah ! Mademoiselle, reprit le Roi, il ne faut pas tant chercher de détours pour faire un refus : je vois bien que c'en est un. Vous voulez donc que je mène une vie languissante ? Eh bien ! il faudra vous contenter et vous faire voir que, bien que je sois au-dessus du reste des hommes, j'ai pourtant un cœur susceptible pour les belles choses : j'appelle belles choses cet esprit brillant que l'on voit en vous, cette grandeur d'âme que vous faites paroître jusque dans les moindres choses, en un mot vos perfections, qui m'ont charmé. »

Il n'en dit pas davantage pour lors, et en sortant il lui fit une profonde révérence, et lui dit : « Songez, songez à ce que je vous ai dit, Mademoiselle. » Elle n'eut pas le temps d'y répondre, parce que le Roi entra chez la Montespan, où son chagrin ne lui permit pas de demeurer longtemps.

Lorsqu'il fut parti, mademoiselle Scarron repassa toute sa conversation dans son esprit : elle se représentoit la passion avec laquelle le Roi s'étoit exprimé, et ne douta plus qu'elle ne fût aimée. Elle prit néanmoins la résolution de dissimuler encore un peu, afin que son peu de résistance pût augmenter le désir du Roi ; en quoi elle réussit fort admirablement bien, car, ayant encore souffert deux de ses visites sans vouloir se déclarer, elle le mit dans une forte passion, et, résolu de la vaincre, il lui écrivit la lettre suivante :

LETTRE DU ROI A MADEMOISELLE SCARRON.

Je dois avouer, Mademoiselle, que votre résistance a lieu de m'étonner, moi qui suis accoutumé qu'on me fasse des avances, et à n'être jamais refusé. J'ai toujours cru qu'étant roi, il n'y avoit qu'à donner une marque de désir, pour obtenir ; mais je vois dans vos rigueurs tout le contraire, et ce n'est que pour vous prier de les adoucir que je vous écris. Au nom de Dieu, aimez-moi, ma chère, ou du moins faites comme si vous m'aimiez. Je vous irai voir sur le soir ; mais si vous ne m'êtes pas plus favorable que dans mes précédentes visites, vous réduirez au dernier désespoir le plus passionné des amants.*

Elle eut une joie incroyable de cette lettre, et résolut de se rendre dès ce même soir à ses volontés, afin de ne le point aigrir par une résistance affectée. Madame de Montespan, qui s'aperçut de cette intrigue, en fut, comme l'on peut croire, au désespoir ; mais comme elle a beaucoup de politique, elle dissimula son ressentiment et n'en fit rien paroître. Cependant, le Roi arrivant dans sa chambre, elle tâcha de le retenir auprès d'elle par ses caresses ; mais il avoit autre chose en tête, il vouloit savoir l'effet qu'avoit fait sa lettre. Il la quitta donc assez précipitamment et courut à l'appartement de sa nouvelle maîtresse.

D'abord qu'elle l'aperçut, elle se mit en devoir de pleurer. Le Roi en voulut savoir la cause. « Hélas ! Sire, je pleure, dit-elle, ma foiblesse, qui laisse vaincre mon devoir et mon honneur ; car enfin il m'est à présent impossible de plus résister à votre volonté : vous êtes mon Roi, je vous dois tout... — Mais non, Mademoiselle, lui dit-il, je ne veux pas que vous fassiez rien par un devoir forcé. Je me dépouille auprès de vous de ma qualité de souverain ; dépouillez-vous de celle de cruelle, et agissez par un amour réciproque en aimant celui qui vous aime. »

Il lui dit ensuite quantité de choses fort tendres, auxquelles elle se laissa gagner, et ainsi le Roi vint dans ce moment à bout de son dessein [1] ; après diverses caresses réitérées, ils se séparèrent. A quelques jours de là, le Roi lui fit meubler un magnifique appartement, qu'il la pria d'accepter ; et ne voulant pas qu'elle fût en rien moindre que ses autres précédentes maîtresses, il lui chercha un titre, et enfin il lui donna celui de marquise de Maintenon [2] ; mais comme ce n'étoit qu'un titre honoraire [3], le Roi lui acheta cette

[1]. Rien ne le prouve, au contraire, et ce passage d'une lettre souvent citée de madame de Maintenon est assez clair : « Je le renvoie souvent triste, mais jamais désespéré. »

[2]. « Il est vrai que le Roi m'a appelée madame de Maintenon, et que je ferois bien autre chose pour lui que de changer de nom. » A en croire Saint-Simon, ce titre ne fut obtenu du Roi qu'à la suite de négociations où le Roi auroit parlé de madame Scarron en des termes fort opposés à l'estime qu'il avoit pour elle.

[3]. On lit dans *Madame de Maintenon peinte par elle-même* : « C'etoit à une réponse bien naturelle du duc du Maine que madame de Maintenon avoit dû le premier bienfait de Louis XIV. Le Roi, dit madame de Maintenon, causant et

terre du marquis de Maintenon [1], lequel la vendit volontiers, et eut, tant de Sa Majesté que d'elle, de grandes gratifications : car il a eu pendant quatre ou cinq ans une frégate dans l'Amérique, défrayée par le Roi à son profit, et encore la permission de pirater sur les Espagnols; et s'il avoit eu du cœur et eût su ménager sa fortune, lorsque les flibustiers le prirent pour aller avec eux, sans contredit il seroit l'homme de la France le plus puissant en argent; mais, bien loin d'entreprendre rien, il a toujours eu assez de lâcheté pour se dérober de la flotte lorsqu'il a fallu en venir aux coups. Cependant, lors du partage, il n'en faisoit pas de même, car il aimoit bien d'avoir son lot; mais on le chargeoit de confusion, et à présent il est tellement haï de ces gens-là qu'un

jouant avec cet enfant, lui dit qu'il le trouvoit bien raisonnable. — Comment ne le serois-je pas? dit ce jeune prince, je suis élevé par la raison même. — Allez, lui dit le Roi, allez lui dire que je lui donne cent mille francs pour vos dragées. Sa pension de gouvernante n'étoit alors que de deux mille francs ; le Roi la porta à deux mille écus. »

[1]. Le marquis de Maintenon étoit de la famille d'Angennes, d'où sont sortis les Rambouillet, les Montlouet, les du Fargis, etc. Charles-François d'Angennes, marquis de Maintenon, qui vendit son marquisat à la veuve de Scarron, étoit fils de Louis d'Angennes de Rochefort de Salvert, marquis de Maintenon, baron de Meslay, etc., qui avoit épousé en 1640 Marie Leclerc du Tremblay, nièce du fameux P. Joseph et fille du gouverneur de la Bastille. Louis de Maintenon étoit mort en 1658. Charles son fils fut nommé gouverneur de Marie-Galande en 1679 et conserva son emploi jusqu'au 1er janvier 1685. Il épousa Catherine Giraud, fille d'un capitaine de la milice de l'île Saint-Christophe, et c'est par son fils que se continua, au 18e siècle, cette dernière branche, qui survécut à toutes les autres de la famille d'Angennes.

parti d'entre eux l'ayant saisi dans l'année 1685, qu'il venoit d'Europe à la Martinique, le voulut tuer, lui et sa femme, après les avoir pillés ; néanmoins la compassion l'emporta et ils lui laissèrent la vie, et, lui ayant ôté son navire, ne lui laissèrent qu'une petite chaloupe pour se rendre à terre. Mais si jamais il est rencontré une seconde fois, il ne le sera jamais à la troisième. Le Roi, ayant donc fait cet achat, n'épargna rien pour le rendre un lieu agréable [1].

Madame Scarron, que nous nommerons à présent madame de Maintenon, n'oublioit rien pour en marquer au Roi ses reconnoissances : elle étoit assidûment deux heures le jour seule avec lui, et le Roi souvent lui communiquoit des affaires d'importance et suivoit aussi quelquefois ses avis, qu'il avoit trouvés bons en diverses occasions.

Cependant elle ne s'enorgueillissoit point auprès de madame de Montespan, et agissoit toujours avec elle avec respect et modération, ce qui les a tenues assez longtemps de bonne intelligence ensemble [2].

Les révérends pères jésuites [3] n'eurent pas plu-

[1]. *Var.* : L'édition de 1754 intercale encore ici quelques lignes. Après avoir dit : Le roi... n'épargna rien pour le rendre agréable *à sa vieille* », le romancier ajoute :
« Il y fit des dépenses innombrables et prodigieuses ; il y fit aller des eaux, que, pour y faire rendre, il a fallu faire monter les montagnes et les traverser ; il joignit, pour cet effet, les montagnes ensemble, par des travaux si pénibles à son pauvre peuple, qu'il en coûta la vie à plus de soixante mille âmes, et tout cela pour assouvir l'insatiable passion qui l'a toujours possédé. »

[2]. Voy. note 1 ci-dessus, p. 130.

[3]. Le parti religieux eut, à n'en pas douter, une très grande part dans l'élévation, assez peu rapide d'ailleurs, de

tôt aperçu cette élévation de la Maintenon qu'ils résolurent de la gagner aussi de leur côté. Ils lui rendirent toutes sortes de devoirs et de soumissions, de quoi ils sont assez larges quand il s'agit de leur profit. Ils ordonnèrent aux révérends pères La Chaise[1] et Bourdaloue[2] d'en louer Sa Majesté, et de lui insinuer qu'il ne pouvoit faire un choix plus digne d'entretenir l'esprit d'un grand prince que celui qu'il avoit fait en elle. Ils s'insinuèrent donc tellement dans son esprit, qu'elle avoit de la joie de les voir chez elle. Et pour témoigner la confiance qu'elle avoit en leur ordre, elle en choisit un pour le directeur[3] de sa con-

madame de Maintenon. Ce parti étoit très contraire à madame de Montespan, mais ménageoit encore la favorite en la combattant. C'est seulement lorsque le crédit de madame de Maintenon fut établi d'une manière inébranlable que le refus d'absolution opposé à Louis XIV par son confesseur (carême de 1675, du 27 février au 14 avril) amena une séparation entre les deux amants. Madame de Maintenon étoit alors à Baréges. Le dissentiment qui existoit entre elle et madame de Montespan éclata alors, et alors aussi furent écrites par madame de Sévigné à sa fille les lettres que nous avons rappelées (note 1 ci-dessus, p. 130).

1. Le P. de La Chaise ne succéda au P. Ferrier dans l'emploi de confesseur du Roi qu'en 1675. C'est assez dire qu'il n'arriva à l'oreille du Roi que quand madame de Maintenon étoit déjà en grande faveur. Les lettres de madame de Maintenon montrent de sa part fort peu de goût pour le révérend Père.

2. Le P. Bourdaloue paroît avoir eu peu d'influence sur l'élévation de madame de Maintenon, si ce n'est par les sermons qu'il prêcha à la cour pendant plusieurs carêmes de suite à partir de 1669.

3. Il est faux que madame de Maintenon ait pris pour directeur un jésuite. Son directeur est bien connu : c'est l'abbé Gobelin, après la mort duquel elle prit les conseils de Godet-Desmarets, évêque de Chartres. « Elle avoit bien choisi, comme le remarque M. Walckenaer; ni l'un ni l'au-

science, se fit du tiers ordre de la Société [1], et voulut même porter le nom de Fille de la Société [2].

tre n'ambitionnoient ni la gloire de l'éloquence, ni les hautes dignités de l'Eglise ; ni l'un ni l'autre n'appartenoient à l'ordre trop puissant des Jésuites. » (*Mém. sur mad. de Sévigné*, 5, p. 430, notes.)

1. Nous ne savons trop ce que veut dire l'auteur quand il parle du tiers-ordre des jésuites, où se seroit fait admettre madame de Maintenon. Il y a en effet trois ordres de jésuites, et le troisième comprend ceux qu'on appelle *les écoliers*; ils conservent la jouissance et l'administration de leurs biens, et peuvent même, en France, réclamer le partage des héritages de leur famille. Mais nous ne sachons pas qu'on y ait admis des femmes.

2. *Var.*: Nous reproduisons encore ici tous les développements donnés à cette ridicule calomnie par l'édition de 1754 :

« Cela n'étoit encore pas assez au goût des Jésuites, qui, ayant su de son confesseur (car dans de telles occasions ces gens-là ne gardent jamais le secret, parce qu'il y va de l'utilité de l'Ordre) qu'elle étoit fort attachée aux plaisirs de la chair et qu'elle entretenoit un commerce amoureux avec un de ses domestiques, ils le prièrent unanimement, dans une assemblée qu'ils eurent au collége de Montaigu, de travailler à faire pour lui-même cette conquête, afin de l'avoir plus fermement dans leurs rets. Il leur promit de faire tout son possible pour l'avancement de la sainte société, et en effet il ne s'y épargna pas. Pour mieux y parvenir, il s'attacha à mieux découvrir les replis de sa conscience ; et, bien loin de la blâmer de son péché favori, il l'assura qu'il n'étoit point punissable. d'autant qu'elle étoit obligée de s'entretenir dans les leçons amoureuses afin de pouvoir se rendre plus utile au fils aîné de l'Eglise. Les pécheurs aiment ordinairement à être flattés dans leurs crimes et à trouver moyen de se damner avec plaisir. C'est là le chemin que tous les nouveaux casuistes font suivre à leurs pénitents, et ils ne se servent de ce sacré tribunal, qui doit être un instrument à sauver les hommes, que pour les damner. Il ne faut donc pas s'étonner si la Maintenon s'abandonnoit à eux, puisqu'ils ont un si rare secret. Mais elle n'eut pas plus tôt goûté les douceurs et les bontés du père La Chaise dans la confession, qu'elle n'en voulut plus d'autre; en effet, elle

Mais comme le changement que le Roi faisoit

s'en est toujours depuis servie. Cependant il avoit promis de se faire pour lui-même une conquête d'amour ; et, pour en venir à bout, il s'étoit défait, pour des raisons de conscience, de tous les domestiques qu'il avoit vus dans sa maison n'être pas attachés à la Société ; et, comme un sage directeur, il employa de ses créatures, et, entre autres, deux sœurs dolentes de la Société, qui avoient l'esprit insinuant, et qui, en peu de temps, eurent gagné les bonnes grâces et les confidences de la Maintenon, qui se servoit aussi, en revanche, d'elles, pour ses affaires amoureuses. Par leur moyen, le père La Chaise étoit éclairé de tout et prenoit ses mesures là-dessus. Un jour le domestique dont elle se servoit dans son exercice amoureux fut pour deux jours à la campagne, avec sa permission ; mais soit qu'il y rencontrât quelqu'un de connoissance ou qu'il voulût gagner de nouvelles forces, il y demeura beaucoup plus : et il y avoit déjà six jours qu'il étoit absent quand madame de Maintenon, qui n'étoit pas accoutumée à un si long jeûne, lui écrivit un billet et le donna à sa fille confidente pour le lui faire tenir.

« D'abord cette fille le porta au révérend père La Chaise ; ils se renfermèrent tous deux dans sa chambre, et, après l'avoir ouvert, ils y lurent :

« *En vérité, mon cœur, tu n'as guère d'amour pour moi, et si tu mesurois ton impatience à la mienne, tu serois retourné dès le premier jour. Pour moi, je t'avoue que je suis au désespoir de t'avoir donné congé, et encore plus de ce que tu ne viens point. Il faut ou que tu ne m'aimes pas, ou que tu sois mort, de rester si longtemps. Reviens donc, mon cher, et ne me laisse pas seule auprès du Roi, que je n'aime pas la dixième partie tant que toi ; et si tu ne veux pas me trouver bien mal, ou morte, viens à minuit, droit dans ma chambre ; je donnerai ordre que la porte soit ouverte pour te laisser entrer. Adieu, ma vie.*

« Eh bien ! dit le Père, que vous en semble ? — Moi, lui dit-elle, je ne sais, sinon que vous me la rendiez pour la lui faire tenir. — Non, dit-il, pas cela, mais il s'agit ici de me rendre un service. » Elle n'eut pas de peine à le lui promettre. « C'est, continua-t-il, que je m'en vais lui en écrire une sous un nom supposé, afin qu'il ne vienne pas de sitôt, et je me rendrai moi-même dans votre antichambre à l'heure

souvent de maîtresse donnoit de la peine à la

qu'elle marque, d'où vous m'introduirez dans son lit. Je suis de sa taille et je mets sur moi les événements de l'affaire. »

« La chose ainsi résolue, il se hâta d'écrire la lettre, qu'il donna pour faire tenir en place de l'autre. Elle étoit conçue en ces termes :

« *Monsieur, j'ai un regret sensible de vous apprendre une méchante nouvelle. Votre père est à l'article de la mort. Je l'ai aujourd'hui confessé et lui ai donné le saint viatique. Il m'a prié par trois ou quatre fois de vous écrire qu'il a quelque chose à vous communiquer avant sa mort ; partez donc pour vous rendre ici incontinent la présente reçue, parce qu'il est encore en son bon sens, et si vous ne perdez point de temps, selon que nous pouvons juger par les apparences, vous en aurez encore pour lui parler. Je suis*, etc.

« Cochonnet, *curé de Lasine.*

« Il (le valet) n'eut pas plutôt reçu cette lettre qu'il crut effectivement que la chose étoit ainsi. Il avoit infiniment d'amitié pour son père, et monta incontinent à cheval pour s'y rendre ; mais il le trouva en bonne santé, ce qui le réjouit. Cependant ils ne purent trouver le secret de cette lettre ; il ne se douta jamais de la vérité, ce qui fit qu'il resta quelques jours auprès de ses parents.

« L'heure approchant, le révérend Père se rendit dans l'antichambre, où il trouva la fille qui l'attendoit. Il s'y déshabilla et prit la robe de chambre et le bonnet qui servoient à l'autre dans ses expéditions ; après quoi il fut introduit jusqu'au lit, où il entra doucement et sans parler. Il commença de monter à l'assaut. Quoiqu'elle fût endormie, elle le sentit bien, nonobstant l'avis de certaines femelles ; et croyant que ce fust son taureau de coutume, elle l'embrassa avec des étreintes si amoureuses que le pauvre Père pensa expirer dans ce charmant exercice. Le jeu leur étoit trop doux pour y préférer la conversation ; aussi ils recommencèrent à diverses fois sans se parler, et auroient peut-être passé la nuit ainsi si le père La Chaise n'eût rompu le silence par un rhume incommode et qui le fit tousser hors de saison. Madame de Maintenon fit un cri et voulut se jeter hors du lit ; mais il la retint, il lui fit ses excuses, et, après qu'il eut calmé son esprit, il lui représenta que la chose étoit sans remède et

Société, parce qu'il falloit à chaque fois faire de
qu'elle devoit considérer que c'étoit la force de sa passion
qui l'avoit obligé à le faire, et ne lui découvrit pas néanmoins le véritable sujet. Quoi qu'il en soit, mes Mémoires
portent qu'ils se raccommodèrent et poursuivirent le reste
de la nuit, et ont toujours poursuivi depuis, et poursuivront
encore tant qu'ils auront des forces, si nous en croyons les
apparences; car s'il est vrai qu'elle est la mule du Roi, elle
est tout autant la cavale de La Chaise et la haquenée de son
valet, qui ne fut pas plus tôt de retour qu'il s'excusa de sa longue
absence sur la lettre supposée. Mais elle, qui avoit su toute
l'affaire du père La Chaise, ne voulut pas approfondir les choses
et le reprit en grâce; depuis, elle s'en sert toujours avec beaucoup de satisfaction. Tout cela ne l'empêchoit pas de recevoir l'ordinaire du Roi tant qu'il fut en santé; mais il lui arriva une maladie qui ne provenoit que de l'excès du déduit.
Madame de Maintenon en fit beaucoup l'affligée et le fit paroître en public le plus qu'elle pouvoit; enfin, le mal venant
à augmenter, on résolut d'y mettre des emplâtres. Cette
sainte fille de la Société, sachant bien dans sa conscience
qu'elle avoit causé une partie du mal, voulut aussi assister au remède, et, par une espèce d'œuvre de charité dont
elle a été fort louée, elle voulut mettre le premier emplâtre
sur ce fils de Priape. Elle le mit en effet, et a diverses fois
continué, jusqu'à l'entière guérison du Roi. Quand elle le vit
en santé, elle voulut le divertir; et comme elle n'a point
de cet amour délicat qui ne souffre point de partage, elle lui
chercha une des plus belles filles de France. Ce fut la F...
qu'elle lui présenta. Le Roi l'estima au double de ce qu'elle
faisoit comme un sacrifice d'elle et chérit aussi beaucoup la
F... Madame de Maintenon cependant a toujours occupé
son esprit; et, quelque autre attache qu'il ait eue, elle n'a
jamais été si forte que la sienne. Depuis la F... il a eu encore un présent d'elle; mais cette nouvelle maîtresse mourut
en couches, tellement que, bien que depuis elle ait voulu
lui en donner d'autres, il ne les a point voulu accepter, et
il se tint toujours attaché à elle, qui, de son côté, n'en est
pas beaucoup tourmentée, puisque depuis un assez long
espace de temps il n'est pas capable de connoître une femme
charnellement; mais aussi elle ne s'en soucie pas, et sa faveur lui est plus chère que son amour, puisqu'elle en a
d'autres pour assouvir ses infâmes passions, et surtout le
révérend Père La Chaise.

nouvelles intrigues pour s'acquérir les bonnes grâces de la dame aimée [1] ; [et cette dernière, qui craignoit aussi, de son côté, de tomber du pinacle où elle se voyoit élevée, crut que pour pou-

Cependant, lorsque le Roi se porta mieux, elle ne manqua pas de profiter d'un si long temps et de mettre la santé du monarque à de nouvelles épreuves. Et il faut avouer que jamais femme n'a mieux su qu'elle tirer parti de l'amour et ménager les occasions. Elle disoit un jour, en plaisantant, à une de ses amies : « Que les amants vulgaires cherchent tant qu'il leur plaira ce qu'on appelle l'heure du berger; pour moi, je cherche l'heure du Roi. Quand elle se présente, je vous assure que je ne la laisse pas échapper. » Elle avoit raison de parler ainsi : elle a su profiter du fort et du foible de Louis-le-Grand. Aussi ce monarque, qui aime naturellement la gloire et les plaisirs, a été charmé de trouver une maîtresse qui a su si bien flatter son ambition et son amour, qui l'instruit en le divertissant, et qui, dans ses conversations les plus amoureuses, sait mêler les maximes de la fine et de la plus haute politique.

Un jour qu'elle étoit seule avec le Roi et qu'elle avoit reçu de nouvelles preuves de son amour, elle dit, pour flatter agréablement ce monarque, qu'un prince comme lui ne devoit pas aimer comme les autres hommes; que, comme il étoit né pour régner, il falloit qu'il pratiquât comme il faisoit cet art glorieux au métier même des plaisirs. « Votre Ma-
« jesté, ajouta-t-elle, brille partout, vous ne la sauriez ca-
« cher; amant, ami, en guerre, en paix, à l'armée, au lit,
« à la table, vous faites tout en roi, et l'on ne peut jamais
« vous méconnoître ; plus grand en cela que le Jupiter des
« païens, qui quittoit sa grandeur et sa majesté et prenoit
« les formes les plus chétives pour assouvir son amour; au
« lieu que Louis-le-Grand ne diminue rien de sa grandeur,
« quoiqu'il s'abaisse jusqu'à nous. »

« Voilà de quelle manière elle entretient le Roi ; et comme la passion de ce prince pour madame de Maintenon est fondée sur l'esprit plutôt que sur la beauté de cette nouvelle marquise, il y a de l'apparence que cette passion durera autant que sa vie. »

1. Le passage compris entre ces deux crochets a été intercalé plus haut dans la première édition, et on l'a déjà vu la note.

voir s'y maintenir elle devoit s'acquérir les bonnes
grâces des révérends pères Jésuites, et en particulier l'amitié du confesseur du Roi, ce qui ne
fut pas fort difficile, parce que les révérends
pères avoient un même désir. Il y eut pour ce
sujet plusieurs assemblées des plus notables du
corps au collége de Montaigu; mais enfin], ils ne
trouvèrent pas de meilleur moyen pour fixer le
Roi à madame de Maintenon et l'attacher entièrement à la Société que de faire trouver bon à ce
grand monarque de faire avec elle un mariage de
conscience, et de l'épouser secrètement de la
main gauche 1, puisque c'étoit la seule maîtresse
qui lui étoit restée et qui apparemment lui plaisoit le plus. Cet avis ne fut pas rejeté ; au contraire, il fut généralement approuvé; et comme
il n'y avoit que le père La Chaise, son confesseur, qui pût disposer les affaires pour l'accomplissement de ce mariage, l'on trouva bon, avant
toutes choses, de le charger d'en dire quelques
mots à cette dame et de lui faire espérer cet honneur, pourvu qu'elle voulût bien se dévouer entièrement à la Société. Le père Bourdaloue (qui
avoit l'avantage de lui plaire par ses prédications)

1. « Le Roi l'épousa, dit Saint-Simon, au milieu de l'hiver qui suivit la mort de la Reine (morte en 1683). »—« La
satiété des noces, toujours si fatale, continue le même écri-
vain, et des noces de cette espèce, ne fit que confirmer la
faveur de madame de Maintenon. Bientôt après, elle éclata
par l'appartement qui lui fut donné à Versailles, au haut du
grand escalier, vis-à-vis de celui du Roi, et de plain-pied.»
Notons que madame de Maintenon, de trois ans plus âgée que
le Roi, avoit alors de quarante-huit à quarante-neuf ans.
Nous retrouvons ici le P. de La Chaise. Ce fut lui qui offrit,
de la part du Roi, un mariage dont madame de Maintenon
garda le secret plus fidèlement que le Roi lui-même.

fut aussi député de son côté pour faire les mêmes propositions, et il est facile de se persuader qu'elle les reçut avec une grande joie et des témoignages de reconnoissance, et avec une entière soumission; non pas, dit-elle, pour les honneurs, mais pour mettre ma conscience en repos. C'est, lui dirent les révérends Pères, le seul motif qui nous a poussés à travailler à cette grande affaire. Cette bonne dame, pénétrée de joie, baisa plusieurs fois la main du révérend Père La Chaise, qui portoit la parole, et lui dit : « Mon révérend Père, je remets entre vos mains mon corps et mon âme, aussi bien que le bonheur de ma vie. Après que leurs Révérences lui eurent donné la bénédiction et quelques instructions sur ce qu'elle devoit faire et comme elle se devoit comporter auprès du Roi, ils lui recommandèrent deux personnes et la prièrent de les recevoir à son service, ce qu'elle accepta avec empressement. Il étoit nécessaire à la Société d'avoir chez elle des personnes affidées, afin de pouvoir être informée de tout se qui se passeroit pendant qu'ils travailleroient à disposer le Roi.

Madame de Maintenon, tout occupée de ses grandes espérances, ne manquoit pas de caresser le Roi autant qu'il étoit possible [1]. Elle ne lui

---

1. M. Walckenaer s'explique en termes naïvement chastes sur les relations de Louis XIV et de madame de Maintenon. Nous donnons son texte, en renvoyant aux notes où il cite ses autorités : « Elle étoit du nombre de celles qui, très sensibles aux caresses que les femmes aiment à se prodiguer entre elles (je comprends peu) en témoignage de leur mutuelle tendresse, et qu'avec plus de réserve elles échangent avec l'autre sexe, ont une répugnance instinctive à se soumettre à ce qu'exige d'elles l'amour conjugal pour devenir

refusoit aucun plaisir, suppléoit en tout à sa foiblesse, et tâchoit même de se rendre utile dans les incommodités dont ce prince est atteint; enfin elle sut si bien gagner le cœur de ce monarque par ses services et ses soumissions, qu'il avoit de la peine à se passer d'elle, et ne pouvoit être un jour sans la voir pour la consulter sur quelque affaire. D'autre côté, le Père La Chaise avoit déjà donné son consentement au choix que ce monarque avoit fait de madame de Maintenon, et approuvé le congé donné à la Montespan [1],

mères, moins par la persistance d'une primitive pudeur que par l'effet d'une nature qui leur a refusé ce qu'elle a accordé à tant d'autres avec trop de libéralité. Françoise d'Aubigné eut souvent besoin d'être rassurée par son confesseur sur les scrupules que lui firent naître ses complaisances aux contrariantes importunités de son royal époux, à un âge où elle ne pouvoit plus espérer d'engendrer de postérité. » Sur ce point délicat, nous aimons à nous abriter derrière M. Walckenaer. Nous n'aurions osé espérer de dire les choses avec une plus respectable réserve. Voyez surtout les passages auxquels il renvoie. Un de ceux-ci, extrait d'une lettre de l'évêque de Chartres, citée par La Baumelle, prouve clairement le mariage, s'il pouvoit y avoir quelque doute à ce sujet : « C'est une grande pureté, lui dit-il, de préserver celui qui vous est confié des impuretés et des scandales où il pourroit tomber. C'est en même temps un acte de soumission, de patience et de charité... Malgré votre inclination, il faut rentrer dans la sujétion que votre vocation vous a prescrite... Il faut servir d'asile à une âme qui se perdroit sans cela. Quelle grâce que d'être l'instrument des conseils de Dieu, et de faire par pure vertu ce que tant d'autres font sans mérite ou par passion ! » Ailleurs il lui écrit : « Après ma mort, vous choisirez un directeur auquel vous donnerez vos redditions. Vous lui montrerez les écrits qu'on vous a donnés pour votre conduite. *Vous lui direz vos liens.* » (Walckenaer, *Mémoires sur madame de Sévigné*, 5, p. 216 et 436.)

1. Le dernier enfant de madame de Montespan et de Louis XIV fut le comte de Toulouse, né le 6 juin 1678. Depuis, madame de Montespan fut supplantée par made-

tâchant de persuader Sa Majesté de se tenir à ce dernier choix, parce que la pluralité étoit un beaucoup plus grand péché que non pas un attachement particulier à une seule personne ; que le mariage étoit pourtant l'état le plus parfait pour une personne qui ne pouvoit demeurer dans le célibat ; mais que ne le pouvant pas, pour des raisons d'Etat, il étoit nécessaire pour sa conscience de ne s'attacher qu'à une seule, ce que le Roi lui promit pour l'avenir. Le Père La Chaise, qui étoit tout à fait content de l'acquisition que la Société venoit de faire de cette dévote, ne faisoit plus de difficulté de lui communiquer tout ce qui se passoit dans cette affaire, afin qu'elle prît là-dessus ses mesures dans les conversations qu'elle avoit journellement avec le Roi.

Mais il arriva un petit contretemps dans leur commerce galant : c'est que le Roi, qui est d'une complexion amoureuse, a de la peine à voir une belle sans concevoir d'abord de l'amour pour elle. Madame de Soubize [1], qui a beaucoup de

moiselle de Fontanges, à la mort de laquelle, dirent les pamphlets, elle n'auroit pas été étrangère. Le Roi continua à recevoir madame de Montespan, même après son mariage avec madame de Maintenon ; il ne lui donna donc pas ce congé absolu dont il est ici parlé.

1. Madame de Soubise étoit Anne de Rohan Chabot, fille de ce Henri Chabot qui devint duc de Rohan, et dont le mariage avec Marguerite de Rohan avoit fait si grand bruit. Née en 1648, elle épousa François de Rohan, qui fit la branche des princes de Soubise, second fils d'Hercule, duc de Montbazon, et de Marie de Bretagne. Elle mourut le 4 février 1709, âgée de soixante et un ans.

On lit dans les notes de Saint-Simon sur le *Journal de Dangeau* :

« La beauté de madame de Soubise, dont le roi fut touché, fit la fortune de sa famille. M. de Soubise avoit eu une

charmes et d'agréments, eut l'honneur de plaire à Sa Majesté; mais comme cette dame est d'une vertu exemplaire, et avoit reconnu depuis quelque temps, au langage muet des yeux de ce monarque, qu'il avoit pour elle plus que de l'estime, et que le Roi cherchoit des moments de lui parler en particulier, elle fit son possible pour l'éviter, jusqu'à ce que, finalement, après quelque déclaration que le Roi lui avoit faite, elle pria son époux de la mener à une de ses terres, pour y passer le reste de la belle saison et tâcher de rompre par son absence tous les desseins du Roi. Cependant ce petit commerce avec madame de Soubize avoit en quelque façon altéré la liaison qu'il avoit avec madame de Maintenon. Elle s'en aperçut d'abord, et ne manqua pas d'en avertir le Père La Chaise. Elle ne voyoit plus au Roi cette assiduité qu'elle lui avoit remarquée auparavant. Néanmoins elle n'osoit en parler au Roi, de crainte de le chagriner, ou même de le perdre entièrement, car ce prince ne veut pas être contredit dans ses volontés impérieuses.

Madame de Maintenon, qui ne manque pas d'adresse, et qui savoit qu'autrefois elle avoit su lui plaire par le doux style de ses billets amoureux, jugea que peut-être elle pourroit encore réussir par cet endroit. Elle prit donc la résolution de lui écrire. Le Roi, qui vouloit prendre conseil d'elle sur quelque affaire, l'alla trouver dans son appartement, car il ne faisoit pas souvent de

première femme qui n'avoit jamais prétendu au tabouret. La beauté de sa deuxième femme le lui valut, et, par degrés, le rang de princesse à la maison de Rohan... » (*Journal de Dangeau*, avril 1684, t. 1, p. 5.—Cf. *ibid.*, p. 112.)

façon d'aller secrètement chez elle comme pour la surprendre. Ce monarque la trouva la plume à la main, et elle n'eut que le temps d'enfermer son papier dans sa cassette. Le Roi, qui est naturellement curieux et soupçonneux, voulut voir ce qu'elle écrivoit. Elle s'en défendit le plus qu'il lui fut possible, mais elle lui avoua enfin qu'elle écrivoit une lettre. Le Roi, la voyant ainsi embarrassée : «Est ce à quelque amant ? » poursuivit-il. A ces paroles, elle rougit un peu, et sa contenance obligea le Roi à la presser davantage; et enfin, ne pouvant plus résister, elle dit qu'il étoit vrai qu'elle écrivoit à un galant, et que si Sa Majesté vouloit voir la lettre, qu'elle la lui feroit voir. «Voyons-la, dit le Roi, puisque vous me voulez bien faire confidence de vos secrets.» Madame de Maintenon, sans hésiter plus longtemps, ouvrit la cassette et donna au Roi sa lettre; mais il fut un peu surpris, d'abord qu'il eut jeté la vue sur le papier, de voir à la tête de la lettre le mot de SIRE en gros caractère. «Hélas! dit le Roi en embrassant sa belle, pourquoi faire tant de façon pour me faire voir une lettre qui m'appartient ?» Elle crut que le Roi se contenteroit d'avoir vu ce mot : elle avança la main pour reprendre son papier ; mais il retira la sienne, et voulut avoir le plaisir de lire le reste, dont voici le contenu :

SIRE,

Un jour d'absence de Votre Majesté m'est un siècle. Je suis persuadée que, lorsque l'on aime, on ne peut vivre tranquillement sans voir la personne aimée. Pour moi, Sire, *qui fais consister tout mon bonheur et les plaisirs de ma vie à voir Votre Majesté, qu'elle juge dans quelle inquiétude et dans quelle peine je suis dès que je la perds de vue. Je puis vous assurer que votre absence me coûtera la vie ; car, après les honneurs que j'ai reçus de Votre Majesté, je ne sais encore quelle sera ma destinée ; mais je tremble et suis dans de continuelles émotions en écrivant ce billet à Votre Majesté, et Dieu veuille que ce ne soit pas de pressentimens de ce que j'appréhende le plus au monde ! La mort me seroit mille fois plus douce et plus agréable que la nouvelle de....*

Elle en étoit là lorsque le Roi entra dans la chambre. «Je ne m'étonne pas, dit le Roi, de vous trouver dans l'embarras où je vous trouve, car il y avoit sujet de l'être. Je crois, poursuivit le Roi, que qui vous auroit tâté le pouls dans le moment que je suis entré l'auroit trouvé en grand désordre.—Je l'avoue, Sire, répondit madame de Maintenon ; mais votre présence a remis le calme dans mon cœur agité.»

Le Roi, qui est savant dans le commerce d'amour, et qui comprend d'abord le moindre mouvement que l'on y fait, connut fort bien ce que sa dame appréhendoit. Il voulut aussi avoir la bonté de la rassurer, et, en l'embrassant tendrement, jura qu'il ne l'abandonneroit jamais, et qu'il espéroit même qu'elle pourroit lui être plus utile à l'avenir qu'elle n'avoit été jusques alors ; et en effet, l'on a vu qu'elle a toujours préférablement à tous autres assisté Sa Majesté dans toutes ses incommodités, et qu'elle fut choisie, à l'exclusion de ceux de la famille royale, pour être présente à la grande opération qu'on fit à ce monarque, et elle s'offrit de prendre soin d'essuyer et bander une petite fistule qui lui est restée [1]. Le Roi, pénétré de reconnoissance et d'amour de toutes les soumissions de sa Vénus, prit, dans la Semaine Sainte, la résolution de satisfaire au conseil pieux du Père La Chaise, et d'en faire sa Junon, espérant par là de mettre en quelque manière sa conscience en repos. Mais comme Jupiter ne laissa pas d'avoir des concubines, ce grand héros Dieu-Donné ne prétendoit pas aussi se priver du doux plaisir de l'amour; c'est pourquoi, lorsqu'il en fit la déclaration à la dame, il lui dit en même temps qu'il souhaitoit deux choses d'elle: la première, qu'elle renonçât pour toujours aux honneurs du diadême, et qu'elle seroit épousée de la main gauche; mais ensuite le Roi lui dit, soit en se divertissant ou autrement, qu'il prétendoit qu'elle ne deviendroit jamais jalouse, comme ordinairement les femmes peu commodes le sont. Il ne faut pas douter qu'elle ne donnât fort agréablement les mains, et de bon cœur, à tout ce que Sa Majesté demanda d'elle : c'est pour ce sujet que, dans la crainte qu'étant deve-

---

[1]. Louis XIV eut en effet à souffrir l'opération de la fistule. Madame de Maintenon y assista. Seule avec M. de Louvois, le P. de La Chaise et les médecins Fagon et Félix, elle avoit été informée de la résolution prise par le Roi. Pour les détails, nous renvoyons au *Journal de Dangeau* et aux ouvrages que citent en note les éditeurs (*Année* 1686, 18 *novembre*, t. 1, p. 417). Voyez notamment l'extrait d'un manuscrit intitulé : *Remarques générales sur le tempérament et la santé du roi Louis XIV, par les médecins Fagon*, etc., à la suite des Mémoires de Choisy, coll. Michaud et Poujoulat, édit. Didier, p. 675-677.

nue vieille, le Roi, qui a une longue jeunesse,
ne se dégoûtât d'elle comme de plusieurs autres,
elle fut assez fine et industrieuse pour ériger la
congrégation des jeunes demoiselles de Saint-
Cyr¹, afin de pouvoir en tout temps divertir le
Roi et lui fournir de nouveaux objets qui pussent
lui plaire. L'on peut dire à la louange de madame de Maintenon qu'elle n'a jamais été de ces
maîtresses importunes, ni de ces femmes fâcheuses et goulues qui n'en veulent que pour elles. Je
sais bien que les critiques traitent cette maison
de sérail ², mais ils ont tort, car plusieurs demoiselles en sortent aussi pucelles qu'elles y sont
entrées. Cependant madame de Maintenon a cru
par là de se rendre la maîtresse des petits plaisirs du Roi, et d'avoir trouvé un moyen de se
maintenir en tout âge dans les bonnes grâces de
Sa Majesté, qui, en matière d'amourettes, a toujours aimé les plus commodes. Je ne m'étudierai
pas ici à rapporter tout ce qui se passe en particulier dans cette belle maison, où tout le monde
n'a pas permission d'entrer ; mais je sais très bien,
sur de très bons rapports, que dès aussitôt que
le Roi a jeté les yeux sur quelque Nymphe, que
madame de Maintenon prend un grand soin de
la catéchiser et de l'instruire de la manière
qu'elle doit recevoir l'honneur que le Roi lui fait.
Ce qu'il y a de bon dans cette illustre école, c'est
que le secret y règne, car chacun est bien aise
de sauver les apparences pour se pouvoir marier

1. Voy. l'histoire de cette maison par M. Théophile La-
vallée.
2. Nous n'avons pas à réfuter cette infamie autrement
qu'en la faisant remarquer.

à quelque officier. Et si un domestique, qui ne juge souvent des choses que par l'écorce, avoit divulgué ce qui se passe dans la maison, il seroit mis entre quatre murailles pour tout le reste de sa vie. L'on dit, à l'honneur de la fondatrice, qu'elle prend soin de couvrir promptement et adroitement les petits accidents qui arrivent dans cette société, par des mariages qu'elle faisoit réussir. C'est sur ces mariages qu'on a fait cette chanson, que l'on chantoit dans les rues de Paris.

> *En France il n'y a pas de mari,*
> *Quoique bien fait et bien joli,*
> *Qui n'ait pour sa devise,*
> *Hé bien,*
> *Les armes de Moïse*[1]*,*
> *Vous m'entendez bien.*

Ces esprits médisants sont la cause que plusieurs de ces jolies demoiselles n'ont pas encore goûté les douceurs de l'hymen ; mais elles ne doivent pas en savoir mauvais gré à madame de Maintenon, car elle n'épargne ni ses soins ni son crédit auprès du Roi pour les faire réussir, puisque nous avons vu qu'elle a fait donner des compagnies et des majorités [2] d'infanterie à quelques-uns des galants de ces demoiselles, pour faire avancer leur mariage. Quoi qu'il en soit, c'est une commodité pour le Roi, qui peut se satisfaire

---

1. On connoît les deux rayons symboliques que la peinture et la sculpture placent sur le front de Moïse.
2. Des charges de capitaines et de majors. Le mot *majorité* se trouve dans Furetière avec le sens qu'il a ici.

et se divertir sans grand'peine, et à petits frais, dans ce temps de guerre, où l'argent est si nécessaire pour l'entretien des armées de notre héros[1].

Mais laissons Jupiter préparer des foudres contre ses ennemis, pour nous attacher à une matière plus conforme à notre sujet que la guerre, qui est ennemie déclarée de la galanterie et la meurtrière de l'amour.

---

1. M. Walckenaer (*Mém. sur mad. de Sévigné*) a rappelé deux lettres de Louis XIV où le Roi, honteux des exigences de madame de Montespan, dissimule avec Colbert, son ministre, mais n'accorde pas moins à la favorite ce qu'elle demande. Les guerres terribles qu'on eut à soutenir sur la fin du règne rendirent les économies de plus en plus nécessaires ; mais qui pourroit croire que le Roi les faisoit porter sur ses amours ?

LE
DIVORCE ROYAL

ou

GUERRE CIVILE

DANS LA FAMILLE DU GRAND ALCANDRE.

LE
DIVORCE ROYAL
OU
GUERRE CIVILE

DANS LA FAMILLE DU GRAND ALCANDRE

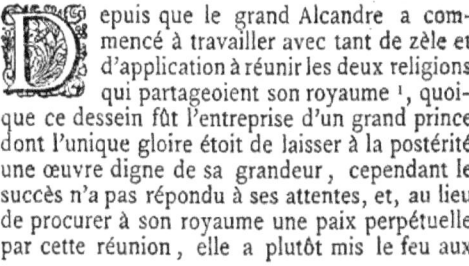epuis que le grand Alcandre a commencé à travailler avec tant de zèle et d'application à réunir les deux religions qui partageoient son royaume [1], quoique ce dessein fût l'entreprise d'un grand prince dont l'unique gloire étoit de laisser à la postérité une œuvre digne de sa grandeur, cependant le succès n'a pas répondu à ses attentes, et, au lieu de procurer à son royaume une paix perpétuelle par cette réunion, elle a plutôt mis le feu aux

---

1. La révocation de l'édit de Nantes n'est point, en effet, un acte isolé, mais le couronnement d'une série de mesures que l'on voit se succéder d'année en année, avec des rigueurs de plus en plus arbitraires, et dont l'acte de révocation n'est guère que le résumé. Ajoutons que la date des premiers édits est de beaucoup antérieure à l'époque où madame de Maintenon commença à exercer son influence sur le monarque.

quatre coins de la France, qui a ressemblé à une maison embrasée, de laquelle se sauve qui peut [1]. Grand nombre de personnes, ne voulant pas être forcées, aimèrent mieux tout quitter et se sauver que de s'accommoder à la religion du Roi ; plusieurs tombèrent dans les filets que l'on leur avoit tendus aux frontières pour les empêcher de déserter, ce qui fit que d'autres aimèrent mieux rester que de se commettre à un châtiment très rude en cas qu'ils fussent pris. Cependant, sous main chacun employoit son crédit, ses amis et son argent proche des catholiques qui avoient quelque pouvoir, pour tâcher d'obtenir des passeports. Mademoiselle M. D. fut une de celles qui, craignant les mauvaises suites du couvent, ne voulurent pas se hasarder à partir sans passeport. Elle eut assez d'adresse et d'amis pour s'introduire chez madame de Montespan, où elle sut si bien faire, qu'elle la persuada à s'employer pour elle, cette dame étant bien aise de s'attirer par là l'estime d'un grand nombre de personnes de la religion prétendue réformée, et leur faire connoître, par ce

---

[1]. Entre autres documents intéressants sur la question des réfugiés protestants, nous signalerons, sans parler des histoires spéciales des réfugiés, les nombreuses pièces insérées dans les divers volumes du *Bulletin de la Société de l'histoire du protestantisme français* ; de plus, dans *la France protestante* de MM. Haag, t. 7, part. 1re, le « Relevé général des persécutions exercées contre les protestants de France, depuis la révocation de l'édit de Nantes jusqu'à la révolution française » ; et enfin, à la Bibliothèque impériale, deux manuscrits : 1º Abjurations de l'hérésie faites en l'église de Saint-Eloi de Paris, 1668 (*Barnab.* 4) ; et 2º Registre de plus de mille cinq cents hérétiques convertis à Paris de 1675 à 1679, présenté au Roi par le P. Alexandre de Saint-Charles, nº 6995.

petit service, qu'elle n'avoit aucune part à toutes les violences qui se commettoient dans les provinces, ni aux excès dont on accuse les dragons : *Poco di bene, e poco di male.* Madame de Montespan ayant donc pris résolution de s'employer tout de bon pour cette demoiselle, elle rêva assez longtemps comme elle s'y prendroit pour en venir à bout, connoissant la conscience tendre de Sa Majesté et sa délicatesse sur ce sujet, lequel croit qu'autant de personnes à qui il donne congé, ce sont autant d'âmes qu'il laisse échapper du paradis. Aussi ne fait-il rien sur semblables affaires qu'il n'ait consulté son conseil de conscience, qui ne l'abandonne que fort peu [1]. Madame de Montespan crut donc qu'il falloit en prévenir le R.P. La Chaise [2], qui est considéré présentement en cour comme le lieutenant de saint Pierre ; et c'est presque lui seul qui ouvre et ferme le paradis du côté de France. Pour ce faire, cette bonne dame crut qu'elle ne pouvoit mieux s'adresser qu'à madame de Maintenon, laquelle, par humilité, se dit fille indigne de la vénérable société [3] ; et comme elle avoit autrefois été sous elle et mangé de son pain, elle crut aussi qu'elle ne refuseroit pas de s'employer avec chaleur pour son ancienne maîtresse, qui avoit été la cause première de la fortune dont elle jouit présentement. Mais elle se trouva trompée, car, comme dit le

---

1. Le conseil de conscience examinoit et traitoit toutes les affaires qui, avant qu'il fût créé, étoient portées devant le secrétaire d'Etat pour les affaires ecclésiastiques ou le confesseur du Roi.
2. Voy. ci-dessus, p. 137.
3. Voy. ci-dessus, p. 138.

proverbe, *Honores mutant mores* [1]; elle ne répondit pas à l'attente de son ancienne patronne, comme nous verrons dans la suite dans une conversation qu'elles eurent ensemble, que je mettrai ici au long pour la satisfaction du lecteur curieux qui sera bien aise d'être informé de ces petits démêlés, que souvent l'on n'ose pas mettre au jour. Je ne veux pas vous promettre de pouvoir vous rapporter ici mot pour mot tout ce qu'elles se dirent l'une à l'autre dans cette visite, mais bien de vous en rapporter le plus essentiel et les principales circonstances.

Madame de Montespan prit un prétexte pour aller voir madame de Maintenon, qui étoit un peu incommodée et gardoit la chambre ce jour-là. Voici ce qui s'y passa :

Madame de Maintenon fit l'ouverture, et demanda quelles bonnes affaires lui procuroient l'avantage de sa présence; à quoi madame de Montespan répondit qu'un motif de charité l'avoit obligée à la venir prier en faveur d'une pauvre demoiselle huguenotte, qui souhaiteroit de s'aller retirer en Suisse, proche de ses parents; et comme elle n'osoit se hasarder de sortir du royaume sans la permission du Roi, elle désiroit de pouvoir obtenir un passeport; mais comme elle savoit fort bien que Sa Majesté étoit délicat sur ces sortes d'affaires, et qu'il n'en feroit rien sans consulter son conseil de conscience, avant de lui en parler, qu'elle souhaiteroit que madame de Maintenon lui fît la faveur d'en dire un mot au Père La Chaise, afin de le prévenir avant que le Roi

---

1. Les honneurs changent les mœurs.

lui en parlât. Madame de Maintenon lui répliqua qu'elle avoit raison de croire que le Roi étoit délicat sur ce chapitre-là, « et je ne crois pas même, lui dit-elle, que vous feriez bien de lui en parler, puisque c'est vous commettre à un refus dont vous pourriez avoir de la mortification dans la suite. »

Cette espèce de conseil ne plut pas à madame de Montespan, qui lui répondit d'un ton assez fier qu'elle ne venoit pas là pour demander conseil, parce qu'elle se croyoit assez capable et assez grande pour le prendre d'elle-même ; mais, poursuivit-elle, je viens pour vous prier d'en dire un mot au Père La Chaise, afin qu'il y donne les mains.

Madame de Maintenon, qui se sentit piquée de cette brusque repartie, lui demanda pourquoi elle vouloit qu'elle parlât au Père La Chaise plutôt qu'elle, puisqu'elle le connoissoit aussi particulièrement qu'elle, et le pourroit faire elle-même. « La raison, dit madame de Montespan, en est aisée à donner : c'est, dit-elle, que je vous crois mieux dans son esprit que moi, et qu'au dire du Père, vous êtes une sainte, et moi une grande pécheresse, comme je l'avoue aussi. »

Madame de Maintenon, qui a de l'esprit, et qui voyoit bien où tout ceci alloit, et qui auroit été bien aise de finir la conversation, lui dit : « A quoi bon, madame, tout ce détail de sainteté ? — A vous faire connoître, continua madame de Montespan, que je sais fort bien ce que vous pouvez, et qu'étant fille de la société, il y a toujours plus de grâce pour une enfant sage et obédiente ¹, comme je crois que vous êtes, que pour une étrangère. — Puis, dit madame de Maintenon, que vous me croyez sage et obédiente, je vous dirai que le Père m'a défendu de lui parler jamais de ces sortes d'affaires. — Je comprends bien, dit madame de Montespan, par vos discours, que vous n'en voulez rien faire; vous feriez mieux, continua-t-elle, de me parler catégoriquement, oui ou non.

— Je n'ai pas d'autre réponse à vous donner, lui dit madame de Maintenon, sinon que vous auriez pu vous éviter la peine que vous vous êtes donnée, en m'envoyant seulement faire ce message par l'une de vos domestiques.

— Vous m'en dites assez, dit madame de Montespan, pour me faire connoître que vous n'en voulez rien faire. Je n'ai pas jugé à propos, poursuivit-elle, d'envoyer personne de ma part, mais de venir moi-même pour avoir le plaisir de recevoir le refus de votre bouche propre, et de voir quelle mine vous tiendriez en le donnant à celle qui vous a commandé pendant plusieurs années.

— Il est vrai, lui dit madame de Maintenon, que j'ai été sous vous, je ne le nie pas, mais j'estime qu'il m'est plus glorieux d'avoir été ce que j'ai été, que d'être ce que vous êtes. » Ce discours piqua madame de Montespan au vif, qui ne put retenir son ressentiment et [s'empêcher] de la traiter de petite femme de Scarron.

1. *Obédiente*, terme formé sur le mot *obédience*. On appeloit obédience, chez les jésuites, auxquels on suppose ici que madame de Maintenon étoit affiliée, les ordres émanés d'un supérieur, et même les permissions qu'il accordoit.

Sur cet intervalle, une femme de chambre vint dire à madame de Maintenon que madame la princesse de Conti [1] venoit lui rendre visite ; laquelle se leva aussitôt, et après lui avoir fait donner un fauteuil, chacune reprit sa place. Cette visite fut causée en suite d'une collation que monseigneur le dauphin [2] avoit donnée les jours précédents à madame de Conti, où, après quelque raillerie, madame de Conti porta à monseigneur la santé *de la bonne vieille sa belle-mère*. Le Dauphin, en faisant raison, porta la santé *du bonhomme*. [Mais comme il y a toujours des esprits qui tâchent de faire leur fortune aux dépens d'autrui, cette petite galanterie ne manqua pas d'être rapportée dès le même jour à madame de Maintenon, qui de même suite le dit au Roi. Quelques jours après, Monseigneur étant à table, le Roi ayant un plat devant lui d'un ragoût que le Dauphin aimoit, le Roi le lui fit mettre devant. Monseigneur en ayant mangé d'un grand appétit, le

---

1. La princesse de Conti, Marie-Anne de Bourbon, étoit la fille légitimée de Louis XIV et de mademoiselle de La Vallière. Née en octobre 1666 (voy. t. 2, p. 46), elle épousa, en 1680, Louis-Armand de Bourbon, prince de Conti, fils d'Armand, prince de Conti, et d'Anne-Marie Martinozzi. Madame de Conti perdit son mari le 9 novembre 1685. Celui-ci étoit mort en disgrâce, et madame de Conti elle-même étoit mal vue de Louis XIV, à cause, dit Dangeau, d'une lettre qu'elle avoit écrite en l'absence de son mari (*Journal*, t. 1, p. 221).
2. Il s'agit ici du fils de Louis XIV et de Marie-Thérèse ; le fils de ce premier dauphin porta ensuite le même titre. Sur ce titre de *monseigneur* appliqué au dauphin, voyez le commentaire de Saint-Simon sur le *Journal de Dangeau*, t. 1, p. 431 ; et sur l'anecdote elle-même, voyez Saint-Simon.

Roi dit : «Vous en avez assez mangé pour boire », et lui porta la santé *du bon-homme.*] [1]

Le Dauphin ne répondit que par une profonde révérence, faisant semblant de ne le pas comprendre; mais au sortir de table il ne manqua pas d'en avertir aussitôt madame la princesse de Conti, et lui conseilla d'aller voir la bonne vieille madame de Maintenon; et c'est ce qui fut la cause de cette présente visite. Madame de Conti fit rouler la conversation sur le plaisir innocent que souvent l'on avoit dans la compagnie d'une amie, où l'on avoit la liberté de dire quelquefois une parole en liberté, sans dessein pourtant d'offenser personne. La Maintenon applaudissant à ce que madame de Conti disoit, après avoir bien tourné, la princesse dit que ces jours passés, pendant la collation que Monseigneur lui donna, ils s'entretinrent pendant une heure de toute la Cour et de madame de Maintenon même, sans dessein pourtant de choquer personne; et comme elle ne doutoit pas que ces innocents divertissements sont souvent rapportés avec emphase, qu'elle ne savoit pas si l'on le lui avoit dit, mais qu'en tout cas elle n'avoit eu aucun dessein de l'offenser. La Maintenon, qui faisoit la dissimulée, auroit été bien aise de savoir de la bouche de madame de Conti ce qui s'étoit passé; mais la princesse, qui ignoroit jusqu'où elle en étoit informée, n'osa se découvrir davantage, de peur d'en trop dire.

Ainsi finit sa visite, et elle dit en sortant : « Si

---

1. Le passage compris entre crochets, nécessaire au sens, manque dans l'édition de 1754.

vous m'aimez toujours autant que vous l'avez protesté, permettez-moi que je vous baise. » Là-dessus la Maintenon, fine et subtile, lui dit : « *Madame, l'on ne baise pas des vieilles.* »

Alors madame de Conti connut assez que la mine étoit éventée, et, quelque protestation qu'elle fit, il n'y eut pas moyen de la réconcilier, et ainsi elles se quittèrent fort froidement.

Madame de Conti en eut de la mortification, et, dans le chagrin où elle étoit, étant de retour chez elle, elle écrivit ce billet au Dauphin :

MONSEIGNEUR,

Suivant votre conseil, je viens de rendre visite à la dame de Maintenon ; mais je ne puis vous exprimer la froideur avec laquelle nous nous sommes séparées : son dédain et manque de respect m'obligent à vous dire que, si je n'avois des considérations pour le R.., je puis vous assurer que je lui donnerois des marques de mon ressentiment. Celle qui vous remettra ce billet vous dira le reste. Adieu.

Après le départ de la princesse, et que l'esprit de la Maintenon (à laquelle cette visite avoit causé quelque émotion) fut un peu remis, madame de Montespan prit la parole, lui disant : « Quand je considère bien ce que je viens de voir et d'entendre, je me représente la fable de l'âne qui portoit une idole dessus son dos, pour laquelle les peuples avoient beaucoup de vénération, et se mettoient à genoux lorsqu'elle passoit par les rues. L'âne crut que c'étoit à lui que cet honneur se rendoit, lequel en devint si orgueilleux, qu'il marchoit d'une grande fierté et d'un pas grave, se carrant comme si c'étoit à son mérite que l'on rendoit cet hommage. Mais l'idole lui étant ôtée, et étant question de retourner à son gîte, croyant de marcher avec la même gravité, il fut bien surpris que son maître lui lâcha quelques coups pour l'obliger à marcher plus vite, et il connut alors sa méprise, et qu'au lieu de lui faire honneur comme auparavant, chacun crioit : Frappe, frappe. Ainsi, Madame, ne croyez pas que c'est pour votre mérite que l'on vous fait la cour. Je laisse à vous-même de faire l'application du reste. »

Madame de Maintenon, qui entendoit fort bien ce qu'elle vouloit dire, ne voulut pas s'en fâcher, parce qu'elle prétendoit lui rendre le change. Elle lui dit : « Sur ce que vous dites, Madame, il n'y a pas de commentaire à faire : vous dites les choses si nettement et avec tant de circonstances, qu'il faudroit être bien stupide pour ne le pas comprendre ; mais, de grâce, permettez-moi que je vous en entretienne aussi d'une à mon tour.

« Un chien s'étant donné pour sa vie durant à un bon bourgeois pour le servir et garder la maison, comme il étoit trop à son aise, il ne put plus supporter la graisse, et se promenoit un jour à la campagne ; un autre sien camarade l'aborda, et l'ayant obligé de lui faire le récit de sa fortune, après l'avoir entendue, il lui conseilla de quitter son maître et de venir demeurer avec lui chez un grand seigneur, là où, lui dit le chien, nous n'avons rien à faire qu'à fournir au plaisir de notre maître, et où nous avons bonne table et bon lit, et sommes considérés comme domestiques d'un grand seigneur, de sorte que personne n'oseroit vous tirer les oreilles ; et si par bonne fortune le seigneur prend amitié pour toi, tu coucheras sur son lit à ses pieds. Le chien bourgeois, attiré par les belles promesses que lui fit l'autre, quitta son premier maître pour se donner à ce seigneur ; et comme pour l'ordinaire toutes choses nouvelles plaisent, il fut assez heureux d'être caressé pendant un temps. Mais qu'arriva-t-il à la pauvre bête ? L'âge décrépit commença à paroître, il devint puant par sa vieillesse ; ce seigneur s'en dégoûta et mit affection à un autre, et chassa le vieux puant chien de sa cour, qui, ne sachant où se retirer, s'en alla retrouver son premier maître et le pria de le recevoir en grâce. Mais il n'y fut pas trop bien reçu. Ce maître, le voyant, lui dit : Malheureuse et méchante bête, ne t'étois-tu pas donnée à moi, et ne m'avois-tu pas promis de me servir toute ta vie et de m'être fidèle ? Cependant, dans le temps où j'avois le plus de besoin de toi, tu m'as quitté sans sujet : à présent, rapporte ta vieillesse puante là où tu as laissé ta jeunesse riante. Ainsi le pauvre chien, ne sachant où se retirer, fut obligé d'aller mourir sur un fumier.

« Je vous laisse, dit madame de Maintenon, la peine d'en tirer la morale et de l'appliquer où vous le jugerez à propos, et là où elle conviendra le mieux. »

Dans ce moment un valet de chambre vint de la part du Dauphin pour parler à madame de Maintenon. Elle qui croyoit que c'étoit pour la prier de quelque affaire ou de parler au Roi, elle fut bien aise, pour faire voir à madame de Montespan la considération que l'on avoit pour elle, de le faire entrer, où étant, il s'adressa à elle et lui dit :

Madame,

onseigneur a été extrêmement surpris d'apprendre le méchant accueil que vous avez fait à madame la princesse de Conti, et il m'a commandé de vous venir voir et assurer de sa part de son ressentiment, et vous dire que si, à l'avenir, vous n'en usez plus honnêtement que vous n'avez fait par le passé, il passera par-dessus toute considération et vous donnera lieu de vous en repentir.

Ce compliment surprit extrêmement la Maintenon, qui se trouva décontenancée de ce qu'il avoit été fait en présence de la Montespan ; mais pourtant elle eut assez de présence d'esprit pour lui repartir : *Que Monseigneur étoit le maître après le Roi.*

Tout ceci causa une secrète joie à la dame de Montespan, qui ne vouloit pas pourtant la faire éclater qu'avec ses amis et amies. Ce valet de chambre étant sorti, elle reprit le fil du discours que l'on venoit de quitter.

« Je viens, dit madame de Montespan, d'entendre le récit que vous avez fait avant la venue du valet de chambre de Monseigneur ; je le trouve spirituel, mais n'ai pas assez d'esprit pour en pouvoir tirer une morale fine, comme vous le souhaiteriez; je n'ai rien de meilleur que la mémoire : je me ressouviens de votre mariage avec le bonhomme Scarron, cul de jatte. Vous m'avouerez, dit la Montespan, qu'il faut l'avoir heureuse pour se ressouvenir depuis si longtemps; c'est aussi tout ce que je puis faire. S'il pouvoit retourner et qu'il vous vit au suprême degré où vous êtes présentement, je crois que sa veine ne seroit pas assez forte pour exprimer sa surprise par quelques vers burlesques, car c'étoit là son fort. En effet, bien d'autres que lui le seroient de trouver la femme du poëte Scarron, à l'âge de soixante ans [1], être la mignonne du plus grand roi du monde. Il y a de quoi s'étonner que les RR. PP. jésuites ont pu porter l'affaire à un tel degré; et à ne pas vous flatter, continua la Montespan, il y a bien des gens qui croient, et vous ne leur ôteriez pas de la tête, qu'il ne leur ait fallu un aide surnaturel pour en venir à bout. Si l'on en croit les huguenots, et ils le disent ouvertement, leur perte a été le prix de votre reconnoissance; et vous aviez promis au Père La Chaise que, s'il vous introduisoit dans les bonnes grâces du Roi, toute votre étude seroit de prôner au Roi la sainteté et le mérite de la Société, et qu'ensuite unanimement vous travailleriez à la destruction de la religion huguenote ; que pour cet effet vous fites un vœu au grand saint Ignace entre les mains du père La Chaise, et que sans

1. Madame de Maintenon avoit alors cinquante ans, et non soixante.

vous le Roi n'auroit jamais songé à fausser sa foi ni révoquer ses édits et ceux de ses ancêtres[1]. » Sur cette parole, madame de Maintenon crut qu'elle en avoit assez dit pour avoir prise sur elle. « Ha ! que dites-vous là, Madame ? je suis bien aise d'entendre de semblables discours de votre bouche. »

Madame de Montespan, qui comprit bien ce qu'elle vouloit faire, qui étoit sans doute d'en faire le rapport au Roi, lui répliqua : « Je ne vous dis pas que c'est moi qui le dis ; écoutez-moi bien, et ne faisons pas de *qui pro quo* d'apothicaire[2]. Je ne vous dis pas non plus que cela soit

1. Voy. ci-dessus la note 2 de la page 158. Une Revue qui n'est pas suspecte d'être partiale en faveur de madame de Maintenon, le *Bulletin de l'histoire du protestantisme françois*, ôte à la marquise toute participation à la révocation de l'édit de Nantes et justifie presque Louis XIV lui-même. « Il est impossible, lit-on à la page 259 du Bulletin, 4e année, de chercher dans le fanatisme du Roi et de son entourage l'explication de l'acte de ce règne qui devoit avoir les plus longues et les plus déplorables conséquences. Madame de Maintenon n'y eut aucune part. C'est alors que le Roi n'a que vingt-quatre ans, en 1662, que commence la série des lois oppressives contre les protestants ; c'est en 1669, six ans avant que madame de Maintenon ait des relations suivies avec Louis XIV, qu'une loi dérisoire veut bien défendre qu'on enlève les enfants de la R. P. R., et qu'on les induise à faire aucune déclaration de changement de religion avant l'âge de quatorze ans accomplis pour les *mâles*, et de douze ans pour les *femelles*. » Tout ce que l'on peut reprocher à madame de Maintenon sur ce triste sujet, c'est d'avoir partagé l'erreur commune et d'avoir cru qu'une mesure de violence pouvoit être utile à la cause du christianisme. » (*Ibid.*, p. 265-267.)

2. Ce mot *quiproquo* s'est dit d'abord exclusivement des erreurs des apothicaires, puis de celles des notaires ; enfin ce mot est devenu un terme général qui s'applique à toutes sortes de méprises.

vrai, mais que les huguenots le disent : allez leur empêcher d'en parler où ils sont présentement épars par toute la terre; et pour ne vous pas flatter, continua madame de Montespan, je crois que, s'ils vous tenoient à Genève, ils ne vous traiteroient pas beaucoup mieux que les Anglois firent la Pucelle d'Orléans, qu'ils accusèrent d'être sorcière, et firent brûler. »

Madame de Maintenon, qui cherchoit une échappatoire pour se tirer du méchant pas où elle se trouvoit, sauta du coq à l'âne[1], et changea le discours sur monsieur Scarron, duquel elle dit qu'elle ne croyoit pas que les huguenots en diroient du mal, d'autant que la plupart de ces messieurs étoient de ses amis, jusqu'aux ministres mêmes, qui le venoient souvent visiter[2].

C'est ce qui fournit matière à madame de Montespan de pousser sa pointe, et de dire à la Maintenon que c'étoit ce qui la faisoit encore plus haïr, qu'elle rendoit de si méchants offices aux bons amis de feu son mari : « Et je suis, continua-t-elle, de l'opinion qu'ils étoient des amis du défunt, et qu'il se confioit à eux. Car, à ce

1. On dit encore un *coq-à-l'âne* pour un *propos interrompu* et sans suite ni liaison.
2. Les huguenots et les catholiques vivant alors dans une parfaite égalité, et, en ce qui touche les gens de lettres, étant également admis à l'Académie françoise, toute fondée qu'elle avoit été par un cardinal, y a-t-il donc lieu d'être surpris que Scarron fût visité par des protestants? Entre ses amis, Conrart, protestant zélé, comptoit Godeau, l'évêque de Grasse, et Arnault, évêque d'Angers, ce dernier d'une famille où l'on n'est pas suspect de relâchement et de tiédeur en matière de foi.

qu'ils disent, il leur a souvent fait confidence de beaucoup de petites particularités de votre mariage : ils m'ont conté que, comme M. Scarron eut pris résolution de se marier, il le leur communiqua, et qu'ils ne manquèrent pas aussitôt de lui représenter son misérable état et la foiblesse de son corps, dans lequel ils ne voyoient pas grande apparence de pouvoir contenter une femme, qui ressembloit à une terre, laquelle veut être cultivée, et que, quand nous ne le faisons pas nous-mêmes, souvent notre voisin le fait pour nous ; et qu'ainsi, sans songer, il pourroit s'enrôler dans la nombreuse famille d'Actéon ; que là-dessus le bonhomme Scarron répondit que ce n'étoit pas cela qui le mettoit le plus en peine, et qu'afin qu'on ne puisse lui rien reprocher sur ce chef-là, il vouloit prendre de la chasse blessée, et qu'alors l'ayant su, l'on ne pouvoit le railler là-dessus. » Ce récit déconcerta extrêmement madame de Maintenon, qui ne savoit comment se retirer de la presse, et dans le chagrin où elle étoit, elle dit à la Montespan : « Vous pourriez dans un besoin, Madame, fournir des mémoires pour l'histoire de la vie de feu monsieur Scarron. Je vous enverrai les personnes qui en auront besoin. » Mais madame de Montespan, qui avoit entrepris de la pousser à bout pour se venger de bien des affaires que je ne rapporterai point ici, ne s'arrêta pas en si beau chemin, et lui dit que jusques à présent cela ne la regardoit pas personnellement, et que Scarron n'avoit parlé encore que dans le général ; qu'il n'y avoit rien qui la pût fâcher. « Mais finalement, lui dit-elle, pour le bonheur de monsieur Scarron, le sort échut sur votre personne, et il vous épousa en face de sainte mère Eglise. N'est-il pas vrai ?» Madame de Maintenon, qui ne cherchoit que d'esquiver, lui dit : « Que trouvez-vous à critiquer là-dessus ? Je ne crois pas, dit-elle, que votre mariage fût plus ferme ni plus assuré que le nôtre, puisqu'il n'a pas été de longue durée : on n'a pas eu besoin de vous délier l'éguillette; vous l'avez fort bien su faire vous-même. Si vous étiez en Suisse ou à Genève, comme vous m'avez dit il y a un moment, je crois que l'on vous feroit passer un heure de méchant temps, et qu'un vent d'acier couronneroit votre infidélité. » Madame de Maintenon crut se venger par cette petite égratignure; mais la Montespan, qui avoit encore le plus sensible à débiter, lui dit : « De grâce, Madame, achevons votre histoire; nous voici arrivées au plus bel endroit de l'affaire. Je n'ai plus que trois mots à dire, puis je finis. Comme donc les amis de feu votre mari le vinrent féliciter sur son mariage : « Parbleu, leur dit-il, Messieurs, l'on ne me reprochera pas que ma foiblesse est cause que ma femme sera coquette et qu'elle me trompe, car je l'ai prise P...., et si bien, qu'elle a déjà fait une fille (que vous lui portâtes dans le mariage pour tout douaire) [1]. Il leur dit encore que vous aviez voulu mettre dans votre contrat de mariage que vous ne seriez obligée de rester avec lui que depuis six heures du matin, qu'il se levoit, jusques à dix heures du soir, qu'il se couchoit ;

---

1. On ne trouve nulle trace ailleurs de ces sortes de calomnies.

mais que depuis ces mêmes dix heures jusqu'au lendemain six, vous étiez votre propre maîtresse et qu'il vous abandonnoit à votre sage conduite, sans relever pour ce temps-là que de vous-même. » Madame de Maintenon, qui étoit outrée jusques à l'âme de tous ces discours, lui dit : « Ne me sauriez-vous pas dire aussi chez quel notaire ce contrat fut passé ? — Il y aura moyen, lui repartit la Montespan, d'en trouver la note dans la poésie de feu monsieur Scarron. Mais à propos de cette fille, que nous appelions, ce me semble, Babbé, elle avoit de l'esprit comme un petit ange, elle ressembloit en cela à son père adoptif. Si elle vit encore, vous auriez bien le moyen de la marier présentement fort richement sous le nom de nièce, non elle seule, mais quand vous en auriez autant qu'en avoit feu le cardinal Mazarin. Mais ce n'est pas à moi à vous donner conseil, puisque c'est vous qui en donnez aux autres ; pourtant je veux bien vous dire que, si le bonhomme Scarron pouvoit ressusciter, ce seroit une diable d'affaire en France ; car, outre sa surprise, il feroit sans doute un procès au Roi, ce qui embarrasseroit fort la Cour du Parlement, qui ne pourroit pas lui refuser justice, et de vous condamner à quitter les honneurs royaux, avec le nom de Maintenon, pour vous rejoindre avec votre premier mari et reprendre vos anciens titre et place, sous peine d'être punie comme d'un crime de malicieuse désertion. Cela arrivant, j'en serois au désespoir pour l'amour de vous, continua la Montespan, car vous êtes encore utile à la Cour, puisque vous rendez service à bien des personnes, à ce que je puis remarquer. Si cela pouvoit arriver, je vous assure que je ne parlerois jamais que vous avez été ma femme de chambre, pour ne pas causer du bruit dans votre ménage.—Je vous suis, repartit la Maintenon, fort obligée de toutes vos bontés et de toutes vos considérations ; je ne manquerai pas aussi de mon côté, lui dit-elle, aussitôt que je verrai monsieur le marquis de Montespan, de vous recommander, et l'assurer qu'à l'avenir vous voulez vivre d'une vie plus réglée que par le passé, et de l'exhorter à vouloir retirer une Madeleine repentante, lui faisant comprendre que malaisément vous avez pu vous défendre des charmes du Prince, et je me garderai bien de l'instruire de tout ce qui se passe. Je vous ferai présent de quelque coussinet de senteur que j'apportai de Montpellier, pour cacher vos imperfections [1]. Je ne lui dirai pas aussi dans quel chagrin la Reine défunte est morte pour l'amour de vous ; je tâcherai, s'il m'est possible, de le désabuser des accusations dont l'on vous a chargée au sujet de la mort tragique de la pauvre mademoiselle de Fontange [2], que vous avez sacrifiée à vos pas-

1. Les parfums de Montpellier avoient alors la vogue. Dans le Traité des parfums publié en 1693 par Simon Barbe (1 vol. in-12), sous ce titre : « Le Parfumeur françois, qui enseigne toutes les manières de tirer les odeurs des fleurs et à faire toutes sortes de parfums », on trouve, p. 11, « la manière de parfumer la poudre de cypre comme à Montpellier », et, p. 85, la recette pour les « toilettes de senteur de Montpellier. »

2. Nous avons cité plus haut, p. 58, une lettre où Louis XIV défend de faire des recherches qui auroient pu confirmer les bruits, déjà répandus, au sujet de la mort de mademoiselle de Fontanges.

sions ; et je ne doute pas après cela, continuat-elle, que si vous voulez lui rendre les soumissions que doit une femme repentante, qu'il ne vous pardonne, car il est bon homme. Voilà, lui dit la Maintenon, tout ce que je puis faire pour vous.

— En voilà aussi, repartit madame de Montespan, plus que je ne vous en demande : l'on appelle cela des œuvres de supererogation. Si vous savez si bien prôner ces jeunes demoiselles que vous avez sous votre direction, elles sont dans une bonne école, et je crois que sous une si bonne maîtresse elles ne sont pas oisives, et que vous leur faites faire souvent l'exercice. — Elles le feroient encore mieux, repartit la Maintenon, si elles étoient à votre manége, car, comme vous avez souvent passé par les piques, je crois que vous ne les exerceriez pas mal. »

Comme cette conversation alloit dans l'excès, et que les parties commençoient à s'échauffer, les domestiques qui étoient dans la chambre voisine, voyant bien que les suites n'en pouvoient être que fâcheuses, s'avisèrent d'en aller avertir le capitaine qui avoit ce jour-là la garde chez le Roi[1], qui ne manqua pas de le faire savoir aussitôt à

---

[1]. Le capitaine des gardes du corps. Il y avoit quatre compagnies, commandées chacune par un capitaine. Le capitaine des gardes est toujours « proche de la personne du Roy, quelque part qu'il aille, à table, à cheval, en carrosse, et partout ailleurs, sans que qui que ce soit doive se mettre ni passer entre lui et le Roy, afin que rien ne l'empêche d'avoir toujours sa vue sur la personne de Sa Majesté... Le capitaine des gardes qui est en quartier est toujours logé au Louvre et assez proche de la chambre du Roy. » (*Etats de la France.*)

Sa Majesté, lequel commanda que le sieur de Serignan[1], aide-major, iroit porter les ordres de sa part à ces dames de se séparer, ce que ledit sieur fit sur-le-champ. Mais les ayant trouvées tout en feu et près d'en venir aux mains, il eut de la peine à les faire obéir, chacune voulant conter son affaire et faire sa cause bonne, suivant la coutume des femmes. Cette querelle donna lieu à toute la Cour, aux uns de s'en divertir, et aux autres de prendre parti.

Cette querelle, comme j'ai dit, ne fut pas bornée à ces deux amazones : presque toute la maison royale se divisa pour l'une ou l'autre de ces championnes. Ce fut une petite guerre civile dans le domestique, et, sur la sollicitation des uns et des autres, le Roi avoit de la peine à terminer ce différend au gré des parties. Il n'y eut pas jusqu'à la Société des Jésuites et à celle des Carmes qui ne s'en mêlassent, les uns pour madame de Maintenon, et les autres pour madame de Montespan. Peu s'en fallut que cette affaire ne causât un divorce dans l'Eglise aussi bien que dans la famille royale, ce qui obligea le Roi de la terminer promptement, et, par un jugement judicieux, leur défendre de se visiter jamais, écrire ni parler l'une de l'autre, sur peine de son indignation, ce qui fut approuvé par toute la Cour. Le Roi ne laissa pas de faire quelque réprimande à monseigneur le Dauphin, ce qui ne servit qu'à augmenter sa colère contre la Maintenon, et il jura que lorsqu'il seroit roi il la feroit enfermer entre quatre murailles; que ni le Père La Chaise, ni Scarron même, s'il ressus-

---

1. M. de Serignan, aide-major des gardes du corps, fut nommé depuis, en mars 1693, brigadier de cavalerie.

citoit, ne l'empêcheroient pas de la faire repentir de sa témérité et de l'abus qu'elle faisoit de l'autorité que la facilité du Roi lui a mise en main.

Je me persuade que cette guerre dureroit encore, si elle n'avoit pas été dissipée par une assez plaisante aventure qui arriva à monseigneur le Dauphin, qui divertit la Cour pendant quelques jours et tira le Roi de l'humeur chagrine où tous ces divorces l'avoient jeté ; la voici : Monseigneur ayant fait une partie de chasse pour le loup[1], il s'en alla à dix ou douze lieues de Versailles, accompagné de monsieur le Grand Prieur[2]

---

1. *Monseigneur* étoit passionné pour la chasse, et surtout pour la chasse au loup. Le Journal de Dangeau, à la date du 15 juin 1686 (tome 1, page 349), nous fournit à ce sujet une particularité curieuse : « Monseigneur ordonna que tous les gens qui le voudroient suivre à la chasse du loup fussent vêtus de la même manière ; il veut qu'ils aient tous des habits de drap vert avec du galon d'or. » Et les éditeurs ajoutent cette note, que nous croyons devoir reproduire : « Ce galon prit le nom de galon du loup. Les uns ont mis sur leurs habits un passe-poil d'un petit galon léger en double, ou bien un galon tout plat fort léger, qui est fait d'un cordonnet d'argent avec deux lames au bord. On l'a nommé d'abord *galon de paille*, puis *galon du loup*, à cause qu'on en voyoit sur les habits de ceux qui alloient à cette sorte de chasse avec monseigneur le Dauphin. Il est devenu si commun qu'il a été ordonné à tous ceux qui ont l'honneur de l'accompagner quand il va prendre ce divertissement de mettre ce galon sur du drap de Hollande vert, de sorte que ce prince y a déjà été plusieurs fois à la tête de trente personnes vêtues de ce justaucorps. » (Cf. *Mercure* de juin 1686.)

2. L'ordre de Malte étoit divisé en huit langues, dont la France avoit les trois premières : Provence, Auvergne et France. La langue de Provence avoit deux grands prieurs, la langue d'Auvergne un seul, et la langue de France trois, dont l'un étoit particulièrement appelé le grand prieur de France. Cette dignité étoit alors occupée par Philippe de Vendôme.

et de diverses autres personnes de qualité, et des chasseurs; ensuite Monseigneur, accompagné seulement du Grand Prieur, s'écarta dans un bois de sa compagnie, seul avec le Grand Prieur, soit à dessein ou par mégarde. La nuit les ayant surpris sans y songer, ils résolurent de la passer à la première maison qu'ils rencontreroient. Le sort voulut que ce fût une église avec une maisonnette de curé d'un village, à un quart de lieue de là, où ayant heurté, le prêtre ouvre, croyant que l'on le venoit appeler pour quelque malade. Il fut étonné de voir deux personnes à cheval, lui demandant à loger pour cette nuit-là. Comme il n'y avoit plus moyen de reculer, le curé, sans les connoître, leur offrit honnêtement ce qu'il avoit. Etant entrés et ayant mis leurs chevaux à couvert le mieux qui leur fut possible, comme la faim pressoit ces nouveaux hôtes, il leur offrit un membre de mouton qu'il avoit, par bonne fortune, gardé pour le lendemain, le mit à la broche, et lui à tourner. Cependant les hôtes ayant demandé du vin, Monsieur le curé protesta qu'il n'en avoit pas à la maison, mais que, si quelqu'un vouloit prendre sa place, il iroit au prochain village pour en acheter une bouteille : à quoi nos chasseurs furent de nécessité d'acquiescer, et, n'ayant pas de valet avec eux, le Grand Prieur se mit à faire son apprentissage de marmiton et à tourner la broche. Pendant que le curé étoit allé au village, nos deux hôtes s'entretenoient proche du feu. Monseigneur se ressouvint de leurs chevaux, qui n'avoient rien à manger, et dit au Grand Prieur qu'il falloit chercher un peu de foin ou de la paille au grenier pour donner à ces pauvres bêtes. « Ma foi, lui dit le Grand Prieur, je ne puis faire la fonction de palefrenier et de cuisinier tout à la fois ; choisissez, Monseigneur, l'un des deux, et moi je ferai l'autre. » Mais comme le Dauphin avoit ses grosses bottes et qu'il falloit grimper au grenier par une échelle, il aima mieux se mettre à la place du Grand Prieur, jugeant qu'il n'y avoit pas tant de risque et ne pouvant de là tomber de fort haut. Ainsi le Grand Prieur, ayant quitté le métier de marmiton et pris celui de palefrenier, monta au grenier, où il trouva quelque peu de foin et de paille pour satisfaire à la pressante faim de leurs chevaux, qui avoient couru tout le jour sans débrider. Dans cet intervalle, Monsieur le curé arriva avec la provision et tâcha de les régaler le mieux qu'il put, n'ayant pour tout dessert qu'un peu de vieilles noix et un morceau de fromage vieux au pied de messager. Mais tout est bon quand on a faim, la meilleure sauce que l'on puisse faire ne la valant pas. Après souper, Monsieur le curé, qui n'avoit pour tout ornement de chambre qu'un lit, le leur céda agréablement et alla coucher au prochain village, d'où il étoit venu, chez quelque paysan de ses amis, dans l'espérance de revoir ses hôtes le lendemain au matin. Mais, à la pointe du jour, la suite de monseigneur le Dauphin, qui le cherchoit partout, étant venue près de cette maison, donnèrent du cor, ce qui obligea le Grand Prieur de se faire voir à la fenêtre, et la compagnie ayant environné la maison, qui n'étoit pas assez grande pour en contenir la moitié, le Dauphin fut bientôt levé, et encore plus tôt habillé, sans aide d'aucun valet de chambre, et Monseigneur confessa n'avoir jamais été si promptement habillé, puisqu'ils couchèrent tout bottés. Ils ne tardèrent pas de monter à cheval et de s'en retourner à Versailles. Mais partant de la maisonnette, comme les grands seigneurs ne sont pas accoutumés de fermer les portes chez eux, ils partirent sans fermer celle du curé, qui arriva un peu après avec quelques bouteilles de vin pour faire déjeuner ses hôtes; mais ne trouvant personne et les portes ouvertes, il crut avoir logé des larrons, qui n'auront pas manqué, disoit il à un paysan qu'il avoit amené, de prendre tous les ornements de l'église qui étoient dans la sacristie au côté de sa maison. Cela l'alarma tellement que quelques passants s'arrêtèrent et obligèrent le curé de voir ce qui lui manquoit; mais après la recherche faite, trouvant que tout y étoit, il se prit à dire que, s'ils étoient des larrons, ils n'étoient pas des plus méchants, puisqu'ils ne lui avoient rien pris, et qu'il en avoit été quitte pour un gigot de mouton. « Il est vrai, dit le paysan, aussi il n'y avoit rien à craindre, car les bohêmes, qui sont les plus grands larrons, ont cette politique de ne dérober jamais où ils couchent, autrement personne ne les voudroit plus loger. » Aussitôt que Monseigneur fut de retour à la Cour, il y conta son aventure, et il fut curieux de faire informer de ce qui s'étoit passé lorsque Monsieur le curé revint à la maison, dont il avoit trouvé ses hôtes partis. L'ayant appris par un homme qu'il envoya sur le lieu, le Roi le sut, qui fut bien aise de s'en divertir avec toute sa Cour. Il envoya dire au curé de lui venir parler, ce qu'il fit le lendemain. Comme il n'étoit pas accoutumé de paroître devant de si grands seigneurs, c'étoit une espèce d'amende honorable pour lui. Le Roi lui dit qu'ayant entendu parler de sa probité et de sa piété, il étoit étonné qu'étant pasteur, il donnoit retraite la nuit à des larrons. Il protesta au Roi qu'il ne les connoissoit pas, et que quand il les avoit retirés il ne les avoit pas crus tels; mais que du moins ils ne lui avoient rien pris. Le Roi lui demanda s'il les reconnoîtroit bien en cas qu'il les vît; il répondit qu'il croyoit qu'oui. Le Roi donna ordre tout bas d'appeler Monseigneur et le Grand Prieur, et comme ce dernier vint un peu le premier, le curé, l'apercevant, se mit à crier : « Sire, en voilà un ! » Et le Dauphin venant ensuite, il s'écria derechef : « Sire, voilà l'autre ! » Le Roi lui dit : « Je vous ferai faire bonne justice, ne vous mettez pas en peine. » Mais comme le curé vit que toute la Cour portoit un grand respect à Monseigneur, qu'il n'avoit jamais vu et ne connoissoit que par ouï dire, ne s'étant jamais bougé de son village, il revint à lui, et, connoissant sa méprise, il demanda pardon de sa faute. Le Roi, qui est naturellement fort généreux, lui fit donner une pension de cinq cents écus par an pour passer sa vie à son aise et se ressouvenir d'avoir logé le Dauphin de France. « Allez, dit le Roi, logez toujours dans votre maison de tels larrons, et ressouvenez-vous de moi dans vos prières. » Je laisse à juger avec quelle joie monsieur le curé s'en retourna chez lui. Et cette aventure fut l'entretien de la Cour pendant un temps.

LES AMOURS

DE

MONSEIGNEUR LE DAUPHIN

AVEC

LA COMTESSE DU ROURE.

LES AMOURS

DE

MONSEIGNEUR LE DAUPHIN

AVEC

LA COMTESSE DU ROURE.

Chacun sait que plus un feu est resserré, plus il éclate lorsqu'il vient à sortir. Ce qu'il y a d'étonnant, c'est que le Roi, qui a toujours été si galant, et qui s'est continuellement diverti avec les dames, même pendant son mariage, nonobstant la piété et les larmes de la Reine, n'a jamais voulu permettre à monseigneur le Dauphin de galantiser à son tour, ni d'avoir à son imitation une maîtresse particulière[1]. Le Roi l'a toujours fait ob-

---

[1]. Madame de Caylus ne s'exprime pas autrement : « Le Roi, dit-elle, instruit par sa propre expérience, et voulant prévenir les désordres que l'amour et l'exemple de Monseigneur causeroient infailliblement dans la chambre des filles, prit la résolution de le marier (il s'agit de mademoiselle de Rambures, aimée de Monseigneur). » (*Souvenirs*, coll. Michaud et Poujoulat; Paris, Didier, p. 497.)

server par des domestiques, qu'il mettoit auprès de lui, et qui venoient ensuite faire rapport à Sa Majesté de tout ce qui se passoit chez ce jeune prince : ainsi, s'il prenoit quelque plaisir, il falloit que ce fût en cachette; même il a été obligé de garder les mêmes mesures depuis la mort de madame la Dauphine. Par là il est facile à conjecturer dans quel chagrin est le plus souvent ce jeune prince, qui, à l'exemple du Roi son père, aime le beau sexe. Mais pour dissiper son ennui, son recours a toujours été la chasse au loup, pour laquelle Monseigneur a un attachement tout particulier [1]. Quoi qu'il en soit, il y a longtemps que l'on sait qu'il a beaucoup d'estime pour madame la comtesse du Roure [2], et même dès le temps qu'elle étoit fille d'honneur chez madame la Dauphine. C'est une dame belle et bien prise dans sa taille, qui ne peut passer pourtant que pour médiocre; elle a de beaux yeux vifs et amoureux, la bouche petite et les lèvres vermeilles; elle a le teint beau et frais, et des bras comme de cire. Je ne dirai rien de son extraction, parce qu'elle appartient à une famille considérable, qui n'aime pas d'être nommée, ni

1. Voy. ci-dessus, note 1, p. 178.
2. Madame du Roure était Marie-Anne-Louise de Caumont La Force, fille de Jacques-Nompar de Caumont, duc de La Force, et de Marie de Saint-Simon-Courtaumer. Elle avoit été fille d'honneur de madame la Dauphine. Elle épousa, le 8 mars 1688, Louis-Scipion III de Grimoard de Beauvoir, chevalier, comte du Roure, marquis de Grisac, capitaine de chevau-légers, lieutenant général pour le Roi en Languedoc. La mère de celui-ci étoit cette même mademoiselle d'Artigny que nous avons vue auprès de mademoiselle de La Vallière.

que l'on sache ses aventures. Elle¹ fit rompre par arrêt son premier mariage avec un marquis, pour épouser un duc, dont l'histoire est assez connue à Paris, et que je tairai ici, puisque cela ne fait rien à notre sujet : il suffit que cette aimable dame a eu l'adresse de savoir plaire à notre Dauphin, pendant même qu'elle étoit fille ; ce qui obligea madame la Dauphine, qui n'aimoit pas de partager son lit, de s'en défaire le plus tôt qu'il lui fut possible, par un mariage avec monsieur le comte du Roure. Cette précaution néanmoins n'éteignit pas le feu de Monseigneur; au contraire, il se prévalut du manteau de l'hyménée pour se mieux divertir ; et la mort, qui fauche dans le palais des rois de même que dans les cabanes des bergers, ayant enlevé de la terre ceux qui étoient les plus contraires à la comtesse, qui furent madame la Dauphine² et le même comte du Roure³, nos jeunes amants se virent tous deux en liberté, et se renouvelèrent leurs amours, et de grandes promesses de fidélité l'un à l'autre. « Ah ! mon ange, lui dit Monseigneur à la première visite, le ciel nous a mis tous deux en liberté pour jouir sans empêchement des doux plaisirs de l'amour. » Le Roi, qui savoit tout, et qui étoit averti de ce petit commerce galant, ne manqua pas de le traverser à la veille d'une cé-

---

1. *Elle*; il faut lire : *sa mère*. En effet, mariée d'abord avec le marquis de Langey (ou plutôt Langeais), elle se sépara de ce premier mari à la suite d'un scandaleux procès que nous avons rappelé ci-dessus, tome II, p. 436.
2. Madame la Dauphine mourut le 20 avril 1690.
3. Le comte du Roure fut tué à la bataille de Fleurus, le 1er juillet 1690.

lèbre dévotion¹, et il prit ce temps-là pour envoyer à Monseigneur deux des principaux prélats de la Cour², pour l'exhorter à quitter la comtesse du Roure. Il est facile à juger comme ce message fut reçu de ce jeune prince, qui est passionné pour sa maîtresse ; néanmoins il eut assez de modération pour ne pas sortir du respect dû à leur caractère, tournant la chose en raillerie avec l'archevêque de Paris³, qui étoit accusé, comme tout Paris sait, de la plus fine galanterie pendant sa jeunesse, et d'avoir un grand attachement pour madame la duchesse de Lesdiguières⁴. Mais Monseigneur reprenant son sérieux : « J'ai de la peine à croire, leur dit-il, que ce conseil que vous m'apportez vienne du Roi seul, car il est homme et susceptible d'amour comme les autres ; mais assurément ceci vient plutôt de madame de Maintenon, qui, après s'être bien divertie, et devenue vieille, ne peut pas souffrir que les autres se divertissent à leur tour. Elle s'ingère le plus souvent d'affaires où elle n'a rien à dire. Son plus

---

1. Voy. Saint-Simon.
2. Bossuet, évêque de Meaux, et M. de Harlay, archevêque de Paris.
3. L'archevêque de Paris étoit François de Harlay-Champvalier, de l'Académie françoise, célèbre par sa beauté, son esprit et ses galanteries. Il encourut, sur la fin de sa vie, la disgrâce du Roi, auprès duquel le Père La Chaise le desservoit pour s'attribuer quelques-unes des prérogatives qu'exerçoit l'archevêque.
4. Madame de Lesdiguières étoit Paule-Marguerite-Françoise de Gondi de Retz, mariée le 12 mars 1675 avec François-Emmanuel de Bonne de Créqui, duc de Lesdiguières. Restée veuve en 1691, elle mourut le 21 janvier 1716, à soixante et un ans.

grand plaisir seroit sans doute que je prisse une maîtresse de sa main à Saint-Cyr ; ce qui n'arrivera jamais, et j'aimerois mieux la voir crever que de lui donner cette satisfaction. Ainsi dites-lui qu'elle ne s'y attende pas ; et si le Roi veut prendre soin de ma conscience, pourquoi ne me donne-t-il pas une femme, ou de l'emploi pour pouvoir m'occuper ? Ses fils naturels en ont eu de fixes au sortir du ventre de leur mère[1], et moi l'on me fait courir comme un volontaire d'une armée à l'autre, sans avoir aucune autorité, ayant toujours été obligé de me conformer aux avis des généraux. J'ai souffert sans murmurer les mortifications que j'ai reçues en Flandres du duc de Luxembourg[2], qui s'excusoit continuellement de n'avoir pas ordre de la Cour de faire ce que je trouvois le plus utile pour le bien et l'avantage de la France[3]. Cependant, Messieurs, continua le Dauphin, je vous remercie de la peine que vous vous êtes donnée, et de votre

1. En effet, le comte de Vermandois fut amiral de France ; le duc du Maine, grand maître de l'artillerie, lieutenant général des armées, colonel général des Suisses et Grisons et gouverneur du Languedoc ; le comte de Vesin, abbé de Saint-Denis et de Saint-Germain-des-Prés ; le comte de Toulouse, pair, amiral et grand veneur de France, gouverneur de Bretagne.

2. François-Henri de Montmorency, duc de Luxembourg, pair et maréchal de France, fut en effet chargé, en 1690, du commandement en chef de l'armée de Flandre ; vainqueur à Fleurus des Espagnols, des Hollandois et de leurs alliés, commandés par le comte de Waldeck, il continua pendant quatre campagnes à remporter des victoires non moins glorieuses, et mourut le 4 janvier 1655, à Versailles, d'une pleurésie.

3. Sur la position faite au dauphin par Louis XIV, voyez Saint-Simon.

charitable conseil, et vous pouvez rapporter au
Roi que je lui suis fort obligé; que d'abord que
Sa Majesté m'aura fait donner de l'argent pour
satisfaire à ce que je dois à madame la comtesse
du Roure, j'y aviserai. » Ensuite ce prince les
congédia fort civilement, et avec l'honneur dû
à leur caractère. Mais ces remontrances hors de
temps ne firent aucun effet sur son esprit; au
contraire, elles lui inspirèrent l'envie de s'en divertir avec la comtesse. Il ne douta pas qu'elle
ne fût avertie de cette visite, mais il voulut bien
la lui faire savoir lui-même, et lui envoya cette
lettre par un valet affidé.

MON ANGE,

*Vous serez sans doute un peu surprise en
apprenant la visite que je viens de recevoir, sur votre sujet, de l'archevêque
de Paris et de l'évêque de Meaux. Il
seroit trop long de vous en marquer dans une lettre le détail; mais nous nous en divertirons à notre première entrevue, qui sera, comme je l'espère,
demain sans faute. Cependant, ma chère mignonne,
divertissez-vous autant qu'il vous sera possible en
mon absence. Soyez persuadée que rien ne sera
capable de me détacher de votre aimable personne,
et que toute la sévérité du Roi et les machinations
de la Vieille*[1] *ne feront qu'augmenter l'amour que
j'ai pour vous; toute l'éloquence de nos faux dévots
ne me fera, dis-je, jamais désister de la résolution
que j'ai prise de vous aimer toute ma vie. Vous*

---

1. Madame de Maintenon.

savez, mon cher cœur, que je fais gloire de tenir ma parole, et ainsi vous pouvez compter sur ce que je vous ai promis. Vivez donc en repos à mon égard, sans rien appréhender que ma mort, et me croyez toujours votre, etc.

Madame la comtesse du Roure, ayant reçu cette lettre, la baisa plusieurs fois avant que de l'ouvrir, et fut combattue par un mouvement de crainte et d'espérance. Elle avoit déjà appris la visite des deux prélats, et elle se doutoit bien que ce ne pouvoit être que sur son sujet; mais enfin ses belles mains toutes tremblantes se hasardèrent d'ouvrir la lettre. En la lisant elle changea plusieurs fois de couleur, comme une marque du plaisir qu'elle y prenoit, et, dans la satisfaction et la joie où elle étoit, elle voulut y faire réponse, quoique le porteur l'assurât que Monseigneur ne l'avoit pas chargé d'en rapporter. « N'importe, dit la comtesse, je suis assurée qu'il n'en sera pas fâché, je m'en charge. » Et étant entrée dans son cabinet, elle écrivit fort promptement la lettre suivante :

MON AIMABLE PRINCE,

Je n'étois pas sans raison travaillée de grandes inquiétudes. Votre lettre, que j'ai reçue avec tout le respect que je vous dois, m'apprend que mes pressentiments étoient justes. En vérité, mon ange, je suis continuellement en allarme, soit que vous soyez à la tête de vos armées, ou à la Cour. J'ai raison de craindre également vos ennemis et les miens, et j'ose vous dire que toutes les armées des alliés en-

semble ne me font pas plus de peur que les ennemis
cachés et domestiques. Il n'y a que votre seule présence qui soit capable de me rassurer et de ramener
le calme dans mon cœur; accordez-la moi, mon
Prince, cette douce présence, le plus tôt et le plus souvent qu'il vous sera possible, si vous voulez conserver ma vie et me délivrer des mortelles douleurs
et des cruelles craintes que votre absence me cause.
Vous avez, mon aimable Prince, ma vie et mon
sort entre vos mains, aussi bien que mon cœur;
mais toute ma consolation est que je suis plus que
persuadée que vous êtes jaloux de votre parole, et
que rien au monde ne sera jamais capable de vous
faire manquer de foi à mon égard, puisque je ne
respire plus que pour vous aimer et pour vous plaire.
Adieu, mon aimable ange. Ne différez pas de venir,
si vous voulez conserver la vie de

LA COMTESSE DU ROURE.

Cette lettre fut rendue à Monseigneur dans le moment qu'il étoit à jouer avec la princesse douairière de Conti[1] et quelques autres dames. Le Dauphin se doutant bien, par le retour du porteur, de qui elle venoit, il la mit dans la poche sans rien dire. La princesse, qui est naturellement curieuse, et qui se plaît aussi à la galanterie, regardant fixement le Dauphin, qui changea un peu de couleur dans le moment qu'il reçut le paquet, connut bien d'abord que cette lettre ne

1. Marie-Anne, légitimée de France, fille de Louis XIV, veuve depuis le 9 novembre 1685 de Louis-Armand de Bourbon. Celui-ci étoit fils d'Armand de Bourbon et d'Anne-Marie Martinozzi; il mourut sans enfants, et son frère, François-Louis de Bourbon, duc de La Roche-sur-Yon, prit ensuite le nom de prince de Conti.

venoit pas d'une personne indifférente. La curiosité ou la jalousie, qui est assez naturelle aux femmes, la poussa à railler Monseigneur, qui s'en défendit le mieux qu'il put. La princesse le pria que, si cette lettre n'étoit pas de quelque belle, il lui permît seulement de voir le dessus ; mais le Dauphin, qui connoissoit par expérience que la princesse ne pouvoit rien tenir de caché au Roi, de qui elle est toujours fort aimée [1], n'eut garde de lui accorder sa demande, et aima mieux la laisser juger par conjecture que de la confirmer par la vue de la suscription et du cachet. La princesse ne put donc se satisfaire par cette voie, car, quoique Monseigneur ait le renom de parler beaucoup, néanmoins il est fort secret en amour. De plus, il sait aussi par expérience que, sur le moindre vent que le Roi en a, il est sûr d'être traversé et chagriné d'une manière ou d'autre; c'est pourquoi il faut que le Dauphin soit secret, malgré qu'il en ait. Mais comme la princesse de Conti ne put rien obtenir par sa raillerie et ses prières, elle s'avisa d'un autre stratagème. « Je gage tout ce qu'il vous plaira, dit-elle au Dauphin, que je devine de qui est cette lettre.—Madame, je ne vous conseille pas de gager, lui répondit Monseigneur, car vous pourriez perdre, parce qu'elle vient d'une personne qui n'a pas l'honneur d'être connue de vous. » Mais elle, adroite et fine : « Si je la nomme, continua-t-elle, me l'avouerez-vous ? » Le Dauphin, qui tâchoit de changer de discours, parla d'autres choses, sans

---

1. Malgré la haine qu'elle portoit à madame de Maintenon. (Voy. ci-dessus, p. 163.)

répondre à la demande de la princesse, qui connut bien que Monseigneur tâchoit de se sauver de l'embarras où il étoit. Elle fit aussi semblant de changer de propos, et lui dit : « N'avez-vous pas Monseigneur, su l'histoire au juste des amours du feu prince de Turenne[1] avec la comtesse du Roure, du temps que ce prince épousa mademoiselle de Ventadour[2] ? — Non, dit le Dauphin, car il m'importe fort peu de la savoir. Je sais bien que le pauvre prince fut tué à la bataille de Steinkerque[3]. — Il est vrai, poursuivit la princesse de Conti, et ce fut le coup qui délivra la princesse de Turenne de tous ses chagrins, aussi bien que de son mari, car elle n'attendoit que son retour pour se séparer de lui, à la seule occasion des amourettes qu'il avoit avec madame du Roure ; et l'on dit même que, tout blessé qu'il étoit, il se souvint plutôt d'écrire à sa maîtresse qu'à sa femme. — Laissons reposer les cendres des morts, dit le Dauphin. — Ce que j'en dis, poursuivit la princesse, n'est pas pour les troubler, car il est mort au lit d'honneur pour le service de sa patrie : ainsi, au lieu d'insulter sa mémoire, il mérite que l'on jette des fleurs sur son tombeau ; mais, ce que j'en dis, continua-

1. Louis-Charles de La Tour, de Bouillon, dit *le prince de Turenne*, étoit fils de Godefroi-Maurice de La Tour, duc de Bouillon, et de la célèbre nièce de Mazarin Marie-Anne Mancini. Il se remaria le 16 février 1691. (Voy. la note suivante.)

2. Le prince de Turenne épousa Anne-Geneviève de Levis, fille de Louis-Charles de Lewis, duc de Ventadour, et de Charlotte-Eléonore-Madelaine de La Mothe-Houdancourt. La veuve du prince de Turenne épousa ensuite, en février 1694, le prince de Rohan.

3. La bataille de Steinkerque eut lieu le 5 août 1692.

t-elle, ce n'est que pour prouver que le comte du Roure n'a pas eu l'avantage d'en cueillir la première fleur, ni ceux qui l'aiment aujourd'hui. — Ne savez-vous pas, répondit Monseigneur, qu'à la Cour il n'y a pas de charge plus difficile à exercer que celle de fille d'honneur? Vous seriez bien embarrassée au choix, et je ne sais si en pareil cas vous pourriez répondre de vous-même. Croyez-moi, madame, il y a toujours de l'embarras quand on veut se mêler des affaires d'autrui ; que celle qui se croit nette ou exempte de soupçon, jette la première pierre contre elle. »

La princesse connut bien que le Dauphin n'étoit pas satisfait de cette conversation, qui le regardoit en partie ; elle prit donc congé sur le prétexte de vouloir se trouver à une symphonie de voix et d'instruments qui devoit se donner chez madame de Maintenon, où elle avoit été invitée, et où Monseigneur ne voulut pas la suivre, ne pouvant supporter la Maintenon ; et l'on peut dire que l'adversion que ce prince a pour elle va jusqu'à la haine, et que, s'il la ménage en quelque sorte, ce n'est qu'à la considération du Roi, mais que, s'il étoit le maître, il l'enfermeroit dès le premier jour aux Madelonnettes [1].

Le Dauphin ne manqua pas d'aller visiter la comtesse du Roure, comme il le lui avoit promis

---

1. La célèbre maison des Madelonnettes étoit située rue des Fontaines, dans le quartier Saint-Martin. Dirigée d'abord par les Visitandines, puis par les Ursulines, elle fut ensuite gouvernée par les religieuses de Saint-Michel, qui seules obtinrent quelques succès dans la conduite des filles repenties.

par sa lettre, et de l'entretenir de ce qui s'étoit passé dans la conversation de nos deux prélats et de madame la princesse de Conti. La comtesse, quoique fort courageuse, ne laissa pas de jeter des larmes, et, embrassant fort tendrement son amant, lui dit mille douceurs qui attendrirent si fort le cœur de ce prince qu'il ne put s'empêcher de mêler ses larmes avec les siennes, et lui promit avec serment qu'il ne l'abandonneroit jamais, et qu'elle en verroit des preuves dès aussitôt qu'il seroit le maître absolu de sa personne. «Oui, lui dit le Dauphin en l'embrassant, si j'avois la même liberté qu'un particulier, je ferois de ma maîtresse ma femme, pour faire enrager vos ennemis, et soyez assurée que votre bonheur augmentera à proportion de leur envie.» A ces paroles, la comtesse, qui se figuroit être déjà sur les premiers degrés du trône, s'écria, pâmée de joye: «Ah! mon ange! mon cher cœur! quel plaisir et quel bonheur seroit le mien de pouvoir posséder un jour sans aucun trouble ni interruption le plus cher et le plus aimable de tous les princes du monde! Du moins, mon cher ange, poursuivit-elle tout en transport, ton choix seroit plus honorable que celui du Roi, puisqu'il y a une grande différence entre moi et la vieille Maintenon.— Il est vrai, répondit le Dauphin; mais ne savez-vous pas, madame, que les goûts sont différents? L'un aime la brune et l'autre la blonde, et par ce moyen chacun trouve à se loger.»

Je ne vous dirai pas tout ce qui se passa ensuite entre ces deux amants, parce qu'ils étoient seuls quand ils goûtèrent les doux plaisirs que l'amour inspire; mais au sortir de cette conversation, madame la comtesse parut fort contente et satisfaite de son amant, ses larmes étoient changées en ris et son chagrin en joie. Ils se donnèrent rendez-vous à leur ordinaire à la belle maison de Choisi[1], que mademoiselle de Montpensier avoit donnée en propre à Monseigneur, et où ce prince va souvent se divertir avec monsieur le duc de Vendôme[2], et quelquefois avec le comte de Sainte-Maure[3]; c'est là où nos amants cueillent souvent le doux plaisir de leurs amours. Cependant, comme le Roi ne manque pas d'espions, Monseigneur ne peut faire ses affaires si secrètement que Sa Majesté ne soit avertie de temps en temps de tout ce qui se passe ; et afin de satisfaire aux pressantes remontrances de madame de Maintenon, qui est une ennemie de la comtesse, le Roi dit un jour à Monseigneur, pendant qu'il étoit à table, qu'il falloit que Choisi fût un agréable séjour, puisqu'il s'y plaisoit si fort et s'y alloit divertir si souvent. Le Dauphin, qui étoit bien informé que ce n'étoit pas pour lui faire plaisir que le Roi le disoit, ne répondit que par une profonde révérence ; mais cela n'empêcha pas que Sa Majesté

1. Voy. ci-dessus, t. 2, p. 472. — Après la mort de Mademoiselle, Choisy devint la propriété du Dauphin. Celui-ci l'échangea ensuite avec madame de Louvois, à qui il donna 400,000 livres de retour, contre Meudon. Depuis, Choisy appartint successivement à la princesse de Conti, au duc de La Vallière et au roi Louis XV.

2. Louis-Joseph, duc de Vendôme, fils de Louis de Vendôme et de Laure Mancini. Né le 30 juillet 1654, il mourut en Espagne le 11 juin 1712 et fut enterré à l'Escurial.

3. Honoré, comte de Sainte-Maure, étoit le second fils de Claude de Sainte-Maure, seigneur de Fougerai, cousin-germain du duc de Montausier. D'abord menin du Dauphin, il devint premier écuyer de la grande écurie du Roi.

ne continuât son discours sur Choisi et dît qu'il seroit bien aise de s'y aller divertir quelquefois, et que, pour cet effet, Monseigneur prît le soin de lui faire meubler un appartement, ce qui fut fait le même jour avec des meubles que l'on prit à Marly. Ce n'étoit pas tant par la curiosité que le Roi avoit de voir Choisi que pour traverser les amours du Dauphin : car il étoit très bien informé que la comtesse du Roure s'y trouvoit souvent, et qu'elle ne le feroit plus qu'avec crainte lorsqu'elle sauroit que Sa Majesté auroit un appartement et qu'il pourroit venir quelquefois pendant qu'elle y seroit. Pour ce sujet, le Roi fit une partie avec les dames de la Cour. Monseigneur y reçut le Roi avec toute la magnificence qui lui fut possible, et le Roi voulut bien y prendre le divertissement de la chasse. Monseigneur n'oublia rien pour régaler les dames ; mais, celle qui possède son cœur n'y étant pas, ce n'étoit pas un grand divertissement pour lui. Pour surcroît de chagrin, c'est que, sur le départ du Roi, madame la princesse de Conti, la duchesse du Maine[1], les princesses de Lislebonne[2] et d'Epinoy[3], et plusieurs autres dames, prièrent Sa Majesté de

1. Louise-Bénédictine de Bourbon, fille du prince de Condé, Henri-Jules, et d'Anne de Bavière. Elle épousa, le 19 mars 1692, Louis-Auguste de Bourbon, duc du Maine, fils naturel de Louis XIV.
2. Anne, légitimée de Lorraine, fille de Charles IV, duc de Lorraine, et de madame de Cantecroix ; elle fut la seconde femme de François-Marie de Lorraine, comte de Lillebonne. De ce mariage naquirent plusieurs enfants, entre autres une fille qui, bru de madame d'Espinoi, dont il s'agit ici, porta le même nom après elle. (Voy. la note suivante.)
3. V. ci-dessus, page 49.

vouloir leur accorder la permission de rester encore deux jours à Choisi. Le Roi, qui étoit bien aise d'en éloigner la comtesse du Roure, le leur permit fort agréablement, pourvu, ajouta ce monarque, que cela n'incommode pas Monseigneur ; à quoi le Dauphin ne répondit que par une profonde révérence. Ainsi il eut encore pendant deux jours les princesses pour hôtesses. D'autre côté, il est facile à juger dans quels chagrins étoit la comtesse du Roure de n'avoir pas pu voir de quatre à cinq jours son cher amant. Je crois qu'elle souhaitoit mille fois que la foudre tombât sur une partie de Choisi, pour les obliger à déloger promptement ; mais enfin toutes ses pensées et ses souhaits ne faisoient qu'augmenter son chagrin, car elle se figuroit à tout moment qu'on lui enlevoit son aimable Dauphin, et elle ne put se remettre de sa peur jusqu'à ce qu'elle en eût reçu une lettre, que Monseigneur ne manqua pas de lui écrire dès qu'il fut seul. Voici le contenu de son billet :

Ce n'est, mon cher cœur, que pour vous ôter de l'inquiétude où je m'imagine que vous êtes, que je vous écris ce petit billet, et pour vous assurer que je suis toûjours le même. Soyez contente, mon âme, et aimez-moi toujours, si vous voulez me rendre heureux. Adieu, ma belle, jusques à demain.

Je ne vous ferai pas ici un détail de toutes les visites que ce prince fait à la comtesse, car il y en auroit pour remplir un gros volume, puisqu'il ne perd pas d'occasion de la voir et que toutes les parties d'Opéra et de chasse qu'il fait ne sont que des prétextes pour se dérober de la Cour, et pour aller voir sa chère comtesse, laquelle sait si adroitement le tenir dans ses filets, que ce prince en est si charmé et si obsédé, que, sans la crainte qu'il a de déplaire au Roi, il ne bougeroit nuit et jour de sa ruelle. Mais quelque précaution que le Dauphin prenne, le Roi est averti de toutes les visites qu'il rend à sa belle; car, quoique le Roi n'en dise rien, il ne laisse pas que d'être informé de tout ce qui se passe à la Cour, et principalement dans sa famille. L'on remarque que Sa Majesté, depuis un temps, entre dans une grande défiance, et que, pour se satisfaire, il s'informe de tout. Il a des espions partout, et sa curiosité va jusqu'à savoir tout ce qui se passe dans les parties de plaisir et dans les assemblées qui se font entre les jeunes princes et princesses, seigneurs et dames de la Cour, et même ce qui se passe hors de la Cour. Louis XI, sur la fin de ses jours, se retira dans un château[1] qu'il fit griller de fer de tous côtés, et fit venir d'Italie un religieux, François de Paule, surnommé le bonhomme, natif de Calabre, et qui, depuis sa mort, a été canonisé. Comme ce bonhomme avoit le bruit de vivre en odeur de sainteté, Louis XI fut bien aise de l'avoir près de sa personne pour le rassurer contre toutes les visions, les craintes et les frayeurs; et en reconnoissance de ses consolations, le Roi lui permit de fonder en France divers couvents de Minimes, que l'on nomme encore les Bons-Hommes. L'on

---

1. Le château du Plessis-lès-Tours.

croit que toutes les craintes et défiances du Roi régnant ne viennent pas seulement des foiblesses du corps, mais que l'esprit y a beaucoup de part ; c'est pourquoi on lui voit souvent jeter de l'eau bénite dans sa chambre, et ce grand monarque ne se coucheroit pas qu'il ne s'en soit jeté quelques gouttes sur le visage en faisant dévotement le signe de la croix, et il en arrose même son lit. Mais retournons à nos amants.

La comtesse du Roure, qui avoit été cinq ou six jours sans voir le Dauphin, qui ne put venir le jour qu'il avoit marqué par son billet, lui écrivit cette lettre :

Mon prince, si je vous savois à l'Armée, ou dans un voyage, je me consolerois dans l'attente de votre retour ; mais vous sachant chez vous au milieu d'une Cour où j'ai mille et mille ennemis, je ne puis me consoler d'une si longue absence, puis qu'il n'y a que vous qui puisse soulager ma peine, et me délivrer du chagrin où je suis. Ne me laissez donc pas, mon cher cœur, longtemps dans la crainte que j'ai que quelque nouvel attachement ne vous fasse oublier ce que je vous suis et ce que vous m'avez promis. Mon indisposition ne me permet pas de vous en dire davantage. Je vous conjure, mon prince, d'aimer toujours une personne qui ne vit plus que pour vous plaire, et qui vous aimera jusqu'au dernier soupir de sa vie.

LA COMTESSE DU ROURE.

En effet, son indisposition n'étoit pas supposée, car l'aimable comtesse en eut pour neuf mois. Dans le commencement de sa grossesse, un reste de pudeur l'obligea à garder la chambre ; elle ne faisoit plus de visite ni n'en recevoit que de Monseigneur. Ce petit accident acheva de faire connoître au public ce que l'on soupçonnoit depuis longtemps, savoir, qu'elle étoit la maîtresse du Dauphin. Depuis ce temps-là elle ne s'en cache plus, et elle se tient la plupart du temps à sa belle maison, que Monseigneur lui a achetée au faubourg Saint-Honoré. L'on peut dire que l'art et l'industrie n'y ont rien oublié pour rendre ce lieu agréable à la comtesse. Cependant toute la magnificence du bâtiment, ni la beauté et la richesse des meubles, n'empêchent pas que souvent le chagrin et la crainte ne pénètrent jusque dans le cabinet de cette déesse pour y attaquer son pauvre cœur, agité de mille pensées, et qui est exposé à l'envie des plus grands de la Cour. Mais le plus cuisant et le plus sensible de tous les déplaisirs qu'elle reçut de sa vie, ce fut la lettre de cachet que le Roi lui envoya pendant que le Dauphin étoit à la tête de l'armée en Flandre, portant ordre de se retirer dans 24 heures de la Cour, et de se reléguer en Normandie, chez le marquis de Courtaumer[1], son oncle. La comtesse, qui ne sentoit pas d'autre crime que celui d'avoir volé le cœur de monseigneur le Dauphin, et sachant très-bien que l'on ne fait mourir personne

---

1. Claude-Antoine de Saint-Simon, marquis de Courtaumer, étoit frère de Marie de Saint-Simon, qui fut mariée à Jacques Nompar de Caumont, duc de La Force. De ce mariage étoient nés plusieurs enfants, entre autres madame du Roure et Jeanne de Caumont, sa sœur aînée, qui épousa le marquis de Courtaumer.

pour aimer, n'alla pas plus loin que sa belle
maison du faubourg Saint-Honoré, pour y attendre le retour de son amant, sous prétexte que
ses incommodités ne lui permettoient pas de
passer plus avant sans hasarder sa vie. Le Roi,
quoique impérieux dans ses volontés, et qui veut
être obéi, fit semblant de n'en savoir rien, de
crainte que, poussant cette affaire à bout, cela
n'augmentât le mécontentement que Monseigneur en a déjà, et l'on n'en parla plus à la Cour.
Depuis, la comtesse accoucha d'un fils, que le
Dauphin reconnoît pour sien; mais il n'a encore
pu le faire naturaliser, et peut-être ne le pourra-
t-il faire pendant la vie du Roi. La naissance de
ce jeune seigneur a modéré le Roi dans les traverses qu'il suggéroit pour détourner le Dauphin
de voir la comtesse; et l'on peut dire que, nonobstant tous les chagrins que ce prince a reçus
au sujet de la comtesse, il l'a toujours aimée constamment, et témoigné son amour au milieu de
la plus grande persécution que le Roi lui faisoit,
le Père La Chaise, ni la princesse de Conti, que
le Roi faisoit agir, n'ayant pu le détacher de sa
maîtresse. Aussi y avoit-il beaucoup d'apparence
que la jalousie avoit la meilleure part dans les
traverses de la princesse de Conti, y ayant toujours eu entre elle et le Dauphin une amitié
sincère.

Ainsi le Roi ni personne n'ayant pu en venir à
bout, Monseigneur vit présentement avec plus
de tranquillité chez la comtesse du Roure. L'on
n'en fait plus un mystère à la Cour, et les amours
continueront de cette manière entre nos deux
amants jusqu'à ce qu'il ait plu à Dieu de mettre

le Dauphin sur le trône, et le rendre maître absolu de ses volontés. C'est pour lors qu'on verra un grand changement à la Cour, que le vieux sérail sera fermé et la vieille sultane reléguée ; les jeunes nymphes auront leur tour, et l'amour reprendra de nouvelles forces.

LES VIEILLES

AMOUREUSES

AVIS
DU LIBRAIRE AU LECTEUR.

Cette histoire s'étant trouvée dans un cabinet longtemps après qu'elle a été composée, je n'ai pas jugé à propos d'y toucher, pour la laisser dans son naturel. Ainsi, le lecteur n'attribuera pas à l'auteur qu'il a eu peu de connoissance des choses du monde, lorsqu'il parle de certaines gens qui sont morts comme s'ils étoient encore vivants. Madame de Cœuvres[1] est de celles-là ; et il faudroit qu'il ne sût guère ce qui se passe, s'il ne savoit qu'elle est morte peu de temps après son malheur. Quand il fait dire au duc de Sault qu'on va bâtir les Invalides, c'est encore une marque que cette histoire n'est pas écrite depuis peu. Cependant il semble par la même raison qu'il ne devoit point appeler ce seigneur que comte, puisqu'il n'a été fait duc que quelques années devant que de mourir. Ce n'est pas qu'il ne le fût de naissance, puisqu'il étoit fils aîné d'un père qui l'étoit ; on sait

---

1. V. les notes du texte.

aussi qu'il ne lui fallut pas attendre après sa mort pour le devenir, et que le Roi fit cela pour lui afin de lui donner un rang qu'il méritoit mieux que beaucoup d'autres. Quoi qu'il en soit, ce que j'en dis ici n'est que pour excuser l'auteur envers ceux qui ne feroient pas toutes ces réflexions. Le lecteur saura donc que, quand on l'appelle duc avant le temps, c'est moi qui ai réformé le manuscrit en cela, afin qu'on ne crût pas que ce fût d'un autre duc de Sault dont on fît mention, que du dernier mort.

LES VIEILLES

AMOUREUSES

Sous le règne du grand Alcandre[1], la plupart des femmes, qui étoient naturellement coquettes, l'étant encore devenues davantage par la fortune où elles voyoient monter celles qui avoient le bonheur de lui plaire, il n'y en eut point qui ne tâchât de lui donner dans la vue; mais comme, quelques belles parties qui fussent en lui, il lui étoit impossible de satisfaire toutes celles qui lui en vouloient, il y en eut beaucoup qui lui échappèrent, non pas manque d'appétit, mais peut-être de puissance.

Celles qui ne furent pas du nombre des élues ne s'en désespérèrent pas, surtout celles qui recherchoient le plaisir de la chair, et qui avoient moyen de prendre parti ailleurs : car elles consi-

---

1. V. tome II, p. 361.

déroient qu'excepté leur ambition, qu'elles ne pourroient contenter, elles trouveroient peut-être mieux leur compte avec un autre, et qu'à bien examiner toutes choses, un roi valoit quelquefois moins sur l'article qu'une personne de la plus basse condition ; que, d'ailleurs, elles auroient le plaisir de changer, si elles ne se trouvoient pas bien, ce qui ne leur auroit pas été permis si leur destinée les eût appelées à l'amour de ce monarque.

Entre celles-là, il n'y en eut point qui en furent plus tôt consolées que la maréchale de la Ferté[1] et madame de Lionne[2]. Elles étoient déjà assez vieilles toutes deux pour renoncer aux vanités du monde ; mais comme il y en a que le péché n'abandonne point, elles voulurent, après avoir eu des pensées si relevées, faire voir qu'elles valoient encore quelque chose : ainsi, sans songer à ce qu'on en pourroit dire, elles se mirent sur les rangs, et il ne tint pas à elles qu'elles ne fissent des conquêtes.

De Fiesque[3] étoit amant aimé de madame de

1. V. tome I, p. 5, et tome II, p. 403.
2. Paule Payen, femme de Hugues de Lionne (voy. ce vol., p. 43), ministre d'Etat, lequel mourut le 1er septembre 1671. Madame de Lionne, née en 1630, s'étoit mariée à l'âge de quinze ans. Elle mourut fort âgée, en 1704.
3. Le comte de Fiesque étoit fort jeune encore. Né en 1647, il avoit à peine vingt-trois au temps où se passe cette histoire. Il étoit fils de Charles-Léon, comte de Fiesque, et de madame de Fiesque, bien connue dans la société des précieuses sous le nom de la reine Gillette. Elle étoit Gilonne d'Harcourt, veuve du marquis de Piennes. La gêne où étoit le jeune comte Jean-Louis de Fiesque s'explique par le désordre où la négligence de ses parents avoit mis leur fortune. Louis XIV lui fit payer par les Génois une somme

Lionne il y avoit longtemps, et, pour les plaisirs qu'il lui donnoit, elle le secouroit dans sa pauvreté ; de sorte que par son moyen elle tâchoit de se soutenir comme les autres. Il n'auroit pas été fâché qu'elle eût eu le désir de plaire au Roi, et il auroit été encore plus aise qu'elle y eût réussi ; mais, voyant que, sans songer qu'il lui rendoit service depuis sa jeunesse, elle vouloit se pourvoir ailleurs, il lui dit franchement qu'elle songeât bien à ce qu'elle alloit faire ; qu'il étoit déjà assez rebuté d'avoir les restes de son mari, pour ne pas vouloir avoir ceux d'un autre ; que, s'il avoit donné les mains à l'amour du Roi, elle savoit bien que ce n'étoit que sous promesse que ce monarque ne partageroit que les plaisirs du corps, sans partager son affection ; que ce qu'elle faisoit tous les jours lui montroit assez qu'elle cherchoit quelque nouveau ragoût ; que ce procédé ne lui plaisoit pas, et qu'en un mot, si elle ne réformoit sa conduite, elle pouvoit s'attendre à tout le ressentiment qu'un amant outragé est capable de faire éclater en pareille occasion.

Ces reproches ne plurent point à la dame ; et comme elle croyoit qu'en le payant comme elle avoit toujours fait, il seroit encore très heureux de lui rendre service, elle lui dit qu'il étoit fort plaisant de lui parler de la sorte ; que ce seroit tout ce que son mari pourroit faire ; mais qu'elle voyoit bien d'où lui venoit cette hardiesse ; que les bontés qu'elle avoit pour lui lui faisoient pré-

---

de 300,000 livres, en échange du comté de Lavagne, qui avoit été confisqué sur ses ancêtres par la république génoise. (Voy. t. 1, p. 52.)

sumer qu'elle ne pouvoit jamais se retirer de ses mains; qu'elle lui feroit bien voir le contraire devant qu'il fût peu, et qu'elle y alloit travailler. De Fiesque se moqua de ses menaces, et comme le commerce qu'il avoit avec elle depuis si longtemps lui avoit fait croire qu'il ne l'aimoit pas davantage qu'un mari fait sa femme, il crut qu'à l'intérêt près il se consoleroit facilement de sa perte. Mais il éprouva un retour de tendresse surprenant ; il ne fut pas plutôt sorti de chez elle qu'il souhaita d'y retourner, et, si un reste de fierté ne l'eût retenu, il lui auroit été demander pardon à l'heure même. Cependant il ne se put empêcher de lui écrire, et il le fit en ces termes :

LETTRE DE M. DE FIESQUE A Mme DE LIONNE.

Si j'eusse pu souffrir votre procédé sans être jaloux, ce seroit une marque que je ne vous aurois guère aimée. Mais aussi tout doit être de saison, et ce seroit outrer les choses que de demeurer plus longtemps en colère. Je vous avoue que je ne puis cesser de vous aimer, toute coquette que vous êtes. Cependant, faites réflexion que, si je vous pardonne si aisément, ce n'est que parce que je me flatte que j'ai pu me tromper; mais sachez aussi qu'il n'en seroit pas de même si vous aviez ajouté les effets à l'intention.

Soit que madame de Lionne trouvât quelque nouvelle offense dans cette lettre, ou, comme il est plus vraisemblable, qu'elle eût trop bon appétit pour se contenter du comte de Fiesque, qui avoit la réputation d'être plus gentil que vigoureux, elle jeta sa lettre dans le feu, et dit à celui qui la lui avoit apportée qu'elle n'avoit point de réponse à y faire. Ce fut un redoublement d'amour pour cet amant. Il s'en fut en même temps chez elle, et lui dit qu'il venoit mourir à ses pieds si elle ne lui pardonnoit ; qu'après tout il ne l'avoit point tant offensée, qu'il ne dût y avoir un retour à la miséricorde ; que la femme de son notaire, nommé Le Vasseur, venoit bien de pardonner à son mari, qui l'avoit fait déclarer P... par arrêt du Parlement, et qui, outre cela, l'avoit tenue longtemps enfermée dans les Madelonnettes ; que son crime n'étoit pas de la nature de celui de ce mari ; que les maris, quoi qu'ils pussent voir, doivent garder le silence, que c'étoit un article de leur contrat de mariage ; mais que pour les amants, il ne se trouvoit point de loi qui les assujettît à cette contrainte ; qu'au contraire, la plainte en avoit toujours été permise, et que de la leur ôter, ce seroit entreprendre sur leurs droits.

Quoique toute la différence qu'il y eût entre madame de Lionne et la femme de Le Vasseur, c'est que l'une étoit femme d'un notaire, et l'autre d'un ministre d'Etat, que celle-là d'ailleurs étoit déclarée P..., comme je viens de dire, par arrêt du Parlement, au lieu que celle-ci ne l'étoit encore que par la voix de Dieu, cependant la comparaison ne lui plut pas. Elle dit à de Fiesque qu'il étoit bien effronté de la mettre en parallèle avec une femme perdue. De Fiesque lui auroit bien pu dire là dessus tout ce qu'il savoit de sa vertu ; mais, étant parti de chez lui dans le dessein de se raccommoder, à quoi il étoit peut-être porté par l'utilité qu'il en retiroit, il continua sur le même ton qu'il avoit commencé, ce qui néanmoins ne lui servit de rien : car madame de Lionne, qui ne vouloit pas être gênée, et qui, après avoir fait banqueroute à la vertu, ne se soucioit plus de garder les apparences, lui dit que pour le faire enrager elle feroit un amant à sa barbe, et que plus elle verroit qu'il y prendroit de part plus elle y prendroit de plaisir. De Fiesque, après une réponse si rude, fut tellement outré de douleur qu'il prit un luth qui étoit dans sa chambre, avec quoi il avoit coutume de la divertir, et le cassa en mille pièces. Il lui dit que, puisqu'elle lui plongeoit ainsi le poignard dans le sein, il vouloit s'en venger sur cet instrument, qui lui avoit donné autrefois tant de plaisir; que comme il se pourroit faire qu'elle choisiroit peut-être quelqu'un qui le touchât aussi bien que lui, du moins il étoit bien aise que tout ce qui lui avoit servi ne servît pas à un autre. Mais à peine eût-il lâché la parole qu'elle lui répondit, « que celui qu'elle choisiroit n'auroit pas besoin, comme lui, de s'animer par ces préludes; qu'elle avoit feint plusieurs fois de prendre plaisir à ce jeu, parce qu'elle savoit que sans cela il n'y avoit rien à espérer avec lui, mais qu'elle n'en avoit pas moins pensé pour cela ; qu'il avoit bien fait de casser ce luth, parce qu'en le voyant elle n'auroit pu s'empêcher de se ressouvenir de sa foiblesse; que maintenant que cet objet n'y étoit plus, rien ne pouvoit rappeler une idée si désagréable; et qu'enfin il n'avoit fait en cela que prévenir le dessein qu'elle en avoit.

Comme un reproche en attire un autre, cette conversation, quelque désagréable qu'elle pût être, n'auroit pas fini si tôt, si le duc de Sault[1] ne fût entré. Il aperçut d'abord les débris du luth, ce qui lui fit juger qu'il y avoit quelque querelle sur le tapis. Son soupçon se convertit en certitude dès qu'il eut jeté ses yeux sur ces amants; et comme il étoit libre de lui-même et qu'il se plaisoit à rire aux dépens d'autrui : « Madame, dit-il à madame de Lionne, à ce que je vois l'on n'est pas toujours bien ensemble, et l'un de vous deux s'est vengé sur ce pauvre luth, qui n'en pouvoit mais. Si c'est vous qui l'avez fait, continua-t-il, peut-être en avez-vous eu vos raisons, et je ne veux pas vous en blâmer ; mais si c'est notre ami, il a eu tous les torts du monde, et il n'a pas vécu jusqu'aujourd'hui sans savoir qu'on amuse souvent une femme avec peu de chose ; il devoit savoir, dis-je, que cela nous donne le temps de nous préparer à leur rendre service. »

Ce discours étoit assez intelligible pour offenser une femme délicate, ou même une qui ne l'auroit été que médiocrement. Mais madame de Lionne, qui trouvoit le duc de Sault à son gré, ne songea qu'à lui persuader qu'elle rompoit pour jamais avec le comte de Fiesque, afin que, si le

---

1. Emmanuel-François de Bonne de Créqui, duc de Lesdiguières ; petit-fils du maréchal de Créqui, il étoit fils de Charles de Bonne de Créqui, gouverneur du Dauphiné, et de sa seconde femme Anne de La Magdelaine de Ragny. Le duc Emmanuel François, connu sous le nom de comte de Sault jusqu'à la mort de son père, épousa, le 12 mars 1675, Paule-Françoise-Marguerite de Gondi de Retz, nièce du cardinal de Retz, et mourut en 1681.

cœur lui en disoit, comme elle eût bien désiré,
il ne perdît point de temps. C'est pourquoi, sans
prendre garde qu'elle alloit se déshonorer elle-
même, et que d'ailleurs un amant délicat aimoit
mieux se douter de quelque intrigue de sa maîtresse que d'en être éclairci, et encore par elle-
même : « Que voulez-vous, Monsieur ? lui dit-elle ;
les engagements ne peuvent pas toujours durer. Je
ne me défends pas d'avoir eu de la considération
pour monsieur le comte de Fiesque ; mais c'est
assez que nous soyons liées pour toute notre vie
à nos maris, sans l'être encore à nos amants :
autrement ce seroit être encore plus malheureuses que nous ne sommes. L'on ne prend un
amant que pour s'en servir tant qu'il est agréable ; et cela seroit étrange qu'il nous fallût le
garder quand il commence à nous déplaire. —
Ajoutez, Madame, dit le duc de Sault, quand il
commence à ne plus vous rendre de service.
C'est pour cela uniquement que vous autres
femmes les choisissez ; et quelle tyrannie seroit-
ce que d'apprêter à parler au monde sans en recevoir l'utilité pour laquelle on se résout de
sacrifier sa réputation ! Pour moi, continua-t-il,
j'approuverois fort que, selon la coutume des
Turcs, l'on fît bâtir des sérails; non pas à la
vérité pour y renfermer, comme ils le font, les
femmes invalides, car ils me permettront de
croire, avec tout le respect que je leur dois, que,
quelque âge qu'elles aient, elles ont encore meilleur appétit que moi, qui crois en avoir beaucoup, mais pour servir de retraite aux pauvres
amants qui se font tellement user au service de
leurs maîtresses qu'ils sont incapables de leur

en rendre davantage. Si cela étoit, et que j'eusse quelque part à cette direction, je vous assure que je donnerois dès à présent ma voix à notre ami pour y loger. Qu'en dites-vous, Madame? cela ne lui est-il pas bien dû? et dans les Invalides qu'on dit que le Roi va faire bâtir[1], n'y entrera-t-il pas tous les jours des personnes qui se porteront bien mieux que lui?—Que vous êtes fou! monsieur le duc, répondit aussitôt madame de Lionne; et si l'on ne savoit que vous n'entendez pas malice à ce que vous dites, qui est-ce qui ne rougiroit pas des discours que vous tenez? » Elle mit aussitôt un éventail devant son visage, pour lui faire accroire qu'elle étoit encore capable d'avoir de la confusion; mais le duc de Sault, qui savoit combien il y avoit de temps qu'elle étoit dépaysée, se moqua en lui-même de ses façons, sans se soucier de la pousser davantage.

Le comte de Fiesque avoit écouté tout cela sans prendre part à la conversation, et il éprouvoit qu'une longue attache est presque comme un mariage, dont on ne ressent jamais la tendresse que quand les liens sont près de se rompre. Il rêvoit, il soupiroit, et la présence du duc de Sault n'étoit pas capable de le jeter dans le contraire : car, comme ils étoient bons amis, ils s'étoient dit mille fois leurs affaires, et il n'y avoit pas deux jours que ce duc l'avoit même prié de le servir auprès de la marquise de Cœuvres, fille de madame de Lionne[2]. Ce fut pour cela qu'il résolut de

1. Les premiers fondements de l'Hôtel des Invalides furent jetés le 30 nouembre 1691, sur les dessins de l'architecte Liberal Bruant.
2. Madelaine de Lionne, fille de Hugues de Lionne, se-

s'en aller à l'heure même, espérant que le duc de Sault parleroit plus sérieusement en son absence. Mais lui, à qui ce caractère ne convenoit pas avec les femmes, ne se mit pas en peine des intérêts de son ami; au contraire, il voulut voir jusques où pourroit aller la folie de madame de Lionne. Elle lui donna beau jeu, sitôt qu'elle vit le comte de Fiesque sorti; elle luit dit cent choses qui tendoient à lui découvrir sa passion, non pas à la vérité en termes formels, mais qui étoient assez intelligibles pour être entendus d'un homme qui auroit eu moins d'esprit que lui. Aussi, si le duc de Saux n'eût pas appréhendé qu'en la contentant elle eût mis obstacle à l'amour qu'il avoit pour la marquise de Cœuvres, il n'étoit ni assez cruel ni assez scrupuleux pour la faire languir davantage; mais, craignant qu'après cela cette jeune marquise, qui n'avoit pas encore l'âme si dure que sa mère, ne se fît un scrupule de l'écouter, il fit la sourde oreille, et aima mieux passer pour avoir l'esprit bouché que de se faire une affaire avec sa maîtresse.

Il trouva, en sortant, le comte de Fiesque qui l'attendoit au coin d'une rue et qui lui demanda s'il n'avoit rien fait pour lui. « Non, mon pauvre comte, lui dit-il, car je ne te crois pas assez fou pour prendre tant d'intérêt à une vieille p...... Mais maintenant que je connois ton foible, je te

crétaire d'Etat, et de Paule Payen, épousa, le 10 février 1670, François-Annibal d'Estrées, troisième du nom, marquis de Cœuvres, petit-fils du maréchal et fils de ce marquis de Cœuvres dont le premier volume de l'*Histoire amoureuse* a déjà parlé. (Voy. I, 244.) Madame de Cœuvres mourut le 18 septembre 1684, laissant un garçon et quatre filles. (Voy. II, 405.)

dirai en deux mots que, si tu ne me sers auprès
de la marquise de Cœuvres, je te desservirai si
bien auprès d'elle qu'il n'y aura plus de retour
pour toi. Ecoute, entre nous, je crois que mon
gras de jambe et mes épaules larges commencent
à lui plaire davantage que ton air dégagé et ta
taille mince, et si elle en goûte une fois, c'est à
toi à juger ce que tu deviendras. » Le comte de
Fiesque le pria de parler sérieusement ; le duc de
Saux lui dit qu'il le prît comme il le voudroit,
mais qu'il lui disoit la vérité. L'autre étant obligé
de le croire, après plusieurs serments qu'il lui en
fit, il le conjura de ne pas courir sur son marché,
lui avouant ingénuement qu'il l'aimoit par plusieurs raisons, c'est à dire parce qu'elle lui donnoit de l'argent et du plaisir. Si le comte de Fiesque eût fait cet aveu à un autre, il auroit couru
risque d'exciter en lui des désirs plutôt que de les
amortir, toute la jeunesse de la Cour s'étant mise
sur le pied d'escroquer les dames ; mais le duc de
Sault, qui étoit le plus généreux de tous les hommes, lui dit en même temps de dormir en repos
sur l'article ; qu'il ne vouloit ni du corps ni de
l'argent de madame de Lionne, et qu'excepté le
plaisir qu'il pouvoit avoir de faire un ministre
d'Etat cocu, il trouvoit que, quelque récompense
qu'on lui pût donner, on le payoit encore moins
qu'il le méritoit ; cependant, qu'il ne s'assurât pas
tellement sur cette promesse qu'il négligeât le
service qu'il attendoit de lui ; qu'on faisoit quelquefois par vengeance ce qu'on ne faisoit pas par
amour ; qu'en un mot, s'il ne lui aidoit à le
bien mettre avec la marquise de Cœuvres, il se
mettroit bien avec la mère, et qu'après cela il lui

seroit difficile, comme il lui avoit dit, de redevenir le patron.

Quoique tout cela fût dit en riant, il ne laissa pas de faire impression sur l'esprit du comte de Fiesque; mais comme il lui étoit impossible de vivre sans savoir si sa maîtresse étoit infidèle, il lui écrivit ces paroles comme si c'eût été le duc de Sault. Ainsi il fut obligé d'emprunter une autre main que la sienne, qui étoit trop connue de madame de Lionne pour pouvoir s'en servir :

Vous aurez fait un bien méchant jugement de moi, de la manière que j'ai reçu toutes les honnêtetés que vous m'avez faites. Mais en vérité, Madame, quand on est entre les mains des chirurgiens, ne fait-on pas mieux de ne pas faire semblant d'entendre, que d'exposer une dame à des repentirs qui font, avec juste raison, succéder la haine à l'amour? Si l'on me dit vrai, je serai hors d'affaire dans huit jours; c'est bien du temps pour un homme qui a quelque chose de plus que de la reconnoissance dans le cœur. Mais souffrez que j'interrompe cet entretien : il excite en moi des mouvements qu'on veut qui me soient contraires jusqu'à une entière guérison. Je souhaite que ce soit bientôt, et souvenez-vous que je suis encore plus à plaindre que vous ne sauriez l'imaginer, puisque ce qui seroit un signe de santé pour les autres est pour moi un signe de maladie, ou du moins que cela aggrave la mienne.

Il est impossible de dire si, à la vue de cette lettre, madame de Lionne eut plus de tristesse que de joie : car, si, d'un côté, elle étoit bien aise des espérances qu'on lui donnoit, d'un autre, elle fut fâchée de l'accident qui l'obligeoit d'attendre. Ainsi partagée entre l'un et l'autre, elle fut un peu de temps sans savoir si elle feroit réponse; mais celui qui lui avoit apporté la lettre la pressant de se déterminer, son tempérament l'emporta sur toutes choses, et, croyant de bonne foi avoir affaire au duc de Sault, elle prit de l'encre et du papier et lui écrivit ces paroles :

LETTRE DE Mme DE LIONNE AU DUC DE SAULT.

Je croyois, il n'y a qu'un moment, que le plus grand de tous les maux étoit d'avoir affaire à une bête; mais, à ce que je puis voir, celui d'avoir affaire à un débauché est encore autre chose. Si vous n'étiez que bête, j'aurois pu espérer, en vous parlant françois encore mieux que je n'avois fait, vous faire entendre mon intention; mais que me sert maintenant que vous l'entendiez, si vous n'y sauriez répondre? Je suis au désespoir de cet accident; et qui m'assurera qu'on puisse jamais prendre confiance en vous? Il y a tant de charlatans à Paris! Et si par malheur vous êtes tombé entre leurs mains, à quelle extrémité réduiriez-vous celles qui tomberont ci-après entre les vôtre? Si la bienséance vouloit que je vous envoyasse mon chirurgien, c'est un habile homme et qui vous tireroit bientôt d'affaire. Mandez-moi ce que vous en pensez; car, puisque je vous pardonne déjà une faute comme la vôtre, je sens bien que je ne me pourrai jamais défendre de faire tout ce que vous voudrez.

« Oh! la folle! oh! l'emportée! oh! la gueuse! s'écria le comte de Fiesque dès le moment qu'il eut vu cette lettre ; et ne faudroit-il pas que j'eusse le cœur aussi lâche qu'elle si je la pouvois jamais aimer après cela ? » — S'imaginant que c'étoit là son véritable sentiment, il mit cette lettre dans sa poche et s'en fut chez elle, où étant entré avec un visage composé et contraint : « Comme j'ai été longtemps de vos amis, Madame, lui dit-il, il m'est impossible de renoncer si tôt à vos intérêts ; je viens vous en donner des marques en vous offrant un homme qui est à moi et qui est incomparable sur de certaines choses. Je veux parler de mon chirurgien ; vous ne le devez pas refuser, et vous en aurez affaire sans doute avant qu'il soit peu, prenant le chemin que vous prenez. »

Ce discours embarrassa fort madame de Lionne ; elle se douta au même temps de quelque surprise. Mais le comte de Fiesque, à qui la couleur étoit montée au visage, et qui n'étoit pas si tranquille qu'il le croyoit : « Infâme ! continua-t-il en tirant sa lettre et la lui montrant, voilà donc les preuves que vous me deviez donner toute votre vie de votre amitié ! Qui est la femme, quelque perdue qu'elle fût, qui voulût écrire en ces termes ? Il faut que M. de Lionne le sache, et c'est une vengeance que je me dois. Il m'en fera raison, puisque je ne puis me la faire moi-même ; et s'il a la lâcheté de le souffrir, j'aurai le plaisir du moins de le dire à tant de monde, que je vous ferai connoître pour ce que vous êtes à tout Paris. »

Il lui fit bien d'autres reproches, qu'elle souffrit avec une patience admirable : car, comme elle étoit convaincue et qu'elle se voyoit entre ses mains, elle avoit peur encore de l'irriter. Elle eut recours aux pleurs; mais il y parut insensible, de sorte qu'il sortit tout furieux. Ses larmes, qui n'étoient qu'un artifice, furent bientôt essuyées; elle envoya quérir en même temps le duc de Sault, qu'elle conjura de la sortir de cette affaire, lui disant que, comme on la lui avoit faite en se servant de son nom, il y étoit engagé plus qu'il ne pensoit. Pour l'obliger à ne lui pas refuser son secours, elle lui promit le sien auprès de sa fille, et lui tint parole en femme d'honneur : car, après avoir su du duc de Sault les termes où il en étoit avec elle, elle acheva de disposer son esprit, qui étoit déjà prévenu en sa faveur.

Cependant elle stipula avec lui que cette intrigue se feroit sans préjudicier à ses droits; et, pour s'assurer contre l'avenir, elle lui demanda des arrhes de ses promesses. Le duc de Sault avoit passé la nuit avec Louison d'Arquien[1], fameuse courtisane, et n'étoit guère en état de lui en donner; mais, croyant qu'un homme de son âge avoit de grandes ressources, il lui demanda si elle vouloit de l'argent comptant ou remettre le paiement à la nuit suivante. Madame de Lionne, qui savoit que tout le monde est mortel, crut que l'argent comptant étoit préférable à toutes choses; elle lui dit pourtant que, s'il n'avoit pas toute la somme sur lui, elle lui feroit crédit du reste jusqu'au temps qu'il lui demandoit.

Le duc de Sault entendit bien ce que cela vouloit dire. On prit une pile de carreaux pour faire une table où compter l'argent; mais lorsqu'il vint

---

1. Voy. ci-dessus, t. II, p. 431.

à tirer sa bourse, elle se trouva vide, au grand étonnement de l'un et à la grande confusion de l'autre. Elle se déroba de ses bras avec un dépit plus aisé à comprendre qu'à représenter; et comme il faisoit quelques efforts pour la retenir et qu'il lui donnoit encore des baisers languissants : « Que voulez-vous faire, Monsieur ? lui dit-elle, et cherchez-vous à me donner de plus grandes marques de votre impuissance ! — Je cherche à mourir, Madame, lui répondit le duc de Saült, ou à réparer mon honneur; et il faut que l'un ou l'autre m'arrive dans un moment. — Est-ce d'une mort violente que vous prétendez mourir ? lui dit-elle en se moquant de lui. Si cela est, vous avez besoin d'une corde, car il ne faut pas croire que votre épée suffise pour cela. Et de fait, après n'avoir pas trouvé une seule goutte de sang sur vous lorsque vous en aviez tant besoin, à plus forte raison n'en trouveriez vous pas davantage lorsque vous vous porteriez à une action si contraire à la nature. » Elle fut se jeter sur une autre pile de carreaux en achevant ces paroles, et, pour cacher son dépit, elle prit entre ses mains un écran qui se trouva par hasard auprès d'elle. Le hasard voulut encore justement que ce fût un de ceux où les barbouilleurs qui travaillent à ces sortes de choses avoient peint l'histoire du marquis de Langey[1], qui avoit été démarié à cause de son impuissance. Le congrès ordonné par le Parlement y étoit marqué comme le reste, et madame de Lionne y ayant jeté les yeux : « Vous voici dépeint, lui dit-elle, on ne peut pas mieux, et si

---

1. Voy ci-dessus, t. II, p. 436.

vous vous souvenez de ce que vous nous disiez l'autre jour en parlant de vos forces, vous trouverez que, sans avoir demandé le congrès, comme l'homme que voici, vous avez aussi bien opéré l'un que l'autre. Vous n'avez plus qu'à vous marier après cela : c'est le moyen d'étendre votre réputation bien loin, et je ne désespère pas de vous voir aussi bien que lui sur ma cheminée.

—Vous avez raison, Madame, lui dit le duc de Sault, de m'insulter comme vous faites, et mon offense est d'une nature à ne me la jamais pardonner. Pour moi, je ne me connois plus, et après avoir bien rêvé à mon malheur, je ne puis l'attribuer qu'à une chose. Vous connoissez, continua-t-il, la poudre de Polville ? j'en ai mis ce matin partout. Que maudit soit La Vienne[1], qui m'a donné cette belle invention, et qui, pour me faire sentir bon, me fait devenir insensible ! Mais, Madame, le charme ne durera que jusqu'à ce que je me sois baigné. Donnez-moi ce temps-là, je vous conjure, et si j'ai manqué à vous satisfaire quand j'y étois obligé, j'en payerai plutôt l'intérêt. Souvenez-vous cependant que je ne suis pas le seul que La Vienne ait engagé dans cette mal-

---

1. La Vienne étoit barbier–étuviste. On ne prenoit pas seulement des bains chez lui, comme chez ses autres confrères moins connus, on y logeoit (voy. Furetière, Dict., v° *Baigneur*), etc. L'on y recevoit tous les soins de toilette : La Vienne rasoit, frisoit, parfumoit, coiffoit ; il partageoit, comme baigneur, la réputation de Prud'homme ; comme coiffeur, celle de Champagne. (Voy. madame de Sévigné, *Lettre* du 4 avril 1671.) La Vienne avoit un emploi à la cour. Il étoit un des huit barbiers du Roi, servant par quatier, aux gages de six cents livres ; il faisoit son service dans le tri-

heureuse affaire : il en est arrivé autant au comte de S. Pol[1] ; et, pour marque que je vous dis vrai, c'est que l'autre jour il demeura court, comme moi, auprès d'une belle fille. J'avois traité cela de bagatelle ; mais après l'avoir éprouvé moi-même, à mon grand regret, ce seroit une hérésie que de ne le pas croire. » Ces paroles consolèrent madame de Lionne ; elle avoit ouï parler de l'aventure du comte de S. Pol, et, en ayant demandé les particularités au duc de Sault, il lui dit ce qu'il en savoit. Cependant, pour lui donner encore plus d'impression de la vérité, il lui chanta un couplet de chanson qui avoit été fait sur cette aventure. C'étoit sur un air du ballet de Psyché[2]. En voici les paroles :

> *Qui l'eût cru qu'à vingt et deux ans,*
> *Le plus vigoureux des amants*
> *Fût tombé aux pieds d'une fille*
> *Sans vigueur et sans mouvement?*
> *Foin du Polville,*
> *Quand on a poudré son devant!*

Elle lui laissa achever ce couplet sans l'interrompre, car elle vouloit entendre tout au long l'effet, non pas de cette admirable poudre, mais de cette poudre qu'elle jugeoit bien plus digne du feu que les ouvrages de Petit, qui avoient été condam-

---

mestre d'avril. Au-dessus de lui étoit un barbier ordinaire aux gages de 800 livres : c'étoit Prud'homme.

1. Sur le comte de Saint-Paul, voy. II, 197, 402, 403.
2. Le ballet de Psyché, paroles de Benserade, fut dansé par le Roi en 1656. Une autre pièce de Psyché, paroles de Quinault, de Molière et de Corneille, fut jouée aux Tuileries, dans la salle des machines, pendant le carnaval de 1670.

nés, néanmoins, par arrêt du Parlement¹. Cependant, quand il voulut poursuivre la chanson, qui avoit un autre couplet : « Halte-là, lui dit-elle, monsieur le duc ; quoique vous ayez une des qualités les plus nécessaires à un musicien, toutes les autres vous manquent, hors celle-là. Ainsi l'on peut dire que vous êtes de ceux à qui l'on donneroit une pistole pour chanter et dix pour se taire. » Le duc de Sault lui fit réponse qu'il n'avoit rien à dire contre ses reproches ; qu'après ce qu'il avoit fait elle ne le maltraitoit pas encore assez. Cependant, comme il s'humilioit si fort, il sentit une partie en lui qui commençoit à le vouloir dédire, et, croyant que sans attendre le bain il pourroit rétablir sa réputation, il vint aux approches, qui lui donnèrent encore l'espérance d'un heureux succès. Madame de Lionne fut extrêmement surprise et grandement aise en même temps d'un changement si inopiné. Néanmoins, se défiant de son bonheur, elle voulut mettre la main dessus pour n'en plus douter ; mais, comme il est difficile de la tromper sur l'article, elle n'eut pas plutôt touché qu'elle connut bien que ce seroit se repaître de chimères que de se flatter d'une meilleure fortune. Le duc de Saux en jugea de même, voyant que cette partie commençoit à pleurer lorsqu'il s'attendoit à lui voir prendre une figure plus décente. Il s'en alla dans un désespoir où il ne s'étoit jamais vu, et peu s'en fallut qu'il n'en donnât de tristes marques.

1. Claude Petit, condamné au feu par le Parlement, à cause de couplets impies qu'il avoit publiés, fut brûlé en Grève. (Voy. *Mémoires* de Jean Rou, publiés par la Société de l'histoire du protestantisme françois, t. 2.)

Madame de Lionne ne le voulut pas laisser sortir sans lui faire une nouvelle raillerie : « Au moins, lui dit-elle, ne croyez pas que pour ce qui vient d'arriver je ne veuille pas être de vos amies. Une marque de cela, c'est que je vous ménagerai auprès de ma fille ; bien loin de lui dire que vous l'aimez, je ferai en sorte que vous ne vous trouviez jamais tête à tête avec elle. Ce sera le moyen de conserver votre réputation et d'entretenir la bonne opinion qu'elle peut avoir de vous. Je crois, continua-t-elle, que c'est le meilleur service que je vous puisse rendre en l'état où vous êtes, et je prétends bien aussi que vous m'en ayez obligation. »

Le duc de Sault ne jugea pas à propos de lui répondre, et s'en étant allé du même pas chez La Vienne : « Tu me viens de perdre de réputation, lui dit-il, avec ton maudit Polville, et je brûlerai la maison, et toi dedans tout le premier, si tu ne promets de jeter dans l'eau tout ce qui t'en reste. » La Vienne, qui le voyoit en colère, ne savoit ce que cela vouloit dire ; mais le duc de Sault lui ayant conté son malheur, sans lui dire néanmoins le nom de la personne : « Ma foi, lui dit La Vienne, vous nous la donnez belle avec votre Polville ; demeurez ici seulement trois ou quatre jours sans voir Louison d'Arquien, le comte de Tallard[1] ni personne qui leur ressemble, et vous

---

1. Camille d'Hostun, duc de Haston, marquis de La Beaune, comte, et, en janvier 1703, maréchal de Tallard, étoit fils de Roger d'Hostun, comte de Tallard, et de Catherine de Bonne. Né en 1652, le comte de Tallard avoit à peine dix-sept ou dix-huit ans à l'époque qui nous occupe. Nous le retrouverons dans *La France devenue italienne*.

verrez si c'est ma poudre qui vous empêche de faire votre devoir. C'est une excuse, ajouta-t-il, qu'inventa assez adroitement le comte de S. Pol pour se disculper envers la Mignard, qu'il pressoit depuis longtemps de lui accorder un rendez-vous, mais qui, après avoir promis monts et merveilles à cette pauvre fille, ne put jamais faire la troisième partie de ce que je ferois, moi qui ai deux fois plus d'âge que lui. Je ne lui veux pas de mal de s'être tiré d'affaire comme il a pu ; mais je lui aurois été plus obligé de ne le pas faire à mes dépens. J'ai pour dix mille écus de Polville chez moi, et vous n'avez qu'à débiter comme lui vos rêveries pour m'envoyer à l'hôpital. »

La Vienne étoit sur le point, de longue main, de dire à ces messieurs-là toutes leurs petites vérités, tellement que le duc de Sault ne se fâcha point de s'entendre dire les siennes. Il lui dit au contraire qu'il vouloit éprouver s'il avoit plus de raison que lui, et que, pour cela, il ne vouloit pas sortir de sa maison de quatre jours ; qu'il seroit témoin lui-même qu'il s'abstiendroit de voir le comte de Tallard et Louison d'Arquien, et qu'il eût soin seulement de faire tirer en bouteilles une pièce de vin de Champagne que ses gens avoient découverte dans le cimetière Saint-Jean, aux Deux Torches [1] ; que pour ne la lui pas

---

[1]. Le cimetière Saint-Jean étoit situé au bout de la rue de la Verrerie, dans le quartier Sainte-Avoie. Malgré son nom, qu'il conservoit toujours, le cimetière Saint-Jean étoit devenu un marché dès l'année 1391, et il étoit entouré de nombreux cabarets. (Voy. l'*Histoire des hôtelleries et cabarets*, par M. Ed. Fournier, et les *Variétés historiques et lit-*

laisser boire tout seul, il allât avertir le marquis de Sablé[1] et deux ou trois autres de ses amis qu'il leur donneroit à manger chez lui ; qu'ils y pouvoient amener madame Du Mesnil, s'ils étoient assez habiles pour détourner la bête de l'enceinte de son vieux maréchal[2], qui se vantoit d'avoir une partie sur son corps aussi dure que sa jambe de bois ; que s'il demandoit cette femme, ce n'étoit pas pour faire la débauche avec elle ; que les restes du maréchal de Grancey n'étoient bons que pour le marquis de Sablé, et non pas pour lui, qui aimeroit mieux coucher avec une femme médiocrement belle, et qui eût un galant bien fait, qu'avec une qui seroit toute charmante et qui se produiroit comme elle à un aussi vilain homme qu'étoit ce maréchal.

La Vienne lui dit qu'il faisoit bien d'être si délicat, et qu'il le donnoit assez à connoître en couchant tous les jours avec Louison d'Arquien, qui étoit le reste de toute la terre ; qu'au reste, comme ce n'étoient pas ses affaires, il n'avoit garde

téraires de la Bibliothèque elzevirienne publiées par lui, *passim*.)

1. Le marquisat de Sablé étoit alors passé de la maison de Laval à la maison de Servien. Abel Servien, oncle de M. de Lionne, dont il est parlé ici, étoit marquis de Sablé. C'est de son fils qu'il est ici question. Celui-ci, né en 1644, mourut sans alliance en 1710 ; il fut, après son père, sénéchal d'Anjou.

2. Jacques Rouxel de Grancey, maréchal de France, gouverneur de Thionville, né en 1602, étoit fils de Pierre de Grancey et d'une fille du maréchal de Fervaques. Marié une première fois à Catherine de Mouchy, sœur du maréchal d'Hocquincourt, il épousa en secondes noces Charlotte de Mornay, fille de P. de Villarceaux. Il ne laissa pas moins de dix-neuf enfants, dont sept du premier lit, douze du second. Le maréchal de Grancey mourut le 20 novembre 1680.

d'en parler ; mais qu'à l'égard de la Du Mesnil,
il étoit bien aise de l'avertir de bonne heure de
ne la pas faire venir chez lui pour faire de sa
maison une maison de scandale et de débauche ;
qu'ils y boiroient et mangeroient tout leur saoul,
mais, pour le reste, il n'avoit que faire de s'y attendre.

Il s'en fut après cela où le duc de Sault lui
avoit dit ; et les conviés n'ayant pas manqué de
s'y rendre avec la Du Mesnil, on fit si bonne
chère que le duc de Sault sentit dès ce jour-là
que le charme du Polville ne dureroit pas longtemps. Sur la fin du repas, c'est à-dire entre la
poire et le fromage, on leur vint dire qu'un homme demandoit le marquis de Sablé. On lui fit dire
d'entrer s'il vouloit ; et l'on fut tout surpris de
voir un garde de messieurs les maréchaux de France[1]. Il dit au marquis de Sablé qu'il avoit ordre de
le mener au Fort-l'Evêque[2], ce qui effraya la compagnie, qui ne savoit pas qu'il lui fût arrivé aucune affaire. Pour lui, il n'en fit que rire ; et comme on s'apprêtoit de lui en demander le sujet :
« Va, va, retourne-t'en, dit-il à ce garde, dire à
ton vieux fou de maréchal que nous allons boire

---

1. Voy. t. 2, p. 443.
2. Le fort l'Evêque étoit surtout une prison pour dettes.
Il étoit situé au milieu de la rue Saint-Germain-l'Auxerrois.
Antérieurement, c'étoit le siège de la juridiction épiscopale ;
mais, dit Hurtaut, comme il y avoit dans Paris dix-neuf
juridictions de seigneurs, l'incertitude de leurs limites causoit souvent des conflits. Par édit de février 1674, toutes ces
juridictions furent réunies à celle du Châtelet. On conserva
seulement les justices d'Enclos, comme celles de l'archevêché, etc. A l'époque qui nous occupe, il semble qu'il reçut
les gentilshommes punis par le tribunal d'honneur des maréchaux de France.

à sa santé, qu'après cela nous baiserons sa maîtresse, et que, s'il en veut avoir sa part, il faut qu'il nous vienne trouver. Qu'on lui donne à boire, dit-il en même temps, s'adressant au buffet; voilà tout ce qu'il a la mine d'avoir de sa course. »

Chacun connut bien, à ce qu'avoit dit ce marquis, que le compliment venoit du maréchal de Grancey; et devant que le garde eût le temps de boire son coup, l'on en fit tant de railleries que, quoiqu'il fût un des fieffés ivrognes qu'il y eût dans toute la connétablie, il laissa la moitié de son verre pour dire à ces messieurs qu'ils prissent garde à ne pas manquer de respect envers monseigneur le maréchal. Chacun lui rit au nez à ce discours, et le duc de Sault, qui étoit le plus près du buffet, se leva, sous prétexte de lui faire boire le reste de son vin; mais il le lui répandit malicieusement sur ses habits et sur son linge. Le garde voulut se fâcher, mais le marquis de Sablé le rapaisa en lui présentant une autre rasade et le priant de la boire à la santé de monsieur le maréchal. On lui en donna une autre après celle-là, et enfin, dans un moment, on l'enivra si bien qu'il étoit le premier à médire de celui qui l'avoit envoyé. Quand ils l'eurent mis de si belle humeur, ils le renvoyèrent; et comme le maréchal de Grancey, impatient de savoir quel succès auroit eu sa députation, l'avoit conduit lui-même jusqu'à cent pas de la porte, il ne le vit pas plus tôt revenir qu'il se jeta hors de la portière de son carrosse pour lui demander d'où venoit qu'il avoit été si longtemps. Il reconnut à la première parole que lui dit le garde qu'il étoit saoul, et, se mettant dans une colère non pareille, il demanda s'il n'y avoit pas de canne dans son carrosse. Ne s'en étant point trouvé, il dit à un de ses domestiques, nommé Gendarme, qui lui servoit de valet de chambre et de secrétaire, quoiqu'il ne sût ni lire ni écrire, qu'il lui défît sa jambe de bois et qu'elle lui serviroit de bâton. Mais Gendarme lui ayant dit que cela ne se pouvoit pas, il se jeta sur sa perruque et déchargea sa colère sur lui. Gendarme se vengea en lui écartant la dragée; et comme il étoit aussi grand parleur que son maître, il eut le plaisir de lui disputer le terrain à coups de langue. Le maréchal, étant saoul de le battre, fit approcher le garde, qui s'étoit écarté, et, l'ayant interrogé de nouveau, sa colère fut bien plus grande quand il apprit que la Du Mesnil étoit de la débauche; car jusque-là, tout ce qui l'avoit fâché étoit de savoir qu'elle eût vu le marquis de Sablé en particulier, et il n'avoit point eu d'autre sujet de vouloir l'envoyer en prison.

Sitôt que le garde eut lâché la parole, il s'écria qu'il étoit perdu, et tenant la main à Gendarme: « Çà, lui dit-il, oublions le passé, et dis-moi si je ne suis pas bien malheureux. Que ferons-nous, mon ami? Et surtout ne va pas dire cela à ma femme: car tu sais qu'elle ne cesse de me dire que cette carogne ne vaut rien. » Gendarme n'eût pas voulu, pour les coups qu'il avoit reçus, que cela ne lui fût arrivé. Il se prit à rire dans sa barbe, et ne lui vouloit point répondre. Le maréchal le conjura encore une fois de mettre toute sorte de rancune à bas, et, pour l'obliger à être de belle humeur, il lui promit l'habit qu'il portoit ce jour-là. Gendarme se radoucit à cette promesse ; néanmoins, étant bien aise de le mortifier : « Ne vous l'avois-je pas bien dit, lui dit-il, aussi bien que madame la maréchale [1], que ce n'étoit qu'une p....! Si j'étois à votre place, je chasserois, dès que je serois au logis, ce coquin de bâtard qui ne vous appartient pas et que vous nourrissez cependant de la meilleure foi du monde, pendant que vous avez des filles qui, faute d'avoir de quoi, peut-être autant que par inclination.....; mais il ne s'agit pas de cela maintenant, c'est pourquoi..... — Ah traître ! interrompit le maréchal, tu raisonneras donc toujours ? Quoi ! mon fils [2] n'est pas à moi ? il ne me ressemble pas comme deux gouttes d'eau ? il n'a pas les oreilles de Grancey [3], marque indubitable qu'il est de la maison ? Je te ferai pendre, et, après t'avoir sauvé de la corde à Thionville, il faut que je te renvoie à ta première destinée. »

Gendarme ne put s'empêcher de répondre à ces invectives, quand même il eût su qu'il l'eût dû encore plus maltraiter qu'il n'avoit fait. « Voilà qui est beau, vraiment, lui dit-il, de prendre le parti d'un bâtard et d'abandonner celui de ses filles. Je croyois que toute cette colère ne venoit que de ce que j'avois dit d'elles ; mais, à ce que je vois, c'est de quoi

---

1. Il s'agit ici de la seconde femme du maréchal, Charlotte de Mornai. (Voy. l'avant-dernière note. Cf. I, 113.)
2. Nous avons dit dans une note précédente (voy. ci-dessus, p. 230) que le maréchal de Grancey avoit eu dix-neuf enfants. Il nous seroit difficile de dire de quelles filles et de quel fils entend parler l'auteur.
3. De grandes oreilles plates. (*Note du texte.*)

vous vous souciez le moins. Il est vrai, il a vos grandes oreilles, mais est-ce une marque si indubitable qu'il vous appartient, comme vous croyez? Combien de femmes mettent d'enfans au monde qui ont quelque chose de particulier, parce que les mères se sont arrêtées à quelque objet désagréable? Votre m... ne peut-elle pas avoir regardé..... » Il vouloit dire un âne, mais il n'osa lâcher la parole et se mit à bredouiller entre ses dents. Comme cela lui étoit naturel, le maréchal n'y prit pas garde, et s'étant radouci, parce qu'il lui avoit accordé les oreilles : « Eh bien! que ferons-nous donc? lui dit-il; et laisserai-je entre les mains de ces scélérats une enfant qu'ils ont sans doute enlevée par force? » Gendarme, qui les savoit en débauche et qui avoit soif à force d'avoir parlé et craché, crut qu'il pourroit gagner quelques verres de vin au buffet, s'il pouvoit obliger le maréchal à les aller trouver; c'est pourquoi, après avoir fait semblant de rêver en lui-même, pour faire l'homme d'importance : « Ma foi, si vous me croyez, lui dit-il, nous irons de ce pas où ils sont; cela servira à deux fins : l'une, que vous ramenerez madame Du Mesnil chez elle ; l'autre, que vous empêcherez peut-être qu'il n'arrive quelque chose qui ne vous plairoit pas : car, que sait-on? il y en a quelquefois qui ont le vin paillard et qui font rage dans ces sortes d'occasions. — Mais n'est-ce point trop me compromettre? lui répondit le Maréchal. — La belle délicatesse que voilà! lui dit Gendarme; et vous qui allez tous les jours où vous savez, ne pouvez-vous pas entrer chez La Vienne, où vont tous les gens de qualité ? »

Ces raisons suffirent pour résoudre le maréchal ; mais, étant bien aise de se faire accompagner d'un garde, il voulut que celui qui étoit venu avec lui le suivît. Cependant il ne se trouva point, et il étoit allé se reposer sur une boutique, où il étoit si bien enseveli dans le sommeil, que lorsqu'on l'eut trouvé, il fut impossible de le réveiller. Le maréchal étoit d'avis que Gendarme endossât son harnois ; mais celui-ci, qui ne vouloit point être obligé de faire aucun compliment fâcheux à des gens dont il n'étoit assuré ni de la discrétion ni du respect, le fit ressouvenir qu'il étoit trop connu de la compagnie pour se revêtir d'une autre figure. Le maréchal s'étant rendu à ses raisons, il laissa cuver le vin à ce garde, sans interrompre son sommeil.

Etant arrivé chez La Vienne, il monta aussitôt en la chambre où étoient ces messieurs, sans qu'on eût le temps de les avertir de sa venue. Ils furent extrêmement surpris de le voir ; mais celle qui le fut le plus fut madame Du Mesnil, et elle crut bien qu'après cela il ne fourniroit plus à l'appointement. Le duc de Sault, comme le plus considérable, prit la parole le premier et dit au Maréchal, « qu'ayant voulu faire débauche, il avoit été prendre ceux qu'il voyoit, et que de là ils avoient été enlever madame Du Mesnil, laquelle s'étoit extrêmement défendue ; que cela les avoit obligés de la porter sur leurs bras jusque dans le carrosse ; mais qu'on voyoit bien que leur compagnie ne lui plaisoit pas ;

qu'elle n'avoit ni bu ni mangé, et qu'une autre fois ils n'amèneroient jamais personne par force. »

Le maréchal goba ce discours, et, étant bien aise de le faire remarquer à Gendarme, qu'il croit derrière lui, mais qui étoit déjà au buffet à trousser un verre de vin, il donna un coup sur le bras d'un laquais qui apportoit un ragoût pour le faire boire, et le fit tomber. Cela interrompit le discours qui étoit sur le tapis, et il se crut obligé de s'excuser de ce qu'il avoit fait. Ils lui dirent tous que ce n'étoit rien, et qu'ils avoient fait si grande chère, qu'il y en avoit encore assez pour lui et pour eux. Au même temps le duc de Sault le prit par le bras et l'obligea de s'asseoir entre madame Du Mesnil et lui, si bien qu'on recommença à manger de plus belle et à boire de même. La Du Mesnil, qui en avoit jusqu'à la gorge, affecta une grande sobriété et une grande mélancolie; en quoi elle se contraignoit plus en l'un qu'en l'autre. Chacun lui disoit qu'elle devoit manger maintenant qu'elle avoit ce qu'elle aimoit auprès d'elle; mais, comme le maréchal ne lui en parloit point, et qu'elle voulut que ce fût lui, elle se défendoit avec un air languissant, ce qui donnoit sujet de rire à tous ceux qui savoient comment elle s'en étoit acquittée avant qu'il entrât. Le maréchal, qui mouroit de faim, ne songeoit qu'à remplir sa panse, et lâchoit bien quelquefois quelque parole pour l'obliger à en faire de même, mais elle vouloit qu'il l'en pressât davantage. Enfin, après qu'il eut rassasié sa grosse faim, il fut plus galant et eut plus soin d'elle. Elle fit mine de se rendre à ce qu'il vouloit, et quoique cela fût capable de lui faire mal, elle recommença à manger.

Chacun se récria là-dessus, et dit qu'on voyoit bien ceux qui avoient du pouvoir sur elle. Cela faisoit rire sous cape le maréchal, et il donna si bien dans le panneau, qu'il ne fit que marcher sur les pieds de sa dame, en signe d'amitié. On poussa la débauche jusqu'à l'excès, et, après avoir médit de tout le genre humain, ils médirent d'eux-mêmes. Le maréchal dit au duc de Sault qu'il ne falloit pas s'étonner s'il étoit si gros et si gras, et le marquis de Ragni[1], son frère, si mince et si maigre; qu'il avoit été fait entre deux portes, au lieu que l'autre avoit été fait dans un lit; que les coups fourrés étoient toujours mieux fournis que les autres, et qu'il l'avertissoit, s'il ne le savoit pas, qu'il étoit obligé de porter respect au duc de Roquelaure[2], comme à son propre père. Le duc de Sault, pour lui rendre le change, lui dit qu'il ne pouvoit pas lui parler si précisément du sien, parce que sa mère[3] avoit eu tant de galans, qu'il étoit impossible de dire auquel il devoit sa naissance; que c'étoit dommage que les filles du maréchal de Grancey n'eussent été élevées de la main d'une

---

1. Charles-Nicolas de Bonne de Lesdiguières, marquis de Ragny, par sa mère, Anne de la Madelaine de Ragny, seconde femme de son père.

2. Sur Gaston, marquis, puis duc de Roquelaure, fils du maréchal, voyez une longue et savante note de M. P. Boiteau, t. I, p. 163.

3. La mère du maréchal de Grancey étoit Charlotte de Hautemer, comtesse de Grancey, fille de Guillaume, seigneur de Fervaques, maréchal de France.

si habile femme ; qu'elles ne seroient pas si glorieuses ; que cependant il n'y avoit point de différence entre leur tempérament et celui de leur
grand'mère, sinon qu'elles avoient deux princes
pour galans, au lieu qu'elle avoit toujours le
premier venu ; que cependant le bruit étoit qu'elles
n'avoient pas eu toujours le cœur si relevé ; que,
si l'on en croyoit la médisance, elles n'avoient
pas haï un de leurs domestiques ; qu'il n'en falloit
pas parler de peur de leur faire tort, et que
même il étoit prêt de signer, pour leur faire plaisir, que ce n'étoit qu'un conte inventé par quelque médisant.

Le maréchal de Grancey jura que c'étoit une
fausseté ; qu'il étoit bien vrai que ce domestique
leur étoit plus agréable que les autres, parce
qu'il étoit bien fait de sa personne, qu'il se mettoit bien et qu'il avoit de l'esprit ; mais que,
voyant qu'on en parloit dans le monde, il l'avoit
chassé pour couper racine à toutes ces médisances. Pour autoriser ce qu'il venoit de dire,
il demanda du vin, et dit qu'il vouloit boire
encore quatre coups d'une main et autant de
l'autre ; qu'après cela il jureroit la même chose,
et que c'étoit une preuve qu'il n'avoit rien dit
contre la vérité, puisqu'on savoit bien que les
ivrognes n'avoient pas l'esprit de la déguiser.
On n'eut garde de lui contester une chose si authentique, et l'on se retrancha sur l'amour de
Monsieur [1] pour mademoiselle de Grancey, et sur
celui de monsieur le Duc [2] pour la comtesse de

---

[1]. Monsieur, duc d'Anjou, frère de Louis XIV.
[2]. M. le duc, fils du grand Condé.

Maré sa sœur[1]. Cela donna lieu à un de la compagnie de faire cette chanson, qu'il chanta à l'heure même, sur l'air d'un Noël :

> *Laissez baiser vos filles,*
> *Illustre maison de Grancey,*
> *Laissez baiser vos filles,*
> *Leur cœur est bien placé;*
> *Leur bonheur n'eut jamais d'égal,*
> *C'est lui qui fait par leur canal*
> *Couler chez vous le sang royal.*
> *Ces deux beautés si tendres*
> *Pouvoient-elles, dans leur saison,*
> *Vous procurer deux gendres*
> *De meilleure maison*[2] *?*

Le maréchal étoit tellement en pointe, qu'il voulut apprendre la chanson, et la chanta avec les autres. Ils firent *chorus* longtemps sur le même air, après quoi chacun prit le parti de s'en retourner chez soi. Le duc de Sault, sans se souvenir de ce qu'il avoit promis à La Vienne,

---

1. La comtesse de Maré étoit Marie-Louise Rouxel de Grancey, mariée le 11 novembre 1665 à Joseph Rouxel, fils de Guillaume Rouxel, lequel étoit frère du maréchal. A l'époque où nous sommes arrivés, madame de Maré étoit veuve depuis 1668, année où son mari fut tué, à Candie. Après la mort de sa mère, madame de Maré fut gouvernante de mademoiselle d'Orléans, depuis duchesse de Lorraine, puis des princesses filles de Philippe, duc d'Orléans, régent.

2. Cette chanson se trouve partout. C'est une longue suite de couplets où paroît à plusieurs reprises madame de Maré, et, à côté d'elle, madame de Grignan, madame d'Alluye, madame de Fiesque, madame de Lamothe, madame de Belin, etc., etc. On attribue à cette pièce la date de 1670.

monta en carrosse, résolu d'aller coucher avec
la Du Mesnil, si le maréchal de Grancey, qui
l'avoit fait entrer dans le sien, la pouvoit laisser
en liberté. Pour cet effet il commanda à un de
ses laquais de les suivre et de lui en venir dire
la réponse à un endroit qu'il lui marqua. Le laquais ne tarda guère à revenir, et lui ayant appris que le maréchal, après l'avoir ramenée chez
elle, s'en étoit retourné chez lui, il s'y fit mener et y passa la nuit.

Comme il y avoit du vin sur le jeu, et qu'il
n'étoit pas sur le pied de se beaucoup contraindre, il ne s'aperçut pas si le charme du Polville
étoit rompu, et remit toutes choses au lendemain.
Mais il étoit encore endormi lorsque Gendarme
vint à la porte; et comme c'étoit de la part du
patron et qu'on ne pouvoit pas la lui refuser, la
Du Mesnil n'eut le temps que de l'éveiller et de
le prier de se cacher derrière le rideau. Gendarme,
qui, pour faire enrager son maître, remarquoit
jusqu'aux moindres choses, aperçut, en lui
faisant son compliment, qu'il y avoit une autre
place que la sienne qui étoit foulée; et, impatient
de l'aller redire au vieillard, il courut plus vite
qu'à l'ordinaire, si bien que, quand il arriva à
l'hôtel de Grancey, il étoit tout hors d'haleine.

Le maréchal lui demanda pourquoi il étoit si
échauffé? « Pour vous dire, répondit-il, que vous
êtes la plus grande dupe qu'il y eut jamais; que
pendant que vous dormez ici tranquillement on
vous fait de belles affaires; que tous les enfants
que vous pensez à vous ont d'autres pères malgré leurs belles oreilles, et qu'en un mot, vous
êtes cocu. Levez-vous seulement, continua-t-il,

et vous verrez encore la bête au gîte, ou tout du moins le gîte si bien marqué qu'il sera aisé de la suivre à la piste. » Le maréchal, qui savoit le plaisir qu'il prenoit à lui donner des soupçons, lui dit qu'il prît garde à ce qu'il disoit, qu'il y alloit de sa vie et qu'il ne le lui pardonneroit plus. Cependant il demandoit sa jambe, son caleçon et ses habits; et il étoit si pressé de se lever, Gendarme si pressé de lui montrer ce qu'il avoit promis, que l'un oublia de lui demander son brayer, et l'autre de lui mettre.

Le branle du carrosse fit que le maréchal s'aperçut le premier de la bévue; il fallut retourner au logis pour le quérir, et pendant ce temps-là le duc de Sault s'habilla et sortit. La Du Mesnil, qui savoit que Gendarme ne l'aimoit pas, fit refaire son lit en même temps et se coucha tout au beau milieu. Ce fut un opéra que d'accommoder le brayer dans le carrosse. Gendarme juroit comme un charretier que le maréchal l'avoit fait exprès pour donner le temps à l'oiseau de prendre l'essor; le maréchal, au contraire, que cela venoit de lui pour avoir une excuse; enfin c'étoit quelque chose de fort divertissant que de voir leur dispute, et ils parloient si haut que le monde s'amassoit déjà autour du carrosse. Les laquais, qui étoient accoutumés à ce manége, ayant fait retirer ceux qui vouloient s'arrêter, le maréchal tira ses rideaux pour ne pas faire voir son infirmité à ceux qui ne la savoient pas.

La chose s'étant achevée avec grand'peine, ils continuèrent leur chemin, et étant arrivés chez la Du Mesnil, Gendarme fut fort étonné de ne voir qu'une place foulée au lieu de deux qu'il avoit remarquées. Le maréchal, qui s'aperçut de sa surprise, eut peur qu'il ne voulût enfiler la porte, et, pour le prévenir, y courut avec précipitation ; mais, n'ayant pas la jambe sûre, il tomba et se fit beaucoup de mal. Gendarme, qui vit bien que, quoiqu'il n'eût pas tort, tout alloit tomber sur lui, prit ce temps-là pour s'échapper ; ce qui mit le maréchal dans une furieuse colère. Il jura qu'il le feroit pendre, ce qui rassura la Du Mesnil, qui avoit eu peur d'abord qu'il n'eût plus de créance en lui qu'en elle.

Elle lui donna la main pour se relever, et quand il eut repris haleine il lui avoua franchement ce qui s'étoit passé et lui demanda pardon de son soupçon. Comme elle le vit en si beau chemin, elle lui fit une forte réprimande, lui demanda si c'étoit là la récompense de ce qu'elle faisoit tous les jours pour lui, et n'oublia rien de ce qui pouvoit lui prouver son innocence et engendrer en lui un extrême repentir.

Il lui en donna toutes les marques qu'elle pouvoit souhaiter ; mais rien ne la persuada tant qu'un cierge d'une livre qu'il envoya quérir à l'heure même pour le porter aux Quinze-Vingts, en reconnoissance, disoit-il, de ce que Dieu avoit permis qu'il eût découvert la méchanceté de Gendarme ; car, quoi qu'il fît tous les jours une offrande de même nature à cette église, comme celle-ci étoit plus forte de moitié que les autres, elle jugea qu'il étoit véritablement touché.

Pendant que le maréchal se reposoit tranquillement à l'ombre de sa bonne fortune, le duc de Sault songeoit à rétablir sa réputation auprès de madame de Lionne. Cependant, quelque confiance qu'il eût en son tempérament et en sa jeunesse, non seulement il s'abstint de voir le comte de Tallard et Louison, mais il mangea encore de tout ce qui pouvoit contribuer à une vigoureuse santé. Ne doutant plus alors qu'il ne fût en état de combattre, il s'en fut sur le champ de bataille; mais il y trouva un autre combattant. Le comte de Fiesque étoit revenu plus amoureux que jamais; et quoique ce qu'il avoit fait lui dût donner un grand mépris pour madame de Lionne, et que madame de Lionne, de son côté, ne dût pas souhaiter de le revoir, ils ne s'étoient pas plutôt vus qu'ils s'étoient raccommodés. Il n'eut pas lieu d'en douter en arrivant. Comme on savoit qu'il étoit des amis de la maison, on le laissa entrer sans annoncer sa venue, et, ne trouvant personne dans la chambre, il s'avisa de regarder au travers de la serrure du cabinet. Il vit là qu'ils étoient aux prises, ce qui ne l'auroit pas étonné s'il n'eût su leur querelle. Cependant, quoiqu'il vînt pour la même chose et qu'il ne dût pas être content de voir la place prise, il s'assit tranquillement dans un fauteuil, se doutant bien que, comme le comte de Fiesque n'étoit pas un rude joueur, il auroit bientôt achevé sa partie. En effet, elle ne fut pas plutôt faite qu'ils vinrent tous deux dans la chambre, et leur surprise fut grande de voir un homme qu'ils n'attendoient pas et qu'ils n'avoient eu garde de demander.

Le duc de Sault, qui savoit que le silence augmenteroit encore leur confusion, voulut les tirer de celle où il les voyoit en le rompant; et comme il n'y avoit que de la débauche à son fait, il avoit pris son parti à l'heure même, si bien qu'il se trouvoit une certaine liberté d'esprit, qu'il n'eût eu garde d'avoir si son cœur eût pris le moindre intérêt à son aventure. « Je vous croyois de mes amis tous deux, leur dit-il. Sur ce pied-là je m'attendois que vous ne feriez point de réjouissance sans moi. Vous savez qu'un raccommodement vaut une noce, et cependant vous venez de vous donner les joies du paradis sans m'y avoir appelé. Je n'ai jamais été curieux qu'aujourd'hui; mais j'en suis rebuté pour toute ma vie. La sotte chose de voir le plaisir des autres par le trou d'une serrure! Et je crois que, si j'eusse été encore au collége, il m'en auroit coûté un péché mortel. Que ne laissez-vous du moins, Madame, dit-il en s'adressant à madame de Lionne, quelque femme de chambre ici? On s'amuseroit à peloter en attendant partie. C'est un conseil que je vous donne, et dont vous vous trouverez fort bien. Cela ôtera du moins la curiosité qu'on peut avoir, et vos affaires pourroient tomber entre les mains d'un homme qui n'en usera pas aussi bien que moi. »

Quelque banqueroute qu'on ait faite à la vertu, il reste toujours une certaine confusion dès que nos affaires sont découvertes, surtout à une femme, qui a la pudeur en partage. Le duc de Sault put remarquer cette vérité en madame de Lionne: elle fut encore plus confuse qu'auparavant, et, quand ç'auroit été son mari qui lui eût parlé, je ne sais si elle auroit fait une autre figure; elle avoit les yeux baissés, et, si elle les levoit quelquefois, ce n'étoit que pour regarder le comte de Fiesque, qu'elle sembloit exciter à prendre sa défense; mais il étoit encore plus sot qu'elle;

tellement que voyant qu'il n'avoit pas l'esprit de la tirer de ce mauvais pas : « Voilà de quoi vos folies sont cause, dit-elle à ce comte. Vous avez fermé la porte contre ma volonté, et monsieur le duc aura vu sans doute que vous vous êtes émancipé à quelque bagatelle.—Pardonnez-moi, Madame, en vérité, lui répondit le duc de Sault, ce n'est point une bagatelle que ce que j'ai vu, à moins que vous n'appeliez de ce nom-là ce que nous appelons, nous autres, bonne fortune. Mais n'en rougissez pas : le comte de Fiesque en vaut bien la peine, et avouez-moi seulement que le plaisir en est tout autre quand on a eu quelque petite brouillerie. »

Madame de Cœuvres entra sur ces entrefaites, et tira sa mère d'un grand embarras : car le duc de Sault, qui se sentoit pour elle, non pas une grande passion, mais du moins assez d'attachement pour prendre plaisir à l'entretenir, la tira dans la ruelle et donna moyen à ces amants de se remettre de leur trouble. Madame de Lionne, qui avoit le cœur grand, c'est-à-dire à qui un seul amant ne suffisoit pas, ne fut pas plutôt sortie d'une inquiétude qu'elle entra dans une autre. En effet, quoiqu'elle eût promis secours au duc, il lui sembla que sa fille écoutoit trop attentivement ses raisons, et à chaque parole qu'il lui disoit, elle prêtoit l'oreille pour voir si elle ne se trompoit point.

Le comte de Fiesque remarqua sa distraction, et lui en fit la guerre ; mais il lui fut impossible de la détourner de son dessein. Enfin elle s'aperçut effectivement, comme elle se l'étoit imaginé, que sa fille étoit tout attendrie, et elle n'en douta plus, principalement quand elle vit que sans se faire aucune violence, elle lui donnoit sa main à baiser. Le duc de Sault sortit dans le même temps, ce qui lui fit présumer que leurs affaires étoient bien avancées et que c'étoit sans doute des arrhes d'une plus grande promesse. Elle se résolut, si cela étoit, de traverser ces amants de tout son pouvoir, et, s'étant défaite du comte de Fiesque, elle envoya quérir une chaise à porteurs et fit semblant d'avoir affaire ce jour-là à des emplettes. Cependant elle ne sortit point qu'elle ne vît les chevaux au carrosse de sa fille, et, s'étant mise dans sa chaise, elle se défit de ses laquais, sous prétexte de quelque commission. Cette affaire faite, elle fit arrêter les porteurs au coin de la rue, et leur commanda de suivre le carrosse quand il sortiroit. Elle ne fut pas longtemps en embuscade : le carrosse fut aux Tuileries, du côté des écuries du Roi[1], et elle y fut presque aussitôt que sa fille.

Comme elle s'étoit déguisée, elle espéra qu'elle ne la reconnoîtroit pas. Néanmoins, se défiant de sa taille et de son air coquet, qui la faisoient remarquer entre mille autres, elle fit la boiteuse et la suivit. La marquise de Cœuvres fit deux tours d'allée, pour dépayser quelques personnes qu'elle avoit reconnues en entrant; mais après cela elle prit le chemin de la porte du Pont Rouge[2], ce qui

1. La grande écurie du Roi étoit située derrière le grand pavillon du château des Tuileries, du côté de la rue Saint-Honoré, entre cette rue et le logement du grand écuyer. Quant à la petite écurie, elle étoit entre la rue d'Enghien et la rue de la Michodière. C'est de la grande écurie qu'il est ici question.
2. Le Pont-Rouge, autrefois, étoit le pont qui relioit la

obligea sa mère de doubler ses pas. Comme elle avoit laissé quelque distance entre deux, il lui fut impossible d'y arriver sitôt qu'elle eût voulu, tellement que quand elle vint à la porte, sa fille étoit déjà disparue. Elle jeta les yeux de tous côtés, pour voir si elle n'en reconnoîtroit point du moins les vestiges; mais tout ce qu'elle vit fut un carrosse sans armes et sans couleurs, qui s'éloigna si fort dans un moment, qu'elle l'eut bientôt perdue de vue. Elle fut fort fâchée de n'avoir pas une voiture toute prête pour le suivre, et elle résolut de n'y être pas attrapée la première fois, se doutant bien que, si ses soupçons étoient véritables, ces amants n'en demeureroient pas à cette entrevue.

Mais elle n'avoit garde de se tromper, elle étoit trop habile sur cette matière, et c'étoit justement dans ce carrosse qu'étoient entrés la marquise et le duc. Il la mena à Auteuil, dans une maison que le maréchal de Grancey avoit louée à la Du Mesnil, et dont elle lui permettoit de disposer quand il vouloit.

Ils n'y furent pas plutôt arrivés, qu'il voulut voir s'il étoit encore ensorcelé. Mais il trouva que deux ou trois jours de repos aux hommes de son âge étoient un remède merveilleux contre toutes sortes de charmes. Après l'avoir caressée

---

cité et l'île Notre-Dame. Depuis, et au temps qui nous occupe, on appeloit Pont-Rouge, après l'avoir appelé pont Barbier et pont Sainte-Anne, le pont que nous appelons maintenant pont des Tuileries. Ce pont fut longtemps, et encore à la fin du dix-huitième siècle, le seul qui traversât la Seine dans toute sa largeur. Jusqu'en 1685, qu'il fut emporté et remplacé par un pont de pierre, ce pont resta construit en bois peint en rouge, et de là son nom.

deux fois, il fut bien aise de l'entretenir de quelque chose de divertissant, et il crut que rien ne le pouvoit être davantage que ce qui lui étoit arrivé avec sa mère. La marquise de Cœuvres lui dit que cela ne se pouvoit pas, et que sa mère étoit trop attachée au comte de Fiesque pour avoir voulu essayer ses forces. Mais comme l'histoire n'étoit pas trop à son avantage, et qu'il n'y avoit point de serments qu'il ne fît pour la lui assurer, elle fut obligée d'y ajouter foi, et l'empêcha par là de jurer davantage.

Cependant elle eut encore d'autres marques que c'étoit la vérité, mais dont elle se seroit bien passée. Je veux dire que, le duc de Sault ayant voulu recommencer à la caresser, le charme se renouvela sur toutes les parties de son corps, de sorte qu'il devint perclus de ses membres. La marquise de Cœuvres, qui étoit une des plus jolies femmes de Paris, crut que c'étoit lui faire affront et s'en sentit touchée. Elle ne se contenta pas de lui en faire paroître quelque chose sur son visage, mais elle lui témoigna encore son ressentiment en ces termes : « Je n'ai jamais été gourmande sur l'article, et si vous saviez ce que monsieur de Cœuvres dit de moi là-dessus, vous verriez bien que ce n'est pas ce qui me fait parler. Aussi ai-je de la peine quelquefois à le souffrir, et cela lui fait dire souvent que je ne suis pas fille de ma mère et qu'il faut qu'on m'ait changée en nourrice. Cependant, quoique ma froideur le doive rebuter, il ne m'a jamais fait l'affront que vous me faites ; je ne l'ai jamais vu demeurer en chemin, et il me souvient que la première nuit de mes noces.... Mais je n'ai garde de vous le dire, je vous ferois trop de honte ; cependant c'est un mari, et vous êtes un amant. Mais quel amant ! un amant qui n'a pris ce nom-là que pour m'abuser, et qui, dès la première entrevue, me fait voir quelle confiance je dois avoir en lui. Mais encore vaut-il mieux que je n'aie pas été trompée plus longtemps ; il y a remède partout, et je sais le parti que je dois prendre. » Le duc de Sault n'étoit guère honteux de lui-même, toutefois il le fut à ces reproches, et pria madame de Cœuvres de se laisser voir à découvert, lui assurant que cela rétabliroit toutes ses forces.

C'étoit quelque chose qu'une promesse comme celle-là, et il y en auroit eu à sa place qui n'auroient pas hésité à lui accorder ce qu'il demandoit ; mais, soit qu'elle se défiât de ses beautés cachées, ou qu'elle crût cela fort inutile, elle n'en voulut rien faire : de sorte que dès cette première entrevue ils commencèrent à être mécontents l'un de l'autre.

S'étant séparés de la sorte, ils ne prirent pas d'autre rendez-vous sitôt ; ce qui désespéra madame de Lionne, qui étoit tellement alerte sur ce qui les regardoit, que le marquis de Cœuvres n'eût su l'être davantage. Cependant, comme ce qu'elle avoit vu ne lui permettoit pas de douter de leur intelligence, elle crut qu'ils étoient encore plus fins qu'elle, et prit un étrange parti là-dessus : ce fut de faire avertir le marquis de Cœuvres de prendre garde à la conduite de sa femme. C'étoit un si pauvre homme que ce marquis, qu'on résolut d'assembler sa famille sur cette affaire.

Tout y fut mandé, jusqu'au grand-père le maréchal[1]; et comme son rang et son âge lui acquéroient sans contestation la première place dans le conseil, il écouta attentivement tout ce qu'on disoit, sans découvrir la moindre chose de son sentiment. La plupart furent d'avis qu'il falloit mettre la marquise en religion, et dirent que c'étoit là ce qu'on devoit attendre d'un mariage si mal assorti; qu'il ne falloit jamais s'encanailler[2], et que, si leur parent avoit épousé une personne de sa condition, il ne seroit pas réduit, comme il étoit maintenant, à demander justice. Quelques-uns renchérirent encore là-dessus, et dirent qu'un méchant arbre ne portoit jamais que de méchants fruits; que, la mère ayant fait profession toute sa vie de galanterie, il falloit bien s'attendre que sa fille lui ressembleroit; qu'il y avoit déjà assez de p...... dans leur race, sans y mettre encore celle-là; qu'il falloit non-seulement la mettre en religion, mais encore lui empêcher de porter jamais le nom de la maison.

Le bonhomme le maréchal avoit rougi pendant ce discours, et tout ce qu'il y avoit de gens dans la compagnie, qui l'avoient remarqué, avoient cru que c'étoient à cause du ressentiment qu'il en avoit ou de quelque mal inopiné qui lui étoit venu. Mais on vit bien, lorsqu'on eut cessé de parler, que ce n'étoit rien moins que cela, et

---

1. Voy. t. 1, p. 244. — Le vieux maréchal étant mort le 5 mai 1670, cette date aide à fixer l'époque où fut composé ce pamphlet, qui ne peut être antérieur à 1669.
2. Le mot *s'encanailler* est signalé dans le Dictionnaire des Précieuses comme ayant été inventé par la comtesse de Maulny.

l'on n'en put plus douter sitôt qu'on lui eut ouï tenir ce discours : « J'enrage, corbleu ! quand je vous entends parler de la sorte. Vous faites bien les délicats, vous qui ne seriez pas ici, non plus que moi[1], si nos mères n'avoient forligné. Nous savons ce que nous savons, mais sachez que le plus beau de notre nez ne vient que d'emprunt, et nous en avons en ligne directe, aussi bien qu'en collatérale, tant de sujet de nous louer des habiles femmes que nous avons dans notre maison, que je m'étonne que vous en vouliez bannir celles qui leur ressemblent. Quand j'ai marié mon petit-fils de Cœuvres avec mademoiselle de Lionne, croyez-vous que j'aie considéré, ni qu'elle étoit fille d'un ministre d'Etat, ni qu'elle avoit du bien, ni qu'elle avoit du crédit ? Ce sont des vues trop bornées pour un homme de mon âge et de mon expérience ; et toute ma pensée a été qu'étant belle comme elle étoit, elle pourroit faire revivre la grandeur de notre maison, laquelle, comme vous savez, tire sa considération, non pas du côté des mâles, mais du côté des femelles. Si je me suis trompé, ce n'est pas ma faute ; mon intention a été bonne en cela, aussi bien que dans mon mariage avec mademoiselle de Manicamp[2]. En effet, ma femme étoit

---

1. La mère du maréchal d'Estrées étoit Françoise Babou de la Bourdaisière, et il étoit frère de Gabrielle, marquise de Monceaux, duchesse de Beaufort, maîtresse de Henri IV.
2. Le maréchal d'Estrées eut trois femmes. Il épousa d'abord Marie de Béthune-Charost, morte en 1628 ; puis Anne-Hubert de Montmort, veuve de Charles de Thémines; morte le 25 juillet 1661 ; et enfin Gabrielle de Longueval, fille d'Achille, seigneur de Manicamp, qui mourut le 11 février 1687, dix-sept ans après lui. Mademoiselle de Longue-

assez belle pour faire notre fortune à tous ; mais la réputation de son frère [1] lui a beaucoup préjudicié. Devant que je l'eusse épousée, je sais qu'on lui fit une proposition qui ne lui fut pas agréable, parce qu'elle a l'esprit tourné du bon côté, et non pas comme son frère. Depuis cela, il lui est encore arrivé la même chose ; mais elle aimeroit mieux mourir que ne se pas conformer aux sentiments de la maison où elle est entrée. La maison d'Estrées, pour être voisine de Villers-Coterets, ne s'accommode pas à son usage ; nous allons droit à Saint-Germain, et si la marquise de Cœuvres a fait autrement, c'est en cela que je me déclare son ennemi capital. A-t-elle commerce avec le chevalier de Lorraine [2] ? qu'on la brûle ! A-t-elle commerce avec le chevalier de Châtillon [3] ? qu'on la noye ! A-t-elle commerce avec le

---

val étoit sœur de Bernard de Longueval, marquis de Manicamp.

1. Sur Bernard de Longueval, marquis de Manicamp, voy. une longue note, t. I, p. 68.

2. Le chevalier de Lorraine, trop connu par sa liaison avec Monsieur, frère de Louis XIV (voy. t. I, p. 8), étoit second fils de Henri de Lorraine, chef de la maison d'Armagnac, et de Marguerite de Cambout, veuve du duc de Puylaurens. Né l'an 1643, le chevalier de Lorraine mourut le 8 décembre 1702. Il portoit le titre de chevalier, comme chevalier de Malte. Nous le retrouverons dans plusieurs pamphlets. (V. I, 113, etc.)

3. Le chevalier de Chastillon n'appartenoit pas à la famille de Coligny, dont faisoit partie une branche de Chastillon qui s'eteignit pendant la Fronde, mais à la famille de Chastillon, tronc non moins illustre d'où sortirent aussi plusieurs branches. Le chevalier de Chastillon dont il est parlé ici étoit Claude Elzéar, fils de François de Chastillon, seigneur de Bois-Rogues. Claude Elzéar fut premier gentilhomme de la chambre de Philippe de France, duc d'Orléans.

duc de Luxembourg¹? qu'on la pende! Et enfin, si c'est de cela qu'on la veut accuser, on n'a que faire de chercher d'autre bourreau. Mais si ce n'est que d'avoir recherché les plaisirs que la nature nous permet, je me déclare son protecteur. Que tout cela cependant se passe entre nous, sans que la Cour en soit abreuvée; les plus courtes folies sont les meilleures, et nous n'avons que faire que tout le monde rie à nos dépens. »

Le commencement de ce discours avoit scandalisé toute la compagnie, mais elle trouva tant de bon sens dans la fin, qu'elle résolut de s'y conformer. On n'eut pas le temps néanmoins de recueillir les voix, car, un laquais étant venu dire au maréchal que Lessé, du Bri,² et deux ou trois autres fameux joueurs de trois dez, l'attendoient, il tira la révérence, en disant qu'il cassoit tout ce qu'ils feroient au préjudice de sa déclaration.

L'évêque de Laon³ demeura le président du conseil de guerre, après que son père fut sorti; et comme il étoit tout politique, et qu'il prétendoit que la faveur de monsieur de Lionne ne lui

---

1. François-Henri de Montmorency, comte de Bouteville, duc de Piney-Luxembourg par suite de son mariage avec Catherine de Clermont-Tailard, héritière du Luxembourg. Il étoit fils de ce malheureux comte de Boutteville qui fut puni de mort à la suite de son duel avec le comte des Chapelles, et père de la belle duchesse de Chastillon.

2. La seigneurie de Lessai étoit dans la famille de Briçonnet. Nous ne saurions dire duquel des Lessai il est ici question; seulement, par exclusion, nous pouvons écarter deux personnages de ce nom dont l'un fut maître d'hôtel du Roi beaucoup plus tôt, et l'autre enseigne des gardes du corps beaucoup plus tard. (M. Dubail nous est inconnu.)

3. César d'Estrées, alors évêque et duc de Laon, fut nommé cardinal en 1671.

nuiroit pas à lui faire obtenir le chapeau de cardinal, qu'il a eu depuis, il dit qu'il s'étonnoit extrêmement de deux choses : l'une, qu'on fît le procès à sa nièce sur un simple soupçon ; l'autre, qu'on médît de sa famille ; que pour l'un, il falloit que les choses fussent claires comme le jour, avant que d'en venir là ; que pour l'autre, l'on savoit bien que la maison de Lionne s'étoit toujours distinguée parmi les autres maisons de noblesse de la province du Dauphiné ; que la malice qu'on avoit de nier une chose si avérée étoit une preuve assez authentique du peu de foi qu'il falloit ajouter à tout ce qui se disoit d'ailleurs ; que, tant qu'il avoit été à Paris, il lui avoit tenu assez bonne compagnie, pour remarquer s'il y eût eu quelque dérèglement dans sa conduite, mais qu'il ne lui avoit jamais reconnu que des sentiments dont toute sa famille devoit être contente ; qu'il y alloit prendre garde encore de plus près, et que, tant que les négociations où il étoit appelé lui permettroient de demeurer auprès d'elle, il s'y attacheroit tellement qu'il en pourroit répondre mieux que personne.

Le marquis de Cœuvres se crut obligé de le remercier de la peine qu'il vouloit bien se donner, et en lui faisant son compliment il lui dit qu'on voyoit bien peu d'oncles prendre les choses si fort à cœur qu'il faisoit. Mais il fut le seul de la compagnie qui ne pénétrât pas son dessein. Le bon prélat étoit devenu amoureux de sa nièce, et, comme il n'avoit pas le temps de filer le parfait amour, il avoit résolu de lui faire valoir ce service et d'en demander une prompte récompense. En effet, l'assemblée ne fut pas plutôt rompue, qu'il fut trouver la marquise, et la prévenant par un regard qui découvroit assez quelle en étoit la source, pour peu qu'elle y eût pris garde : « Je ne sais, Madame, lui dit-il, si vous ne vous êtes point déjà aperçue de l'extrême passion que j'ai pour vous. Si je vous en avois parlé dès le moment que je l'ai sentie, ç'auroit été dès le premier jour que je vous ai vue; mais ces sortes de déclarations n'appartiennent qu'à des étourdis, et j'ai toujours cru, pour moi, qu'avant que d'en venir là, il falloit avoir prévenu la personne par quelque service considérable. Si vous avez bien remarqué mon procédé, je n'ai guère laissé passer d'occasion sans le faire; cependant ç'a toujours été si peu de chose, en comparaison de ce que j'aurois voulu, que je n'ai pas eu la hardiesse de me découvrir jusqu'ici. Aujourd'hui les choses changent de face : je viens de réduire dans le devoir une famille qui se déchaînoit contre vous et qui ne parloit pas moins que de vous envoyer en religion. Je sais bien, madame, qu'on ne vous rendoit pas justice; mais enfin c'en étoit fait, si je n'eusse pris votre parti. Cela mériteroit quelque récompense pour un autre; mais pour moi, je serai toujours trop satisfait si vous me permettez seulement de vous voir et de vous aimer. »

La marquise de Cœuvres avoit été tellement étonnée de sa déclaration, qu'elle avoit eu peine à croire ce qu'elle entendoit. Mais comme elle étoit sur le point de lui témoigner son ressentiment, ce qu'il lui venoit de dire d'ailleurs la surprit si fort, qu'elle oublia tout le reste pour lui demander ce qu'elle avoit fait pour être si maltraitée. « Je ne vous le puis dire, Madame, lui répondit l'évêque, si ce n'est que votre mari est jaloux. Il ne spécifie rien cependant de particulier, et tout ce que je puis comprendre, c'est que vous avez quelqu'un qui vous veut du mal et qui vous a desservie auprès de lui. Mais n'appréhendez rien, il se repose maintenant sur tout ce que je lui dirai de votre conduite, et je me suis chargé de vous éclairer de si près, que rien n'échappera à ma pénétration. » Là-dessus il lui fit le détail de tout ce qui s'étoit passé dans l'assemblée, à la réserve néanmoins de ce qu'avoit dit le bonhomme le maréchal ; car il vouloit que ce fût à lui seul qu'elle eût de l'obligation de l'avoir tirée d'affaire.

La marquise fut ravie qu'on n'eût rien découvert de son intrigue ; c'est pourquoi, se tenant bien forte : « Je suis bien malheureuse, Monsieur, dit-elle, de me voir accusée injustement, et, quoique je ne veuille pas nier que je ne vous sois obligée, vous me permettrez néanmoins de vous dire que vous effacez bientôt cette obligation par votre procédé. Vous devriez vous ressouvenir de votre caractère et de ce que je dois à mon mari. Mais je vois bien ce que c'est : les contes qu'on a faits de moi vous ont donné cette audace, et j'aurois encore lieu de vous estimer, si vous n'aviez cru qu'ayant déjà quelque penchant au crime, j'aurois moins d'horreur pour celui que vous me proposez. — Je ne vous propose rien de criminel, répondit aussitôt l'évêque, et vous avez tort de m'en accuser. — Mais que demandez-vous donc ? lui dit madame de Cœuvres. — Que vous souffriez seulement que

je vous adore, répliqua l'évêque, et que je cherche toutes les occasions de vous rendre service.
— Quoi donc! lui répondit-elle, vous traitez de bagatelles qu'un évêque aime une femme mariée, et qu'un oncle tâche de séduire sa nièce? Croyez-moi, si j'ai quelque cas à consulter, vous ne serez jamais mon casuiste. Cependant obligez-moi, non pas de ne me voir jamais, puisqu'il n'est pas en mon pouvoir de l'empêcher, mais de ne me tenir jamais de tels discours; car je n'aurois peut-être pas assez de discrétion pour le cacher à monsieur de Cœuvres. »

Ces paroles furent un coup de foudre pour cet évêque, et, quelque esprit qu'il eût, il demeura si court qu'il ne put dire un seul mot. Un pauvre malheureux prestolet, qui sollicitoit un démissoire depuis longtemps, s'étant présenté à lui un moment après, essuya tout son chagrin : il lui dit mille choses fâcheuses; et ses gens, qui ne l'avoient jamais vu de si méchante humeur, ne surent à quoi attribuer un si grand changement. Cependant ils eurent eux-mêmes à souffrir de ce qui lui étoit arrivé. Quand il fut à table, il trouva tout si mauvais, qu'il demanda si on le vouloit empoisonner. Enfin, s'il eût osé, il auroit battu tout le monde.

Son amour ne s'éteignit pas pour cela; au contraire, il augmenta par la difficulté; mais, n'osant plus rien dire à la marquise, de la manière qu'il en avoit été reçu, il résolut de veiller de si près à sa conduite, qu'il fît faire par crainte ce qu'il n'avoit pu lui faire faire par amour.

Cet argus, malgré tous ses yeux, ne put rien

découvrir de quelques jours; et, quoique le duc de Sault vînt à toute heure dans la maison, comme on le croyoit bien avec madame de Lionne, et qu'il la demandoit le plus souvent, il prit si bien le change, que ce fut celui qu'il soupçonna le moins. Cependant, comme il est difficile de tromper longtemps un amant, l'évêque s'imagina bientôt que madame de Lionne ne servoit que de prétexte, et que la marquise recevoit les offrandes. Le duc de Sault, qui n'avoit pas encore trouvé moyen de se raccommoder avec elle, en cherchoit toutes les occasions. C'étoit pour cela qu'il venoit si souvent voir la mère, et comme il connoissoit le caractère de son esprit et les nécessités de son tempérament : « Madame, lui dit-il dès la première fois qu'il la revit, voici un criminel qui se vient justifier devant vous, et, quoique j'aye à mon tour à vous accuser, comme c'est moi qui ai fait la première faute, il est bien juste que je calme votre ressentiment pour rendre le mien légitime. — De quoi vous plaignez-vous ? Monsieur, lui répondit-elle; est-ce de m'avoir trouvée avec monsieur de Fiesque ? Quel intérêt y prenez-vous, et, après ce que j'ai vu, voulez-vous encore vous moquer de moi ? » Le duc de Sault, croyant qu'elle vouloit lui reprocher son impuissance : « Je n'ai rien à dire, Madame, lui dit-il, et je vous ai déjà avoué que j'étois le plus criminel de tous les hommes. Mais à tout péché miséricorde, et me voici tout prêt à réparer ma faute. » A ces mots il se mit en état de faire ce qu'il disoit; mais, quoique madame de Lionne n'eût jamais refusé personne sur l'article, elle lui dit d'un air méprisant qu'il se méprenoit et qu'elle n'étoit pas madame de Cœuvres. « Que voulez-vous dire, Madame, répondit le duc de Saux en s'arrêtant, et pourquoi citer ici une femme qui ne songe pas à nous et à qui nous ne devrions pas songer aussi ? — Me prenez-vous pour une bête, lui dit madame de Lionne, et ne la vis-je pas entrer moi-même l'autre jour avec vous, quoique le carrosse fût masqué aussi bien que vos laquais? Ne la suivis-je pas jusqu'à la porte des Tuileries, et cela m'empêcha-t-il de démêler toute l'intrigue ? — Vous l'avez vue, Madame? lui dit le duc de Saux d'un air résolu. — Oui, Monsieur, répondit madame de Lionne d'un même air, et de mes propres yeux. — Eh bien ! Madame, lui dit-il d'un grand sérieux en lui tendant la main, frappez là : nous n'avons rien à nous reprocher l'un et l'autre, et j'ai vu aussi bien que vous des choses dont il n'est pas besoin de rappeler la mémoire. Ne vous souvenez plus de l'aventure du carrosse, j'oublierai celle du cabinet. Qu'en dites-vous, et n'est-ce pas là se mettre à la raison ? »

Cet entretien parut trop cavalier à la dame pour lui accorder aucune faveur, et, continuant de se picoter l'un l'autre, ils se séparèrent si chagrins, qu'ils crurent tous deux n'avoir jamais rien à se demander. Le duc de Sault, s'en étant retourné chez lui, n'y fut pas un quart d'heure, qu'il reçut ce billet de la marquise de Cœuvres.

LETTRE DE Mme DE CŒUVRES AU DUC DE SAUX.

J'avois dessein, il n'y a qu'une heure ou deux, d'envoyer savoir comment vous vous portiez de votre paralysie ; mais je vous ai vu monter si gaiement dans votre carrosse, en sortant de chez madame de Lionne, que j'ai cru qu'il seroit inutile de vous envoyer faire mon compliment. Une autre que moi s'étonneroit qu'elle eût fait ce miracle, après avoir essayé inutilement d'en venir à bout ; mais je vois bien ce que c'est : je n'ai pas l'expérience qu'elle a en beaucoup de choses ; outre qu'il faut avoir beaucoup d'accès auprès des saints, de quoi je ne me vante pas. Mandez-moi si elle a découvert la châsse pour cela, et si vous avez eu beaucoup de dévotion pour les reliques.

Le duc de Sault ne fut point surpris de la guerre qu'elle lui faisoit. Cependant, comme le comte de Tallard étoit à la campagne depuis quelques jours, que Louison d'Arquien étoit malade pour avoir été trop dévote, et qu'enfin il se sentoit d'humeur à ne pas demeurer plus longtemps sans compagnie, il lui fit cette réponse :

LETTRE DU DUC DE SAUX A Mme DE CŒUVRES.

Si j'ai été chez madame de Lionne, ce n'étoit que pour vous y voir ; mais les personnes comme vous ne se mettent pas à tous les jours, et il suffit qu'elles sachent qu'on meurt pour elles, pour prendre plaisir à la mort d'un malheureux. Je vous cherche depuis *mon malheur pour vous dire qu'il n'y a que vous qui me puissiez guérir ; si vous en voulez faire l'expérience sur les deux heures après minuit, je sais un secret infaillible de me rendre à la porte de votre appartement. Vous savez que vous ne risquez rien, votre époux ne devant revenir de Versailles que demain au soir. Pour peu que vous aimiez ma santé, vous accepterez le parti; vous savez qu'un vieux mal est dangereux, et si vous laissez davantage enraciner le mien, prenez garde qu'il ne devienne incurable.*

Madame de Cœuvres n'étoit pas si fâchée, qu'une offre comme celle-là n'apaisât sa colère. C'est pourquoi elle dit à celui qui lui avoit donné cette lettre, qu'il n'avoit qu'à venir. Cependant celui-ci, s'en étant retourné à l'hôtel de Lesdiguières[1], ne prit pas garde que l'évêque de Laon étoit entré dans le cabinet du duc de Sault, où il écrivoit une lettre, et lui cria dès la porte : « Bonne nouvelle ! bonne nouvelle ! » Le duc de Sault lui fit signe des yeux de ne rien dire; mais c'en étoit assez pour cet évêque, qui étoit alerte, et qui redoubla ses soupçons quand il vit que celui qui avoit parlé étoit l'agent d'amour du duc. Il ne put pourtant asseoir aucun jugement ; mais, comme il se doutoit que c'étoit quelque rendez-vous pour la nuit suivante, il résolut de faire si bonne garde qu'il pût reconnoître si sa nièce n'y avoit point de part : car, comme j'ai

[1]. L'hôtel de Lesdiguières étoit cette superbe maison qu'avoit fait construire Sébastien Zamet dans la rue de la Cérisaie. François de Bonne, premier duc de Lesdiguières, l'avoit achetée de lui.

dit ci-devant, il s'étoit déjà douté de la vérité, et cela parce que ce duc, qui étoit l'indiscrétion même, avoit lâché des paroles devant lui qui lui faisoient connoître qu'il n'avoit pas assez d'estime pour madame de Lionne pour lui rendre tant de visites. Ayant quitté le duc, il eut beaucoup d'impatience que la nuit fût venue; et, quoique le plus grand déplaisir qui lui pût arriver fût de voir ce qu'il cherchoit, toutefois son unique espérance fut qu'il découvriroit bientôt tout le mystère. L'heure qu'il souhaitoit étant enfin arrivée, il fit le pied de grue autour de l'hôtel de Lionne, et, pour ne se point tromper, dès qu'il passoit quelqu'un, il l'alloit regarder sous le nez. Cela n'étoit pas trop beau pour un évêque, et encore pour lui qui faisoit tant le sérieux; mais il avoit eu soin d'en ôter le scandale, s'étant défait de sa croix et ayant couvert sa couronne d'une perruque, tellement que, comme il avoit l'épée au côté, on l'eût pris pour un cavalier d'importance.

Voilà de quoi l'amour étoit cause. Mais ce n'étoit pas dans sa tête seulement qu'il rouloit, et le bonhomme monsieur de Lionne, malgré toutes ses occupations et son âge, qui étoit déjà avancé, n'en étoit pas plus exempt que les autres. Soit qu'il soit impossible à un homme de se passer de femme, ou qu'il crût faire enrager la sienne en faisant une maîtresse, il en avoit une qui étoit la femme d'un bon bourgeois; et pendant qu'il avoit donné à son mari un emploi qui l'éloignoit de sa maison, il se délassoit avec elle des grandes affaires dont le Roi se reposoit sur lui. Il arriva que ce soir même il venoit de la quitter, et, comme il s'en revenoit tout seul à pied avec un valet de chambre de qui il se servoit dans son amour, l'évêque, qui croyoit que tout le monde dût être le duc de Sault, s'en fut à lui pour le regarder sous le nez, et le valet de chambre de monsieur de Lionne, qui craignoit que ce fût un voleur, lui appuya en même temps sur le ventre un pistolet qu'il tenoit sous son manteau. L'évêque, dont le métier n'étoit pas d'être brave, dit à ce valet de chambre, qu'il prit de son côté pour un voleur, de ne le pas tuer, et que, s'il ne falloit que lui donner la bourse, il étoit prêt à le faire. Comme il étoit tous les jours chez monsieur de Lionne, sa voix fut aussitôt reconnue du maître et du valet; si bien que ce dernier, tout surpris, lui répondit aussitôt qu'il n'avoit rien à craindre, et que c'étoit monsieur de Lionne. Monsieur de Lionne, qui vouloit se cacher, fut fâché que son valet de chambre l'eût découvert par son imprudence; mais, comme la chose étoit faite et qu'il avoit aussi reconnu la voix de l'évêque, il prit la parole et lui demanda par quelle aventure il s'étoit déguisé comme il étoit. Le bon prélat fut au désespoir de cette rencontre, et, quoiqu'il passât pour avoir l'esprit présent en toutes choses, il fut fort embarrassé. S'il eût pu s'esquiver, il l'auroit fait volontiers; mais monsieur de Lionne et son valet de chambre avoient reconnu son visage aussi bien que sa voix, malgré le déguisement; et le dernier lui demandoit déjà pardon de lui avoir présenté le pistolet, lui disant qu'il n'étoit pas si criminel, personne ne pouvant le reconnoître en l'état qu'il étoit.

Ces excuses donnèrent le temps au bon prélat de prendre son parti, et ayant avoué une partie de la vérité à monsieur de Lionne, c'est-à-dire qu'il étoit là pour prendre garde si le duc de Sault ne viendroit point, qu'il soupçonnoit de vouloir débaucher la marquise de Cœuvres, il lui tut l'autre, qui étoit pourtant la véritable cause de la peine qu'il se donnoit. Monsieur de Lionne, qui connoissoit la foiblesse humaine, et qui par conséquent croyoit sa fille capable de tout, loua son zèle et s'offrit de faire pied de grue avec lui. Cependant il envoya toujours devant son valet de chambre, à qui l'évêque n'avoit pas jugé à propos de découvrir son secret, ayant parlé exprès tout bas à l'oreille de son maître. Ils se séparèrent tous deux pour mieux découvrir les allants et les venants; mais leurs peines auroient été inutiles, si le valet de chambre, qui étoit curieux de son naturel, n'eût veillé de son côté pour voir ce que tout cela vouloit dire.

Comme il avoit les yeux alertes de toutes parts, il vit qu'un homme escaladoit les murailles du jardin, ce que les sentinelles ne purent voir pour estre d'un autre côté; de là il le vit entrer par une fenêtre qui répondoit sur le parterre, qu'on lui tenoit ouverte; après quoi ayant disparu, ce lui fut un sujet d'une profonde méditation. En effet, comme il se doutoit bien qu'il falloit qu'il y eût de l'amour sur le jeu, et qu'il ne pouvoit l'appliquer qu'à sa maîtresse ou à la fille du logis, il étoit incertain s'il en devoit aller avertir son maître, à qui il ne savoit si son avis seroit agréable ou non. Pendant qu'il raisonnoit en lui-même sur ce qu'il devoit faire, le duc de Sault, qui étoit entré, tâchoit de se couler dans l'appartement de la marquise de Cœuvres, qui n'étoit pas éloigné de là ; mais il se sentit tout d'un coup arrêté par le bras, et celle qui l'arrêtoit étoit madame de Lionne, qui avoit donné rendez-vous au comte de Fiesque et qui croyoit que c'étoit lui. « Est-ce toi, lui dit-elle en même temps, mon cher comte ! Hé que tu as tardé à venir ! »

Le duc de Sault, qui reconnoissoit bien la voix de madame de Lionne, garda le silence ; ce qui la surprit, craignant qu'elle ne se fût méprise. Pour s'en éclaircir, elle lui jeta ses bras au col, et ayant senti qu'il étoit plus gros et plus gras que son ami, elle fit un grand cri, qui auroit réveillé toute la maison, si chacun, à la réserve du valet de chambre, n'eût été enseveli dans un profond sommeil. Le duc de Sault, qui avoit peur que son imprudence ne leur fît des affaires à tous deux, prit alors le parti de rompre le silence, ce qu'il fit en ces termes, mais le plus bas qu'il lui fut possible : « A quoi pensez-vous, Madame, lui dit-il, et n'avez-vous pas le jugement de voir que vous nous allez perdre ? S'il n'y avoit que mon intérêt qui me fît parler, je ne dirois rien, et me tirerois d'affaire comme je pourrois ; mais que dira votre mari, et, quelque excuse que vous puissiez chercher, ne croira-t-il pas que c'est vous qui m'avez fait venir ? »

Ces paroles, cette voix, qu'il lui fut facile de reconnoître, firent faire réflexion à madame de

Lionne qu'il avoit raison. « Quoi ! c'est donc vous, monsieur le duc ? lui dit-elle ; et que venez-vous chercher ici ? — Je ne vous mentirai point, Madame, lui dit-il : je ne vous cherchois, non plus que ce n'étoit pas moi que vous cherchiez ; c'est pourquoi, si vous m'en croyez, vous me laisserez continuer mon aventure, de peur que je n'interrompe la vôtre ; et voilà comme, entre gens comme nous, il faut vivre dans le siècle où nous sommes. » La proposition étoit fort honnête et fort raisonnable, comme il est aisé de juger ; mais, soit qu'il y eût déjà longtemps qu'elle eût envie de tâter de lui, ou que, le temps du rendez-vous du comte de Fiesque étant passé, il lui fût insupportable de passer la nuit toute seule, pendant que sa fille la passeroit en compagnie : « Non, non, monsieur le duc, disoit-elle, cela n'ira pas comme vous le pensez. Je sais que c'est à ma fille que vous en voulez ; mais, ne lui en déplaise, ni à vous, je profiterai de l'occasion, puisqu'elle s'offre sans que j'y pense. Apparemment le charme du Polville est passé, et il faut que vous m'en donniez des marques tout à l'heure. »

A ces mots, qui se disoient le plus bas qu'elle pouvoit, de peur que quelqu'un ne l'écoutât, elle voulut l'amener dans sa chambre ; mais lui, qui ne pouvoit consentir au change : « Ah ! Madame, lui dit-il en se faisant tirer de force, j'ai promis à madame de Cœuvres que je l'irois trouver, je ne puis lui manquer de parole, et permettez du moins que je m'aille dégager d'avec elle, après quoi je vous promets de vous donner toute sorte de contentement. » La dame ne fut pas si crédule qu'elle se voulût fier à lui ; comme elle avoit éprouvé ses forces et qu'elle savoit qu'elles n'étoient pas suffisantes pour toutes deux, elle ne voulut jamais souffrir qu'il la quittât. Mais lui, de son côté, s'étant obstiné à n'en rien démordre, elle proposa un milieu à cela, qui fut d'aller quérir elle-même sa fille. Il accepta sa proposition, ne se pouvant tirer autrement de ses mains. Mais, avant qu'elle y allât, elle le conduisit dans sa chambre, où elle l'obligea de se mettre au lit, lui disant qu'elle alloit amener sa fille, et qu'il coucheroit entre deux. Si le scrupule eût été grand chez le duc de Sault, une pareille proposition étoit capable de l'effrayer; mais, les gens de Cour n'ayant peur de rien, il lui fit réponse qu'il les attendoit de pied ferme, et qu'il y avoit longtemps qu'il n'avoit mis du Polville. La dame étoit si pressée de ses nécessités, qu'elle eût vu volontiers à l'heure même s'il lui disoit vrai ou non; mais, lui n'en étant pas d'accord, il lui fallut aller quérir sa fille, qui attendoit le duc en bonne dévotion. Ainsi elle ne fut point surprise d'entendre marcher dans son antichambre; mais, quand au lieu de lui elle vit sa mère, elle le fut beaucoup. Si madame de Lionne n'eût pas craint de perdre le temps, elle lui auroit demandé volontiers pourquoi elle veilloit si tard, et si c'étoit son mari qu'elle attendoit; mais, [le temps] lui étant extrêmement cher, elle ne lui fit point de questions inutiles. En effet, tout son compliment aboutit qu'elle vînt dans sa chambre, et qu'elle avoit quelque chose de conséquence à lui apprendre.

Quoique ce compliment fût positif, madame de Cœuvres, qui appréhendoit de manquer son rendez-vous, chercha à s'en excuser; mais sa mère lui ayant dit encore une fois la même chose, et même y ayant ajouté que c'étoit pour son bien, elle se conforma à sa volonté. Ce ne fut pas cependant sans une crainte extraordinaire, ne pouvant s'imaginer autre chose sinon que ses affaires étoient découvertes, et que c'étoit sans doute quelque avis qu'elle avoit à lui donner touchant sa conduite. Cette pensée, joint à cela l'heure indue qu'il étoit, l'ayant fait marcher sans dire une seule parole, elles arrivèrent dans la chambre, où la marquise de Cœuvres fut grandement surprise de trouver le duc de Sault au lit. Cependant elle entra en même temps dans une furieuse colère contre lui, croyant qu'il l'avoit sacrifiée, et elle alloit un peu décharger sa bile, quand madame de Lionne, qui voyoit que la nuit s'avançoit, et qui n'en vouloit pas perdre les restes inutilement, lui dit, le plus succinctement qu'il lui fut possible, comme elle avoit trouvé le duc, et de quoi ils étoient convenus ensemble. Cela apaisa un peu la colère de la jeune dame, et, quoiqu'elle fût fâchée d'être obligée de faire part à sa mère d'une chose à quoi elle s'étoit attendue toute seule, elle l'aima néanmoins encore mieux que si le duc lui eût fait une infidélité. Cependant elle fit beaucoup de façons devant que de se résoudre à accepter le parti qu'on lui proposoit. Mais madame de Lionne, qui voyoit que cela lui faisoit perdre du temps, l'ayant menacée de la perdre si elle n'obéissoit, et le duc de Sault l'en conjurant d'un autre côté, elle se déshabilla, moitié par obéissance, moitié parce qu'elle eût déjà voulu être au lit. Madame de Lionne en fit autant de son côté, et, comme elles savoient bien toutes deux qu'il leur devoit arriver cette nuit-là une bonne fortune, elles s'étoient munies d'un habit fort aisé à ôter, tellement que cela fut bientôt fait ; on eût dit même qu'on auroit promis quelque grande récompense à celle qui seroit déshabillée la première, tant elles paroissoient pressées.

Pendant que cela se passoit, l'évêque et monsieur de Lionne faisoient toujours le pied de grue, mais beaucoup plus inquiets l'un que l'autre : car, quoique monsieur de Lionne fût homme d'honneur, et que l'infamie dont l'évêque l'avoit averti lui donnât quelques alarmes, ce n'étoit rien toutefois en comparaison de celle que celui-ci ressentoit par sa jalousie. Toutes les pensées qu'il avoit rouloient sur sa vengeance, et, s'il eût été aussi bien homme d'épée qu'homme d'église, le duc de Sault ne seroit jamais mort que de sa main. Comme monsieur de Lionne se tenoit loin de lui, par les raisons que j'ai dites ci-devant, cela lui donnoit moyen de s'entretenir dans ses pensées, qui le flattoient tantôt, et tantôt le désespéroient ; mais comme il y étoit plongé le plus avant, monsieur de Lionne, qui venoit d'être averti par son valet de chambre de ce qu'il avoit vu, le releva de sentinelle, lui disant que ses soupçons étoient bien fondés, et qu'un homme étoit entré dans sa maison. « Mor....! lui dit en même temps l'évêque, en jurant ; quoi ! vous demeurez si tranquille après un tel avis, comme si l'affront ne vous regardoit pas aussi bien que moi ? » Ce fut là la réponse qu'il fit à monsieur de Lionne, après quoi il demanda au valet de chambre ce qu'il avoit vu. Celui-ci l'ayant instruit de la plus grande partie de ce que je viens de dire, il demanda pour une seconde fois à monsieur de Lionne s'il laisseroit une injure comme celle-là impunie. « J'en suis d'avis, lui répondit froidement monsieur de Lionne; il faut que ce soit ma femme ou ma fille, et le moindre éclat que je ferois nous perdroit tous de réputation. Il vaut mieux que la chose demeure entre nous trois : je connois la discrétion de mon valet de chambre, et je réponds de son secret. » Monsieur de Lionne ne pouvoit prendre dans le fond un meilleur parti ; mais l'évêque, qui prenoit feu à chaque parole : « Mor....! lui dit-il, jurant encore une fois comme un charretier, vous n'avez que ce que vous méritez, puisque vous voyez si tranquillement votre infamie. Mais pour moi, il ne sera pas dit que je la souffre sans me remuer ; et comme je crois que la chose regarde ma nièce aussi bien que votre femme, vous trouverez bon que je n'aie pas la même tranquillité. » A ces mots, il dit au valet de chambre, qui, pour les intrigues amoureuses de son maître, avoit une clef d'une fausse porte, de la lui venir ouvrir ; et monsieur de Lionne, se sentant piqué d'honneur, le suivit par complaisance plutôt que par inclination.

Comme le valet de chambre, après avoir vu monter le duc de Sault par dessus la muraille, avoit épié ce qu'il étoit devenu, il avoit remarqué le manége des deux dames, et, sachant dans quelle chambre elles étoient positivement, il y mena son maître et l'évêque, après que monsieur de Lionne, qui avoit une double clef de tous ses appartements, l'eût ouverte. Le duc de Sault et nos deux dames étoient si bien occupés de leurs affaires, qu'ils n'entendirent pas ouvrir la porte, tellement qu'ils se trouvèrent pris, pour ainsi dire, comme dans un blé. Madame de Lionne se jeta aux pieds de son mari et le conjura de lui pardonner, lui faisant mille belles promesses de n'y retourner de sa vie. La marquise de Cœuvres, qui n'étoit pas moins confuse, ne savoit que dire de son côté ; néanmoins, s'étant approchée de l'oreille de l'évêque, qui vouloit que l'on tuât tout : « Ne me perdez pas de réputation, lui dit-elle, et, pourvu que vous apaisiez mon père et que vous cachiez la chose à mon mari, je vous promets de n'en être pas ingrate. » Monsieur de Lionne étoit si étonné par la nouveauté du fait, qu'il ne disoit pas une seule parole. Il avoit bien cru être cocu, mais d'avoir trouvé un homme couché entre la mère et la fille, c'étoit quelque chose de si étrange pour lui, qu'il n'auroit pas été plus étonné quand les cornes lui fussent venues à la tête. Tout ce qu'il put dire fut ce peu de paroles : « Malheureuse femme ! malheureuse fille ! » A quoi elles n'eurent garde de répondre.

Cependant l'évêque s'étoit grandement apaisé par les promesses qui lui avoient été faites, et comme il désiroit d'en voir l'effet à l'heure même : « Je crois que vous aviez raison, dit-il froidement à monsieur de Lionne, quand vous vouliez que nous n'approfondissions pas davantage notre infamie. Le moins de bruit qu'on peut faire dans ces sortes de choses est toujours le meilleur, comme vous me disiez fort bien ; et si vous m'en croyez, nous en demeurerons là. Il nous doit suffire de savoir ce que nous savons, sans en abreuver le public. » Cet avis, étant du goût de monsieur de Lionne, fut suivi tellement qu'ils congédièrent le duc de Sault, qui, tout brave qu'il étoit, fut ravi de se voir hors de leurs mains. Après cela l'évêque, sous prétexte d'aller faire une correction à sa nièce, la mena dans la chambre, où, l'ayant sommée de lui tenir parole, elle ne l'osa refuser, de peur qu'il ne la perdît auprès de son mari et de toute sa famille. En ayant obtenu ce qu'il désiroit, comme il ne pouvoit ignorer qu'elle ne l'avoit fait que par crainte, il eut peur qu'elle ne retournât à ses premières affections ; si bien que, pour la dépayser, il fit en sorte que son mari l'envoyât dans ses terres, qui étoient voisines de son évêché. Cela produisit un bon effet, car il fit une résidence plus exacte qu'il n'avoit fait encore dans son diocèse. Ce petit commerce dura un an ou deux ; mais des intrigues d'Etat l'ayant appelé hors du royaume[1], l'ambition prit la place de l'amour, et finit un inceste à quoi la marquise ne s'étoit abandonnée qu'à son corps défendant.

Pour ce qui est de madame de Lionne, son mari ; ne la pouvant plus souffrir devant ses yeux, la mit en religion ; ce qui donna lieu de causer au public, qui ne douta point néanmoins que ce ne fût pour quelque amourette : car la dame avoit la réputation d'être fragile, en quoi certes l'on ne se trompoit pas. Cependant, comme chacun étoit en peine de savoir au vrai tous les tenants et tous les aboutissants, le duc de Sault prit soin de les apprendre. Il publia lui-même son aven-

---

1. Le cardinal d'Estrées fit, en effet, plusieurs voyages à Rome, postérieurement à l'époque qui nous occupe.

ture, et, quoiqu'il crût bien que cela ne lui donneroit pas bonne réputation, il aima mieux passer pour indiscret que de se priver du plaisir de parler. Le bruit s'en étant répandu dans Paris, on trouva cette aventure si rare, que ce fut le sujet de tout l'entretien pendant quelques jours ; et cela donna lieu à un homme de la Cour de faire ces deux couplets de chanson, sur le même air qu'étoient faits ceux touchant le Polville.

> *Un jour, de Lionne, dit-on,*
> *Trouva de Sault en caleçon,*
> *Qui portoit son sac et ses quilles,*
> *Sans appréhender le hola.*
> *Pour du Polville,*
> *Il n'en avoit point ce jour-là.*
>
> *D'abord il voulut faire gille*[1] ; (bis)
> *Mais, l'arrêtant en courroux,*
> *Lui dit : Pourquoi fuyez-vous ?*
> *Si vous cherchez ma fille,*
> *Profitons du rendez-vous ;*
> *Mais accordons-nous :*
> *Faisons cocu mon époux,*
> *Et puis je la laisse à vous ;*
> *Mais accordons-nous,*
> *Je suis mère facile,*
> *Profitons du rendez-vous.*

Ainsi finit l'intrigue du duc de Sault et de madame de Lionne et de sa fille. Pour ce qui est

---

1. Faire gilles, s'enfuir.

de monsieur de Lionne, il mit sa femme en religion, et conçut tant de regret de ce qu'il avoit vu, qu'il en mourut bientôt après [1]. Elle ne fut pas fâchée de sa mort ; mais elle est devenue si vieille et si couperosée, qu'elle est obligée maintenant de se contenter du comte de Fiesque, que la nécessité oblige de son côté de passer par dessus beaucoup de choses qui n'accommoderoient pas un amant plus délicat. Pour ce qui est de sa fille, soit que son mari ait eu quelque avis secret de son intrigue, ou qu'il soit inconstant de son naturel, il ne paroît pas beaucoup s'en soucier, si bien qu'elle est presque toujours à la campagne [2].

1. M. de Lionne mourut le 1er septembre 1671, à l'âge de soixante ans.
2. L'édition de 1754 ajoute : « avec Monseigneur. »

HISTOIRE

DE LA MARÉCHALE

DE LA FERTÉ

HISTOIRE
DE LA MARÉCHALE
DE LA FERTÉ

Ce que je viens de dire de madame de Lionne est une étrange chute pour une femme qui avoit aspiré au cœur du Roi. Cependant ce n'est rien en comparaison de ce que j'ai à conter de la maréchale de La Ferté[1], qui est mon autre héroïne, mais une héroïne illustre, et dont on auroit peine à trouver la pareille quand on chercheroit dans tout Paris, qui cependant est un lieu merveilleux pour ces sortes de découvertes. Quoi qu'il en soit, elle ne se vit pas plustôt déchue des espérances dont j'ai parlé ci-dessus, qu'elle chercha à s'en consoler; ce qui ne lui fut pas bien difficile, puisque celui qui lui fit perdre une si belle idée fut un homme qui n'en valoit guère la peine. Elle étoit de bonne race, et le maréchal de La Ferté[2],

---

1. Voy. tome 1, pp. 5, 83, et t. 2, p. 403.
2. Voy. le tome 1, pp. 5, 83, et le t. 2, p. 403.

en l'épousant, avoit été plus hardi que dans toutes les entreprises de guerre qu'il avoit jamais faites : car il falloit, ou qu'elle eût été changée en nourrice, ou qu'elle ressemblât à toutes ses parentes, qui avoient été du métier ; en quoi on voyoit un bel exemple dans sa sœur la comtesse d'Olonne, que Bussy a tâché autant qu'il a pu de rendre fameuse, mais où il n'a perdu que ses peines, la copie qu'il en a faite n'approchant en rien de l'original. Cette femme, quoique d'une beauté fort médiocre, et beaucoup au-dessous de celle de sa sœur, présumoit néanmoins tant d'elle-même, qu'elle croyoit que tout le monde dût être enchanté de son mérite. Son mari, le plus brutal homme qui fut jamais, se doutant bien qu'il avoit beaucoup risqué en l'épousant, lui avoit fait un compliment fort cavalier le lendemain de ses noces : « Corbleu, Madame, lui avoit-il dit, vous voilà donc ma femme, et vous ne doutez pas que ce ne vous soit un grand honneur ; mais je vous avertis de bonne heure que si vous vous avisez de ressembler à votre sœur, et à une infinité de vos parentes qui ne valent rien, vous y trouverez votre perte. » La dame, qui avoit pris sa brutalité de la nuit pour un excès d'amour, fut détrompée par ces paroles, et comme il passoit dans le monde pour n'y avoir point de raillerie à faire avec lui, elle se contint quelque temps, mais non pas sans faire grande violence à son tempérament.

Les emplois qu'il avoit à la guerre, et qui l'éloignoient d'elle une grande partie de l'année, lui donnoient cependant beau jeu pour le tromper ; mais il y avoit pourvu en laissant des gens auprès d'elle qui l'observoient si exactement qu'elle ne pouvoit faire un pas sans qu'il en fût averti. Il lui avoit défendu, en partant, de voir la comtesse d'Olonne, craignant qu'une si méchante compagnie, joint à cela son tempérament, dont il avoit reconnu les nécessités dans le particulier, n'aidât beaucoup à la corrompre. La comtesse, qui savoit cette défense, lui en vouloit un mal à mourir, prétendant que cela la décrioit plus dans le monde que sa conduite. Et, comme la vengeance est ordinairement le péché mignon des dames, elle n'eut point de repos qu'elle ne l'eût rendu semblable à son mari, c'est-à-dire qu'elle ne lui eût fait porter des cornes. Pour cet effet, s'étant ouverte au marquis de Beuvron, qui l'aimoit, elle l'excita à lui rendre ce service, espérant que, comme il étoit bien fait et qu'il avoit de l'esprit, il lui seroit facile de supplanter un jaloux, et qui n'avoit pu plaire à sa sœur que parce qu'il avoit fait sa fortune.

Le marquis de Beuvron[1] ressembloit au duc de Sault, et il n'étoit pas assez scrupuleux pour appréhender l'inceste qui lui étoit proposé, supposé que la dame lui eût plu; mais, s'imaginant que la proposition qui lui étoit faite n'étoit à autre fin que de l'éloigner et donner beau jeu au duc de Candale, dont il commençoit à devenir jaloux, il la traita si mal, que la comtesse d'Olonne vit bien qu'il falloit qu'elle s'adressât à un autre, si elle vouloit réussir dans son projet.

De se fier à un inconnu dans une affaire si délicate, c'est-à-dire à un homme sur qui elle

1. Voy. le tome 1, p. 5, 7, 36.

ne pût pas compter absolument, c'étoit risquer beaucoup, puisque c'étoit mettre son honneur en compromis et faire dire des choses qui n'auroient pas été fort agréables. Cependant, comme elle ne s'étoit pas encore abandonnée à ce nombre infini de gens comme elle a fait depuis, elle fut fort embarrassée sur qui faire tomber son choix. Enfin, après y avoir pensé, ce fut sur son mari, en qui elle crut avoir remarqué autrefois quelques regards pour sa sœur qui n'étoient pas tout à fait indifférents, et à qui, d'ailleurs, elle se croyoit obligée en bonne politique de donner de l'occupation, afin qu'il ne prît pas garde de si près à ses affaires. Elle ne se trompoit pas dans ce qu'elle avoit cru connoître de ses sentiments : il l'auroit volontiers changée pour la maréchale, en quoi néanmoins il n'auroit pas beaucoup gagné. Mais, comme ce n'étoit pas un génie, ni un homme fait comme il falloit pour cette conquête, ce fut en vain qu'elle l'anima, et le pauvre sot n'eut pas l'esprit d'en avoir les gants, quoique la défense du maréchal ne fût pas pour lui comme elle étoit pour sa femme, ce qui lui donnoit moyen de la voir à toute heure. La comtesse, qui savoit tout ce que faisoit son mari par le moyen du marquis de Beuvron, qui avoit trouvé le secret de se mettre aussi bien auprès de lui qu'il étoit auprès d'elle, ayant appris combien ses affaires étoient peu avancées, vit bien qu'il falloit encore changer de batterie : de sorte qu'après avoir roulé diverses choses dans son esprit, elle s'arrêta sur une où elle crut mieux trouver son compte. Elle avoit remarqué, pendant qu'elle voyoit sa sœur, qu'elle avoit un valet de chambre parfaitement bien fait, qui même sentoit son bien ; ainsi, croyant que, si elle lui pouvoit inspirer le dessein d'aimer sa maîtresse, à quoi son âge et l'occasion qu'il avoit d'en devenir amoureux vouloient qu'il prêtât l'oreille facilement, ce lui seroit un moyen de signaler sa vengeance.

S'étant mis cette affaire en tête, elle envoya quérir un matin ce valet de chambre, et fut fort contente de son esprit, qui étoit la pièce la plus nécessaire pour faire réussir son dessein. Ce qui lui plut encore beaucoup, c'est que ce garçon, qui étoit d'une honnête famille, et que la nécessité avoit obligé à se mettre en condition, ne lui voulut rien dire de sa naissance ; sur quoi elle inventa une chose fort adroite et qui ne lui servit pas peu. Ce fut de faire insinuer à sa sœur, par le marquis de Beuvron, que c'étoit une personne de qualité, et qu'il falloit absolument qu'il fût amoureux d'elle pour s'être déguisé de la sorte. La maréchale, qui n'avoit peut-être point fait de réflexion jusque-là sur sa bonne mine, eut plus d'attention après cela à le regarder, et comme elle le trouva parfaitement bien fait, et qu'on se met facilement en tête ce que l'on souhaite, elle prit pour une vérité la fable qu'on lui avoit débitée. Pour en être plus sûre, elle l'interrogea elle-même sur son pays et sur sa naissance ; mais les mêmes raisons qui l'avoient obligé de cacher l'un et l'autre à la comtesse d'Olonne subsistant toujours pour lui, il eut les mêmes réserves avec elle, tellement qu'elle expliqua son silence à son avantage.

Le marquis de Beuvron, qui ne l'alloit voir que pour découvrir ses sentiments, la trouva fort réservée sur l'article ; car elle avoit fait réflexion qu'il lui faudroit chasser ce valet de chambre si elle témoignoit être persuadée que ce fût un homme de qualité. Ainsi elle tourna la chose en raillerie ; mais, comme elle avoit affaire à un fin Normand, il découvrit sa ruse, et, malgré tous ses artifices, il s'en retourna dire à la comtesse qu'elle avoit donné dans le panneau. Cet avis fit que, pour rendre la pièce parfaite, la comtesse envoya quérir pour une seconde fois ce garçon, à qui elle dit qu'elle avoit découvert que sa sœur ne le haïssoit pas, mais qu'il y alloit de sa vie à se conduire si bien que personne n'en pût rien remarquer; qu'elle ne lui disoit point de faire retraite, parce que, si le tempérament de sa maîtresse étoit de faire l'amour, il valoit mieux qu'elle se servît de lui que d'une personne dont l'intrigue fit plus d'éclat ; qu'il prît soin cependant de se conduire en toutes choses avec respect, et surtout de ne pas détromper sa sœur d'une pensée qui lui étoit venue, qu'il étoit tout autre qu'il ne paroissoit.

Si le commencement de ce discours avoit étonné ce garçon, la suite le rassura, et les questions que la maréchale lui avoit faites lui faisant présumer qu'on ne lui disoit rien que de vrai, il s'abandonna à des pensées de vanité qui lui étoient bien pardonnables. En effet, ce n'étoit pas une petite fortune pour lui que ce qu'on venoit de lui apprendre ; car, sans considérer la qualité de sa maîtresse, elle étoit tout à fait charmante dans une médiocre beauté, si bien qu'il y en avoit mille autres qui étoient plus belles, et qui cependant n'étoient pas si agréables. Pour se rendre plus digne d'en être aimé, il mit tout ce qu'il avoit pour être propre¹, et, cela joint à l'assiduité qu'il avoit auprès d'elle, la maréchale présuma bientôt que tout ce qu'elle pensoit de lui étoit vrai. Enfin l'occasion qu'il avoit de la voir habiller et déshabiller, à quoi elle l'employoit encore plus volontiers que les autres, le rendit si amoureux, qu'il fut aisé de voir que l'amour n'est pas toujours un effet de la destinée.

La maréchale s'aperçut bientôt que tout ce qu'il faisoit pour elle partoit d'une cause plus noble que celle qui fait agir ordinairement les valets : et, comme elle se confirmoit tous les jours de plus en plus qu'il étoit bien éloigné d'une naissance si obscure, elle ne fut pas ingrate aux témoignages secrets qu'il lui donna de son amitié. Cependant, pour n'avoir point de reproche à se faire, elle s'efforça de lui faire dire ce qu'il étoit, tellement que celui-ci, voyant qu'il n'y avoit plus que cela qui fit obstacle à sa bonne fortune, prit le nom d'un gentilhomme de son pays, ce que la maréchale crut aisément, parce qu'elle le désiroit. Il ne s'étoit pas trompé dans la pensée qu'il avoit eue que cela avanceroit ses affaires. La dame, qui ne voyoit plus de honte à aimer un homme si bien fait, répondit si bien à sa passion qu'il eût été impossible de dire lequel aimoit le plus des deux. Cependant, manque de hardiesse, il la fit languir encore deux mois, si bien que, pour ne pas se voir consumer davantage, elle résolut de la lui donner si belle, qu'à moins que d'être tout à fait bête, il ne pût plus douter du bonheur où il étoit appelé.

1. C'est-à-dire « Il dépensa tout ce qu'il avoit pour acheter des habits élégants. »

Elle avoit remarqué qu'il aimoit passionnément les cheveux ; et comme elle étoit bien aise de rendre sa passion plus forte, elle avoit souffert qu'il l'eût peignée deux ou trois fois, quoique ce fût aux dépens de sa tête, qu'il n'entendoit pas à manier. Mais le feu qu'elle lui voyoit briller dans les yeux avoit été cause qu'elle n'avoit pas pris garde au mal qu'il lui avoit fait, et, croyant que cela seroit encore capable de l'animer, elle le fit appeler un jour qu'elle étoit à sa toilette, sous prétexte de lui faire écrire quelques lettres. Etant venu, elle fit retirer ses gens, comme si elle eût eu quelque chose de particulier à lui dicter ; mais, lui présentant ses peignes au lieu d'une plume, elle le mit si bien en humeur, à force de lui dire des choses obligeantes, qu'il devint rouge comme du feu. C'en eût été plus qu'il n'en falloit à un homme du monde ; mais lui, qui avoit peur de manquer de respect et de faire quelque chose qui le fît chasser, auroit encore été assez bête pour ne pas profiter de l'occasion, si elle, qui voyoit sa sottise, ne l'eût attiré sur ses genoux, où elle lui fit tant d'avances, qu'il ne put plus douter de sa bonne fortune. Ce lui fut donc un signal auquel il se rendit, et, le lit n'étant pas encore fait, il en usa si bien en une demi-heure de temps qu'il demeura avec elle, qu'elle conçut une grande estime de son mérite. Elle auroit bien voulu n'avoir point de mesures à garder, pour profiter encore une heure ou deux de son entretien ; mais, ayant peur que ses gens n'en jugeassent mal, elle lui dit de fermer deux ou trois feuilles de papier blanc comme si c'étoient des lettres, et après qu'elle se fut remise d'un certain désordre inévitable dans ces sortes de rencontres, elle fit venir une bougie, comme s'il eût été besoin de cacheter ces lettres.

Personne ne se douta de cette intrigue, et si le ressentiment que la comtesse d'Olonne avoit contre le maréchal lui eût pu permettre d'être un peu moins méchante, elle auroit duré longtemps sans que personne s'en fût aperçu. Mais ayant pris à tâche de le faire enrager, elle les fit si bien observer l'un et l'autre qu'elle ne douta point que ses desseins n'eussent réussi. Chaque jour elle se confirma dans cette opinion par les différents rapports que lui firent ceux qu'elle avoit mis en campagne. Ainsi, tenant la chose aussi sûre qu'un article de foi, elle ne sut pas plustôt que le maréchal devoit revenir de l'armée qu'elle emprunta une main pour lui faire part d'une nouvelle si charmante. Il reçut cette lettre comme il étoit sur le point de son départ, et, la voyant sans signature et d'un caractère inconnu, sa première pensée fut qu'on lui vouloit faire pièce. Cependant, comme il étoit jaloux naturellement, il résolut de profiter de l'avis et d'examiner si bien la conduite de l'un et de l'autre que rien ne pût échapper à sa pénétration.

Il arriva à Paris dans ces sentiments, et, la dissimulation lui étant nécessaire, il traita sa femme avec tant d'amitié qu'il eût fallu qu'elle eût été devine pour savoir ce qui se passoit dans son âme. Le croyant si éloigné de soupçon, elle n'eut garde de ne pas traiter son favori comme elle avoit fait avant sa venue, et, le pauvre cocu n'ayant pas été longtemps sans s'en apercevoir, il fut plus politique qu'on n'auroit cru de lui : car, quoiqu'il fût la brutalité même, il prit le parti, pour assurer sa vengeance, de ne rien témoigner; ce qui trompa si bien sa femme, qu'elle lui fit voir plusieurs fois, sans qu'il en pût plus douter, qu'il étoit de la grande confrérie. Son ressentiment ne fut pas moins grand pour en être caché; au contraire, il ne lui laissoit repos ni jour ni nuit; ce qui donna beaucoup de joie à la comtesse d'Olonne, qui étoit trop clairvoyante pour ne pas voir au travers de tous ses déguisements qu'il avoit tout ce qu'elle pouvoit désirer : car elle sut qu'il tenoit des gens en campagne pour observer la maréchale, et que même il avoit fait marché avec eux pour assassiner le valet de chambre.

En effet, ce fut d'abord son premier dessein; mais ayant fait réflexion que ces sortes de gens, étant sujets à beaucoup d'aventures, pourroient un jour l'accuser, il le rompit pour prendre des mesures plus justes. La comtesse d'Olonne, qui découvroit tous les jours de plus en plus son inquiétude, triomphoit cependant, faisant voir par là qu'une femme peut être touchée en même temps de deux grandes passions, puisqu'on voyoit en elle, dans un même degré, et le désir de vengeance et le soin de faire l'amour.

Le marquis de Beuvron étoit toujours son tenant; mais, comme il lui falloit partager sa bonne fortune avec un nombre infini de gens de toutes sortes de conditions, le chagrin lui prit, et, pour se venger, il fut dire à la maréchale la pièce que sa sœur lui avoit faite. Il est aisé de comprendre l'embarras et la colère où elle se trouva à cette nouvelle, et l'on en peut juger par la résolution qu'elle prit. Quoique l'amour qu'elle avoit pour son favori fût grand, aussi bien que le penchant à la débauche, néanmoins le soin de sa propre vie allant encore beaucoup au delà, elle rompit toute sorte de commerce avec lui, si bien qu'elle voulut qu'il sortît de sa maison. Plusieurs pourparlers précédèrent une déclaration si surprenante, afin de lui faire trouver la chose moins fâcheuse. Elle lui fit part même de l'avis qu'elle avoit reçu, pour lui faire voir qu'il n'y avoit que la nécessité qui l'y obligeât; mais, soit qu'il crût que tout cela n'étoit qu'un prétexte, ou que sa destinée l'entraînât dans le précipice où il tomba bientôt, il lui demanda huit jours pour se résoudre; ce que ne lui ayant pu refuser, il divulga pendant ce temps-là sa sortie, dont le maréchal ayant été averti, il le fit passer du service de sa femme au sien, de peur que sa retraite ne le mît à couvert de la vengeance qu'il méditoit.

La pensée que ce valet de chambre eut que sa présence réveilleroit des feux qui lui avoient été si agréables lui fit accepter le parti sans en avertir la maréchale. Ce qui étant venu à sa connoissance, elle en pensa mourir de douleur, car elle croyoit éteindre le souvenir de ce qui s'étoit passé, par sa retraite, supposant que, son mari n'en étant pas instruit à fond, il se déferoit peu à peu des soupçons qu'il auroit pu concevoir. Le maréchal, pour mieux assurer son ressentiment, fit meilleure mine à ce nouveau venu qu'il ne faisoit à ses anciens domestiques, et, se servant de lui préférablement à tous les autres, il le conduisit insensiblement dans le précipice où il le fit tomber: car, s'en étant allé quelque temps après dans son gouvernement de Lorraine [1], il l'assassina lui-même, afin que personne ne pût dire ce qu'il étoit devenu. La chose se passa de cette manière : il fit semblant d'avoir fait une amourette, et y alla deux ou trois fois, ne menant avec lui que ce valet de chambre ; ce qui donnoit de la jalousie aux autres, croyant qu'il n'y avoit plus que lui qui eût l'oreille de leur maître. Mais un jour, lui ayant dit de mettre pied à terre pour raccommoder quelque chose à son étrier, il lui tira un coup de pistolet dans la tête, dont il tomba roide mort sur la place. Cette belle action étant faite, il s'en revint de sang-froid à Nancy, où, feignant d'être en peine tout le premier de ce qu'étoit devenu ce malheureux, qu'il disoit avoir envoyé quelque part, enfin sa destinée se découvrit, ayant été reconnu par quelques troupes. Comme la garnison de Luxembourg couroit, on lui attribua ce meurtre, dont le maréchal feignant d'être fort en colère, il envoya brûler un village de ce duché, quoiqu'il payât contribution.

Comme personne ne savoit le sujet qu'il avoit de vouloir du mal à ce malheureux, on n'eut garde de lui imputer une si méchante action, et même sa femme crut que tout ce qu'on contoit de sa mort étoit véritable. Elle l'avoit presque oublié depuis qu'il étoit parti ; ainsi elle fut ravie d'en être défaite. Cependant sa joye ne fut pas

[1]. Le maréchal de La Ferté n'étoit pas gouverneur de la Lorraine ; mais il avoit, en Lorraine, les gouvernements des pays et évêchés de Metz et de Verdun, puis des villes et citadelles de Metz et de Moyenvic.

de longue durée : le marquis de Beuvron, qui, comme j'ai déjà dit, étoit un fin Normand, ayant pris soin de s'informer de toutes les circonstances de ce meurtre, et n'ayant eu garde de prendre le change, dit à madame d'Olonne, avec qui il s'étoit raccommodé, que sa sœur étoit en grand péril, et que, s'ils faisoient bien, ils devoient l'en avertir. Madame d'Olonne, ayant fait réflexion à la chose, ne douta point qu'il n'eût raison, et l'ayant chargé de l'aller trouver, il s'y en fut, et la rencontra fort parée : car, comme elle croyoit n'avoir plus rien à craindre, elle ne songeoit plus qu'à faire un nouvel amant.

Le marquis de Beuvron, ayant cette méchante nouvelle à lui apprendre, avoit composé son visage selon l'état qu'il croyoit le plus convenable ; ce que la maréchale ayant remarqué, elle le prévint, lui disant avec un air gai qu'on voyoit bien qu'il étoit amoureux, et que cela paroissoit sur son visage.—« Cela peut être, Madame, lui répliqua Beuvron, et je n'ai garde de m'en défendre ; mais je vous assure que ce qui y paroît maintenant ne vient point de là, et que c'est plutôt un effet de l'amitié, car enfin, quoique ce ne soit pas être fort galant que de vous dire que je n'ai pas d'amour pour vous, je vous assure que je n'ai pas moins d'inquiétude pour ce qui vous regarde. » Il lui apprit là-dessus tout ce qui s'étoit passé à l'armée. A quoi la maréchale s'étant voulu opposer, par la forte prévention où elle étoit que les choses alloient autrement, il la désabusa si bien qu'il la jeta dans une forte inquiétude. Si elle eût su que tout ce mal lui fût venu de sa sœur, elle ne lui auroit jamais pardonné ; mais étant bien éloignée d'en avoir la pensée, elle dit à Beuvron qu'elle ne savoit comment faire dans une rencontre comme celle-là, si ce n'est de prendre son conseil, lui qu'elle savoit dans les intérêts de sa maison, et qu'elle croyoit être bien aise de l'obliger.

Les compliments étoient plus aisés à faire en cette occasion que de donner un bon conseil ; néanmoins Beuvron, pour lui faire voir qu'il étoit homme d'esprit, lui proposa diverses choses, et elle s'arrêta sur une, qui étoit d'avoir une conduite si retenue dans l'absence de son mari, que, quand même il seroit alarmé, il pût croire qu'elle auroit dessein de changer de vie. Cela l'obligea à écarter une troupe de jeunesse qui commençoit à se grossir auprès d'elle, attirée par un certain air coquet dont elle avoit peine à se défaire. Il ne resta donc que quelques barbons, et entre autres le comte d'Olonne, qui, encouragé, comme j'ai dit, par sa femme, commençoit à devenir si amoureux qu'il n'en dormoit ni jour ni nuit.

Cependant l'entretien particulier que le marquis de Beuvron avoit eu avec elle lui ayant découvert de certaines beautés qu'il n'avoit point vues tant qu'il avoit été amoureux de sa sœur, il commença à la voir par attachement plutôt que par nécessité. Et comme l'expérience du monde lui avoit appris que c'étoit autant de temps perdu que celui qu'on passoit sans faire connoître ses sentiments : « Madame, lui dit-il un jour, j'ai tâché jusqu'ici de vous rendre service sans en espérer de récompense, et cela parce que, n'ayant pas l'honneur de vous voir souvent, je n'avois qu'une légère connoissance de votre mérite ; mais aujourd'hui que, pour quelques pourparlers que j'ai eus avec vous, j'ai eu moyen de voir des choses qui ne se découvrent pas facilement à personne, je vous avoue que je mentirois si je vous disois que je ne vous aime pas. Je sais bien, Madame, continua-t-il, que vous me pourrez dire que j'aime madame d'Olonne : cela est vrai, cela a été autrefois, mais cela n'est plus à l'heure que je vous parle, sans que je puisse encourir le blâme d'être inconstant. Elle m'a donné assez de sujet de me dégager par ses infidélités, outre qu'une personne comme vous est une excuse légitime pour quelque infidélité que ce puisse être. »

Ce compliment ne déplut point à la dame, quoique celui qui le lui faisoit lui eût donné peu de jours auparavant un conseil qui y étoit tout opposé : car, outre qu'on fait toujours plaisir à une femme de lui apprendre qu'on l'aime, elle avoit une secrète jalousie contre sa sœur, qui avoit plusieurs fois fait du mépris de sa beauté. Ainsi elle ne pouvoit mieux lui faire voir qu'elle avoit eu tort de la mépriser, qu'en lui ravissant un homme qui l'aimoit depuis longtemps, et qui, pour ainsi dire, lui tenoit lieu d'un second mari.

Ces deux raisons, jointes à quelques autres que je passerai sous silence, lui firent faire une réponse aussi douce que Beuvron la pouvoit souhaiter, puisque sans feindre seulement qu'elle ne croyoit pas ce qu'il lui disoit, elle ne se retrancha que sur la peine qu'il auroit d'oublier sa sœur, et sur la crainte qu'elle devoit avoir de son mari. A l'égard de l'un, il lui répondit que le maréchal seroit moins jaloux de lui que d'un autre ; qu'il le croyoit perdu d'amour, aussi bien que tout le monde, pour la comtesse d'Olonne ; de sorte que, quand même son attachement parviendroit jusqu'à ses oreilles, il seroit le dernier à le vouloir croire. A l'égard de l'autre, qu'elle l'estimoit pour un homme de bien peu de cœur, ou pour bien aveuglé, pour s'imaginer qu'après la conduite qu'avoit la comtesse d'Olonne, il pût continuer de l'aimer ; qu'il étoit confiant naturellement, mais qu'il n'étoit pas insensible ; qu'il lui avouoit de bonne foi que c'étoit le dépit qui avoit commencé à le dégager, mais que l'amour qu'il avoit pour elle avoit achevé le reste ; qu'elle n'avoit pas à la vérité les traits aussi réguliers que sa sœur, mais qu'en récompense la moindre de ses qualités effaçoit toutes les siennes.

C'en étoit dire beaucoup pour être cru : car la comtesse d'Olonne étoit sans contredit une des plus belles femmes de France. Mais le marquis de Beuvron ajoutant à son discours quelques actions qui prouvoient qu'il étoit véritablement touché, il n'en fallut pas davantage pour le faire croire à la dame, qui, comme nous avons déjà dit, avoit fort bonne opinion d'elle-même. Ainsi, comme elle ne manquoit pas d'appétit, et qu'il lui sembloit assez bien fait pour prendre la place du valet de chambre, elle ne fit plus autrement de façon pour témoigner qu'elle doutoit de son discours. Au contraire, elle lui parla fort de l'obligation qu'elle lui avoit des bons avis qu'il lui avoit donnés, afin que, si elle venoit à avoir de la foiblesse, il l'attribuât à sa reconnoissance. Le marquis de Beuvron, qui savoit vivre, entendit bien ce que cela vouloit dire, et, sans laisser traîner la chose plus longtemps, il eut toute sorte de contentement.

La dame trouva qu'il étoit un bon acteur dans la comédie qu'ils avoient jouée ensemble, et elle ne l'auroit jamais cru, à voir sa taille mince et son air dégagé. Mais son poil[1] suppléoit à tout cela, outre que la dame lui paroissoit assez bien faite pour faire quelque chose d'extraordinaire pour elle. Elle lui demanda, dans le plaisir, laquelle lui en donnoit davantage, ou d'elle ou de sa sœur; et comme son intrigue avec elle étoit si publique qu'il n'y avoit personne qui n'en fût abreuvé, il crut que de se retrancher sur la négative n'étoit plus de saison; si bien que, sans faire le discret, il lui dit franchement que c'étoit elle. Elle feignit de ne pas le croire, sous prétexte que ses transports ne lui avoient pas paru assez violents; mais ce qu'elle en disoit n'étoit que pour lui donner lieu de recommencer; ce que Beuvron ayant bien reconnu, il s'acquitta si bien de son devoir, qu'elle fut obligée d'avouer que, s'il ne l'aimoit pas, du moins la traitoit-il comme s'il l'eût aimée.

Les choses s'étant passées de la sorte, il est aisé de juger qu'ils se séparèrent bons amis, et avec intention de se revoir bientôt. En effet, il se fit diverses entrevues entre eux, dont personne ne jugea mal, tant on le croyoit attaché à sa sœur. Cependant le comte d'Olonne ne s'y trompa pas, et ce fut merveilles, lui qui ne pas-

---

1. Il est noir. (*Note du texte.*)

soit pas pour être grand sorcier. Ce pauvre cocu, pour n'être pas tout seul de son caractère, avoit entrepris de se mettre bien avec la maréchale; et comme les jaloux ont des yeux qui percent tout, lui qui ne faisoit encore que de se défier que sa femme lui fût infidèle, en fut si sûr de la part de sa maîtresse, qu'il résolut de quereller le marquis de Beuvron. On ne l'auroit jamais cru capable d'une résolution si périlleuse, lui qui avoit pour maxime que qui tiroit l'épée périssoit par l'épée; aussi n'avoit-il jamais voulu tâter du métier de la guerre, et quoique son père, qui étoit riche, lui eût acheté une charge considérable, comme elle l'engageoit à monter à cheval pour le service du Roi, il avoit jugé à propos de s'en défaire bientôt. Son rival étoit à peu près de même humeur: c'est pourquoi il avoit brigué un gouvernement[1], qui n'étoit pas plus périlleux en temps de guerre qu'en temps de paix; cependant tous deux des meilleures maisons de France, et qui avoient produit autrefois de braves gens.

D'Olonne, sachant donc que celui à qui il avoit affaire n'étoit pas plus méchant que lui, le querella plus volontiers, et ce fut d'une manière qu'on crut qu'ils se couperoient la gorge. En effet, il y avoit de quoi à d'autres pour ne se le jamais pardonner; mais le bruit de leur querelle s'étant répandu par tout Paris, leurs amis communs s'entremirent de les accommoder, et n'en purent jamais venir à bout. Ils se firent tenir à quatre pour faire les méchants; de quoi ceux

1. Le marquis de Beuvron étoit lieutenant général de Normandie et gouverneur du vieux palais de Rouen.

qui se mêloient de l'accommodement s'étant aperçus, ils les laissèrent faire, se doutant bien qu'ils ne se feroient point de mal. Et ils ne se trompèrent pas dans leur pensée : car, voyant tous deux qu'ils avoient la bride sur le cou, ils commencèrent à connoître qu'ils avoient eu tort de ne pas croire le conseil de ceux qui vouloient qu'ils s'accommodassent. Commençant donc à se repentir de ne les avoir pas crus, il fut aisé à madame d'Olonne, qui avoit peur de perdre Beuvron, de conseiller à son mari de ne se pas commettre si légèrement, et, sans entrer dans le détail de ce qui causoit leur querelle, elle lui fit promettre qu'ils s'embrasseroient l'un l'autre. Pour cet effet, elle lui dit qu'elle vouloit leur donner à souper à tous deux dans son appartement, à quoi d'Olonne consentit, espérant qu'il laveroit bien la tête à Beuvron en sa présence, lui que depuis peu de temps il commençoit à reconnoître assidu auprès d'elle, si bien qu'il eût fallu qu'il eût été tout à fait aveugle pour ne pas voir qu'il y avoit du particulier entre eux.

Tous ceux qui savoient leur querelle crurent que la comtesse en étoit le sujet, et qu'à la fin les yeux de son mari s'étoient ouverts sur elle ; mais quand ils virent qu'elle faisoit pour eux le maréchal de France[1], ce fut à eux à décompter, et ils ne surent plus qu'en dire. Beuvron s'étant trouvé au rendez-vous, d'Olonne expliqua à sa femme le nœud de leur querelle, se servant du prétexte qu'il n'avoit pu voir qu'il attentât à l'honneur de sa sœur sans s'en ressentir. C'étoit

---

1. *Conf.* t. 2, p. 443.

sans doute une grande délicatesse pour un homme qui n'avoit pas la réputation d'en avoir beaucoup sur ce qui le regardoit lui-même ; aussi n'en crut-elle que ce qu'il en falloit croire, c'est-à-dire qu'elle s'imagina justement, comme c'étoit la vérité, qu'il étoit amoureux de sa sœur, et que la jalousie lui avoit fait faire cet effort de faire semblant de se battre. Cela ne plut pas à son mari, qui vouloit qu'elle se gendarmât contre Beuvron de ce qu'il lui étoit infidèle, et qu'elle en fût aussi jalouse qu'un autre ; mais elle croyoit que son mari avoit pris l'alarme mal à propos, et ce qui la confirmoit dans cette opinion, c'est qu'elle avoit donné ordre elle-même à Beuvron, comme nous avons dit, de voir sa sœur en particulier, ce qu'elle croyoit être cause de tout ce désordre.

Tout cela se passa dans la grande jeunesse du Roi, et il n'avoit encore paru que peu de chose de ses belles qualités, et pour l'amour, et pour la guerre. Cependant, comme il avoit toutes les inclinations d'un grand prince, ces deux sœurs furent celles de sa cour qu'il estima le moins, et il ne put s'empêcher de dire un jour, en parlant de la comtesse d'Olonne, qu'elle faisoit honte à son sexe, et que sa sœur prenoit le chemin de ne valoir pas mieux. En effet, ayant trouvé son mari beaucoup plus traitable à son retour qu'elle n'espéroit, elle ne s'en tint pas au marquis de Beuvron, et lui associa bientôt plusieurs camarades de toutes sortes de qualités. L'église, la robe et l'épée furent également bien reçues chez elle, et, non contente de trois Etats, il y en eut encore un quatrième qui fut encore son favori.

Les gens de finance lui plurent extraordinairement; et comme elle aimoit le jeu, il y en eut beaucoup qui crurent que ce qu'elle en faisoit n'étoit que par intérêt.

Le marquis de Beuvron, se croyant encore assez bien fait pour mériter une bonne fortune, ne se contenta pas du reste de tant de gens; et, madame d'Olonne ne lui étant pas plus fidèle, non-seulement il résolut de ne les plus voir ni l'une ni l'autre, mais encore de les perdre de réputation dans le monde. Comme il n'osoit se vanter hautement d'avoir couché avec les deux sœurs, il fit entendre que cela lui étoit arrivé avec une, et qu'il n'avoit tenu qu'à lui que cela ne lui fût arrivé avec l'autre. Ceux qui les connoissoient toutes deux n'eurent pas de peine à le croire; mais il y en eut aussi qui s'imaginèrent qu'il n'y avoit que le dépit qui le faisoit parler de la sorte; si bien qu'au lieu de leur faire le tort qu'il croyoit, il y en eut beaucoup qui furent excités à les voir seulement par curiosité.

Il n'étoit pas étonnant que le comte d'Olonne s'accoutumât ainsi à voir sa femme recevant tant de visites, puisque depuis qu'il étoit marié sa maison n'avoit point désempli de toutes sortes de gens. Mais pour le maréchal de la Ferté, c'est ce qu'on ne pouvoit comprendre, lui qui avoit fait à sa femme le compliment que j'ai remarqué ci-dessus, la première nuit de ses noces, et qui, sur un simple soupçon, s'étoit résolu d'assassiner lui-même son valet de chambre. Il est encore étonnant comment, après un coup comme celui-là, il lui avoit pardonné; mais c'est par une raison que le monde ne sait pas, et que je vais maintenant rapporter. Le maréchal, tout brutal qu'il étoit, devenoit quelquefois amoureux, et pour le mettre de bonne humeur quand il revenoit de Lorraine, le marquis de Beuvron, dont l'intrigue duroit encore, avoit eu soin de détourner une des plus belles filles qu'il y eût dans tout Paris, laquelle il avoit été prendre dans un lieu public, afin qu'elle suivît ponctuellement ses volontés. Il l'avoit mise auprès de la maréchale, et les ayant bien embouchées toutes deux, le maréchal ne fut pas plutôt de retour, que cette fille s'efforça de lui donner dans la vue. C'étoit une personne si belle et si bien faite, qu'il ne faut pas s'étonner s'il tomba dans les filets. Il lui donna d'abord tous ses regards; et, la croyant aussi vertueuse qu'elle affectoit de le paroître, il ne fut pas longtemps sans lui faire offre de son cœur. Elle n'eut garde de l'accepter dans le moment, et, l'ayant rendu encore plus amoureux par ses refus, enfin il en fut tellement enchanté, qu'il la poursuivoit devant tout le monde. Sa femme, pour pousser sa ruse à bout, fit mine de s'en scandaliser; mais il n'en fut ni plus ni moins pour tout cela: de quoi elle ne se soucioit guère, puisque ce qu'elle en faisoit n'étoit que pour lui faire accroire qu'il ne lui étoit pas indifférent.

Quand la vestale eut fait toutes les mines qu'elle jugea à propos de faire pour lui donner meilleure opinion de sa personne, elle se rendit à ses désirs. Cependant, quoique la fortune du maréchal ne fût pas trop rare, il en fut si charmé qu'il ne pouvoit plus vivre sans elle. Elle fit fort bien son devoir auprès de lui, c'est-à-dire, qu'en conséquence des conseils qu'on lui avoit donnés, elle eut grand soin de l'entretenir de la maréchale, prenant pour prétexte qu'ayant une femme si recommandable en toutes choses, la passion qu'il avoit pour elle s'éteindroit bientôt. Le dessein de Beuvron et de la maréchale n'étoit pas qu'elle poussât les choses si loin, et ils lui avoient recommandé d'être sage ; mais voyant qu'ils avoient eu tort de compter sur une personne comme elle, ils ne virent pas plus tôt qu'elle avoit passé leur commandement, qu'ils eurent peur qu'au lieu d'en tirer le service qu'ils avoient prétendu, elle ne rendît leurs affaires pires en déclarant leur secret. Pour prévenir donc ce qui en pouvoit arriver, Beuvron la fit enlever un jour, et, de là, conduire à Rouen, d'où il la fit passer à l'Amérique [1].

Le maréchal fit grand bruit de son enlèvement, et l'attribua à la jalousie de sa femme, dont elle ne se défendit point. Cela les brouilla pendant quelque temps ; mais la fantaisie du maréchal étant passée, il se raccommoda avec elle, et l'amitié qu'il lui témoigna fut d'autant plus sincère qu'il croyoit qu'une femme qui étoit capable d'une si grande jalousie ne l'étoit pas de lui être infidèle. Par ce moyen elle regagna sa confiance, ce qui fit connoître au public, qui n'étoit pas aussi aisé à abuser que le maréchal, qu'une femme est capable d'apprivoiser les animaux les plus féroces. En effet, il souffrit non-seulement qu'elle vît le monde sous prétexte du jeu

1. A chaque instant, sous le moindre prétexte, on faisoit partir pour l'Amérique les femmes publiques. (Voy. t. 2, pp. 123 et 136.)

qu'elle avoit introduit chez elle ; mais il lui donna encore tout l'argent qu'elle voulut, pendant que mille gens à Paris crioient après lui pour être payés de ce qu'il leur devoit.

Après que sa femme eut ainsi permission de voir compagnie, elle s'en donna à cœur joye; toute la jeunesse de la Cour lui passa par les mains, pendant que la comtesse d'Olonne, vieille et méprisée, fut obligée de se retrancher à Fervaques[1], qui n'avoit pour toutes belles qualités que celle d'être riche, et de porter le nom d'un homme qui avoit été maréchal de France. Il étoit de bonne maison du côté de sa mère, mais du côté de son père c'étoit quelque chose de moins que rien; de sorte qu'elle le traitoit du haut en bas, tout de même que si le reste de toute la terre eût encore été trop pour lui. En effet, comme si elle eût eu honte de cet attachement, elle, qui n'avoit jamais pris de mesures pour toutes ses débauches, fit courir le bruit que, si elle le voyoit ce, n'étoit que pour tâcher de le marier à mademoiselle de La Ferté[1], sa nièce, afin que, comme elle n'avoit point de bien, elle pût rencontrer un

1. Fils de Noël de Bullion, seigneur de Bonnelle, et de mademoiselle de Prie, Charlotte de Toussy. (Voy. t. I, p. 82-83.)
2. Mademoiselle de La Ferté, Catherine-Henriette de Senneterre (Saint-Nectaire), se maria en effet dans la maison de Bullion, à laquelle appartenoit le marquis de Fervaques. Elle épousa François de Bullion, marquis de Longchêne, cousin-germain de Fervaques, qui mourut sans alliance. Mademoiselle de La Ferté, née en 1662, étoit bien jeune, on le voit, au temps où madame d'Olonne avoit si fort à cœur de la marier.

homme qui la tirât de la nécessité. Pour tromper encore mieux le monde, elle lui fit acheter le gouvernement de la province du Maine[1], publiant que ce n'étoit qu'afin que sa nièce eût un mari qui eût quelque rang. Mais étant lassés bien tôt de toutes ces finesses, ils logèrent ensemble, si bien que les parens de lui eurent peur qu'il ne fît la folie de l'épouser si son mari venoit jamais à mourir; surtout madame de Bonnelle[2], sa mère, en fut dans de grandes allarmes, disant à toute la terre qu'elle ne s'en consoleroit jamais si cela arrivoit. On fut dire cela à madame d'Olonne, qui, sans considérer que Fervaques en étoit innocent, fit tomber son ressentiment sur lui. Elle lui demanda si c'étoit lui qui faisoit courir ces faux bruits, et s'il seroit bien assez vain de croire qu'elle l'épouseroit, si elle devenoit jamais veuve. Fervaques se trouva piqué de ce mépris, et, lui ayant fait une réponse qui ne lui plut pas, elle prit les pincettes du feu et lui en donna par le visage. Elle l'avoit mis sur un tel pied de respect avec elle, qu'il lui demanda ce qu'elle faisoit, et si elle y avoit bien pensé. Une si sotte demande méritoit une nouvelle punition; ainsi, ayant reconnu qu'il étoit encore plus sot qu'elle ne pensoit, elle continua à le maltraiter, si bien qu'il en fut tellement défiguré qu'il n'osa sortir de huit jours.

1. Alphonse Noël, marquis de Fervaques, fut en effet gouverneur des pays et comtés du Maine, Laval et Perche, mais après 1669, époque où le duc de Tresme occupoit encore cette charge. Il fut aussi capitaine lieutenant des chevau-légers de la Reine.
2. Voy. tome 1, p. 82, 265.

Madame de Bonnelle, ayant su cette aventure je ne sais comment, en pensa enrager; et si le bien fût venu de son côté, elle l'auroit tout donné à Bullion, son autre fils [1]. Cependant elle crut à propos de faire ressouvenir Fervaques de son honneur, et comme elle ne le voyoit plus depuis qu'il logeoit avec elle, elle lui envoya sa femme de chambre pour lui parler. Madame d'Olonne sortit par hasard comme elle entroit; madame de Bonnelle lui ayant dit de ne pas faire semblant de la voir, en cas qu'elle la rencontrât, elle passa devant elle sans la saluer. La comtesse, qui la connoissoit, se doutant bien que ce qu'elle en faisoit n'étoit que par commandement : « Voilà, dit-elle tout haut, comme les canailles instruisent leurs valets; et si je faisois bien, je te ferois donner les étrivières. » La femme de chambre entendit bien ce qu'elle disoit, si bien que, n'étant pas autrement assurée de sa discrétion, elle eut regret d'avoir exécuté le commandement de sa maîtresse au pied de la lettre. Mais madame d'Olonne ayant passé son chemin sans rien dire davantage, elle continua le sien, et s'acquitta de son message. Elle trouva Fervaques qui avoit la tête bandée, car la comtesse d'Olonne lui avoit pensé jeter un œil hors de la tête, et il avoit encore le visage tout noir de coups. Et comme c'étoit une ancienne domestique qui avoit coutume de lui parler nettement, elle lui demanda s'il n'avoit point de

1. Charles-Denys de Bullion devoit, en effet, après la mort de son frère, qui ne laissa pas de postérité, hériter de tous les biens de la famille. Il fut prévôt de Paris et gouverneur du Maine.

honte, et s'il pouvoit songer à l'état où il étoit sans rougir. Il voulut faire le dissimulé, croyant que son affaire n'avoit pas éclaté dans le monde ; mais la femme de chambre lui ayant dit qu'on la savoit depuis un bout jusqu'à l'autre, il en eut une grande confusion. Cependant il ne voulut pas suivre le conseil qu'elle lui donnoit, qui étoit de quitter madame d'Olonne, et de donner ce contentement à sa mère, qui s'en mouroit de douleur.

C'étoit une assez grande fortune à une vieille comme elle que d'avoir ainsi un amant jeune et riche. Cependant elle n'approchoit pas de celle de sa sœur, qui, après avoir tâté, comme j'ai dit, de toute la Cour, et même du comte d'Olonne, son beau-frère, mit enfin au nombre de ses conquêtes un jeune prince qui avoit infiniment de mérite. Ce fut le duc de Longueville, neveu du prince de Condé [1]. Il n'avoit pas encore vingt ans ; mais, comme il étoit bien fait, et d'une taille à promettre de grands plaisirs, il n'y eut point de femme à la Cour qui ne fît quelque entreprise sur son cœur. La maréchale, qui depuis quelques années avoit fait l'amour, s'il faut ainsi dire, tambour battant, se doutant bien que sa réputation n'étoit pas trop bonne, et se défiant, par conséquent, de son bonheur, soupiroit en secret de se voir échapper des mains

---

[1]. Voy. t. 2, p. 402-403. Le duc de Longueville étant né en 1649, il semble que nous soyons à peine arrivés à l'année 1669 ; il y a ici une contradiction avec ce qui est dit deux pages plus haut, où l'on montre M. de Fervaques gouverneur du Maine.

une aussi belle conquête. De Fiesque[1] étoit de ses amis, mais non pas de ceux qui avoient aspiré à la posséder ; ainsi, croyant qu'elle lui pouvoit ouvrir son cœur sans qu'il en eût de la jalousie : « C'est une étrange chose, lui dit-elle un jour, que j'entende dire tant de bien du duc de Longueville, et que je ne le connoisse pas ! Je le vois partout, hors chez moi, et il y a des femmes bien plus heureuses les unes que les autres : j'en connois mille chez qui il va, qui ne me valent pas, sans vanité ; et à vous dire vrai, mon cher comte, j'enrage de le voir avec elles, ou aux Tuileries, ou aux autres promenades, pendant que je n'en ai qu'un coup de chapeau.»

De Fiesque, qui étoit la complaisance même, lui dit qu'elle avoit raison, et qu'elle en devoit être bien mortifiée ; mais après lui avoir dit beaucoup de choses à l'avantage de sa beauté et de son esprit, pour lui faire accroire que c'étoit à bon droit qu'elle prétendoit à cette conquête : « Que voulez-vous que je vous dise ? continua-t-il ; vous péchez quelquefois contre la conduite ; et si vous voulez que je vous parle sincèrement, chacun ne s'accommode pas de votre humeur. Je suis des amis du duc de Longueville, et même des plus intimes ; si bien qu'il n'a pas feint de m'ouvrir son cœur, et que, si je

1. Jean-Louis de Fiesques, comte de Lavagne, fils de Charles-Léon, comte d'Harcourt, et de Gilonne d'Harcourt, veuve du marquis de Piennes. C'est à lui que Louis XIV fit donner par les Génois une somme de 300,000 fr. pour le dédommager de la confiscation faite, au XVe siècle, du comté de Lavagne.

n'avois peur que cela ne vous fût désagréable, je vous dirois tout ce qu'il m'en a dit. » — La machale rougit à ces paroles ; mais l'envie qu'elle avoit de conduire cette intrigue à une bonne fin la faisant passer par dessus toutes choses, elle ne se soucia point de s'entendre dire quelques vérités, pourvu que cela lui pût être utile. Elle le conjura donc de ne lui rien céler, disant que, bien loin de le trouver mauvais, elle lui vouloit beaucoup de mal de ne l'en avoir pas avertie plus tôt ; que cette réserve n'étoit pas d'un bon ami, comme elle l'avoit toujours estimé, et que, s'il ne réparoit cette faute à l'heure même, elle ne la lui pardonneroit jamais.

De Fiesque, reconnoissant à son empressement qu'il lui feroit plaisir de lui parler sans fard, lui dit que le duc de Longueville trouvoit à redire qu'elle vît tant de monde ; qu'il lui avoit avoué plusieurs fois qu'il la trouvoit belle, et que même elle ne pouvoit être plus à son gré ; mais que toute cette cohue qu'elle voyoit lui faisoit peur ; surtout qu'il ne pouvoit penser qu'elle aimât le comte d'Olonne, comme on le disoit dans le monde, sans perdre beaucoup de l'estime qu'il avoit pour elle ; qu'il disoit, entre autres choses, que d'aimer ainsi un aussi vilain homme, et qui étoit son beau-frère, c'étoit une marque de la débauche la plus achevée qui fut jamais ; que, si elle avoit quelque dessein sur lui, il falloit commencer par réformer sa conduite ; que pour lui rendre service il ne manqueroit pas de lui apprendre que c'étoit pour l'amour de lui qu'elle le faisoit ; qu'ainsi, se défaisant peu à peu des méchantes impressions qu'il s'étoit pu former, il reprendroit son estime, ce qui ne manqueroit pas de produire tout ce qu'elle pouvoit espérer.

Le duc de Longueville tenoit trop au cœur de la maréchale pour ne pas accepter ce parti. Elle remercia le comte de Fiesque des bons avis qu'il lui donnoit, et sans se mettre aucunement en peine de lui persuader que tout cela n'étoit que médisance, elle ne fit paroître d'inquiétude que pour savoir si, en chassant ainsi tout le monde, elle pouvoit espérer que cela pût contenter son ami. Le comte de Fiesque lui dit qu'elle ne le devoit pas mettre en doute, et qu'il alloit prendre soin, de son côté, de lui faire voir qu'une femme qui, sans le connoître, étoit capable de tant faire pour lui, le seroit de toutes choses quand il auroit quelque reconnoissance.

C'est ainsi que la maréchale renversoit les lois de la nature, par les nécessités de son tempérament, ou, pour mieux dire, par une paillardise[1] qui n'avoit point de pareille : car, sans considérer que c'est aux femmes à attendre que les hommes les prient, il est tout évident que ce qu'elle faisoit étoit prier le duc de Longueville. Le comte de Fiesque, qui croyoit la connoître, c'est-à-dire qui pensoit qu'elle auroit de la peine à se défaire de plusieurs favoris pour n'en avoir plus qu'un seul, ne dit rien d'abord de cette conversation au duc de Longueville ; mais, quand il vit que, pour commencer à effectuer de bonne foi ce qu'elle lui avoit promis, elle avoit donné congé au comte d'Olonne, au marquis

1. *Var.* : Edit. 1754 : effronterie.

d'Effiat[1], et à une infinité d'autres qui seroient trop longs à nommer, il se crut dans l'obligation de lui tenir parole. Le duc de Longueville lui dit, sachant ce qui se passoit, qu'il étoit ravi qu'elle eût pris ce parti-là, puisque sans cela il lui auroit été impossible de l'aimer jamais ; que maintenant qu'il n'y avoit plus d'obstacle, il consentoit à l'aller voir ; qu'il lui dît de sa part que c'étoit dès l'après-diner, et qu'il vouloit qu'il fût témoin de leur première conversation. Le comte de Fiesque fit ce qu'il put pour s'en excuser, lui remontrant qu'un tiers faisoit un méchant personnage dans ces sortes de rencontres ; mais le duc de Longueville le vouloit ainsi, par plus d'une raison : la première, parce qu'il vouloit convenir avec elle en présence d'un ami commun sous quelles conditions il l'aimeroit ; la seconde, parce que, n'étant pas en état de s'acquitter des promesses qu'il lui pourroit faire, il étoit bien aise d'en reculer le payement jusques à un temps plus favorable.

En effet, il étoit malade pour avoir eu trop de santé, et, s'étant abandonné à la conduite de quelques débauchés de la Cour, il avoit eu besoin de se mettre entre les mains des chirurgiens. De Fiesque, voyant qu'il ne se relâchoit point de sa volonté, fut obligé d'y condescendre, et ayant annoncé cette visite à la maréchale, elle se para extraordinairement pour le recevoir.

1. Antoine Ruzé, marquis d'Effiat, chevalier des ordres du Roi, premier écuyer de Philippe, duc d'Orléans. Il fit partie du conseil de régence pendant la minorité de Louis XV. Né en 1638, il mourut en 1719, sans laisser de postérité. Cf. t. 2, p. 406.

Le duc de Longueville, au contraire, y fut en gros habit de drap gris de fer ; mais, quelque négligé qu'il fût, il n'en parut pas moins charmant à la dame. Ainsi, comme elle étoit pressée de contenter sa passion, elle trouva à redire qu'il se fût fait accompagner par le comte de Fiesque, jugeant de là qu'il falloit que son empressement ne fût pas égal au sien. Le duc de Longueville, après les premiers compliments, lui dit qu'ayant appris par son ami les obligations qu'il lui avoit, il venoit, non-seulement pour l'en remercier, mais encore pour lui promettre une amitié éternelle ; qu'il ne tiendroit qu'à elle qu'ils ne s'aimassent toute leur vie ; que pour cet effet il avoit amené le comte de Fiesque, afin qu'il lui pût reprocher un jour, s'il manquoit jamais à ce qu'il lui alloit promettre ; qu'il ne verroit plus mademoiselle de Fiennes [1], pour qui on vouloit qu'il eût de l'amitié, et qu'il la laissoit au chevalier de Lorraine, qui étoit son véritable tenant ; qu'il en useroit de même à l'égard de toutes les dames qui lui pourroient être suspectes, si bien qu'elle n'auroit qu'à l'en avertir quand elle voudroit qu'il ne les vît plus ; mais

---

1. Mademoiselle de Fiennes étoit fille d'un fils de la nourrice de la reine d'Angleterre, lequel avoit épousé, à vingt-deux ans, une dame d'atours de cette reine. Madame de Fiennes avoit quarante ans au moment où elle se maria ainsi par amour ; et mademoiselle de Montpensier, qui avoit tant de raisons pour n'être pas sévère, lui reproche cette folie qui l'a faite « belle-fille de madame la nourrice, belle-sœur de toutes ses femmes de chambre, et femme d'un jeune homme de ving-deux ans, sans bien, sans charge, parce qu'il est beau et bien fait. » Elle la blâme ensuite de n'avoir déclaré son mariage que quand elle étoit prête d'accoucher de cette fille dont il est ici question.

qu'il vouloit qu'à son tour elle lui promît la
même chose touchant ceux qui lui pouvoient
donner de la jalousie, ajoutant qu'il étoit si
délicat qu'il ne pouvoit rien voir de cette nature
sans se brouiller avec elle.

Le comte de Fiesque, qui servoit de média-
teur en cette occasion, dit que cela étoit juste,
et la maréchale étoit trop raisonnable pour s'y
opposer. En effet, bien loin d'y trouver à redire,
elle renchérit encore par-dessus, disant qu'il la
faudroit noyer si elle n'étoit pas contente de la
possession d'un cœur aussi illustre que le sien.
Le marché étant ainsi conclu, sans y faire davantage de façons, il lui baisa la main en signe
d'amitié; mais elle, qui ne croyoit pas que de
telles arrhes fussent suffisantes, lui jeta les bras
au cou et le baisa fort amoureusement. Si le
pauvre prince n'eût pas été malade, il étoit d'une
complexion trop reconnoissante pour n'y pas répondre comme il falloit; mais sachant que ce
n'est pas en cette occasion qu'il faut reprendre le
poil de la bête pour se guérir, il rompit les chiens
le plus tôt qu'il lui fut possible, sous promesse
de la revenir voir tout seul le lendemain. Mais
comme il lui eût été impossible de lui faire sa
cour dans toutes les formes, ou du moins qu'ils
eussent eu lieu tous deux de s'en repentir,
il trouva une maladie de commande, qui lui
donna le temps de se préparer au combat qu'elle
lui demandoit.

La visite qu'il lui avoit rendue alarma les
amants qui avoient eu leur congé, et il n'y en
eut point qui ne crût qu'il lui avoit été sacrifié.
Cependant, comme cette visite fut quelque temps

sans avoir de suites, cela remit, en quelque façon, leur esprit; j'entends à son égard, car étant toujours également maltraités, ils ne s'en estimoient pas moins malheureux. En effet, leur jalousie, ayant changé d'objet, leur fournit encore assez de matière de chagrin. D'Olonne, à qui il en avoit coûté beaucoup d'argent pour avoir ses bonnes grâces, ou y ayant regret, ou au plaisir dont il se voyoit privé, en accusa le marquis d'Effiat, et dit tout haut dans le monde qu'il lui feroit pièce; même, pour faire voir qu'il avoit dessein de faire ce qu'il disoit, il se fit accompagner de quelques braves, et, prenant des armes à feu, il rôda autour de l'hôtel de la Ferté[1], jurant que s'il y venoit il n'en ressortiroit pas comme il y seroit entré. D'Effiat, quoique plus jeune de beaucoup, se montra plus sage que lui : il dit à ceux qui lui parlèrent de ces extravagances qu'il ne vouloit point de querelle avec un vieux cocu; que tout ce qui le pouvoit mettre en colère, c'est s'il le soupçonnoit de lui voler le cœur de sa

[1]. L'hôtel de La Ferté faisoit l'admiration de Paris. Isolé, entouré de quatre rues, il étoit « le seul à Paris qui fût de cette manière », dit Sauval. Sa grande galerie, sa chapelle, la plus grande de toutes celles qui étoient dans des palais ou des hôtels particuliers, sa grande basse-cour, son écurie, voûtée, soutenue par deux rangs de colonnes et assez grande pour recevoir quatre-vingts chevaux, sa grande serre d'orangers, faisoient qu'on disoit à Paris : Senneterre-la-Grande. Non-seulement, dit encore Sauval, toutes ces pièces sont grandes, mais encore il n'y a point de maison à Paris où on les rencontre toutes ensemble d'une grandeur si considérable. Sa galerie est bordée de tableaux où Perrier, Mignard, Hyacinthe et Evrard ont peint une partie de l'histoire d'Aminthe. Le maréchal de La Feuillade acheta dans la suite cet hôtel, et c'est sur l'emplacement qu'il occupoit que fut construite la place des Victoires.

maîtresse; mais qu'il n'avoit pas si méchante opinion d'elle que de la croire capable de se laisser mâtiner par un si malhonnête homme, pendant qu'elle en avoit à sa dévotion mille qui étoient plus honnêtes gens que lui.

Je ne sais si ce discours fut rapporté au comte d'Olonne, mais enfin tout son ressentiment se borna à chanter pouille à la maréchale, à qui il reprocha, l'ayant trouvée chez une de ses amies, qu'elle ne l'avoit pas toujours traité si indifféremment.

La maréchale, qui eût été bien aise que son amie eût pris le change, lui répondit, avec une grande présence d'esprit : « Il n'y a pas beaucoup de quoi s'étonner, Monsieur : je vous ai traité comme mon beau-frère tant que vous en avez bien usé avec ma sœur; mais maintenant que vous en usez mal avec elle, je n'aurois guère de sentiment si je vous voyois du même œil que je vous ai vu. » Ces paroles se pouvoient attribuer sur ce qu'enfin il s'étoit séparé de sa femme, et qu'il étoit le premier à en faire médisance ; et le dessein de la maréchale étoit que la dame leur donnât cette explication. Mais enfin d'Olonne étoit piqué trop au vif pour la ménager, et afin que l'autre ne s'y trompât pas : « Non, non, Madame, lui dit-il, trève de vos finesses, elles sont trop grossières pour que Madame donne dedans. Je ne parle pas de votre sœur, mais de vous-même, à qui j'ai donné plus de dix mille écus, croyant que vous me seriez fidèle ; mais et comme amant, et comme mari, je ne suis pas plus heureux ; et cela parce que ma destinée a voulu que je me sois adressé à votre famille. »

Ces paroles, qui furent suivies de beaucoup d'autres reproches, donnèrent de la confusion à la maréchale ; et, croyant que ses pleurs persuaderoient son amie de son innocence, comme elle les faisoit venir sans peine quand elle en avoit besoin, elle en répandit assez pour faire pitié à ceux qui n'auroient pas su qu'elle étoit une admirable comédienne quand elle vouloit. Cependant, son amie feignant d'être persuadée que ce n'étoit qu'une médisance, elle blâma le comte d'Olonne, qui, croyant que ce qu'elle en disoit étoit de bonne foi, se mit à lui faire mille serments qu'il ne lui disoit rien que de véritable. Elle lui répondit qu'elle ne le croyoit pas ; mais que, quand cela seroit, il avoit tort de se vanter d'une chose comme celle-là.

D'Olonne, ayant encore évaporé sa bile, se retira ; et quand il fut sorti, la maréchale jura qu'elle en avertiroit son mari. Mais elle n'avoit garde : il étoit dans le lit à crier les gouttes, et, comme il y avoit déjà longtemps que ce mal lui tenoit, il ignoroit la belle vie qu'elle avoit menée et qu'elle menoit actuellement.

Son incommodité fut cause que, le duc de Longueville étant guéri, il ne put voir pareillement l'amour qu'il avoit pour elle et celle qu'elle avoit pour lui, ce qui lui auroit été facile sans cela : car, non-seulement elle bannit tous les autres pour l'amour de lui, mais elle se priva encore du jeu, qui étoit sa seconde passion. La raison fut qu'elle eut peur que, comme cela ouvroit indifféremment la porte à tout le monde, ce ne lui fût un sujet de jalousie. Leurs premières entrevues se firent à l'hôtel de La Ferté, où le duc de Longueville lui ayant donné des marques d'une parfaite convalescence, il lui devint si cher qu'elle n'eut point de repos qu'elle ne passât une nuit avec lui. Elle lui dit, pour l'y obliger, que, son mari étant accablé comme il étoit des gouttes, c'étoit tout de même que s'il n'étoit pas au logis; qu'il ne pouvoit se remuer; qu'ainsi sa sûreté étoit tout entière, si bien qu'il n'y avoit rien à risquer pour lui. Le duc de Longueville, à qui la possession avoit amorti les grands feux, lui dit qu'elle avoit raison, mais que néanmoins il n'étoit pas de bon sens de se hasarder sans qu'il en fût besoin; qu'il convenoit bien que le maréchal ne pouvoit bouger de son lit; mais qu'après être entré dans sa maison on pourroit prendre garde qu'il n'en seroit pas sorti, ce qui lui feroit des affaires; qu'il valoit mieux se voir ailleurs, et que du jour on en pouvoit faire une nuit, c'est-à-dire coucher tout nus ensemble, ce qui étoit apparemment ce qu'elle désiroit. Ils étoient trop familiers pour qu'elle fît finesse avec lui; elle lui avoua que c'étoit là la vérité, et elle lui fit plusieurs caresses afin qu'il lui donnât ce contentement. Il lui promit que ce seroit bientôt, et, pour lui tenir parole, il pria de Fiesque de louer une maison sous son nom. De Fiesque la choisit hors de la porte Saint-Antoine, et la maréchale faisant semblant de s'aller promener, tantôt à l'Arsenal et tantôt à Vincennes[1], elle passa plusieurs

1. La promenade du Cours-la-Reine avoit perdu en partie sa vogue, et le beau monde alloit alors beaucoup du côté de la porte Saint-Antoine : les allées de Vincennes, d'un côté, et, d'un autre, un boulevard qui commençoit à s'ouvrir et qui devoit plus tard s'étendre jusqu'à la porte Saint-Ho-

fois par une fausse porte pour se rendre dans cette maison. Elle devint grosse dans ces entrevues, et, sachant que l'incommodité qu'elle commençoit à sentir lui dureroit neuf mois entiers, elle ne fut pas sans embarras. Néanmoins, faisant paroître qu'elle méprisoit le ressentiment de son mari, pour mieux prouver à son amant la violence de son amour, elle trouva moyen de cacher sa grossesse, et accoucha dans sa chambre et dans son lit [1].

Le duc de Longueville ne s'y voulut pas trouver, mais il y envoya le comte de Fiesque à sa place, qui, enveloppé dans un gros manteau, y cacha l'enfant d'abord qu'il eût été emmaillotté. Comme il traversoit la cour pour entrer dans son carrosse, l'enfant, qui étoit un garçon, se mit à crier, et, comme il avoit peur d'être découvert, il lui mit la main sur la bouche, et peu s'en fallut qu'il ne l'étouffât. Il le porta au duc de Longueville, qui l'attendoit dans une maison, au faubourg Saint-Germain, où il y avoit une nourrice toute prête. Les couches de la mère se passèrent fort heureusement, et elle ne manqua pas de prétextes pour garder le lit; ce qui fut cause que personne ne se douta de l'affaire, pas même le maréchal, qui étoit dans un autre lit à jurer Dieu en toutes sortes de rencontres : car il falloit qu'il passât le chagrin qu'il avoit d'être malade sur ceux qui avoient affaire à lui, et c'étoit souvent sur des gens qui valoient beaucoup mieux qu'il

noré, en passant par les portes Saint-Martin et Saint-Denis, attiroient la foule en été.

1. Voy. le texte des pages 409 et suivantes, et la note, p. 411, t. 2.

n'avoit jamais valu de sa vie. En effet, il avoit fait dans son temps mille cruautés et autant d'exactions, sans compter le bien d'autrui dont il s'étoit emparé, moitié de force, moitié par adresse.

Je ne dis pas ceci sans raison, et cela a plus de rapport à mon sujet que l'on ne pense ; de quoi je ne crains point de faire tout le monde juge, après que j'aurai rapporté ce que je vais dire. Sa femme avoit une terre auprès d'Orléans, nommée la Loupe [1], et lui ayant pris envie d'y faire bâtir et de l'agrandir, il acheta tout le bien d'alentour, ne se souciant pas de ce qu'on le lui vendoit, parce qu'il ne le payoit pas. Il avoit eu ainsi le bien d'un gentilhomme, qui s'étoit défendu quelque temps de passer contrat avec lui, sachant qu'il est dangereux d'avoir affaire à un plus grand seigneur que soi ; mais n'ayant pu résister à une force majeure, qui étoit en usage en ce temps-là, il y avoit plus de vingt ans qu'il étoit dépouillé de son bien, sans avoir jamais touché un sou, ni du principal, ni des arrérages. Réduit à la dernière nécessité, il se jeta à genoux devant le Roi, et, le Roi s'étant arrêté pour lui demander ce qu'il avoit, il lui présenta un placet où son affaire étoit déduite en peu de de mots. Le Roi, qui aimoit la justice, envoya dire en même temps au maréchal qu'il eût à satisfaire ce gentilhomme, et qu'il ne lui donnoit que huit jours pour cela. Ce commandement lui fut fait justement dans le temps des couches dont je viens de parler, et il est aisé de juger si ceux

1. La terre de la Loupe donnoit son nom à la branche de la famille d'Angennes à laquelle appartenoient et madame d'Olonne et madame de la Ferté.

qui avoient des affaires devant lui n'eurent pas à
souffrir de sa méchante humeur. Mais pour l'achever de peindre, il lui arriva le lendemain une
autre aventure qui n'étoit pas moins chagrinante.
Un gentilhomme qu'il avoit maltraité, et qui
étoit ami intime du comte de Fiesque, s'en étant
plaint à lui confidemment, le comte lui répondit
que c'étoit un vieux cocu, qui en usoit ainsi avec
tout le monde, si bien qu'il ne falloit pas s'en
étonner; mais que sa femme l'en vengeoit assez,
de même que tous ceux qui, comme lui, avoient
sujet de lui vouloir du mal. Soit qu'on se plaise
à entendre médire de ceux qui nous ont offensé,
ou qu'on le fasse seulement par le penchant que
nous avons au mal, ce gentilhomme n'eut pas
plutôt ouï ces paroles qu'il demanda au comte de
Fiesque, qu'il voyoit être bien instruit de toutes
choses, de lui spécifier quelques particularités; et
le comte ayant eu l'imprudence de le contenter,
et même de lui dire que la maréchale étoit actuellement en couche, l'autre s'en alla fort satisfait.
Comme son dessein étoit de ne pas laisser tomber cette affaire à terre, il prit de l'encre et du
papier, et sa main n'étant pas connue du maréchal, il lui fit part de cet avis, qu'il croyoit bien
ne lui devoir pas être fort agréable.

 Cette lettre arriva au maréchal par la poste,
ce gentilhomme étant allé lui-même à Etampes
par la même voie, pour la pouvoir mettre dans
la boîte. Le maréchal l'ayant ouverte, il fut fort
surpris de voir les nouvelles qu'on lui mandoit,
qu'il crut fort vraisemblables, y ayant déjà quelque
temps que sa femme faisoit la malade sans que son
mal prétendu augmentât ou diminuât. On lui man-

doit d'ailleurs que, s'il étoit incrédule, il étoit encore temps de s'en éclaircir, et qu'il n'avoit qu'à demander à voir pour juger qu'on ne lui en vouloit point imposer. Il est aisé de juger de l'effet qu'un pareil avis produisit dans l'âme d'un homme si violent. S'il eût pu se lever, la maréchale n'avoit qu'à se bien tenir ; mais, par bonheur pour elle, comme il étoit arrêté par les pieds, cela lui donna le temps de faire réflexion. Ainsi, outre qu'il crut que le moins d'éclat qu'il pourroit faire seroit le meilleur pour lui, il rêva qu'il avoit affaire d'elle pour l'affaire du premier gentilhomme dont j'ai parlé ci-dessus, c'est-à-dire de celui auquel il devoit de l'argent, car c'est la coutume à Paris de ne guère donner d'argent si les femmes ne s'obligent ; encore, quelque précaution que l'on y prenne, y est-on souvent attrapé.

Ces deux circonstances ayant donc, non pas apaisé son ressentiment, mais empêché qu'il n'eût des suites aussi fâcheuses que celles qu'il méditoit d'abord, il n'eut garde de demander à voir, comme on lui conseilloit, sachant bien qu'après cela il ne se pourroit empêcher de faire le méchant. Il n'en crut pas moins toutefois ; ce qui augmenta encore son soupçon fut que le temps des couches étant écoulé, la maladie de sa femme s'évanouit, et elle vint dans sa chambre comme si de rien n'eût été. D'abord qu'il la vit, il se mit à crier, comme s'il eût été pressé d'une forte douleur, et la maréchale lui ayant demandé ce qu'il avoit : « Eh ! Madame, lui dit-il, quand vous avez crié, il n'y a pas longtemps, plus fort que moi, je ne vous ai pas été demander ce que vous aviez, et je vous prie de me laisser en repos. »

Ces paroles, qui disoient beaucoup de choses, sans néanmoins expliquer rien de positif, donnèrent bien à penser à la maréchale. Cependant, pour ne lui rien donner à connoître de ce qui se passoit dans son âme, elle se retira en même temps, et le duc de Longueville l'étant venu voir une heure après, elle lui conta ce qui lui étoit arrivé : ce qui ne les empêcha pas, ni l'un ni l'autre, de recommencer sur nouveaux frais. Le nom du père de l'enfant étoit bien expliqué dans la lettre que le maréchal avoit reçue ; ainsi la visite du duc lui fut suspecte, et dorénavant il s'informa, à tous les carrosses qu'il entendoit entrer, qui c'étoit. On lui dit chaque jour que ce duc étoit du nombre de ceux qui visitoient sa femme, et cette assiduité ne lui persuada que trop qu'on lui avoit mandé la vérité.

Cependant, le Roi ayant entrepris de faire la guerre aux Hollandois[1], tout ce qu'il y avoit de gens de qualité songea à suivre un si grand prince, et le duc de Longueville entre autres, qui avoit un régiment de cavalerie. La maréchale le vit partir avec moins de chagrin qu'on n'auroit cru, car il y avoit quelques jours qu'ils s'étoient brouillés, à cause de la comtesse de Nogent[2], qu'on lui avoit dit qu'il aimoit. Il n'y avoit pas beaucoup d'apparence que cela fût, et cette comtesse, qui étoit sœur du comte de Lauzun, n'avoit ni sa taille, ni son air, ni sa beauté ; mais, rien n'étant capable de guérir un esprit attaqué de jalousie, elle s'imprima si bien ce soupçon, qu'il passa

1. En 1672.
2. Sœur de Lauzun. Voy. t. 2, *passim.*, et ci-dessous, p. 322.

chez elle pour une vérité. Et à dire vrai, si le tout n'étoit pas véritable, il y en avoit du moins une partie, car il est constant que cette dame aimoit ce jeune prince éperdument, de quoi elle ne s'étoit pu empêcher de donner des marques en plusieurs rencontres.

Quoi qu'il en soit, le Roi ayant fixé le jour de son départ, le duc de Longueville ne se mit pas beaucoup en peine de désabuser la maréchale, et partit sans vouloir un grand éclaircissement avec elle : car il étoit devenu jaloux, de son côté, de ce qu'elle voyoit Bechameil[1], personnage de la lie du peuple, mais qui étoit plus riche que beaucoup de personnes de condition, qualité fort charmante pour elle, surtout quand on étoit libéral. Cependant, quoique le petit bourgeois fût fort passionné, elle n'avoit pas encore répondu à son amour, craignant d'irriter le duc, qui s'étoit si fort déclaré de ne vouloir point de compagnon, qu'elle n'osoit faire voir à l'autre la complaisance qu'elle avoit pour ses richesses.

S'étant séparés de la sorte, ils n'eurent pas grand soin de s'écrire : dont Bechameil profitant, il trouva moyen de se rendre agréable à la maréchale par les offres qu'il lui fit de sa bourse en même temps que de son cœur. Elle refusa néanmoins l'un et l'autre d'abord, craignant que le duc de Longueville n'eût laissé quelqu'un à Paris pour prendre garde à sa conduite; mais ce prince ayant été tué six semaines après son départ, au

---

1. Louis de Bechameil, marquis de Nointel, né vers 1617, étoit alors conseiller au Parlement et secrétaire du Conseil ; il devint plus tard, en 1674, maître des requêtes ordinaires de l'hôtel du Roi. Il fut aussi intendant de Bretagne.

passage du Rhin[1], elle eut regret d'avoir refusé un homme qui lui pouvoit être utile de plus d'une manière, après la perte qu'elle avoit faite. Tous ceux qui savoient son intrigue avec ce prince trouvèrent étrange qu'elle reçût si indifféremment la nouvelle de sa mort, car elle fut aux Tuileries un jour après, et on l'y vit rire à gorge déployée. La comtesse de Nogent n'en usa pas de même, elle en pensa mourir de douleur[2]; mais comme elle avoit perdu son mari dans la même occasion, ce lui fut un prétexte pour pleurer tout à son aise et sans qu'on y pût trouver à redire.

Bechameil, étant défait d'un rival si dangereux, trouva des facilités à son dessein plus grandes qu'il n'auroit osé espérer : car la maréchale, craignant qu'il ne se fût rebuté par ses refus, le prévint par une lettre fort obligeante. Elle étoit conçue en ces termes :

Lettre de la Maréchale de la Ferté a M. de Bechameil, secrétaire du Conseil.

out le monde veut que j'aye beaucoup perdu en perdant le duc de Longueville, et qu'il m'aimoit assez pour le devoir regretter. C'est une étrange chose qu'on

---

1. Voy. ci-dessus t. 2, p. 412.
2. Madame de Nogent, sœur de Lauzun, n'étoit pas la seule des femmes qui formoient une sorte de cour auprès du jeune duc de Longueville. Madame de Thianges, madame d'Uxelles et beaucoup d'autres, dit Mademoiselle de Montpensier, étoient fort de ses amies. (Voy. ci-dessus t. 2, p. 412-413, note.) — Diane-Charlotte de Caumont-Lauzun, née en 1632, étoit mariée depuis neuf ans environ (28 avril 1663) à Arnaud de Bautru, comte de Nogent. Elle avoit quarante ans à l'époque du voyage de Flandre. Elle vécut jusqu'en 1720, atteignant ainsi sa quatre-vingt-huitième année.

veuille être plus savant dans mes affaires que moi-même, comme si je ne savois pas mieux que personne ce qui me regarde. Il est vrai, j'ai fait une grande perte, mais ce n'est pas celle-là; et si vous voulez que je vous parle franchement, c'est de ne vous plus voir depuis quelques jours. Je ne sais à quoi l'attribuer, si ce n'est que je n'ai pas topé à tout ce que vous vouliez; mais enfin, est-il honnête qu'on se rende sitôt? et, parce que je suis de la cour, faut-il que vous me traitiez comme les autres femmes de la cour, qui sont bien aises de commencer une intrigue par la conclusion? Je ne suis point de celles-là, et quand vous ne devriez point être de mes amis, je ne me repens point de ne leur point ressembler.

Bechameil étoit trop intelligent pour ne pas expliquer ce billet comme il faut; et, en prenant le bon et laissant le mauvais, il s'arma d'une bourse où il y avoit quatre cents pistoles, parce que, comme le temps lui étoit cher, il ne le vouloit pas perdre en paroles inutiles. Il s'en fut à l'hôtel de La Ferté avec un bon secours, et, pour abréger toutes choses : « Madame, dit-il à la maréchale, je viens d'apprendre que vous perdites hier quatre cents pistoles sur votre parole, et comme les personnes de qualité n'ont pas toujours de l'argent, je vous les apporte, afin que vous ne soyez pas en peine où les chercher. » La maréchale entendit bien ce que cela vouloit dire, mais, trouvant que ce seroit se donner à trop bon marché à un petit bourgeois comme lui : « Je ne sais pas, Monsieur, lui répondit-elle, qui vous a pu dire cela; mais il ne vous a dit que la moitié de mon malheur : j'en perdis huit cents, et si vous pouviez me les prêter, vous m'obligeriez. — Huit cents pistoles, Madame! répliqua-t-il ; c'est une somme considérable dans le siècle où nous sommes ; mais n'importe, c'est un effort qu'il faut faire pour vous ; prenez toujours ce que je vous offre, et je vous ferai mon billet du reste, si vous ne vous fiez pas à ma parole. »

Il dit cela de si bonne grâce, que la maréchale jugea à propos de lui faire crédit jusqu'au lendemain, et lui ayant dit fort honnêtement que tout étoit à son service, il commença, pour l'en remercier, à lui baiser la main. Elle lui offrit ensuite le visage, et le bonhomme s'y arrêtant un peu plus que de raison : « Eh quoi ! monsieur, lui dit-elle, est-ce que vous n'osez rien faire davantage jusqu'à ce que vous m'ayez payée ? Que cela ne vous arrête pas ; votre parole, comme je vous l'ai dit, est de l'argent comptant pour moi, et je voudrois bien que vous me dussiez davantage. »

Apparemment elle parloit de la sorte craignant que le bonhomme ne se ravisât, et que, faute de prendre sa marchandise, il ne se crût pas obligé de la payer : car elle n'étoit pas si affamée de la sienne que ce fût par le désir d'en tâter qu'elle vouloit hâter la conclusion. Quoi qu'il en soit, Bechameil, sans être surpris de ce discours, qui en auroit peut-être surpris un autre : « Patience, Madame, lui dit-il, toutes choses viennent en leur temps, et Paris n'a pas été fait en un jour. J'ai cinquante-cinq ans passés, et à mon âge on ne court pas la poste quand on veut. » Ces raisons étoient trop belles et trop bonnes pour y trouver à redire, et, lui ayant donné tout le temps qu'il désiroit, il arriva où il vouloit aller par les formes. La dame, qui ne vouloit pas qu'il s'en allât mécontent, lui dit que les gens de son âge étoient admirables; qu'il n'y avoit que de la brutalité dans la jeunesse, et qu'en vérité elle vouloit qu'il lui donnât, le plus souvent qu'il pourroit, une heure ou deux de son temps. Le bonhomme, qui aimoit le plaisir, pourvu qu'il ne fût pas nuisible à sa santé, croyant qu'elle lui demandoit un rendez-vous pour le lendemain, s'excusa sur quelques affaires qu'il avoit au Conseil, mais il lui envoya les quatre cents pistoles restantes, et pour remercîment desquelles elle jugea à propos de lui adresser la lettre suivante :

LETTRE DE LA MARÉCHALE DE LA FERTÉ A BECHAMEIL.

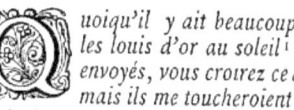uoiqu'il y ait beaucoup de plaisir à voir les louis d'or au soleil[1] que vous m'avez envoyés, vous croirez ce que vous voudrez, mais ils me toucheroient encore davantage si je les avois reçus de votre main. Quoi qu'il en soit, mon déplaisir est qu'il faut que je m'en défasse et que je ne les puisse garder, pour vous montrer que je fais cas de tout ce qui vient de vous. J'en mourrois de douleur, si ce n'est que j'espère que je ne serai pas toujours malheureuse, et que, de votre côté, vous renouvellerez souvent ces mêmes marques d'amitié, qui me seront toujours fort chères. Vous

---

1. Les louis, les écus au soleil, étoient des pièces de monnoie d'or marquées d'un soleil. On connoît le vers de Régnier :

    Je fis, dans un escu, reluire le soleil.

auriez tort d'en douter, puisqu'à l'âge que vous avez vous n'êtes pas à savoir qu'on fait toujours cas de ce qui vient de la personne aimée.

« Comment, morbleu ! s'écria Bechameil en recevant cette lettre, a-t-elle envie de me ruiner, et est-ce à cause que je suis vieux qu'elle veut que je la paye si grassement ? » Cette réflexion, jointe à cela que ses nécessités n'étoient pas trop pressantes, firent durer les affaires qu'il avoit au Conseil trois jours plus qu'elles n'auroient fait sans cela. Mais ce temps-là étant expiré, il voulut aller voir si l'argent qu'il avoit donné ne lui vaudroit pas du moins une seconde visite. La première parole que lui dit la maréchale, en le voyant, fut celle-ci : « Ah ! monsieur, je suis née pour être toujours malheureuse, je perdis hier encore cinq cents pistoles ! » Par bonheur pour elle, elle étoit si belle ce jour-là que, quoique le compliment ne lui plût pas, il ne laissa pas de lui faire cette réponse : « Eh bien ! Madame, il ne s'en faut pas désespérer, et vous avez encore des amis qui ne vous abandonneront pas pour si peu de chose. » La maréchale, ne doutant point que cela ne voulût dire qu'il les lui alloit donner à l'heure même, ou du moins qu'il les lui enverroit une heure après, lui donna toutes les marques de reconnoissance dont elle se put aviser ; cependant, étant survenu compagnie, elle rompit les mesures qu'elle auroit pu prendre avec lui pour son payement, de sorte que, s'en étant allé avec les autres, pour quelques affaires qu'il avoit, ou peut-être de dessein prémédité, il oublia ce qu'il avoit promis. Il y eut un peu de malice à lui en faisant cela, et il commençoit à se lasser d'acheter ses bonnes grâces si cher ; mais, comme ce n'étoit pas son compte, elle lui écrivit un nouveau billet par lequel elle le faisoit ressouvenir de sa promesse. Il lui envoya son argent, mais il l'accompagna de cette réponse :

LETTRE DE BÉCHAMEIL
A LA MARÉCHALE DE LA FERTÉ.

On ne fait le bail des fermes que de neuf ans en neuf ans, et le payement s'en fait de quartier en quartier, par avance. Je vous en parle comme savant, y ayant bonne part, dont je ne me repens point, parce que cela m'a appris à vivre. Comme je suis donc un homme d'ordre, je vous dirai qu'il n'y auroit pas moyen d'avoir commerce avec vous, si je ne savois comment il nous faut vivre ensemble. Je ferai un bail de votre ferme quand il vous plaira, j'en fixerai le prix et le temps du payement ; mais après cela, n'ayez rien à me demander : autrement il n'y auroit pas moyen d'y subvenir, et vous m'enverriez bientôt à l'hôpital.

Cette lettre ne plut point à la maréchale, qui s'attendoit qu'elle pourroit fouiller dans sa bourse toutes et quantes fois qu'elle voudroit ; et comme si la marchandise qu'elle lui donnoit eût valu son argent, peu s'en fallut qu'elle ne lui écrivît des reproches. Elle laissa passer quelques jours sans rien dire, pour voir s'il ne reviendroit point ; mais enfin, craignant de le perdre, elle lui écrivit ces paroles :

Lettre de la Maréchale de la Ferté a Bechameil.

Je m'étonne que vous vous plaigniez de moi, puisque je ne vous ai encore rien dit ni fait qui vous puisse désobliger. Si nous avons des affaires ensemble, il faut se voir pour les régler, et vous ne trouverez pas que je résiste à tout ce qui sera raisonnable. Mais il y a des années entières qu'on ne vous a vu, et c'est ainsi qu'on en use quand on veut faire une querelle d'Allemand à une personne.

« Quelle querelle d'Allemand ! s'écria Bechameil quand il eut lu cette lettre ; et ce n'est donc rien, à son compte, que quatorze mille trois cents livres en huit jours de temps ? Si cela duroit il n'y auroit pas moyen d'y fournir, et j'aurois beau pressurer le peuple, jamais je ne me pourrois récompenser d'une telle perte. » Il dit encore plusieurs choses sur le même ton ; après quoi, prenant son manteau[1] et ses gants, il s'en vint chez elle tout en colère. Cependant, ayant eu le temps de s'apaiser un peu en chemin : « Madame, lui dit-il en arrivant, je viens voir si nous conviendrons de prix, et je vous mettrai ma

---

1. Le manteau étoit une des parties obligées du costume. On le portoit en été, dit Furetière, par ornement, comme en hiver pour se garantir du froid et de la pluie. Les gens de robe, comme Bechameil, et les gens d'église, portoient le manteau long.

hausse ¹ tout d'un coup. Je vous donnerai dix mille écus tous les ans, et c'est à vous à voir si vous vous en voulez contenter.—C'est bien peu de chose pour moi, lui répondit la maréchale, et j'en joue quelquefois autant en un jour ; que ferai-je donc le reste du temps ? —Quoi ! Madame, s'écria Bechameil, ne sauriez-vous vivre sans jouer ?—Non, Monsieur, lui répondit-elle, cela m'est impossible. » Elle auroit pu ajouter : « aussi bien que de faire l'amour » ; mais elle jugea plus à propos de le laisser penser que de le dire elle-même.

Bechameil, tout amoureux qu'il étoit, étoit encore plus intéressé : ainsi, cette réponse ne lui ayant pas plu, il hocha la tête, ce dont la maréchale s'étant aperçue, elle fit ce qu'elle put pour le radoucir, n'ayant point d'envie du tout de le perdre. Elle lui dit donc qu'afin que tout le monde vécût, il lui donnât vingt mille écus ; mais, s'étant récrié à cette proposition, il dit tout résolûment qu'il ne passeroit pas d'un denier les dix mille qu'il avoit offerts, et que c'étoit à elle à se résoudre. La maréchale, le voyant si obstiné, fut obligée de s'en contenter ; mais elle voulut un pot-de-vin, disant qu'on ne faisoit jamais de marché de conséquence qu'il n'y en eût un. Bechameil n'eut rien à dire à cela, et, étant convenu d'en donner un de deux mille écus, il fallut qu'il comptât le lendemain douze mille cinq cents livres : car elle voulut avoir un quartier d'avance, disant qu'il avoit si bien reconnu lui-même que c'étoit la coutume, qu'il en

1. Terme de partisan, pour dire enchère. (*Note du texte.*)

avoit fait mention dans sa lettre. Il eut bien de la peine à se défaire tout d'un coup de cette somme, principalement en ayant donné deux autres assez considérables il n'y a pas long-temps ; mais, faisant réflexion qu'il auroit trois mois devant lui sans qu'elle lui pût rien demander, il fit cet effort sur son inclination, ce qui n'étoit pas une des moindres marques qu'il lui pouvoit donner de son amour.

Ces trois sommes lui servirent pour jouir du corps de cette dame, car, pour le cœur, il étoit en ce temps-là au comte de Tallard [1], qui ne le garda guère néanmoins, son talent étant de plaire plutôt aux hommes qu'aux dames. Je ne saurois dire qui prit sa place, car il y en eut tant qu'elle traita comme si elle les eût aimés, que je me pourrois méprendre si je disois qu'elle eût un favori.

Cependant, le vieux maréchal restoit toujours au lit à crier les gouttes. Il avoit rendu grâces au ciel de ce qu'il l'avoit défait du duc de Longueville, espérant que, selon le proverbe italien qui dit : *Morte la bête, mort le venin*, on ne songeroit plus dans le monde à ce qui s'étoit passé. Il sembloit même qu'il en avoit perdu le souvenir ; car, quand elle alloit dans sa chambre, il ne l'appeloit plus que m'amour et mon cœur, au lieu que ce n'étoit pas toujours auparavant le nom qu'il lui avoit donné. Mais, pour lui donner une nouvelle mortification, on lui vint dire que le duc de Longueville avoit laissé un bâtard et que le Roi le faisoit légitimer [2]. Il n'osa de-

1. Voy. ci-dessus, t. 2, p. 228.
2. Voy. ci-dessus, t. 2, p. 411, note 1. Le Roi fut heu-

mander qui en étoit la mère ; mais celui qui lui disoit cette nouvelle le tira de peine, ou, pour mieux dire, le jeta dans une plus grande, en apprenant qu'on ne la nommoit point, et qu'il falloit par conséquent que ce fût quelque femme mariée.

La maréchale étant venue quelque temps après dans sa chambre, il ne lui dit plus de douceurs, et au contraire il la salua d'un Corbleu ! qui étoit l'ornement ordinaire de son discours. Elle en fut quitte pour lui laisser passer tout seul sa méchante humeur, et fut s'en consoler avec Bechameil, qui lui apportoit un quartier de sa pension. C'étoit merveilles comme cet homme, qui étoit glorieux comme le sont ordinairement les gens de rien, s'accoutumoit à lui voir faire mille coquetteries en sa présence ; car enfin il faut savoir qu'il alloit mille gens chez elle, et que tous les jours devant lui elle faisoit mille choses qui lui devoient faire con-

---

reux de l'occasion qui se présenta de légitimer un enfant sans nommer la mère. Ce fut pour lui un précédent dont il devoit s'autoriser. Mademoiselle de Montpensier n'en fait pas mystère : « Pendant que j'étois sur le chapitre de M. de Longueville, dit-elle (édit. de Maëstricht, t. 6, p. 360), j'ai oublié de dire qu'il déclara un bâtard qu'il avoit au Parlement, afin de le rendre capable de posséder le bien qu'il lui voudroit donner : on ne nomma pas la mère. Comme il faut pour cela des lettres patentes du Roi, elles furent accordées sans peine. On déclara alors M. du Maine et mademoiselle de Nantes ; je ne me souviens pas si M. le comte de Vexin et mademoiselle de Tours le furent en même temps. La mère du chevalier de Longueville étoit une femme de qualité dont le mari étoit vivant. Il disoit à tout le monde, dans ce temps-là : « Ne savez-vous point qui est la mère du cheva« lier de Longueville ? » Personne ne lui répondoit, quoique tout le monde le sût. »

noître ce qu'elle étoit. Mais enfin, le plaisir qu'il avoit de s'entendre dire que sa maîtresse étoit la femme d'un maréchal de France lui faisoit passer par-dessus beaucoup de choses. D'ailleurs, elle lui faisoit accroire que, s'il y avoit quelque apparence contre elle, son fond ne laissoit pas d'être réservé pour lui. Mais enfin, après avoir pris plusieurs fois ces excuses pour argent comptant, il s'aperçut qu'elle le donnoit à d'autres pour le faire valoir, ce qui le mit en si grande colère, qu'il lui écrivit cette lettre :

Lettre de Béchameil a la Maréchale de la Ferté.

Je romps le bail que j'avois fait avec vous, parce que vous manquez aux clauses et conditions que nous y avons apposées. Vous vous étiez obligée de ne donner votre cœur qu'à moi, et cependant il faut que je partage avec un nombre infini de gens dont vous vous encanaillez tous les jours. Ainsi, n'y pouvant trouver l'émolument que je m'étois promis, je me dessaisis de la part que j'y avois, au profit de qui il vous plaira, ou, pour mieux dire, du premier venu. Quoi faisant, j'appliquerai dorénavant mes dix mille écus à une terre que je labourerai tout seul.

Cette lettre chagrina fort la maréchale. Une somme si considérable lui étoit fort utile, joint à cela qu'elle trouvoit moyen, de temps en temps, d'arracher encore quelques présents de lui. Et, à la vérité, elle avoit lieu d'avoir du chagrin, car les affaires de son mari commençoient à aller si mal, que lui, qu'on avoit estimé le plus riche de Paris, ne subsistoit plus que par le moyen des bienfaits qu'il tiroit de la cour, et des lettres d'Etat [1] qu'il étoit obligé de prendre. Elle fit donc ce qu'elle put pour le faire revenir : mais, soit qu'il vît bien qu'il ne devoit pas se fier à sa parole qu'elle lui donnoit d'en mieux user dorénavant avec lui, ou qu'il commençât à s'en dégoûter, il ne voulut jamais rentrer en commerce.

Comme, de tous ceux qu'elle voyoit, il n'y en avoit point qui fût assez dupe pour fournir à l'appointement, ce fut à elle après cela à retrancher sa dépense, ce qui lui fit bien mal au cœur. Son mari étant venu à mourir [2] peu de temps après, ce fut encore tout autre chose, et les pensions qu'il avoit ne venant plus, il fallut qu'elle se réduisît au petit pied. Pour rendre sa fortune meilleure, elle s'avisa alors, non pas de jouer, car elle n'en avoit plus le moyen, mais de donner à jouer chez elle au lansquenet, afin que, par le moyen d'une certaine rétribution qu'elle en tiroit, cela la pût consoler de tant de pertes

---

1. Les lettres d'Etat étoient celles que le Roi donnoit aux ambassadeurs, aux officiers de guerre et à tous ceux qui sont absents pour le service de l'Etat. Elles portoient surséance de toutes les poursuites qu'on pouvoit faire en justice contre eux. Elles ne s'accordoient que pour dix mois; mais, dit Furetière, qui fait d'une définition une satire politique, on les renouvelle tant que le prétexte dure.

2. Le pamphlet marche, on le voit, assez vite. La mort du duc de Longueville, dont nous ne sommes pas encore bien éloignés, est de 1672. Nous sommes maintenant amenés à la mort du maréchal de La Ferté. Le maréchal mourut le 27 septembre 1681, âgé de quatre-vingt-un ans.

survenues en si peu de temps. Comme tout le monde y étoit bien venu pour son argent, les fripons y furent comme les honnêtes gens ; et un nommé Du Pré, qui étoit du premier rang, lui ayant insinué qu'il n'y avoit que manière en ce monde de se tirer d'affaire, on n'y joua pas plus sûrement que dans tous les autres endroits de Paris, où c'est autant de coupe-gorge. Cela ayant été reconnu de la plupart de ceux qui n'étoient pas du calibre de Du Pré, on cessa d'y aller, et, l'avantage qui lui en revenoit ayant cessé par conséquent, elle fit venir dans sa maison un certain nombre de femmes choisies, afin que les jeunes gens, attirés par le bruit de leur beauté ou de leur esprit, fussent induits à la venir voir. Cependant elle y établit un jeu épouvantable, où toutes sortes de friponneries furent mises en usage, pour lui donner de quoi subsister. Ses parties furent dressées particulièrement contre les étrangers de qualité, qui, n'ayant pas encore pris langue, se croyoient trop heureux de se venir ruiner chez elle. Une de ses plus confidentes parmi toutes ces dames fut la marquise de Royan[1], et il est inconcevable combien elles en firent avaler toutes deux à toutes sortes de gens. Cependant un officier suisse qui y avoit perdu le fonds et le tréfonds, et qui avoit remarqué

---

1. Yolande-Julie, fille de Louis II de La Trémouille, premier duc de Noirmoutier, et de Renée-Julie Aubery, qu'il avoit épousée en 1640, épousa, le 31 décembre 1675, François de la Trémouille, marquis de Royan, grand sénéchal de Poitou et gouverneur de Poitiers. Celui-ci étoit fils de Philippe de La Trémouille, et, par conséquent, frère de ce Louis de La Trémouille, comte d'Olonne, qui avoit épousé la sœur de la maréchale de La Ferté.

quelque chose, en fit grand bruit; mais comme il avoit affaire à des gens de qualité, et que ses amis l'avertirent qu'il y alloit encore pour lui de la bastonnade s'il s'amusoit à faire les contes qu'il faisoit, il prit un autre parti, qui fut de faire imprimer des placards, et de les afficher aux portes de Paris, par lesquels il donnoit avis à tous ceux qui arrivoient en cette grande ville de se donner de garde de cette maison.

Pour faire connoître cette marquise de Royan à ceux qui pourroient peut-être n'en avoir jamais ouï parler, il faut savoir qu'elle est fille du feu duc de Noirmoutier, lequel, ayant mangé son bien, laissa sa famille dans une si grande pauvreté, qu'elle étoit sans doute digne de commisération. Cette fille, n'ayant donc rien pour être mariée, se voyoit réduite à entrer dans un couvent, ce qui n'étoit guère selon son inclination, quand le comte d'Olonne, qui étoit de même maison qu'elle, en devint amoureux. Il essaya pendant quelque temps de s'en faire aimer ; mais n'étant pas assez agréable pour y réussir, il s'avisa de lui proposer le mariage du chevalier de Royan son frère [1], si elle vouloit s'humaniser davantage. Or, ce chevalier étoit tout ce qu'il y avoit de plus horrible dans la nature, et pour le corps et pour l'esprit; car, quoiqu'il ne fût ni bossu ni tortu, il avoit plutôt l'air d'un bœuf que d'un homme. D'ailleurs, il étoit tellement plongé dans toutes sortes de débauches, que les honnêtes gens ne le vouloient pas hanter. Mais quelque désagréable qu'il pût être, un couvent l'étant encore plus à cette fille, elle se résolut

---

1. Voy. la note précédente.

non seulement de l'épouser, mais encore d'avoir de la reconnoissance pour le comte d'Olonne. Par ce moyen, ce comte parvint à ce qu'il désiroit, et qui plus est, avant que de signer une donation qu'elle faisoit à son frère de tout son bien en faveur de ce mariage, il voulut qu'elle lui accordât ce qu'elle lui avoit promis : ce qui fut fait en tout bien et en tout honneur.

Voilà comment le comte d'Olonne, ayant peur qu'il ne cessât d'y avoir des cocus dans sa race, y donna ordre lui-même. Cependant, cette dame, après avoir si bien commencé dans le chemin de la vertu, s'y perfectionnoit tous les jours de toutes façons, de sorte que pour le jeu et pour la galanterie elle ne le cédoit à personne, quoiqu'elle eût été élevée sous l'aile d'une mère qui lui avoit donné d'autres leçons [1]. Le comte d'Olonne, qui avoit eu affaire de sa femme pour ce mariage, s'étoit raccommodé avec elle et avec toute sa famille, et cela avoit été cause que la marquise de Royan avoit fait une coterie si particulière avec la maréchale de La Ferté, qu'on ne les voyoit plus l'une sans l'autre. Du Pré, dont j'ai parlé ci-dessus, leur voyant à toutes deux de si bonnes inclinations, leur servit de pédagogue pour leur apprendre à filer les cartes et tous les autres tours de souplesse, dans lesquels il étoit extrêmement savant. Cependant ce métier-là n'étant pas le meilleur du

---

[1]. La mère de madame de Royan étoit Renée-Julie Aubery, à qui les chansons n'ont guère reproché que d'avoir désiré l'honneur du tabouret chez la Reine, c'est-à-dire le titre de duchesse. Elle mourut en 1679, quatre ans après le mariage de sa fille. (Cf. *Dictionnaire des Précieuses*, t. 2, p. 139.)

monde, parce qu'il y a trop de gens qui s'en mêlent et que chacun commence à s'en défier, la maréchale, qui n'avoit plus personne qui l'empêchât de voir sa sœur, se servit de l'occasion qu'elle en avoit pour tâcher de lui dérober Fervaques.

Il est impossible de dire tout ce qu'elle fit pour cela ; non pas, comme il est à croire, qu'elle eût envie de sa personne, car elle n'est pas trop ragoûtante, mais pour avoir part à sa fortune. En effet, il lui faisoit mal au cœur de voir que sa sœur, qui étoit plus âgée qu'elle de plusieurs années, et qui n'avoit pas meilleure réputation, eût une bourse comme la sienne à son commandement, pendant qu'elle manquoit de toutes choses : car il faut savoir que Fervaques, par un excès de passion, ou pour mieux dire de folie, lui avoit fait plusieurs présents considérables, et entre autres d'une belle maison qu'il avoit dans la rue Coq-Héron. On eut peine à croire qu'il eût été assez fou pour cela, quoique le bruit en courût par tout Paris ; mais la comtesse d'Olonne se faisant honneur de ce présent, qui étoit cependant une marque de la continuation de sa bonne vie, elle ne voulut pas que personne en doutât davantage. C'est pourquoi, la maison étant à louer, elle fit mettre à l'écriteau que c'étoit à elle qu'on devoit venir pour convenir du prix.

La chose étant rapportée à madame de Bonnelle, qui ne l'aimoit déjà pas trop, elle envoya en plein jour arracher cet écriteau ; mais la comtesse d'Olonne en fit remettre un autre, et voilà tout le bruit qu'elle en fit. Elle n'en usa pas si modérément avec sa sœur, qui, comme j'ai dit, lui vouloit enlever Fervaques : car elles se prirent si bien de paroles, qu'elles se dirent toutes leurs vérités. On trouva cela fort vilain pour des femmes de qualité, et encore pour deux sœurs. Cependant cela n'étoit pas extraordinaire, et il étoit arrivé la même chose à quelques autres que je nommerois bien si cela étoit de mon sujet. Quoi qu'il en soit, la maréchale fut bientôt sur le pied de s'entendre dire de pareilles pauvretés, et le duc de La Ferté, son fils[1], homme adonné, s'il en fut jamais, à toutes sortes de débauches, fut lui-même de ceux qui ne la ménagèrent pas. Elle avoit quelque chose à démêler avec lui pour quelques intérêts ; aussi lui, qui n'avoit pas trop de bien pour fournir à ses désordres, ne pouvant souffrir qu'elle lui demandât un douaire et des conventions, commença ses litanies par lui dire si, après avoir ruiné son père, elle vouloit encore lui ôter ce qui lui restoit. La maréchale, n'étant pas demeurée court, comme de raison, à ces reproches, lui dit que c'étoit bien à lui de parler, lui qui étoit non-seulement le mépris de toute la cour, mais encore de toute la ville. C'étoit la pure vérité ; mais comme toutes sortes de vérités ne sont pas bonnes à dire, il

1. Henri-François de Saint-Nectaire, né le 23 janvier 1657, duc par la démission de son père, agréée par le Roi le 8 janvier 1678. Colonel d'un régiment d'infanterie, puis brigadier, puis maréchal de camp et enfin lieutenant général ; il fut aussi gouverneur de Metz et pays Messin, ville et évêché de Verdun, Vic et Moyenvic, aussi par la démission du maréchal son père. Le duc de La Ferté, qui avoit épousé, le 18 mars 1675, Marie-Isabelle de La Mothe-Houdancourt, fille du maréchal de ce nom, mourut le 1er août 1703, âgé seulement de quarante-six ans.— Cf. t. 2, p. 424.

ne put souffrir celle-là, et lui répliqua que si ce n'étoit pas à lui à parler, c'étoit encore moins à elle, qui étoit une vieille p...... Là dessus, il lui dit le nom de tous ceux qui avoient eu affaire à elle, et il en nomma jusqu'à soixante-douze, chose incroyable, si tout ce qu'il y a de gens à Paris ne savoient que je ne rapporte rien que de vrai. La maréchale lui dit d'abord de parler de sa femme[1], et qu'il y avoit plus à reprendre sur elle que sur qui que ce soit; mais le duc de la Ferté lui ferma la bouche en lui disant qu'il savoit bien qu'il étoit cocu, mais que cela n'empêchoit pas que son père ne l'eût été en herbe, en gerbe et après sa mort.

Ce furent ses propres termes, qui désolèrent tellement la maréchale, qu'elle se prit à pleurer. Mais elle avoit affaire à un homme si tendre, qu'au lieu d'en être touché, il n'en fit que rire. Cette comédie s'étant passée de la sorte, la maréchale alla se plaindre au comte d'Olonne, chez qui elle savoit qu'il alloit souvent. « Vous n'avez que ce que vous méritez, lui répondit alors le comte; et après avoir voulu tâter, comme vous avez fait, du sceptre jusqu'à la houlette, comment voulez-vous que vos affaires ne soient pas publiques? » Il lui fit ce reproche parce qu'il se ressentoit du passé; mais, après s'être donné ce petit contentement, il lui promit que cela n'empêcheroit pas qu'il ne fît correction à son fils. En effet, l'ayant vu une heure après, il lui dit qu'il avoit tous les torts du monde d'avoir parlé à sa mère comme il

---

1. Voy. la note précédente.

avoit fait ; qu'à son âge, il n'étoit pas à savoir que rien ne le pouvoit dispenser du respect qu'il lui devoit ; qu'aussi croyoit-il que cela ne lui étoit arrivé qu'après être soûl, autrement qu'il ne sauroit qu'en dire.

Il y avoit apparence que le duc de La Ferté alloit chercher quelque excuse pour colorer une si grande faute, et même qu'en ayant la dernière confusion, il prendroit le parti de la nier ; mais, sans s'en s'étonner aucunement : « Il est vrai, lui répondit-il, j'étois soûl, et c'est de quoi elle a été fort heureuse, car sans cela je lui aurois bien dit d'autres vérités... J'ai une liste fidèle de tous les tours qu'elle a faits ; et, jusqu'au collier de perles qu'elle a fait escroquer à monsieur de Dreux[1], conseiller au grand Conseil, par le chevalier de Lignerac[2], rien ne m'est inconnu. » Le comte lui demanda s'il n'avoit point de honte de parler comme cela de sa mère ; mais, quelque réprimande qu'il lui fît, il lui fut impossible de lui faire entendre raison.

Comme il ne se passe guère de choses dans le royaume que le Roi ne sache, on lui donna bientôt le divertissement de cette comédie, qui lui inspira un si grand mépris pour cette maison, qu'il ne se put empêcher de le montrer. Mais le duc de La Ferté, qui savoit bien qu'il étoit déjà perdu de réputation auprès de lui, ne s'en mit guère en peine, non plus que la maréchale, laquelle continue toujours à mener la même vie ;

---

1. Joachim de Dreux étoit conseiller au Grand Conseil depuis l'année 1681. Il étoit docteur de Sorbonne et avoit été chanoine de l'Eglise de Paris.

2. Voy. ci-dessus, et t. 2, p. 420.

de sorte que je pourrai une autre fois vous apprendre la suite de son histoire, aussi bien que celle de madame de Lionne : supposé néanmoins qu'elles trouvent toujours des gens qui veuillent d'elles, ou qu'elles ne se convertissent pas.

LA FRANCE
DEVENUE
ITALIENNE
AVEC LES AUTRES DÉSORDRES
DE LA COUR.

LA FRANCE
DEVENUE
ITALIENNE
AVEC LES AUTRES DÉSORDRES
DE LA COUR [1].

La facilité de toutes les dames avoit rendu leurs charmes si méprisables à la jeunesse, qu'on ne savoit presque plus à la cour ce que c'étoit que de les regarder; la débauche y régnoit plus qu'en lieu du monde, et quoique le Roi eût témoigné plusieurs fois une horreur inconcevable pour ces sortes de plaisirs, il n'y avoit qu'en cela qu'il ne pouvoit être obéi. Le vin et ce que je n'ose dire étoient si fort à la mode qu'on ne regardoit presque plus ceux qui recherchoient à passer leur temps plus agréablement [2]; et quelque penchant

---

1. Ce pamphlet embrasse une période de plusieurs années, de 1670 à 1686 environ. On en verra diverses preuves dans les notes que nous joindrons aux récits de l'auteur.
2. Var. 1754 : innocemment.

qu'ils eussent à vivre selon l'ordre de la nature, comme le nombre étoit plus grand de ceux qui vivoient dans le désordre[1], leur exemple les pervertissoit tellement qu'ils ne demeuroient pas longtemps dans les mêmes sentiments.

La plupart des gens de qualité étoient non-seulement de ce caractère, mais il y avoit encore des princes, ce qui fâchoit extraordinairement le Roi. Ils se cachoient cependant autant qu'ils pouvoient pour ne lui pas déplaire, et cela les obligeoit à courir toute la nuit, espérant que les ténèbres leur seroient favorables. Mais le Roi (qui étoit averti de tout) sut qu'un jour après son coucher ils étoient venus à Paris[2], où ils avoient fait une telle débauche, qu'il y en avoit beaucoup qui s'en étoient retournés soûls dans leurs carrosses. Et comme cela s'étoit passé dans le cabaret[3] (car ils ne prenoient pas plus de pré-

---

1. *Var.* 1754 : le désordre le plus infâme.
2. La cour se tenoit alors tantôt à Fontainebleau, tantôt à Saint-Germain, tantôt à Versailles.
3. La faute étoit d'autant plus grande qu'ils étoient entrés la nuit dans un cabaret. Or, par un règlement de 1666, les cabarets devoient être fermés à six heures depuis le 1er novembre jusqu'à Pâques, et à neuf heures dans les autres temps. Plus tard on toléra que les cabarets fussent ouverts, du 1er avril au 1er novembre, jusqu'à dix heures, et, dans les autres temps, jusqu'à huit heures seulement. En 1700, une ordonnance rendue par M. d'Argenson, lieutenant général de police, parle d'un cabaretier chez qui furent saisis six jeunes gens mangeant de la viande en carême, à dix heures du soir. Procès-verbal fut dressé de ce délit. Mais le commissaire ne prit pas les noms des jeunes gens, et le cabaretier s'excusa en disant qu'il n'avoit pas fourni la viande, « ajoutant que, ces six jeunes gens, qu'il n'a voulu nommer, étant des personnes de considération, il n'a pas osé leur résister. » Ainsi, quand des personnes de considération

caution pour cacher leurs désordres), il prit sujet de là d'en faire une grande mercuriale à un jeune prince qui s'y étoit trouvé, en qui il prenoit intérêt. Il lui dit que du moins, s'il étoit assez malheureux pour être adonné au vin, il bût chez lui tout son soûl, et non pas dans un endroit comme celui-là, qui étoit de toutes façons si indigne pour une personne de sa naissance.

Le reste de la cabale n'essuya pas les mêmes reproches, parce qu'il n'y en avoit pas un qui touchât le Roi de si près; mais, en récompense, il leur témoigna un si grand mépris qu'ils furent bien mortifiés[1]. Et, à la vérité, ils furent quelque temps sans oser rien faire qu'en cachette; mais comme leur caractère ne leur permettoit pas de se contraindre longtemps, ils en revinrent bientôt à leur inclination, qui les portoit à faire les choses avec plus d'éclat.

Pour ne pas s'attirer néanmoins la colère du Roi, ils jugèrent à propos de faire serment, et de le faire faire à tous ceux qui entreroient dans leur confrérie, de renoncer à toutes les femmes : car ils accusoient un d'entre eux d'avoir révélé leurs mystères à une dame avec qui il étoit bien, et ils croyoient que c'étoit par là que le Roi apprenoit tout ce qu'ils faisoient. Ils résolurent même de ne le plus admettre dans leur compagnie; mais s'étant présenté pour y être reçu, et ayant juré de ne plus voir cette femme, on lui

étoient surprises, même en faute, dans des cabarets, la police fermoit volontiers les yeux pour ne pas les connoître et ne pressoit pas trop les cabaretiers de révéler leurs noms.

1. Cf. t. 2, p. 425.

fit grâce pour cette fois, à condition que s'il y retourneroit il n'y auroit plus de miséricorde. Ce fut là la première règle de leur confrérie; mais la plupart ayant dit que leur ordre allant devenir bientôt aussi grand que celui de Saint-François, il étoit nécessaire d'en établir de solides, et auxquelles on seroit obligé de se tenir, le reste approuva cette résolution, et il ne fut plus question que de choisir celui qui travailleroit à ce formulaire. Les avis furent partagés là-dessus, et comme on voyoit bien que c'étoit proprement déclarer chef de l'ordre celui à qui l'on donneroit ce soin, chacun brigua les voix et fit paroître de l'émulation pour un si bel emploi. Manicamp[1], le duc de Grammont[2] et le chevalier de Tilladet[3] étoient ceux qui faisoient le plus de bruit dans le chapitre, et qui prétendoient s'attribuer cet honneur, à l'exclusion l'un de l'autre : Manicamp, parce qu'il avoit plus d'expérience qu'aucun dans le métier; le duc de Grammont,

1. Voy. t. 1, p. 68.
2. Le duc de Grammont, fils du maréchal et frère du comte de Guiche, dont il a été plusieurs fois parlé dans ces volumes, ne reçut le titre de duc de Grammont qu'après la mort de son père, qui mourut en 1678, six ans après la mort de son fils aîné, tué au passage du Rhin. Le duc dont il est parlé ici, connu auparavant sous le nom de comte de Louvigny, avoit épousé, le 15 mai 1668, Marie-Charlotte de Castelnau, fille du maréchal de ce nom.
3. Une sœur du chancelier fut mariée avec le marquis de Tilladet, qui fut chassé de la cour après le supplice de Cinq-Mars : celui-ci eut plusieurs enfants, entr'autres Gabriel de Cassagnet, dit le chevalier de Tilladet, chevalier de Malte en 1646, lieutenant-général des armées du Roi comme l'avoit été son père et comme le fut un de ses frères, et gouverneur d'Aire, etc. Il mourut le 11 juillet 1702.

parce qu'il étoit duc et pair, et qu'il ne manquoit pas aussi d'acquit; pour ce qui est du chevalier de Tilladet, il fondoit ses prétentions sur ce qu'étant chevalier de Malte, c'étoit une qualité si essentielle pour être parfaitement débauché, que quelque avantage qu'eussent les autres, comme ils n'avoient pas celui-là, il étoit sûr qu'il les surpasseroit de beaucoup dans la pratique des vertus.

Comme ils avoient tous trois du crédit dans le chapitre, on eut de la peine à s'accorder sur le choix; et quelqu'un ayant été d'opinion qu'ils devoient donner des reproches les uns contre les autres, afin que l'on choisît après cela celui qui seroit le plus parfait, chacun approuva cette méthode. Et le chevalier de Tilladet, prenant la parole en même temps, dit qu'il étoit ravi qu'on eût pris cette voie, et qu'elle alloit lui faire obtenir ce qu'il désiroit; que Manicamp auroit pu autrefois entrer en concurrence avec lui, et qu'il ne l'auroit pas trouvé étrange, parce que le bruit étoit qu'il avoit eu de grandes qualités; mais qu'aujourd'hui que ses forces étoient énervées, c'étoit un abus que de le vouloir constituer en charge, à moins qu'on ne déclarât que ce qu'on en feroit ne tireroit à aucune conséquence pour l'avenir; qu'en effet, il n'avoit plus rien de bon que la langue, et que toutes les autres parties de son corps étoient mortes en lui.

Manicamp ne put souffrir qu'on lui fît ainsi son procès en si bonne compagnie, et ayant peur qu'après cela personne ne le voulût plus approcher, il dit qu'il n'étoit pas encore si infirme qu'il n'eût rendu quelque service à la maréchale d'Estrées, sa sœur[1]; qu'elle en avoit été assez contente pour ne pas chercher parti ailleurs; que ceux qui la connoissoient savoient pourtant bien qu'elle ne se satisfaisoit pas de si peu de chose, et que puisqu'elle ne s'étoit pas plainte, c'étoit une marque qu'il valoit mieux qu'on ne disoit.

Il y en eut qui voulurent dire que cette raison n'étoit pas convaincante, et qu'une femme qui avoit pris un mari à quatre-vingt-quinze ou seize ans n'étoit pas partie capable d'en juger; mais ceux qui connoissoient son tempérament leur imposèrent silence et soutinrent qu'elle s'y connoissoit mieux que personne.

Le chevalier de Tilladet fut un peu démonté par cette réponse; néanmoins il dit encore beaucoup de choses pour soutenir son droit, et, entre autres, qu'il avoit eu affaire à Manicamp, et qu'il n'avoit pas éprouvé cette grande vigueur dont il faisoit tant de parade. On fut obligé de l'en croire sur sa parole, et il s'éleva un murmure dans la compagnie qui fit juger à Manicamp que son affaire n'iroit pas bien. Quand ce murmure fut apaisé, le chevalier de Tilladet reprit la parole, et dit qu'à l'égard du duc de Grammont, il y avoit un péché originel qui l'excluoit de ses prétentions : qu'il aimoit trop sa femme[2], et que,

---

1. Gabrielle de Longueval, sœur du marquis de Manicamp, étoit la troisième femme du maréchal d'Estrées; elle avoit épousé, en 1663, le vieux duc, qui mourut en 1670, âgé de quatre-vingt-dix-huit ans. (Voy. madame de Sévigné, Lettre du 24 avril 1672. — Voy. aussi ce volume, p. 252.)
2. Marie-Charlotte de Castelnau, fille du maréchal de ce nom, étoit née en 1648. Mariée en 1668, elle mourut le 29 janvier 1694.

comme cela étoit incompatible avec la chose dont il s'agissoit, il n'avoit point d'autres reproches à faire contre lui.

Le duc de Grammont, qui ne s'attendoit pas à cette insulte, ne balança point un moment sur la réponse qu'il avoit à faire; et comme il savoit qu'il n'y a rien tel que de dire la vérité, il avoua de bonne foi que cela avoit été autrefois, mais que cela n'étoit plus. La raison qu'il en rapporta fut qu'il s'étoit mépris à son tempérament; qu'il avoit attribué les faveurs qu'il en avoit obtenues avant son mariage au penchant qu'elle avoit pour lui; mais que, celles qu'elle avoit données depuis à son valet de chambre lui ayant fait connoître qu'il étoit impossible de répondre d'une femme, il lui avoit si bien ôté son amitié qu'il lui avoit fait succéder le mépris; que c'étoit pour cela qu'il avoit renoncé à l'amour du beau sexe, lequel avoit eu autrefois son étoile, et qui l'auroit peut-être encore si l'on y pouvoit prendre quelque confiance; que, quoi qu'il fût fils d'un père[1] et cadet d'un frère[2] qui avoient eu tous deux de grandes parties pour obtenir les premières dignités de l'ordre, il étoit cependant moins redevable de son mérite à ce qu'il avoit hérité d'eux[3] qu'à son dépit; que Dieu se servoit de toutes choses pour attirer à la perfection; qu'ainsi, bien loin de murmurer contre sa provi-

1. Sur le maréchal de Grammont, voyez ci-dessus *passim*, et surtout t. I, p. 135.
2. Sur le comte de Guiche, voyez ci-dessus *passim*, et surtout t. I, p. 65.
3. Le marquis de Louvigny hérita de son père en 1678; le comte de Guiche, nous l'avons vu plus haut, étoit mort depuis 1672.

dence pour les sujets de chagrin qu'il lui envoyoit, il avouoit tous les jours qu'il lui en étoit bien redevable.

Le chevalier de Tilladet n'eut rien à répondre à cela, et chacun crut que l'humilité du duc de Grammont, jointe à une si grande sincérité, feroit faire réflexion aux avantages qu'il avoit par dessus les autres, soit pour les charmes de sa personne ou pour le rang qu'il tenoit. En effet, il alloit obtenir tout d'une voix la chose pour laquelle on étoit alors assemblé, si le comte de Tallard[1] ne se fût avisé de dire que l'ordre alloit devenir trop fameux pour n'avoir qu'un grand maître; que tous trois étoient dignes de cette charge, et qu'à l'exemple de celui de Saint-Lazare[2], où l'on venoit d'établir plusieurs grands-prieurs, on ne pouvoit manquer de les choisir tous trois.

---

1. Voy. ci-dessus, p. 228.
2. Le marquis de Nérestang, restaurateur de l'ordre presque éteint de Saint-Lazare, se décida, en 1666, à user d'un droit qui lui étoit accordé par les bulles des papes Pie V et Paul V : il nomma des titulaires aux cinq grands-prieurés de l'ordre. A la date du 4 juin de cette année, « il fit : 1º grand-prieur, bailli et son vicaire général, tant par terre que par mer, dans la langue d'Aquitaine, le chevalier César Brossin, marquis de Méré; 2º grand-prieur et bailli des provinces de Dauphiné et de Lyonnois, le commandeur Loras de Chamanieu ; 3º grand-prieur et bailli de la langue des Belges, le chevalier Le Picard, marquis de Sévigny ; 4º grand-prieur et bailli de la langue de France, le commandeur François de Bernières ; 5º grand-prieur et bailli du Languedoc, le chevalier de Solas, président à la Chambre des comptes et Cour des aides de Montpellier; tous avec le titre de vicaire général du grand-maître dans leur grand-prieuré. » (Gautier de Sibert, Hist. de l'ordre de Saint-Lazare, 1772, 2 vol. in-12, t. 2, p. 103.)

Chacun, qui prétendoit à son tour de parvenir à cette dignité, approuva cette opinion ; mais comme on fit réflexion que dans quelque établissement que ce soit, c'est dans les commencements où l'on a particulièrement besoin d'esprit, on résolut de faire choix d'un quatrième, parce que les trois autres n'étoient pas soupçonnés de pouvoir jamais faire une hérésie nouvelle. Le choix tomba sur le marquis de Biran[1], homme qui avoit plus d'esprit qu'il n'étoit gros ; mais dont la trop grande jeunesse l'eût exclus de cet honneur sans le besoin qu'on en avoit. D'abord que l'élection fut faite, on les pria de travailler tous quatre aux règles de l'ordre, dont le principal but consistoit de bannir les femmes de leur compagnie. Pour pouvoir vaquer à une chose si sainte, ils quittèrent non-seulement la cour, mais encore la ville de Paris, où ils craignoient de recevoir quelque distraction, et, étant enfermés dans une maison de campagne, ils donnèrent rendez-vous aux autres deux jours après, leur promettant qu'il ne leur en falloit pas davantage pour être inspirés. En effet, chacun les étant allé trouver au bout de ce temps-là, on trouva qu'ils avoient rédigé ces règles par écrit, dont voici les articles :

I.

Qu'on ne recevroit plus dorénavant dans l'ordre des personnes qui ne fussent visitées par les grands

---

[1]. Sur le marquis de Biran, plus tard duc de Roquelaure, voyez ci-dessus *passim*, et surtout t. 1, p. 165, la fin de la note consacrée à son père, et t. 2, p. 423.

maîtres, pour voir si toutes les parties de leur corps étoient saines, afin qu'elles pussent supporter les austérités.

II.

Qu'ils feroient vœu d'obéissance et de chasteté à l'égard des femmes, et que si aucun y contrevenoit, il seroit chassé de la compagnie, sans pouvoir y rentrer sous quelque prétexte que ce fût.

III.

Que chacun seroit admis indifféremment dans l'ordre, sans distinction de qualité, laquelle n'empêcheroit point qu'on ne se soumît aux rigueurs du noviciat, qui dureroit jusqu'à ce que la barbe fût venue au menton.

IV.

Que si aucun des frères se marioit, il seroit obligé de déclarer que ce n'étoit que pour le bien de ses affaires, ou parce que ses parents l'y obligeoient, ou parce qu'il falloit laisser un héritier. Qu'il feroit serment en même temps de ne jamais aimer sa femme, de ne coucher avec elle que jusqu'à ce qu'il en eût un; et que cependant il en demanderoit permission, laquelle ne lui pourroit être accordée que pour un jour de la semaine.

V.

Qu'on diviseroit les frères en quatre classes, afin que chaque grand prieur en eût autant l'un que l'autre. Et qu'à l'égard de ceux qui se présenteroient pour entrer dans l'ordre, les quatre grands prieurs les auroient à tour de rôle, afin que la jalousie ne pût donner atteinte à leur union.

VI.

Qu'on se diroit les uns aux autres tout ce qui se seroit passé en particulier, afin que quand il viendroit une charge à vaquer, elle ne s'accordât qu'au mérite, lequel seroit reconnu par ce moyen.

VII.

Qu'à l'égard des personnes indifférentes, il ne seroit pas permis de leur révéler les mystères, et que quiconque le feroit en seroit privé lui-même pendant huit jours, et même davantage si le grand-maître dont il dépendroit le jugeoit à propos.

VIII.

Que néanmoins l'on pourroit s'ouvrir à ceux qu'on auroit espérance d'attirer dans l'ordre ; mais qu'il faudroit que ce fût avec tant de discrétion, que l'on fût sûr du succès avant que de faire cette démarche.

IX.

Que ceux qui amèneroient des frères au couvent jouiroient des mêmes prérogatives, pendant deux jours, dont les grands-maîtres jouissoient ; bien entendu néanmoins qu'ils laisseroient passer les grands-maîtres devant, et se contenteroient d'avoir ce qu'on auroit desservi de dessus leur table.

C'est ainsi que les règles de l'ordre furent

dressées ; et, ayant été lues en présence de tout le monde, elles furent approuvées généralement, à la réserve que quelques-uns furent d'avis qu'on apportât quelque tempérament à l'égard des femmes, crime qu'ils vouloient n'être pas traité à la dernière rigueur, mais pour lequel ils souhaitoient qu'on pût obtenir grâce, après néanmoins qu'on l'auroit demandé en plein chapitre et observé quelque forme de pénitence. Mais tous les grands-maîtres se trouvèrent si zélés que ceux qui avoient ouvert cette opinion pensèrent être chassés sur-le-champ ; et s'ils n'avoient témoigné un grand repentir, on ne leur auroit jamais pardonné leur faute.

On célébra dans cette maison de campagne de grandes réjouissances pour être venu à bout si facilement d'une si grande entreprise ; et après bien des choses qui se passèrent, et qu'il est bon de taire, on convint que les chevaliers porteroient une croix entre la chemise et le justaucorps, où il y auroit élevé en bosse un homme qui fouleroit une femme aux pieds, à l'exemple des croix de saint Michel[1], où l'on voit que ce saint foule aux pieds le démon.

Après qu'on eut accompli ces saints mystères, chacun s'en revint à Paris, et quelqu'un n'ayant

---

1. L'ordre de Saint-Michel fut institué par Louis XI, à Amboise, le 1er août 1469. Les chevaliers portoient un collier d'or fait à coquilles lacées l'une avec l'autre, et posées sur une chaînette d'or d'où pendoit une médaille de l'archange saint Michel. Tous les chevaliers de l'ordre du Saint-Esprit prenoient l'ordre de Saint-Michel la veille du jour où ils recevoient l'ordre du Saint-Esprit, et c'est pour ce motif que leurs armes étoient entourées d'un double collier et qu'on les appeloit chevaliers des ordres du Roi.

pas gardé le secret, il se répandit bientôt un bruit de tout ce qui s'étoit passé dans cette maison de campagne, de sorte que les uns excités par leur inclination, les autres par la nouveauté du fait, s'empressèrent d'entrer dans l'ordre.

Un prince, dont il ne m'est pas permis de révéler le nom, ayant eu ce désir, fut présenté au chapitre par le marquis de Biran, et ayant demandé à être relevé des cérémonies, on lui fit réponse que cela ne se pouvoit et qu'il falloit qu'il montrât exemple aux autres. Tout ce qu'on fit pour lui, c'est qu'on lui accorda qu'il choisiroit celui des grands-maîtres qui lui plairoit le plus ; et il choisit celui qui l'avoit présenté, ce qui fit grand dépit aux autres, qui le voyoient beau, jeune et bien fait.

Cette grâce fut encore suivie d'une autre qu'on lui accorda, savoir : qu'il pourroit choisir de tous les frères celui qui lui seroit le plus agréable, dont néanmoins la plupart commencèrent à murmurer, disant que, puisqu'on violoit sitôt les règles, tout seroit bientôt perverti. Mais on leur fit réponse que ces règles, quelque étroites qu'elles pussent être, pouvoient souffrir quelque modération à l'égard d'une personne de si grande qualité ; que, quoiqu'on eût dit qu'elles seroient égales pour tout le monde, c'est qu'on n'avoit pas cru qu'il se dût présenter un prince d'un si haut rang ; que comme à Malte les princes de maison souveraine étoient naturellement chevaliers grand'-croix, il étoit bien juste qu'ils eussent pareillement quelque privilége dans leur ordre ; autrement qu'ils n'y entreroient pas, ce qui ne leur apporteroit pas grand honneur.

On n'eut garde de ne se pas rendre à de si bonnes raisons, et, chacun ayant calmé sa colère, on complimenta le prince sur l'avantage qui revenoit à l'ordre d'avoir une personne de sa naissance, et il n'y en eut point qui ne s'offrît à lui donner toute sorte de contentement. Il se montra fort civil envers tout le monde et promit qu'on verroit dans peu qu'il ne seroit pas le moins zélé des chevaliers. En effet, il n'eut pas plustôt révélé les mystères à ses amis, que chacun se fit un mérite d'entrer dans l'ordre, de sorte qu'il fut bientôt rempli de toute sorte d'honnêtes gens.

Mais comme le trop grand zèle est nuisible en toutes choses, le Roi fut bientôt averti de ce qui se passoit, et que même on avoit séduit un autre prince, en qui il prenoit encore plus d'intérêt qu'en celui dont je viens de parler. Le Roi, qui haïssoit à la mort ces sortes de débauches, voulut beaucoup de mal à tous ceux qui en étoient accusés; mais eux, qui ne croyoient pas qu'on les en pût convaincre, se présentèrent devant lui comme auparavant, jusqu'à ce que, s'étant informé plus particulièrement de la chose, il en relégua quelques-uns dans des villes éloignées de la cour, fit donner le fouet à un de ces princes en sa présence, envoya l'autre à Chantilly [1], et enfin témoigna une si grande aversion pour tous ceux qui y avoient trempé que personne n'osa parler pour eux.

Le chevalier de Tilladet, qui étoit cousin germain du marquis de Louvois [2], se servit de la fa-

---

1. Chantilly appartenoit au prince de Condé.
2. Voy. plus haut la filiation, note 3, p. 348.

veur de ce ministre pour obtenir sa grâce, et lui
protesta si bien qu'il étoit innocent qu'il en fut
parler à l'heure même à Sa Majesté. Mais Elle,
qui ne croyoit pas légèrement, ne s'en voulut
pas rapporter à ce qu'il lui disoit, et remit à lui
faire réponse quand il en seroit instruit plus particulièrement. Pour cet effet, il fit appeler le
jeune prince qui avoit eu le fouet, et lui ayant
commandé, en présence du marquis de Louvois,
de lui dire la vérité, le marquis de Louvois fut
si fâché d'entendre que le chevalier de Tilladet
lui avoit menti, qu'il s'en fut du même pas lui
dire tout ce que la rage et le dépit étoient capables de lui inspirer.

Il n'y eut que le duc de Grammont à qui le
Roi ne parla de rien, comme s'il n'eût pas été
du nombre ; ce qui donna lieu de murmurer aux
parents des exilés, qui étoient fâchés de le voir
rester à Paris pendant que les autres s'en alloient dans le fond des provinces. Mais le Roi,
sachant leur mécontentement, dit qu'ils ne devoient pas s'en étonner ; qu'il y avoit longtemps
que le duc de Grammont lui étoit devenu si mé-
prisable, que tout ce qu'il pouvoit faire lui étoit
indifférent, de sorte que ce seroit lui faire trop
d'honneur que d'avoir quelque ressentiment contre lui. La cour étoit trop peste[1] pour cacher au
duc une réponse comme celle-là ; et au lieu qu'il
tiroit vanité auparavant d'avoir été oublié, il eut
tant de sujet de s'en affliger que tout autre que
lui en seroit mort de douleur.

La cabale fut dissipée par ce moyen ; mais,
quelque pouvoir qu'eût le Roi, il lui fut impos-

[1] Peste, mot du temps, équivalent de mauvaise langue.
Déjà Tallemant l'employoit dans ce sens.

sible d'arracher de l'esprit de la jeunesse la semence de débauche, qui y étoit trop fortement enracinée pour être sitôt éteinte. Cependant les dames firent de grandes réjouissances de ce qui venoit d'arriver, et, quelques-unes des croix de ces chevaliers étant tombées entre leurs mains, elles les jugèrent dignes du feu, quoique ce fût une foible vengeance pour elles. Après cela, elles crurent que cette jeunesse seroit obligée de revenir à elles; mais elle se jeta dans le vin, de sorte que tous les jours on ne faisoit qu'entendre parler de ses excès.

Cependant, quelque débauche qu'elle fît[1], pas une n'approcha de celle qui fut faite dans un honnête lieu où, après avoir traité à la mode d'Italie celles des courtisanes qui lui parurent les plus belles, elle en prit une par force, lui attacha les bras et les jambes aux quenouilles du lit, puis lui ayant mis une fusée dans un endroit que la bienséance ne me permet pas de nommer, elle y mit le feu impitoyablement, sans être touchée des cris de cette misérable, qui se désespéroit. Après une action si enragée, elle poussa sa brutalité jusqu'au dernier excès: elle courut les rues toute la nuit, brisant un nombre infini de lanternes[2] et ne s'arrêtant que sur le pont de bois qui aboutit dans l'île[3], où, pour comble de

[1]. Que fît cette jeunesse.
[2]. Ces désordres étoient dans l'esprit du temps. (Voy. Edouard Fournier, Les Lanternes, histoire de l'éclairage de Paris.)
[3]. Ce pont de bois étoit celui qui servoit de communication entre la cité et l'île Notre-Dame. Il fut commencé en 1614 par le sieur Marie. On l'appeloit Pont-Rouge, à cause de la couleur dont il étoit peint, et Pont-Marie, du nom de l'entrepreneur chargé de le construire.

fureur, ou pour mieux dire d'impiété, elle arracha le crucifix qui étoit au milieu ; de quoi n'étant pas encore contente, elle tâcha de mettre le feu au pont, dont elle ne put venir à bout.

Un excès si abominable fit grand bruit dans Paris ; on l'attribua à des laquais, ne croyant pas que des gens de qualité fussent capables d'une chose si épouvantable ; mais la femme chez qui ils avoient fait la débauche étant venue trouver M. Colbert le lendemain, sous prétexte de lui présenter un placet, lui dit que, s'il ne lui faisoit justice de son fils le chevalier[1], qui étoit fourré des plus avant, elle alloit se jeter aux pieds du Roi et lui apprendre que ceux-là qui avoient servi de bourreaux à la fille étoient les mêmes qui avoient arraché le crucifix ; elle ajouta qu'elle les avoit suivis à la piste, dans le dessein de les faire arrêter par le guet[2], mais que malheureusement il s'étoit déjà retiré.

M. Colbert n'eut pas de peine à croire cela de son fils, qui lui avoit déjà fait d'autres pièces de

1. Voy. t. 2, p. 426.
2. Le guet étoit composé de cent archers à pied, trente-neuf à cheval, quatre lieutenants, un guidon, huit exempts, un greffier, un contrôleur et un trésorier, sous le commandement d'un chevalier du guet. La charge de chevalier du guet constituoit à celui qui l'exerçoit quelques priviléges utiles, comme d'avoir le droit de *committimus*, l'exemption de gens de guerre, etc. ; — ou flatteurs : tel le droit d'entrer chez le Roi à toute heure, et même en bottes. Le chevalier du guet, après la suppression de l'ordre de l'Etoile, sous Charles VIII, continua à en porter les insignes.
Le guet prenoit son service à la nuit et le quittoit à la pointe du jour.
Au dix-huitième siècle, d'autres compagnies se formèrent, sous d'autres noms et avec différents uniformes, pour la sûreté de Paris. C'est de là qu'est sortie la garde municipale, garde de Paris, etc.

cette nature; et comme il appréhendoit sur toutes choses que cela ne vînt aux oreilles du Roi, non-seulement il prit soin de la fille, mais il empêcha encore sous main qu'on ne fît une perquisition exacte de ce qui étoit arrivé la nuit. Mais quelque précaution qu'il eût, la chose pensa éclater lorsqu'il y pensoit le moins. Un laquais de ces débauchés fut pris, deux ou trois mois après, pour vol; et étant menacé par Deffita[1], lieutenant criminel, d'être appliqué à la question s'il ne révéloit tous les crimes qu'il pouvoit avoir commis, il avoua de bonne foi que pas un ne lui faisoit tant de peine que d'avoir aidé au chevalier Colbert à arracher le crucifix dont nous avons parlé; qu'il en demandoit pardon à Dieu, et qu'il croyoit que c'étoit pour cela qu'il le punissoit. Mais il en arriva tout autrement, et ce fut au contraire la cause de son salut; car Deffita, qui étoit homme à faire sa cour au préjudice de sa conscience, s'en fut trouver au même temps M. Colbert, et lui demanda ce qu'il vouloit qu'il fît du prisonnier, après lui avoir insinué toutefois, auparavant, qu'il étoit dangereux qu'il ne parlât si on le faisoit mourir. M. Colbert le remercia du soin qu'il avoit de sa famille, et, l'ayant prié de sauver ce misérable, il le rendit blanc comme neige, quoiqu'il méritât mille fois d'être roué.

1. Le lieutenant criminel présidoit à tous les jugements criminels, et c'étoit à lui d'en faire l'instruction. Le lieutenant criminel Tardieu, si connu par les satires de Boileau, qui le désigne sans le nommer, étoit prédécesseur de M. Deffita. — M. Deffita, dès son entrée en charge, se montra d'une rigueur inouïe; sa justice étoit toujours fort sommaire. Voy. Guy Patin, *Lettres*, *passim*.

Le duc de Roquelaure [1], père du marquis de Biran, étoit au désespoir de voir son fils mêlé dans toutes ces débauches ; et comme il croyoit qu'un mariage étoit capable de le retirer, il jeta les yeux sur quelque naissance, quelque bien et beaucoup de faveur : car, comme il n'étoit que duc à brevet [2], et que son fils après sa mort ne devoit pas tenir le même rang [3], il vouloit tâcher, par le moyen de la femme qu'il épouseroit, de lui procurer une si grande marque de distinction. Il trouva tout cela dans la fille du duc d'Aumont [4], qui étoit nièce de M. de Louvois du côté maternel, et, en ayant parlé à son fils, il le trouva si peu disposé à lui obéir, qu'il se mit dans une furieuse colère contre lui. Cependant il le menaça de le déshériter, s'il ne se conformoit à ses volontés ; et le marquis de Bi-

---

1. Voy. t. 1, p. 163 et suiv.
2. Le duc à brevet jouissoit de presque toutes les prérogatives dont jouissoient les autres gentilshommes chez lesquels ce titre étoit héréditaire, mais il n'en jouissoit que par une faveur toute personnelle, et qui ne se pouvoit transmettre que par suite d'un nouveau brevet.
3. Le marquis de Biran devint duc de Roquelaure et fut même fait maréchal de France. Le crédit de sa femme, mademoiselle de Laval, lui servit.
4. Louis-Marie d'Aumont de Rochebaron, duc et pair de France, étoit chef du nom et des armes depuis le 14 février 1669. Le 12 mars 1669, il céda au marquis de Rochefort sa charge de capitaine des gardes du corps et prêta serment de premier gentilhomme de la chambre. Il avoit épousé Madelaine-Fare Le Tellier, qu'il perdit le 22 juin 1668. Plus tard il sera parlé de son second mariage.
La fille du duc d'Aumont, Magdelaine-Elisabeth-Fare, ne fut mariée qu'en 1677. Du reste, avant le second mariage de son père (1669), elle étoit bien jeune encore, puisque le duc avoit épousé la sœur du marquis de Louvois en 1660, quand elle avoit à peine quatorze ans.

ran lui ayant demandé quinze jours pour s'y résoudre, il employa ce temps-là à voir ses amis, qui étoient revenus de leur exil.

Il se plaignit à eux de la dureté de son père, qui le contraignoit de faire une chose si éloignée de son inclination. Il leur demanda s'il ne perdroit point par là leur amitié; mais l'ayant assuré que non, pourvu qu'il en usât si sobrement avec son épouse qu'ils n'en fussent pas tout à fait oubliés, cette réponse le satisfit tellement qu'il s'en fut trouver à l'heure même M. de Roquelaure, à qui il dit qu'il pouvoit parler d'affaires quand il voudroit, et qu'il étoit tout disposé à lui obéir. M. de Roquelaure, ayant le consentement de son fils, fut trouver M. le chancelier[1], grand-père de mademoiselle d'Aumont, à qui il proposa le mariage. M. le chancelier (dont la coutume étoit de recevoir favorablement tout le monde) n'eut garde de se démentir en cette occasion, quoique dans le fond la proposition ne lui plût pas. Mais comme il étoit sûr que les obstacles qui se rencontreroient dans la suite fourniroient assez de matière pour ne pas passer plus avant, il embrassa M. de Roquelaure, lui dit qu'il seroit au comble de la joie si, ayant toujours été amis, leur union devenoit encore plus étroite par l'alliance de leurs maisons; et, après lui avoir fait mille autres compliments de cette nature, il lui dit qu'il n'avoit qu'à en parler au duc d'Aumont, lequel seroit aussi sensible que lui à l'honneur qu'il leur faisoit.

1. Le chancelier Le Tellier, père du marquis de Louvois et de la première femme du duc d'Aumont.

M. de Roquelaure, tout raffiné courtisan qu'il étoit, crut la chose faite après un accueil si favorable. Mais M. le chancelier étoit trop sage pour donner sa petite-fille à un homme aussi débauché qu'étoit le marquis de Biran, et, ayant peur que le duc d'Aumont ne se laissât surprendre par les grands biens qui sembloient ne lui pouvoir manquer, il lui envoya dire la conversation qu'il avoit eue avec le duc de Roquelaure, et qu'il insistât à ce que son fils fût duc avant que de rien conclure. Le duc de Roquelaure étant allé voir le duc d'Aumont, fut fort surpris de cette difficulté, qu'il lui mit d'abord en avant. Toutefois, espérant que M. le chancelier l'y serviroit, il s'en fut le trouver, et lui dit qu'il attendoit ce service de son amitié; mais M. le chancelier, traitant la chose de bagatelle, lui dit qu'il n'avoit qu'à en parler lui-même au Roi, qu'il la lui accorderoit en même temps; que s'il s'excusoit de le faire, ce n'étoit qu'à cause de toutes les grâces qu'il lui faisoit, et de peur de paroître insatiable, si, après toutes celles qu'il avoit reçues, il lui en demandoit encore de nouvelles.

C'est ainsi que le chancelier renvoya adroitement l'éteuf au duc de Roquelaure, lequel, pour un Gascon, donna si grossièrement dans le panneau, qu'il s'en fut dès le lendemain au lever du Roi. Mais ce prince, qui avoit mille sujets de ne pas vouloir de bien au marquis de Biran, lui dit, d'abord qu'il eut ouvert la bouche, qu'il étoit fâché de ne lui pouvoir accorder ce qu'il demandoit; que la conduite de son fils en étoit cause; que, s'il avoit de l'esprit, il ne l'employoit qu'à faire du mal ; et qu'en un mot ce n'étoit pas pour ces sortes de gens-là qu'une dignité si considérable étoit réservée.

Le duc de Roquelaure vit bien qu'il étoit pris pour dupe ; mais la faveur où étoit le chancelier et toute sa famille l'obligeant à dissimuler, il fit même semblant de croire tout ce qu'il lui dit encore d'honnête sur ce sujet, et songea à pourvoir son fils d'un autre côté. Le marquis de Biran, qui ne faisoit guère de différence entre le mariage et l'esclavage, fut ravi de se voir délivré d'un fardeau si pesant, et ayant assemblé ses amis pour leur faire part de sa joie, ils firent une débauche où rien ne manqua que les femmes. Ils s'en étoient bien passés plusieurs fois, ce qui devoit faire croire qu'ils s'en passeroient bien encore celle-là ; mais l'inconstance de la nation leur ayant fait faire réflexion qu'on n'étoit jamais heureux si on ne goûtoit de toutes choses, ils se dirent, entre la poire et le fromage, qu'il falloit qu'ils devinssent amoureux, ou du moins qu'ils feignissent de l'être. Le marquis de Biran dit que, pour lui, il vouloit aimer madame d'Aumont[1], pour se venger de son mari, et que, n'ayant pu coucher avec sa fille, il coucheroit peut-être avec elle. Les autres se choisirent des maîtresses à leur gré ; mais le chevalier de Tilladet et le comte de Roussi[2] dirent au marquis de Biran qu'étant autant de ses amis qu'ils en étoient,

1. La seconde femme du duc d'Aumont, qu'il épousa le 28 novembre 1669, étoit Françoise-Angélique de la Mothe, fille du maréchal de la Mothe-Houdancourt et de Louise de Prie, gouvernante des enfants de France.

2. François de Roye de la Rochefoucauld, deuxième du

ils vouloient aimer le même sang qu'il aimeroit ; que la duchesse d'Aumont avoit deux sœurs, que c'étoit à elles qu'ils alloient donner leurs soins ; et, mettant en même temps dans un chapeau deux billets où le nom de ces deux dames étoit écrit, ils tirèrent au sort laquelle ils serviroient.

La duchesse de la Ferté[1], cadette des trois, échut au chevalier de Tilladet, et la duchesse de Vantadour[2] au comte de Roussi ; tellement que la fortune prit plaisir à assembler les humeurs qui pouvoient convenir ensemble, car, si la duchesse de Vantadour fût tombée au chevalier de Tilladet, il étoit trop brusque pour se donner le temps de se mettre bien dans son esprit, outre qu'elle eût peut-être fait scrupule d'en faire son ami après avoir été l'amie de son

---

nom, comte de Roucy, né en 1658, mort en novembre 1721 à l'âge de soixante-trois ans, étoit fils de Frédéric-Charles de la Rochefoucauld-Roucy et d'Isabelle de Duras. Il fut lieutenant général des armées du Roi, capitaine lieutenant des gendarmes écossois, et, après M. de Pradel, gouverneur de Bapaume. Il se maria le 8 février 1689, avec mademoiselle d'Arpajon.

Cette branche des La Rochefoucauld avoit pris le nom de Roucy par suite du mariage de François III de la Rochefoucauld avec la dernière héritière des comtes de Roucy, famille célèbre où l'on connoît surtout ces deux frères jumeaux, ménechmes identiques, dont Pasquier a raconté l'histoire (*Recherches*, liv. VI).

1. Voy. ci-dessus, *passim*. Henri de Senneterre, duc de la Ferté, fils du maréchal, épousa, le 13 mars 1675, Marie-Isabelle-Gabrielle-Angélique de la Mothe-Houdancourt.

2. Louis-Charles de Lévis, duc de Vantadour, épousa, le 14 mars 1671, Charlotte-Eléonore de la Mothe-Houdancourt.

frère[1]. De même la duchesse de la Ferté, qui se peut dire folle à l'excès, auroit peut-être aussi déplu au comte de Roussi, dont l'inclination est portée à la sagesse, quoiqu'on lui ait vu faire le fou quelquefois comme les autres.

Ces trois dames sont filles de la maréchale de la Mothe[2], gouvernante des enfants de France. Leur père[3] n'étoit qu'un simple gentilhomme de Picardie; mais, s'étant élevé par son mérite à la plus haute qualité où l'on puisse monter, les ducs d'Aumont, de Vantadour et de la Ferté n'ont pas dédaigné d'épouser ses filles, et elles sont toutes trois duchesses, quoiqu'elles n'aient pas eu grand'chose en mariage. Leur mère, qui est demeurée veuve à un âge peu avancé[4], et qui a été belle femme, a fait tout son possible pour les élever dans la vertu, sachant bien que quelque soin qu'on puisse prendre, le vice ne se glisse que trop facilement dans l'esprit. Mais elles sont venues dans un siècle trop corrompu pour profiter

1. Le frère du chevalier de Tilladet dont il est question ici, étoit Jean-Baptiste de Cassagnet, marquis de Tilladet, mort le 22 août 1692, des suites des blessures qu'il reçut à la bataille de Steinkerque.
2. Louise de Prie, duchesse de Cardonne, gouvernante du dauphin. Elle étoit veuve alors du maréchal de la Mothe et recevoit de la cour une pension de 3,600 livres. Fille puînée et héritière de Louis de Prie, marquis de Toussy, et de Françoise de Saint-Gelais-Lusignan, elle avoit été, avant son mariage, fille d'honneur de la Reine. Voy. ci-dessus, t. 2, p. 422.
3. La famille du maréchal de la Mothe fut en effet fort peu illustre avant lui, fort peu illustre après lui.
4. Louise de Prie épousa, le 21 novembre 1650, le maréchal de la Mothe. Née en 1614, elle avoit alors trente-six ans, soit quarante-trois en 1657, date de la mort de son mari.

longtemps de ses leçons, et, quoiqu'elles aient mille défauts dans la taille, comme elles ont beaucoup d'agrément dans le visage, elles ont trouvé bientôt des gens qui ont cherché à les corrompre. En effet, on peut dire qu'elles sont bossues, et, quoique cela ne paroisse pas aux yeux de tout le monde, il est pourtant vrai que, sans un corps de fer [1] à quoi elles sont accoutumées dès leur jeunesse, il n'y auroit personne qui ne s'en aperçût. La duchesse d'Aumont, qui est l'aînée, est sans doute la plus belle, et, quoiqu'elle ne soit pas d'une taille si avantageuse que ses sœurs, elle ne parut pas plus tôt à la cour que mille gens se firent une affaire agréable de lui en conter. Mais la maréchale sa mère, qui ne songeoit qu'à lui donner un mari, écarta si bien cette foule qui l'importunoit, que même ceux à qui l'envie auroit pu prendre de l'épouser se retirèrent comme les autres. Cela ne plut pas à la duchesse d'Aumont, qu'on appeloit en ce temps-là mademoiselle de Toussi, et, comme elle commençoit à se sentir, elle eut des besoins qui lui firent juger que, si sa mère tardoit encore longtemps à lui chercher un mari, elle pourroit bien en prendre un elle-même.

Elle n'osa pas cependant lui dire ses nécessités, la connoissant trop sévère ; mais, comme elle ne pouvoit résister à la tentation, elle devint amoureuse du chevalier d'Hervieux [2], écuyer de sa mère, homme d'environ quarante ans, laid de visage, assez bien fait de taille, mais à qui

---

1. Un corset de fer.
2. Guy Patin, dans une lettre du 8 mars 1670, parle d'un jeune homme de ce nom, qu'il soignoit.

c'étoit un grand agrément de pouvoir entrer à toute heure dans sa chambre. Elle prit un soin extrême de lui paroître le plus agréable qu'il lui fut possible. Pour cet effet, ayant ouï dire plusieurs fois qu'elle n'étoit jamais si belle que quand elle avoit les cheveux épars, elle prit plaisir à demeurer longtemps à sa toilette, le faisant approcher, et, sous prétexte de l'entretenir des voyages qu'il avoit faits au Levant, elle tâcha de lui donner autant d'amour qu'elle s'en sentoit pour lui.

Il falloit être corsaire en matière d'amour pour regarder tant de charmes sans en être touché; mais, soit qu'il eût contracté une certaine insensibilité dans le séjour qu'il avoit fait chez les barbares, ou qu'il se fît une règle de son devoir, il demeura dans le respect; tellement que, la belle voyant qu'elle perdoit son temps, elle fut sur le point mille fois de lui déclarer sa passion, à quoi elle auroit succombé indubitablement si elle n'eût appréhendé que d'Hervieux, qui étoit un homme sage, n'en eût averti sa mère.

Comme le peu de progrès qu'elle faisoit dans sa passion lui faisoit passer de mauvaises heures, elle cherchoit autant qu'elle pouvoit le moyen de charmer sa mélancolie, et, sa mère lui permettant d'aller chez madame de Bonnelle[1], qui étoit sa tante, où tout Paris alloit jouer, elle vit plusieurs gens qui ne manquèrent pas de lui conter fleurette, entre autres le duc de Caderousse[2], homme de qualité du comtat d'Avignon, qui avoit épousé

1. Voy. ci-dessus, *passim*.
2. Le duc de Caderousse n'appartenoit pas à la noblesse françoise; il étoit du comtat d'Avignon.

la fille de M. du Plessis-Guénegaud[1], secrétaire d'Etat. Quoique cette qualité d'homme marié dût être fatale aux desseins de Caderousse, il avoit néanmoins le bonheur de s'insinuer par là dans le cœur de toutes les dames. En effet, c'étoit ce qui lui avoit acquis la réputation d'honnête homme, et cela parce que, ayant épousé une femme extrêmement délicate, il s'empêchoit de coucher avec elle, quoiqu'il parût l'aimer extrêmement. En effet, les médecins avoient dit qu'elle mourroit si elle mettoit jamais d'enfant au monde, et c'étoit pour cela qu'il ne l'approchoit point. Elles concluoient de là que son amitié étoit d'une autre nature que celle de la plupart des hommes, qui n'aiment les femmes que pour le plaisir qu'elles leur donnent, et qui sans cela ne les aimeroient point.

Il joignoit encore à cette bonne qualité celle d'être extrêmement discret; ainsi, plaisant à tout le monde par tant d'endroits, il plut encore à mademoiselle de Toussi, qui n'étoit pas moins susceptible d'amour que les autres. Cette nouvelle flamme n'éteignit pas celle qu'elle avoit pour d'Hervieux, et, étant exposée à le voir à tout moment, elle se sentit un si grand cœur, qu'elle se crut capable de les aimer tous deux à la fois. Ainsi, continuant de vivre toujours avec d'Hervieux comme elle avoit commencé, elle en fit tant à la fin, qu'il se douta qu'il étoit plus heureux qu'il ne pensoit. Toutes choses le confir-

---

[1]. Claire-Bénédictine du Plessis-Guénegaud étoit fille de Henri du Plessis-Guénegaud, secrétaire d'Etat, et d'Isabelle de Choiseul-Praslin. Née en 1646, mariée en 1665, la duchesse de Caderousse mourut en décembre 1675.

mèrent dans ses soupçons; cependant, bien loin de songer à en profiter, il en fut plus retenu, de sorte qu'il falloit qu'elle l'envoyât quérir par plusieurs fois devant qu'il vînt dans sa chambre. Elle se plaignoit alors à lui du peu de considération qu'il avoit pour elle (car elle n'osoit pas dire amitié); mais d'Hervieux faisoit comme s'il eût été sourd et, ne lui répondoit que par de profondes révérences, qui la faisoient enrager.

Il n'étoit pas néanmoins insensible, et, sentant que la nature résistoit à tant de sagesse, il fit résolution de quitter plutôt la maréchale que de s'exposer davantage à une occasion si périlleuse. Pour cet effet, il chercha sous main une maison où il pût entrer en sortant de la sienne; mais, comme cela ne se rencontre pas en un jour, il arriva que la maréchale s'aperçut de la folle passion de sa fille, à quoi elle mit ordre incontinent. Un jour donc que sa fille avoit envoyé quérir d'Hervieux, après les minauderies ordinaires, elle lui dit que, comme il étoit habile en tout, elle le prioit de lui vouloir aller chercher au Palais[1] une paire de jarretières pareille à celles qu'elle portoit. En même temps elle le fit approcher pour lui montrer les siennes; mais, levant ses jupes jusqu'au-dessus du genou, elle lui fit voir des choses bien plus belles que tout ce que je pourrois dire, et il en fut si touché qu'il pensa oublier toutes les résolutions qu'il avoit faites.

1. On a mille descriptions de cette galerie du Palais, où se trouvoient tant de libraires, de merciers, d'orfèvres, de promeneurs, d'acheteurs; une des plus curieuses est assurément celle de Corneille, dans une de ses premières pièces, *La Galerie du Palais*.

Néanmoins, comme il se représenta dans le même moment tout ce qui pouvoit arriver s'il suivoit ses premiers mouvements, il étouffa tout ce que le plaisir lui pouvoit promettre de plus charmant, et feignant de n'avoir pas pris garde à ce qu'elle avoit fait, il sortit pour aller à son emplette. Etant revenu du Palais, il prit son temps de lui donner ce qu'il avoit acheté en présence de sa mère, afin de n'être pas obligé d'entrer davantage dans sa chambre. Et, quoiqu'elle l'envoyât encore quérir tous les jours, il supposa des affaires à tout moment, qui lui firent éviter le péril qu'on lui préparoit : car, quoiqu'on ne puisse pas dire positivement quel étoit le dessein de mademoiselle de Toussi, après ce qui venoit d'arriver, neanmoins il est à présumer que, sa folle passion durant toujours, elle l'eût portée à d'étranges extrémités. Le refus que d'Hervieux faisoit de venir dans sa chambre l'outra extraordinairement contre lui. Cependant tout cela n'étant pas capable de la guérir de sa passion ; elle continua ses importunités, et garda si peu de mesures que sa mère s'aperçut à la fin qu'il y avoit de l'empressement à elle de le chercher. Elle en devina la cause aussitôt ; mais, étant bien aise de convertir ses soupçons en une assurance certaine, elle fit cacher dans la chambre de sa fille une femme en qui elle se confioit comme en elle-même, puis envoya d'Hervieux la trouver sous prétexte de lui dire quelque chose de sa part. D'Hervieux fut fâché de ce commandement ; mais, ne pouvant se dispenser d'obéir, il y fut, et auroit essuyé de mademoiselle de Toussi tous les reproches qu'une fille prévenue de passion comme elle étoit capable de faire si, voyant qu'elle ne demeuroit plus dans le silence, il ne l'eût interrompue en lui disant qu'il croyoit que ce qu'elle en faisoit n'étoit que pour tenter sa fidélité; que cependant, quoi qu'il en pût être, il alloit demander son congé à madame la maréchale; qu'après cela elle chercheroit sur qui rejetter ses railleries, mais que pour lui il n'en vouloit plus être le sujet.

Cette conversation ayant été rapportée mot à mot à la maréchale par celle qui étoit en embuscade, elle vit bien que ses soupçons n'étoient pas mal fondés; et d'Hervieux lui ayant demandé un moment après permission de se retirer, sous prétexte de quelques affaires qu'il avoit en son pays : « Oui, lui dit-elle, je vous l'accorde volontiers, mais à condition que je reconnoîtrai auparavant, non pas comme je voudrois, mais du moins comme je pourrai, les services que vous m'avez rendus. » A ces mots, elle lui fit connoître qu'elle savoit la cause de sa retraite, et le pria de vouloir être toujours aussi secret qu'il avoit été fidèle.

D'Hervieux fit le surpris à cette ouverture, et ne voulut jamais rien lui avouer, ce qui lui donna encore plus d'estime pour lui. Cependant elle lui procura le consulat de Tunis, avec une pension de mille francs sur un évêché [1], et fit recevoir sa

---

[1]. Les pensions étoient accordées par le Roi, qui les faisoit assigner tantôt sur un revenu, tantôt sur un autre. Nous avons vu des pensions assises sur des fermes, sur l'épargne, sur des prieurés, des évêchés, etc.

sœur femme de chambre d'une des filles de France.

La maréchale, jugeant, après ce qui venoit de se passer, que la garde d'une telle fille étoit dangereuse, songea à s'en défaire au plus tôt ; de sorte que, s'il fût venu quelqu'un dans ce moment, elle n'auroit pas pris garde s'il eût eu toutes les qualités qu'elle désiroit auparavant dans un gendre. Il y avoit peu de jours que le duc de Caderousse s'étoit offert à mademoiselle de Toussi lorsque tout cela arriva : elle avoit fait d'abord la réservée, et s'étoit plainte de ce qu'étant marié il osoit songer à elle. Enfin, pour paroître ce qu'elle n'étoit pas, elle s'étoit privée pendant quelque temps d'aller chez madame de Bonnelle. Mais, comme elle enrageoit plus que lui, elle y retourna bientôt, et lui dit que, s'il la voyoit, ce n'étoit que pour savoir si ses sentiments étoient raisonnables ; qu'elle avoit fait réflexion qu'on n'étoit pas le maître de son cœur, mais que du moins elle vouloit apprendre si sa passion n'avoit pour but que de l'épouser en cas que sa femme vînt à mourir.

Caderousse, à qui c'étoit un grand mérite, comme j'ai déjà dit, de paroître affectionné pour cette moribonde, lui répondit sans hésiter qu'il aimoit une maîtresse parce qu'elle lui paroissoit aimable, mais qu'à Dieu ne plût qu'il en souhaitât la mort de sa femme ; que, si cela arrivoit, il ne pouvoit pas répondre de ce qu'il feroit ; mais que toujours savoit-il bien qu'il en seroit au désespoir.

Mademoiselle de Toussi fut fort surprise de cette réponse : elle crut que, pour paroître sage, il falloit du moins faire mine de s'en fâcher ; mais, faisant réflexion qu'il étoit difficile de faire dédire un homme qui étoit en réputation d'aimer sa femme, et qui parloit de bonne foi, elle tourna les choses d'une autre manière et lui dit qu'elle étoit ravie de le voir dans ces sentiments ; que, comme elle savoit que sa femme ne pouvoit pas vivre encore longtemps, elle espéroit lui donner lieu, par sa conduite, de désirer qu'elle devînt la sienne ; et que, si cela pouvoit arriver, il l'aimeroit bien autant du moins qu'il avoit fait l'autre.

Caderousse la pria de cesser une conversation qu'il disoit l'embarrasser, et, se trouvant plus heureux qu'il n'avoit espéré, il tâcha de profiter de sa bonne fortune. Mademoiselle de Toussi avoit pour le moins autant d'impatience que lui de le satisfaire, mais elle avoit les raisons du tablier, qui est un obstacle terrible pour les amants, c'est-à-dire qu'elle appréhendoit de devenir grosse. Hors de cela, elle lui accorda, après deux ou trois conversations, tout ce qu'une fille peut accorder honnêtement à un homme, et il fut maître de ce que nous appelons en France la petite oie. Elle lui promit en outre que, d'abord qu'elle seroit en état de faire davantage pour lui, elle s'en acquitteroit avec la plus grande joie du monde, et elle lui tint parole si exactement qu'il n'eut pas sujet de s'en plaindre. Quoique ce qu'elle faisoit pour lui ne fût pas contentement pour un amant fort passionné, néanmoins il vit et toucha des choses qui étoient capables de faire mourir de joie : un visage fait au tour, une bouche charmante, des dents de même, des cheveux admirables, longs et en quantité, une gorge faite pour les amours, une peau délicate et blanche, et par-dessus tout cela un corps qui contenoit en raccourci tout ce qu'il y a de plus aimable. Il chercha plusieurs fois l'accomplissement de ses désirs dans ce qui lui étoit défendu ; mais, quoiqu'elle le souhaitât tout aussi passionnément que lui, non-seulement elle fut la maîtresse de sa passion, mais elle lui fit encore de grands reproches de ce qu'il ne l'aimoit pas tant que sa femme. Elle lui dit que, pour une crainte qui étoit peut-être mal fondée, il s'empêchoit volontiers de prendre son plaisir avec elle, au lieu qu'il le cherchoit maintenant au préjudice de son repos et de sa réputation.

Caderousse, qui, en l'état qu'il en étoit avec elle, croyoit pouvoir lui faire confidence de ce qu'il avoit de plus particulier sur le cœur, lui dit que, s'il y avoit quelque différence entre elle et sa femme, elle étoit tout à son avantage ; qu'il lui étoit aisé de se passer de l'une, qu'il n'aimoit pas, mais qu'il n'en étoit pas de même de l'autre, qu'il adoroit ; que, comme tout ce qui se passoit dans le monde ne consistoit qu'en grimaces, il lui avoit été aisé de faire accroire que ce qu'il en faisoit n'étoit que par la considération qu'il avoit pour sa femme ; mais qu'enfin il ne pouvoit s'empêcher de lui dire qu'il seroit ravi d'en être défait.

Elle lui sauta au cou après cette déclaration, et, quoiqu'ils ne fissent pas tout ce qu'il falloit faire pour goûter une joie parfaite, ils ne laissèrent pas de se pâmer sur un lit de repos où ils s'étoient jetés l'un et l'autre.

Comme l'on n'est pas heureux en toutes choses, Caderousse, qui étoit grand joueur, perdit à quelques jours de là beaucoup d'argent contre le Roi, et, ne l'ayant pas tout comptant, il donna ce qu'il avoit et demanda du temps pour le reste. Le Roi, qui étoit ponctuel en toutes choses et qui vouloit apprendre aux autres à le devenir, lui fit réponse que cela étoit bien vilain de jouer sans avoir de l'argent. C'en fut assez pour le faire résoudre à prendre la poste pour aller tout vendre chez lui ; mais auparavant il voulut prendre congé de mademoiselle de Toussi, et la conjurer de ne le pas oublier dans son absence.

Elle fut au désespoir quand elle sut un départ si précipité ; elle lui offrit ses bagues et ses pierreries pour rompre ce voyage, et même de voler celles de sa mère si les siennes ne suffisoient pas. Mais Caderousse, qui prévoyoit que cela feroit trop de bruit dans le monde, et qui d'ailleurs de son naturel n'étoit pas si escroc que la plupart des gens de la cour, la remercia de ses offres. Ils se séparèrent ainsi fort satisfaits l'un de l'autre, ou, pour mieux dire, fort contents des témoignages réciproques qu'ils s'étoient donnés de leur amitié. Il promit de revenir bientôt, et elle n'en douta point, sachant le sujet qui le faisoit partir. Mais elle eut la délicatesse de lui dire qu'elle étoit fâchée de n'avoir point un peu de part dans son retour, et que le Roi l'eût tout entière. Il lui répondit là-dessus ce que devoit dire un homme qui avoit de l'esprit et qui étoit amoureux, et elle eut lieu de s'en contenter. Comme l'argent est extrêmement rare dans les provinces, il eut de la peine à trouver celui qu'il lui falloit, et, ayant demeuré plus longtemps qu'il n'avoit cru, il arriva cependant que le duc d'Aumont se présenta pour épouser mademoiselle de Toussi.

C'étoit un homme non-seulement d'une ancienne maison, mais qui étoit encore distingué par un gouvernement de province et par une grande charge. Il étoit premier gentilhomme de la chambre, gouverneur du Boulonnois, et duc et pair; si bien que c'eût été un parti extrêmement avantageux, s'il n'eût eu un fils de son premier lit, avec quelques filles[1]. Il avoit épousé en premières noces, comme nous avons dit, la sœur du marquis de Louvois[2], qui étoit morte bien misérablement, ce qui faisoit présumer qu'il ne se chargeroit jamais de femme. Cette dame, à qui rien ne manquoit du côté de la magnificence, avoit un chapelet de diamants de grand prix, et un jour qu'il y avoit chez elle beaucoup de personnes de qualité, on le lui prit sur une table. Ce chapelet se trouvant perdu, elle ne sut sur qui faire tomber son soupçon; et comme elle avoit une curiosité inconcevable de savoir qui l'avoit dérobé, elle écouta volontiers quelques propositions qu'on lui fit d'aller au devin[3]. Elle y fut donc, et le devin

1. Le duc d'Aumont, outre la fille dont nous avons parlé, qui fut mariée au marquis de Beringhen, eut une autre fille, Anne-Charlotte d'Aumont, qui, née en 1666, épousa, le 4 février 1683, le marquis de Créqui; le fils du duc d'Aumont, marquis de Villequier, fut reçu premier gentilhomme de la chambre en survivance, et prêta serment le 7 avril 1683 en cette qualité.

2. Voy. ci-dessus note 4, p. 363.

3. La croyance aux devins et aux sorciers étoit générale au XVIIe siècle, et il n'est pas rare de voir des écrivains sérieux trahir la crainte qu'ils ont des sorciers.

la renvoya à un prêtre de la paroisse de Saint-Severin, qui nourrissoit des pigeons au haut de sa maison, qu'il fit parler devant elle, après qu'elle eût fait un pacte avec lui par lequel elle lui promit, dit-on, d'étranges choses. Ces pigeons lui dirent qu'elle retrouveroit son chapelet à son retour; mais elle n'étoit guère en état de se réjouir de leurs promesses : elle avoit été tellement saisie de frayeur qu'elle se mit au lit en arrivant, et, soit que Dieu la voulût punir de sa curiosité, ou que le mal d'enfant lui prît, comme on le publia dans le monde pour empêcher qu'on ne glosât sur son aventure, elle expira dans des douleurs plus aisées à concevoir qu'à décrire.

Une catastrophe si extraordinaire fut l'entretien de tout Paris pendant quelques semaines; mais, comme il renaît à tout moment dans cette grande ville des choses qui font oublier celles qui se sont passées peu auparavant, on ne s'en ressouvint plus que dans sa famille, à qui ce malheureux accident devoit avoir fait aussi plus d'impression. Son mari, entre autres, en fut si touché, qu'on crut qu'il alloit renoncer au monde; mais, comme c'étoit un grand pas à faire à un homme de sa condition, il se contenta de vivre d'une autre manière qu'il n'avoit fait, et ce fut si exemplairement, que chacun en fut édifié. Cela fit présumer, comme j'ai dit ci-devant, qu'il ne songeroit point à un autre mariage, et en effet il auroit parié lui-même qu'il n'y auroit jamais songé, principalement ayant un fils pour soutenir sa maison; mais à peine eut-il vu mademoiselle de Toussi que ses résolutions s'en allèrent en fumée. Il la fit demander en mariage aussitôt, et la maréchale de La Mothe la lui accorda volontiers, parce que la garde d'une telle marchandise est toujours dangereuse.

Ce ne fut pas pourtant par les avantages qu'elle y trouva, car, quoiqu'il eût toutes les charges dont nous avons parlé ci-dessus, elles ne regardoient que son fils aîné, et point du tout ceux qui pouvoient venir de sa fille. Mademoiselle de Toussi ne fit aucun effort pour s'opposer à ce mariage, quoiqu'elle aimât Caderousse et qu'elle se fût jusque-là flattée de l'épouser si sa femme venoit à mourir. Cependant, pour lui montrer que, toute prête à changer de condition, elle ne changeoit point de sentiment, elle lui écrivit de se hâter de venir s'il vouloit recueillir le fruit de ses promesses.

Caderousse, qui avoit fait son argent, prit la poste aussitôt avec ses lettres de change dans sa poche; il trouva que le mariage n'étoit pas encore achevé, et la première chose qu'il fit fut de voir sa maîtresse, à qui il tâcha de persuader de lui donner la préférence par-dessus le duc d'Aumont, c'est-à-dire qu'il pût passer devant lui quand ce viendroit le moment de la posséder. Mais, soit qu'elle eût peur que, les vestiges étant encore si récents, le duc d'Aumont ne vînt à s'en apercevoir, ou qu'elle fît conscience de lui ôter en même temps et le cœur et ce que les maris sont bien aises de trouver, elle le blâma de sa délicatesse, et lui dit qu'il devoit être plus que content de ce qu'elle faisoit. Caderousse ne demeura pas sans réplique pour lui prouver que ces morceaux étoient des ragoûts d'un amant, et point du tout d'un époux; mais tout ce qu'il put dire ne fut pas capable de la persuader, et à deux jours de là le duc d'Aumont l'épousa [1].

Le Roi leur fit l'honneur non-seulement de signer à leur contrat de mariage, en faveur duquel il fit un présent considérable à la mariée, mais assista encore à la bénédiction nuptiale. Cependant, quoique la dame eût été affamée d'homme, elle ne trouva pas avec son mari les mêmes plaisirs qu'elle avoit goûtés, quoique imparfaitement, avec Caderousse, ni même ceux qu'elle s'étoit figurés de goûter avec d'Hervieux. C'est pourquoi elle ne se vit pas plutôt en liberté, qu'elle écrivit un billet à son amant pour voir la différence qu'il y avoit de l'un à l'autre. Mais ce fut l'embarras de trouver quelqu'un à qui se pouvoir fier pour le lui remettre entre les mains. Après y avoir bien songé, elle s'avisa d'écrire à Catherine, femme de chambre de madame de Bonnelle, et lui manda qu'elle devoit de l'argent du jeu à M. de Caderousse, et qu'elle la prioit de lui donner en main propre la lettre qu'elle trouveroit dans la sienne, par laquelle elle lui faisoit excuse si elle ne le payoit pas sitôt.

Elle envoya ces deux lettres par un de ses laquais; et Catherine, croyant de bonne foi que celle qu'elle devoit rendre ne contenoit autre chose que ce qu'elle lui mandoit, elle la donna à Caderousse, qui ne manquoit pas de venir jouer toutes les après-dînées chez madame de Bonnelle. Il fut fort surpris d'abord, ne pouvant

---

1. Ce second mariage eut lieu le 28 novembre 1669.

comprendre comment la duchesse se servoit d'une personne si suspecte ; mais, ayant vu ce que la lettre contenoit, il changea son étonnement en admiration, et jugea qu'une femme qui avoit l'esprit si présent dans les commencements seroit admirable si elle pouvoit jamais joindre à un si grand naturel une expérience de quelques années. Cependant, comme cette lettre étoit conçue en termes fort amoureux, il est bon que le lecteur n'en soit pas privé.

LETTRE DE LA DUCHESSE D'AUMONT AU DUC DE CADEROUSSE.

Ne vous étonnez pas si je me sers de Catherine pour vous faire savoir de mes nouvelles. Elle croit ne vous rendre qu'une lettre de compliment sur une affaire que je lui ai inventée à plaisir, au lieu qu'elle vous en rendra une où je vous ouvre tout mon cœur. Bon Dieu, la pauvre chose qu'un mari qu'on n'aime point, et qu'il y a de différence entre un homme et un homme ! Mais n'est-ce point que je m'abuse, et que ce plaisir est plus grand en imagination qu'en effet ? Car enfin, j'en ai plus seulement à me souvenir de vos folies, que de toutes les caresses qu'on a tâché de me faire depuis deux jours. Si cela est, ne m'approchez jamais de plus près que vous avez fait ; mais si vous êtes assuré du contraire, déguisez-vous ce soir, comme l'amour vous l'inspirera ; mon mari sera à Versailles, et c'est un temps trop favorable pour vous et pour moi pour ne le pas employer comme il faut.

Caderousse n'eut garde de manquer au rendez-vous. Il ne se déguisa pas autrement, sinon qu'il prit un habit fort commun, et, montant à cheval comme s'il fût revenu de Versailles, il s'en vint à l'hôtel d'Aumont [1] et dit au suisse [2] que c'étoit un des vingt-cinq violons du Roi, qui venoit de sa part trouver le duc pour quelque bagatelle qui regardoit l'Opéra. Or, c'étoit une chose assez ordinaire que ces sortes de commissions, car le duc, à cause de sa charge de premier gentilhomme de la chambre, avoit la surintendance sur tous les divertissements [3]. Le suisse lui répondit que son maître étoit allé à Versailles. De quoi feignant n'être pas content, il demanda à parler à la duchesse. On le

---

1. L'hôtel d'Aumont étoit situé dans la rue de Jouy. Il avoit été bâti sur les dessins de Mansart, et l'on admiroit surtout les belles proportions de la façade sur le jardin. Le Brun avoit peint sur l'un des plafonds l'apothéose de Romulus.

2. Les cent-Suisses faisoient le service des châteaux royaux; dix d'entre eux étoient détachés chez la Reine et un chez le chancelier. Mais dans un temps où, comme dit La Fontaine, tout marquis vouloit avoir des pages, tout grand seigneur voulut avoir son Suisse. A défaut de vrais Suisses, on se contenta, comme chez Chicaneau, de *Petit-Jean* venus de toutes les parties de la France:

On m'avoit fait venir d'Amiens pour être Suisse.

Cet usage est consacré par Furetière, qui, au mot *portier*, donne cet exemple: Les Suisses sont les portiers des grands seigneurs.

3. Il y avoit quatre premiers gentilshommes de la chambre, et ils servoient chacun pendant une année. Ils étoient logés au Louvre et entroient dans le carrosse du Roi. « C'est aux premiers gentilshommes de la chambre, dit l'*Etat de la France*, à faire faire tous les habits de deuil, tous les habits de masques et comédies, et pour les autres divertissements de Sa Majesté. »

fit monter, sans qu'on se doutât de rien, et il lui parla à l'oreille, comme s'il avoit eu quelque chose de particulier à lui dire. Après cela, il feignit de s'en retourner; mais, au lieu de traverser la cour, il entra dans une salle basse, où il se mit à un coin jusqu'à ce que la duchesse se fût défaite adroitement de ses laquais, sous prétexte de message. Etant alors remontée en haut, elle le cacha dans un cabinet, où elle lui donna du pain et des confitures, de peur qu'il ne mourût de faim. Cependant on avoit emmené par son ordre le cheval sur lequel il étoit venu ; et le suisse, qui alloit et venoit dans la cour, s'imagina que le maître étoit sorti sans qu'il s'en fût aperçu. La duchesse eut grande impatience que la nuit fût venue pour contenter ses désirs amoureux, et encore plus le pauvre prisonnier, qui n'osoit presque se remuer. Elle arriva enfin, au grand contentement de l'un et de l'autre, et après que la duchesse fut au lit et que ses femmes se furent retirées, elle se releva pour lui aller ouvrir la porte. A peine lui donna-t-il le temps de se recoucher pour en venir aux prises ; ce qui lui plut extrêmement, étant persuadée que c'étoit là la plus grande marque d'amitié qu'un homme puisse donner à une femme.

Comme il vit que le jeu lui plaisoit, il fit tout son possible pour la contenter. Mais sur les quatre à cinq heures du matin, c'est-à-dire lorsqu'ils commençoient d'avoir envie de dormir tous deux, ils entendirent un carrosse à six chevaux s'arrêter à la porte, et l'on commença à heurter comme il faut. Elle jugea incontinent que c'étoit son mari et se crut perdue. Elle n'eut le temps que de faire rentrer Caderousse dans le cabinet, qui se crut pareillement en grand péril. Mais leur inquiétude ne fut pas de longue durée : comme elle s'étoit jetée en bas du lit pour voir ce que c'étoit au travers des vitres, elle vit aussitôt que c'étoit un ami de son mari qui venoit pour le prendre, le duc lui ayant dit qu'il n'iroit à Versailles que ce jour-là. Sa crainte s'étant évanouie par ce moyen, elle fut tirer une seconde fois son amant de prison, et le trouva tremblant d'autre chose que de froid. Il lui fallut plus de temps qu'à elle pour se rassurer, et, quoiqu'elle fît tout son possible pour le réchauffer entre ses bras, sa chaleur naturelle étoit si bien éteinte qu'elle ne put la rallumer.

Cependant, comme il faisoit déjà grand jour, il fallut songer à le faire sortir; mais ce fut la difficulté, et ils trouvèrent que ce seroit hasarder beaucoup, de sorte qu'ils aimèrent mieux attendre jusqu'à la brune. Mais le duc d'Aumont revint de Versailles une demi-heure auparavant et rompit leurs mesures. Je laisse à penser si son arrivée eut de quoi augmenter le froid du pauvre amoureux transi. Le duc d'Aumont voulut se faire un grand mérite auprès de sa femme d'être revenu sitôt, et ne manqua pas de lui dire que ce n'étoit que pour l'amour d'elle. Mais elle lui auroit bien répondu, si elle eût osé, qu'elle lui eût été bien plus obligée s'il eût demeuré où il étoit. Cependant, comme il n'y avoit que peu de jours qu'ils étoient mariés et qu'il étoit d'un bon tempérament, il se mit à la caresser; ce qui fut un surcroît d'accablement pour le pauvre prisonnier, qui étoit justement au chevet du lit. Mais ce qui le toucha le plus, fut que la duchesse ne put s'empêcher de soupirer amoureusement dans le temps qu'il étoit aux prises avec elle; ce qui lui fit dire en lui-même que toutes les femmes étoient des carognes, et, que, quelque mine qu'elles fassent, tout leur est bon, soit d'un mari ou d'un amant. Le duc d'Aumont, qui savoit ce que c'étoit que de vivre, ne jugea pas à propos de s'enivrer de son vin, et, s'étant couché de bonne heure, il laissa sa femme en repos toute la nuit, pendant que Caderousse faisoit le pied de grue dans le cabinet, roulant dans sa tête mille imaginations que la jalousie lui inspiroit aussi bien que la peur; car enfin, comme il étoit amoureux, ce qu'il avoit entendu lui revenoit à tout moment à la pensée, et toute la consolation qu'il avoit, c'est qu'il préparoit des reproches à la duchesse sur le peu de caresses que son mari lui faisoit, et où elle avoit néanmoins paru si sensible. Mais, quelque forte que fût sa passion, tout son sang se glaçoit quand il venoit à faire réflexion où il étoit, et le peu de chose qu'il falloit pour le perdre.

Il est aisé de concevoir que la nuit lui dura mille ans dans de si funestes pensées; cependant, quoiqu'il n'eût mangé que des confitures et bu un doigt de vin, la faim étoit ce qui lui faisoit le moins de peine, tant il est vrai que le corps ne songe guère à ses fonctions quand l'âme se trouve abattue. Pour comble de malheur, le jour étant venu, le duc d'Aumont ne songea ni à se lever, ni à sortir, tellement que toute son espérance fut remise après dîner; mais il survint compagnie qui arrêta le duc jusqu'au soir, et s'étant amusé ensuite à causer avec sa femme, qui n'avoit guère néanmoins l'esprit libre pour lui répondre, le temps se passa insensiblement, de sorte qu'il entendit qu'on demandoit à souper. Je ne sais si cela le fit ressouvenir qu'il y avoit deux jours qu'il faisoit une grande abstinence, mais enfin la faim commença à le presser si fort, qu'il sentit une grande foiblesse; il lui fallut néanmoins essuyer non-seulement tout ce temps-là, mais encore tout le lendemain, le duc n'étant sorti que sur le soir pour s'en retourner à Versailles.

D'abord la duchesse vint pour se jeter à son cou; mais il la repoussa avec un air de mépris, dont étant tout étonnée, elle lui demanda d'où venoit ce traitement, et si c'étoit la récompense de ce qu'elle faisoit pour lui. « Vous ne faites rien pour moi, répondit froidement Caderousse, que vous ne fassiez pour votre mari, qui cependant ne vous a pas donné trop de marques de son amitié. Je vous ai entendu soupirer, perfide que vous êtes, et vous n'en avez pas fait davantage lorsque je vous ai témoigné tout ce que je sentois pour vous; mais je suis assez vengé du peu de cas qu'il faisoit de vos caresses; et n'avez-vous point de honte d'aimer déjà qui vous aime si peu? » La duchesse fut surprise de ces reproches, et voulut lui nier ce qu'il avoit entendu; mais il sut bien qu'en juger, et, après en avoir été témoin lui-même, il n'eut pas la complaisance de vouloir lui accorder ce qu'elle disoit.

Cette petite querelle fit qu'il ne voulut ni boire ni manger, quoi qu'elle lui pût dire; et, voulant s'en aller, il se laissa tomber au milieu de la chambre, soit de foiblesse, ou qu'il eût

trouvé quelque chose sous les pieds qui en fût
cause. Cependant, il n'auroit peut-être jamais
eu la force de se relever si la duchesse ne fût
accourue à son secours ; mais, s'étant jetée à
son cou, elle lui demanda si, après toutes les
alarmes qu'elle venoit d'avoir, il étoit encore résolu de la désespérer. « C'est vous qui me déses-
pérez, Madame, répondit Caderousse, et je
croyois que, vous ayant donné mon cœur, je
ne devois pas partager le vôtre avec un mari
qui, comme je vous ai déjà dit, vous aime si
peu, qu'il y a deux jours tout entiers qu'il est
avec vous, et cependant.....» Elle ne lui donna
pas le temps d'achever, et, s'étant emportée à
des caresses tout à fait touchantes, non-seulement elle le fit relever, mais elle lui fit sentir encore qu'il n'étoit pas tout à fait mort. Il voulut
lui en donner des marques à l'heure même, à
quoi s'opposant foiblement, sous prétexte qu'il
n'étoit pas en état de cela après un si long jeûne,
il la jeta sur un lit, où elle n'eut jamais tant de
plaisir. Elle fit un grand nombre de soupirs, dont
ce pauvre amant fut si charmé qu'il oublia ceux
qu'elle avoit faits avec le duc.

Un si doux moment pensa être cependant le dernier de sa vie ; la foiblesse où il étoit le fit évanouir
lorsqu'il ne pensoit être que pâmé, et la duchesse
s'apercevant que cela duroit trop longtemps pour
être naturel, elle se débarrassa le mieux qu'elle
put pour courir au secours. Elle fut promptement chercher une bouteille d'eau de Hongrie,
et lui en ayant frotté le creux des mains, les
tempes et les narines, il revint enfin à lui, mais
si foible qu'il avoit de la peine à se soutenir.

Quoiqu’elle l’eût déjà voulu voir dehors, elle ne le voulut pas laisser sortir néanmoins qu’il n’eût pris quelque chose ; et ce qui venoit de se passer l’ayant rendu plus traitable qu’auparavant, il prit un bouillon, qui lui fit beaucoup de bien. Il mangea outre cela tout au moins pour quatre sous de pain[1], un grand pot de confitures, une douzaine de noix confites, et but une bouteille de vin. Avec ce secours il prit des forces pour pouvoir s’en aller ; mais, de peur que le suisse ne l’aperçût, il fit une station dans la salle en bas, comme il avoit fait en arrivant, pendant laquelle la duchesse d’Aumont fit monter le suisse, sous prétexte de lui dire ceux qu’elle vouloit qu’il laissât entrer et ceux qu’elle ne vouloit pas qui entrassent.

L’embarras où ils s’étoient trouvés fut cause qu’ils ne songèrent pas à prendre des mesures pour se revoir sitôt. Mais la maison de madame de Bonnelle étant un lieu propre à se donner

---

1. L’auteur nous donne, pour ainsi dire, la mesure de l’appétit du duc de Caderousse après son jeûne prolongé. Quelques années après l’époque qui nous occupe, le pain continuoit à être divisé en deux catégories : le gros pain et le petit pain.

Quand le blé étoit vendu vingt livres le septier, ce qui étoit un prix moyen, le gros pain blanc valoit deux sous six deniers la livre ; le pain bis-blanc ou bourgeois, deux sous deux deniers ; le pain bis, un sou six deniers.

Le petit pain étoit alors vendu un sou ou deux sous : le prix ne varioit pas, mais le poids varioit selon le prix du blé. Quand le blé valoit vingt livres le septier, le pain façon de Gonesse de deux sous pesoit neuf onces, ou, d’un sou, quatre onces et demie ; le pain de chapitre d’un sou pesoit quatre onces et demie ; le pain mollet, le pain à la reine, le pain à la sigovie, le pain à la mode et le pain cornu ne pesoient que trois onces et demie.

rendez-vous, quoiqu'elle ne le crût pas, ils s'imaginèrent tous deux qu'y pouvant aller quand ils voudroient, il leur seroit aisé de se parler et de se dire tout ce qu'ils auroient sur le cœur. Cependant la femme de Caderousse, qui n'avoit point eu de ses nouvelles depuis trois jours, en étant en peine, envoya partout où il avoit coutume d'aller pour voir si on ne lui en apprendroit point; et n'en pouvant savoir d'aucun endroit, le bruit courut à la cour et à la ville qu'il falloit qu'il se fût allé battre. S'il avoit eu la moindre affaire, c'en étoit assez pour le perdre, les ordonnances ne pouvant être plus rigoureuses qu'elles l'étoient à cet égard[1]. Mais comme on savoit qu'il étoit sage, ce bruit s'évanouit bientôt pour faire place à un autre, qui fut qu'il falloit qu'il se fût engagé au jeu. Le changement qui parut sur son visage, lorsqu'il fut revenu chez lui, donna encore plus de couleur à ce faux bruit.

On s'imagina donc qu'il avoit fait quelque perte considérable, et sa femme n'osoit presque lui demander d'où il venoit, de peur de l'affliger. Elle lui lâcha pourtant quelques paroles qui firent voir son soupçon, et cela fournit un prétexte à Caderousse, qui ne savoit presque où en trouver après une si longue absence. Il parut dès le lendemain chez madame de Bonnelle, où l'on fut surpris de le voir si changé. La marquise de

1. Les ordonnances et édits sur les duels étoient toujours observés avec une grande rigueur. Pour les empêcher même, Louis XIV avoit eu la pensée, au dire de Guy Patin, de retirer l'épée aux gentilshommes et de leur faire porter au cou une médaille comme marque de leur qualité.

Rambures[1], qui, avec la passion du jeu, avoit encore celle de l'amour jusqu'à l'excès, entendant dire à tout le monde qu'il falloit qu'il eût été bien piqué pour jouer trois jours entiers, sans que ses amis l'eussent pu voir : « C'est, dit-elle, qu'il n'avoit que faire de témoins au jeu qu'il jouoit. » Chacun se prit à rire de cette saillie; mais Caderousse en rougit, ce qui fut remarqué particulièrement du marquis de Fervaques[2], fils de madame de Bonnelle.

Ce n'étoit pas néanmoins un homme qui fût sorcier; au contraire, il avoit extrêmement à se plaindre de la nature, qui lui avoit donné un fort grand corps, mais un fort petit esprit. Sur ces entrefaites, la duchesse d'Aumont entra, et après que celles qui ne l'avoient pas encore été voir lui eurent fait compliment sur son mariage, Fervaques se mit auprès d'elle, lui demanda si ce n'étoit point elle qu'on devoit accuser de la disparition de Caderousse? Comme il n'y a rien qui soit à l'épreuve de la vérité, elle ne se put empêcher de rougir, et, pour peu d'esprit qu'il eût eu, il eût bientôt reconnu qu'il l'avoit touchée sensiblement; mais il avoit dit cela à tout hasard, tellement que, ne faisant point de réflexion à l'intérêt qu'elle y prenoit, il se contenta de lui dire que, quelque mérite qu'eût Caderousse, il seroit trop heureux si une pareille fortune lui arrivoit; que, comme il n'y avoit personne qui en connût

1. Marie Bautru, fille de Nicolas Bautru, comte de Nogent et de Marie Coulon, étoit sœur du comte de Nogent, qui avoit épousé la sœur de Lauzun. Elle épousa, à la date du 5 avril 1656, René de Rambures, qu'elle perdit le 11 mai 1671. Elle-même mourut en mars 1683.
2. Voy. ci-dessus, *passim*.

le prix si bien que lui, cela l'obligeoit à ne la désirer que pour lui-même ; qu'il y avoit déjà plus de deux ans qu'il en étoit amoureux, sans lui en avoir jamais osé parler ; mais que venant d'épouser un homme qui avoit beaucoup plus d'âge qu'elle, il avoit cru que, s'il manquoit ce temps-là, il manqueroit une occasion qui ne se rencontreroit peut-être jamais si favorable. La duchesse d'Aumont avoit toujours cru son cousin[1] un peu fou ; mais, comme elle ne le croyoit ni assez hardi ni assez spirituel pour lui oser faire jamais une déclaration comme celle-là, elle en fut toute surprise, et lui demanda s'il avoit appris ce qu'il lui venoit de dire depuis qu'il voyoit la comtesse d'Olonne[2]. Fervaques rougit à ce discours et se trouva bien embarrassé, car il étoit vrai qu'il sacrifioit depuis plusieurs mois à cette vieille médaille. Néanmoins, quoique la chose fût publique, il prit le parti d'abord de la nier ; mais, voyant que la duchesse étoit trop bien instruite pour prendre le change, il crut avancer grandement ses affaires en lui sacrifiant deux ou trois de ses lettres qu'il avoit dans sa poche. C'est pourquoi, ne se retranchant plus sur la négative, mais sur ce qu'il n'avoit aucun dessein en la voyant, il les lui montra aussitôt, et voulut l'obliger à les lire malgré elle. La duchesse, qui ne prenoit aucun intérêt à cette vieille idole, s'en

1. Madame d'Aumont étoit en effet cousine de Fervaques, par sa mère, Charlotte de Prie, qui avoit épousé Noël de Bullion, seigneur de Bonnelles, par contrat du 24 février 1639. Charlotte de Prie, madame de Bonnelles, étoit sœur de Louise de Prie, maréchale de la Mothe-Houdancourt.

2. Voy. ci-dessus, p. 302.

défendit ; mais Fervaques, ne cessant de l'importuner, lui en présenta une tout ouverte, où elle ne se put empêcher de lire ces paroles :

Lettre de Madame d'Olonne au Marquis de Fervaques.

Il y a si longtemps que je suis séparée du commerce du monde, que je vaux bien une fille de ce temps-ci. Vous m'en pouvez croire sur ma parole, moi qui ai assez d'expérience pour juger de toutes choses. Cependant il ne tiendra qu'à vous de vous en éclaircir, et vous me dites hier trop de douceurs, jusqu'à m'offrir votre bourse, pour ne pas faire tous les pas qui me peuvent faire paroître reconnoissante. Ne jugez pas que ce que j'en fais soit pour avoir lieu d'accepter vos offres. Quoique vous soyez plus riche que moi, j'ai encore mille pistoles à votre service ; mais il me semble qu'entre gens comme nous on se doit aimer but à but, et qu'à moins que d'être dans le besoin, on ne doit jamais faire des démarches, ni l'un ni l'autre, qui puissent faire croire qu'on soit plus intéressé qu'amoureux.

La duchesse d'Aumont avoit voulu d'abord rendre la lettre, ne croyant pas qu'après ce qu'elle contenoit à l'ouverture, une honnête femme pût la lire sans s'attirer quelque reproche. Mais enfin la curiosité l'avoit emporté par-dessus toute sorte de considération, de sorte qu'elle ne rebuta point la seconde que Fervaques lui présenta, et qui étoit du même style. Voici ce qu'elle contenoit :

LETTRE DE MADAME D'OLONNE AU MARQUIS DE FERVAQUES.

Pour un homme qui va à la guerre, et qui est même capitaine dans la gendarmerie, vous avez bien peu de hardiesse. Attendez-vous que je vous aille prier, et pour vous avoir dit que j'avois des mesures à garder dans le monde, est-ce vous dire que vous n'avez rien à espérer? J'enrage que vous m'obligiez malgré moi à faire un personnage que j'ai toujours haï, c'est-à-dire à vous morigéner comme un jeune homme. Venez pourtant tout présentement, l'on vous apprendra à vivre, puisque vous ne le savez pas ; mais apportez du moins plus de courage que vous n'en aviez hier au soir.

« Ah! la folle! dit en même temps la duchesse d'Aumont; et quand prétend-elle devenir sage, si ce n'est à l'âge qu'elle a ? — Elle n'est point encore si âgée, ma cousine, dit Fervaques, et elle n'a pas plus de trente-cinq ans. — J'en suis bien ravie, mon cousin, lui répondit la duchesse, et que vous la trouviez à votre gré. — Moi? point du tout », répliqua Fervaques, qui s'avisa, mais un peu tard, qu'il venoit de dire une sottise ; et pour lui prouver qu'il la voyoit sans attachement, il lui fit confidence qu'elle le vouloit marier avec mademoiselle de la Ferté, sa nièce, à qui elle donneroit tout son bien[1]. Cette conversation interrompit celle qu'il avoit commencée ;

---

1. Voy. ci-dessus, p. 302.

mais, comme il y vouloit revenir à toute heure, la duchesse lui dit qu'on voyoit bien qu'il avoit beaucoup profité sous une si bonne maîtresse, et qu'il n'étoit plus besoin de l'accuser de timidité.

Cependant Caderousse s'étoit mis au jeu ; mais, voyant que leur conversation duroit si longtemps, il étoit sur les épines, et faisoit mille fautes qu'il n'avoit pas accoutumé de faire. La marquise de Rambures, qui étoit auprès de lui, y prit garde, et que de temps en temps il jetoit des œillades à l'endroit où étoit la duchesse. Quand elle eut remarqué cela deux ou trois fois : « Voulez-vous parier, lui dit-elle à l'oreille, que je vous dis maintenant pourquoi nous ne vous avons point vu depuis trois jours, et pourquoi vous ne prenez pas garde à votre jeu ? » Il ne fit que sourire à ce discours, comme s'il eût voulu dire qu'elle y seroit bien empêchée ; mais elle se rapprocha en même temps de lui, et lui dit que la duchesse d'Aumont en étoit cause. Cela le déconcerta encore plus qu'auparavant ; il ne sut que lui répondre, et c'en fut assez à cette dame, qui étoit habile dans le métier, pour lui faire juger que ce qu'elle en pensoit étoit véritable. « Vous voyez, lui dit-elle en même temps, que je suis mieux informée que vous ne pensez ; mais que cela ne vous alarme pas ; j'en userai bien, et je veux commencer à vous rendre service. » En même temps, elle dit à la duchesse d'Aumont que cela étoit bien vilain de quitter la compagnie pour être si longtemps tête à tête avec un homme ; qu'elle s'en scandalisoit toute la première, et que, si elle ne venoit auprès d'elle, elle ne lui pardonneroit jamais.

Cela défraya la conversation quelques moments, et la duchesse ne pouvant plus demeurer auprès de Fervaques après ce reproche, elle se vint mettre à côté d'elle, c'est-à-dire auprès de Caderousse. S'il eût osé, il lui eût dit de n'en rien faire après ce qui venoit de se passer ; mais, comme c'eût été donner trop de marques de leur intelligence, il se contenta de garder un certain sérieux, qui fit encore juger à la marquise de Rambures que leurs affaires étoient en meilleur état qu'elle ne croyoit. La duchesse d'Aumont, qui ne savoit point ce qui s'étoit dit tout bas, fut surprise du peu d'accueil que lui faisoit Caderousse, et s'en trouva si piquée, qu'elle s'en alla beaucoup plus tôt qu'elle n'auroit fait. Cependant, elle avoit trop de choses sur le cœur pour en rien témoigner, de sorte qu'elle lui écrivit un billet. Mais, faisant réflexion que si elle se servoit encore de Catherine, elle pourroit se douter à la fin de la vérité, elle le mit dans sa poche, résolue de le mettre elle-même le lendemain dans celle de son amant, quand elle le trouveroit chez sa tante. En effet, elle le fit si adroitement que personne ne s'en seroit aperçu, si la marquise de Rambures, qui avoit quelque dessein sur Caderousse, ne les eût observés de si près, qu'il étoit impossible que rien lui échappât. Elle vit donc tout ce manége ; mais, devant que Caderousse sut ce qui étoit arrivé, elle fouilla dans sa poche sous prétexte de prendre son peigne, et prit la lettre qu'elle cherchoit. Par malheur pour la duchesse, elle étoit alors dans un coin avec Fervaques, qui lui contoit des folies et ne put prendre garde à ce qui se passoit.

Elle affectoit même de ne pas regarder de ce côté-là, et d'être fort attachée à la conversation, pour se venger de Caderousse, qui, en effet, s'en désespéroit. Enfin, le jeu étant fini, chacun prit de son côté, et Caderousse s'étant offert à ramener les dames, elles le prirent au mot, si bien que la marquise de Rambures, qui ne s'en étoit pas encore allée de peur que ces deux amants ne se parlassent, n'ayant plus rien qui l'arrêtât, monta promptement en carrosse, et ne fut pas plus tôt arrivée chez elle qu'elle ouvrit sa lettre. Elle étoit conçue en ces termes :

Lettre de la Duchesse d'Aumont au Duc de Caderousse.

Je ne croyois pas être si dégoûtante qu'on se dût rebuter de moi dès la première fois ; mais je sais ce que j'en dois croire après votre procédé, et me fuir comme vous me fuyez est assez m'en dire pour me repentir toute ma vie d'avoir été folle, et pour me rendre sage à l'avenir. Dans le dépit où je suis, je croirois que je ne vous aime plus, si je n'avois un peu trop de penchant à la vengeance. Je n'ai jamais tant souhaité d'être aimable que je le fais maintenant, pour vous donner un peu de jalousie. Mais, hélas ! que je suis simple ! on n'est jaloux que de ce qu'on aime, et, si je ne m'abuse, vous me verriez entre les bras de toute la terre sans en avoir aucun chagrin.

Cette lettre parloit trop bon françois pour laisser aucun lieu de douter de la vérité. Ainsi, la marquise de Rambures, voyant tout ce qui en étoit, conçut fort peu d'espérance de son dessein, ayant à brouiller des gens qui étoient si bien ensemble; néanmoins, comme elle étoit malicieuse jusqu'à être méchante, elle résolut d'y faire tout de son mieux, quand même elle n'en devroit pas profiter. Pour cet effet, elle fit écrire une lettre comme si c'eût été Caderousse, et, ayant travesti un de ses laquais, qu'elle employoit dans ses affaires les plus secrètes, elle l'envoya à l'hôtel d'Aumont, avec ordre de rendre cette lettre en main propre à la duchesse. Le laquais s'acquitta fort bien de sa commission, et la duchesse, qui n'avoit jamais vu de l'écriture de Caderousse, s'étant méprise aisément au caractère, elle y lut ces paroles, qui l'accablèrent de désespoir :

Lettre du Duc de Caderousse a la Duchesse d'Aumont.

Je vous ai aimée parce que j'ai eu de l'estime pour vous; mais je ne vous aime plus maintenant parce que je cesse de vous estimer. Cela ne vous doit pas surprendre dans le procédé que vous tenez aujourd'hui. Tout vous est bon, jusqu'à votre cousin Fervaques, et il vous importe peu que vous trouviez de l'esprit, pourvu que vous trouviez un corps qui vous rende service. Prenez garde néanmoins à vous méprendre, quoique ce soit parler contre moi que de vous parler contre les gens de grande taille : la sienne ne promet pas qu'il puisse durer longtemps; d'ailleurs, c'est avoir trop d'affaires que d'être obligé de contenter en même temps la comtesse d'Olonne et une femme de votre appétit.

Il est aisé de concevoir quel fut le désespoir de la duchesse à la lecture d'une lettre si crue, et, ne doutant point qu'elle ne vînt de Caderousse, non-seulement elle le haït mortellement, mais, si elle en eût cru sa passion, elle auroit été encore de ce pas lui arracher le cœur. Elle n'eut garde, avec des sentiments si envenimés, de se trouver à son ordinaire chez madame de Bonnelle; et Caderousse, n'y voyant point Fervaques, s'imagina qu'ils étoient ensemble, ce qui le jeta dans une jalousie inconcevable. Pour achever son désespoir, il arriva que le duc d'Aumont, qui étoit revenu de la cour, voyant sa femme dans une mélancolie surprenante, crut la divertir en la menant lui-même à l'Opéra[1], et, le hasard ayant voulu que Fervaques s'y fût trouvé, il se mit dans sa loge, où il lui dit mille pauvretés. Tout cela fut rapporté le soir même à Caderousse, ce qui fut suffisant pour lui persuader que ces soupçons n'étoient que trop véritables. Epris de dépit et de jalousie, il la chercha partout pour lui pouvoir dire ce qu'il avoit sur le cœur; mais, comme elle le fuyoit avec beaucoup de précaution, il lui fut difficile de trouver ce qu'il cherchoit; il la rencontra néanmoins un jour chez la Reine, et se préparoit à lui faire tous les reproches qu'il croyoit être en droit de lui faire, quand la duchesse, le regardant avec un mépris et une colère qui étoient capables de glacer l'homme du monde le plus amoureux : « Ne m'approchez jamais, lui dit-elle, si vous ne voulez que je

---

1. Les opéras en vogue à cette époque étoient : *Alceste*, de 1674 ; *Thésée*, de 1675 ; puis vint *Atys* en 1676.

vous dévisage. » Elle s'esquiva au même temps, et il ne la put jamais joindre, parce qu'elle avoit pris tout exprès la duchesse de Créqui[1] par-dessous le bras, avec qui elle s'en alloit.

Un traitement si extraordinaire eut dequoi le surprendre, lui qui croyoit que tous les sujets de plainte étoient de son côté. Cependant la marquise de Rambures, après avoir si bien réussi dans le projet qu'elle avoit fait de les brouiller ensemble, fit son possible pour venir à bout du reste : c'est pourquoi elle le pria de venir chez elle, où on devoit jouer, et, afin qu'il y fût attiré par la bonne compagnie, elle dit la même chose à tous les gens de la cour. L'assemblée fut bientôt des plus nombreuses, mais non pas des mieux choisies. La marquise de Rambures, qui s'encanailloit aisément, y souffrit de certaines gens qui n'avoient point d'autre caractère que celui de joueurs, et à qui l'on imputoit même de savoir jouer avec adresse. Cela rebuta bien d'honnêtes gens d'y aller, et à plus forte raison d'avoir quelque pensée pour elle : car, d'ailleurs, bien loin d'avoir quelques charmes, on pouvoit dire qu'elle étoit des plus laides ; avec toutes ces méchantes qualités, elle avoit encore celle d'être déjà vieille[2], ce qui n'étoit pas un ragoût pour un

1. La duchesse de Créqui étoit Armande de Saint-Gelais-Lusignan de Lansac ; son père étoit oncle de la maréchale de La Mothe. La duchesse de Créqui étoit donc cousine-germaine de la maréchale de La Mothe, tante, à la mode de Bretagne, de la duchesse d'Aumont. (Cf. ci-dessus, note 28.)

2. Nous ne saurions préciser l'âge de madame de Rambures ; mais, mariée en 1656, mère seulement en 1661 d'un fils, aîné de la famille, qui mourut en 1679, elle ne pouvoit guère avoir moins de trente-six à trente-sept ans à l'époque qui nous occupe.

homme qui venoit tâter d'une jolie femme comme étoit la duchesse d'Aumont. Aussi Caderousse étoit bien éloigné de songer à ce qu'elle songeoit, et si ce n'est que madame de Bonnelle s'en étoit allée en Normandie après avoir perdu tout son argent, et qu'il n'y avoit point d'autre endroit où l'on jouât à Paris, il n'auroit pas seulement mis le pied chez elle.

Comme il n'en venoit point à ce qu'elle vouloit, qu'elle étoit impatiente de son naturel, elle lui dit un soir, comme il venoit de quitter le jeu, qu'il vînt dîner le lendemain avec elle et qu'elle avoit quelque chose à lui dire. Il le lui promit, ne se doutant point de la vérité, et il trouva qu'elle s'étoit parée extraordinairement, ce qui l'obligea à lui demander si c'est qu'elle se marioit ce jour-là. « Je n'en sais rien, lui dit-elle. Je ne suis pas une si méchante fortune que vous croyez : j'ai eu quatre cent mille francs en mariage, j'ai un bon douaire, et, quelque dégoûté que vous soyez, il y en a bien qui voudroient m'avoir qui ne m'auront pas. Je ne dis pas cela pour vous, continua-t-elle, en faisant encore plus de minauderies qu'elle n'en avoit fait auparavant. Je voudrois avoir dix millions ; ils seroient à votre service, aussi bien que tout ce que j'ai. » Et se jetant à son cou en même temps, pour lui montrer qu'elle étoit de bonne foi, elle le surprit assez pour être quelques moments sans lui rien dire.

Cependant, comme il n'étoit pas un de ces héros de roman qui se font un scrupule de regarder seulement une autre personne que leur maîtresse, il reçut ses caresses avec dessein d'y répondre ; mais, ayant à l'heure même repassé en son esprit qu'il n'alloit avoir que les restes d'une infinité de monde, les forces qu'il sentoit un moment auparavant commencèrent à l'abandonner. Il fit ce qu'il put pour rappeler sa vigueur; mais, quoiqu'il se dît qu'il y alloit de son honneur à ne pas demeurer en si beau chemin, tout ce qu'il se put dire fut inutile. Il se crut obligé, dans un si grand abandonnement de la nature, de faire des excuses proportionnées à la faute qu'il commettoit malgré lui ; mais, ne sachant par où s'y prendre, il se fut jeter de désespoir sur un lit de repos. La marquise de Rambures, qui, bien loin de se défier de son malheur, croyoit toucher au doux moment qu'elle désiroit depuis si longtemps, s'y en fut en même temps avec lui, et, le prenant entre ses bras, elle lui fit connoître qu'elle ne vouloit rien lui refuser; mais, comme elle vit qu'il ne répondoit que par des baisers languissants à l'ardeur qui la consumoit, le cœur lui dit qu'elle étoit encore éloignée de ses espérances, et, pour en être plus sûre, elle chercha à s'en éclaircir par un attouchement qui lui fût sensible. D'abord qu'elle eut porté la main où elle vouloit, elle se repentit d'avoir été si curieuse, et n'y trouvant rien qui ne lui fit connoître son malheur : « A quoi dois-je attribuer ce que je vois ? lui dit-elle, et êtes-vous insensible pour moi, pendant que vous êtes si sensible pour les autres ? Ne sortez-vous point d'avec la duchesse d'Aumont, et faut-il qu'elle vous réduise au pitoyable état où vous êtes ? » Ce discours le surprit, lui qui ne savoit pas qu'elle fût si bien instruite de ses affaires. Aussi, étant bien éloigné de croire qu'elle en pût parler si affirmativement :

« Vous avez tort, lui dit-il, de m'accuser de penser à d'autres qu'à vous. Si la duchesse d'Aumont a quelque intrigue, ce n'est pas moi, et tout ce que je vous puis dire, c'est que, si vous me voyez en l'état où je suis, c'est vous qui en êtes cause, et qui... » Elle ne lui laissa pas le temps d'achever, et reprenant la parole avec véhémence, et même avec quelque sorte d'aigreur : « Quoi donc ! lui dit-elle, ce n'est pas assez de l'outrage que vous me faites, si vous n'y joignez le plus sanglant reproche qui se puisse faire à une femme ? Enfin, c'est donc manque de charmes que vous vous trouvez aujourd'hui impuissant, et vous avez si peu de considération pour moi que de me l'oser dire à moi-même ? — C'est mal expliquer ma pensée, répondit Caderousse, et ce que j'ai voulu dire n'est pas ce que vous dites. C'est la jalousie qui fait l'effet que vous voyez, et vous n'auriez pas à l'heure qu'il est à me reprocher mon impuissance, si, lorsque je me sentois prêt à vous donner des marques d'un assez bon tempérament, je ne me fusse ressouvenu d'une certaine robe de chambre qu'on m'a montrée à l'armée, et que le prince de Courtenay[1] m'a fait voir comme venant de vous. — Que voulez-vous dire par là ? interrompit la marquise de Rambures. — Qu'en amour comme en ambition, répondit Caderousse, on ne souffre pas volontiers de concurrent. Vous ne lui avez fait présent de cette robe de chambre que parce que vous l'aimiez ; et le moyen de croire que vous l'ayez oublié, lui qui a de si

---

1. Voy. t. 2, p. 88.

belles parties pour les dames? Gros, large, robuste, bien fait; au lieu que je suis menu, effilé, foible, et enfin n'ayant aucune de ses belles et bonnes qualités. » Il ne voulut pas encore conter mille histoires qu'il savoit bien, de peur que le grand nombre ne lui fît connoître qu'on ne pouvoit estimer une femme qui en avoit tant. Cependant, la marquise ne voulant pas tomber d'accord de cette vérité, elle lui nia tout ce qu'il disoit; mais lui n'en voulut rien rabattre. Elle fut obligée de lui dire que quand même cela seroit, qu'est-ce que cela concluoit si fort contre elle? qu'à l'âge qu'elle avoit, et ayant toujours été du monde, ce n'étoit pas une chose extraordinaire qu'elle eût été aimée d'un honnête homme et d'un homme de qualité: que le prince de Courtenay étoit tel, et que, quand elle auroit eu quelque reconnoissance pour lui, c'étoit une chose trop vieille pour en garder encore le souvenir; que, si cette intrigue se passoit de son temps, elle ne trouveroit pas à redire à sa délicatesse; mais que, ne le connoissant pas seulement dans le temps dont il vouloit parler, c'étoit proprement lui vouloir faire une querelle d'Allemand.

La raison étoit fort bonne, et tout ce qu'il eut à dire fut qu'il en convenoit, mais que, comme on n'étoit pas maître de ses réflexions, ce n'étoit pas sa faute si elles avoient produit un accident si funeste. Au même temps, pour lui faire connoître qu'il ne tenoit pas à lui que les choses n'allassent mieux, il se remit à la caresser; ce qui faisant croire à la marquise qu'il falloit qu'il se sentît, elle oublia la querelle, pour ne pas perdre une si bonne occasion. Mais, quelque aide qu'elle lui donnât, elle ne put jamais faire passer une partie de sa vigueur dans le corps de ce pauvre paralytique. Cependant, le voyant de bonne volonté, elle chercha à l'encourager, lui disant qu'il ne falloit pas chercher à forcer la nature; que toutes choses avoient leurs temps; qu'il se porteroit peut-être mieux après dîner, et pour le réchauffer elle fut chercher des truffes, dont son cabinet étoit toujours rempli, quoiqu'elle en eût moins besoin que personne du monde. Il en mangea plutôt par complaisance que pour croire qu'elles pussent produire l'effet qu'elle espéroit.

Cependant, la marquise ayant ouï dire que d'agréables idées rappeloient souvent un homme de mort à vie, elle lui parla des charmes de la duchesse d'Aumont, lui disant qu'elle avoit cru qu'il en avoit été touché. Il s'en défendit comme de beau meurtre; à quoi elle ne voulut pas contredire, quoiqu'elle en fût si bien instruite. Ainsi elle ne continua cette conversation qu'en tant qu'elle lui pouvoit être utile; elle lui fit donc un détail de tout ce que cette aimable personne avoit de beau, et s'arrêta longtemps sur sa gorge et sur le reste de son corps, qu'elle disoit avoir vu plusieurs fois à découvert. Cette conversation ne manqua pas de ressusciter le pauvre défunt, de quoi il ne se fut pas plus tôt aperçu qu'il s'approcha d'elle pour tâcher de réparer sa réputation. Quoiqu'il n'y eût rien de plus outrageant que cela pour la marquise, elle résolut néanmoins de n'y pas prendre garde de si près, et, pour se faire faire l'application du mérite de la duchesse, elle embrassa de nouveau ce pauvre convalescent ; mais, son imagination n'étant pas assez forte pour soutenir à la réalité d'un squelette l'idée du plus beau corps du monde, son feu s'éteignit en même temps, et, quoiqu'elle y mît la main pour le ratiser, les cendres étoient déjà si froides, qu'on eût dit qu'il n'y en avoit point eu depuis huit jours. Si elle n'avoit espéré quelque changement après le dîner, elle avoit assez de sujet de se mettre en colère pour lui dire bien des choses ; mais, ne voulant rien précipiter, elle résolut de se donner patience jusque-là.

Cependant l'on servit à manger, et elle prit soin de lui mettre sur son assiette tout ce qu'il y avoit de meilleur. Elle eut soin aussi de ne l'entretenir que de choses agréables, ne sachant néanmoins si tout cela seroit capable de produire un bon effet. Et, à la vérité, quoiqu'il parût réjoui de la conversation, et que d'ailleurs il mît quantité de bons morceaux dans son ventre, il n'y avoit que lui qui s'enflât, et le reste étoit toujours si languissant que c'étoit grand'-pitié.

Comme on étoit près d'apporter le dessert, et qu'il étoit plus embarrassé que jamais par la conclusion du repas qui s'approchoit, un de ses laquais entra, qui lui dit que sa femme étoit extrêmement mal, et que, s'il la vouloit voir encore avant de mourir, il se devoit hâter de venir au logis. Quoique cette nouvelle l'affligeât, comme elle le tiroit d'un grand embarras, il n'y fut pas si sensible qu'il l'auroit été le matin. Il se leva en même temps, et, priant la marquise de l'excuser s'il la quittoit si brusquement, il monta en carrosse et s'en fut chez lui, où il trouva que les choses n'étoient pas tout à fait si désespérées que le laquais les avoit faites. Sa femme, qui avoit eu une grande foiblesse, en étoit revenue, et son mal, qui étoit à proprement parler une certaine langueur, que les médecins appellent phthisie, donnant lieu de croire que son heure n'étoit pas encore si proche, il eut de quoi se consoler. Je ne saurois dire au vrai s'il en rendit grâces au Ciel; mais toujours le remercia-t-il de ce que cet accident avoit servi à le tirer d'affaire. Cependant, comme il se doutoit bien que la marquise ne manqueroit pas d'envoyer savoir des nouvelles de sa femme, il donna ordre non-seulement qu'on dit à ceux qui viendroient de sa part qu'elle étoit toujours bien malade, mais qu'il l'étoit aussi lui-même. Pour cet effet, il s'empêcha de sortir de quelques jours, pendant lesquels elle l'envoya visiter, et elle y seroit encore venue elle-même si elle n'eût craint d'apprêter un peu trop à parler dans le monde.

Un contre temps si fâcheux donna beaucoup de chagrin à cette dame, qui étoit pleine de vivacité, comme je crois déjà l'avoir dit, et qui de plus n'avoit point de repos jusqu'à ce qu'elle eût exécuté le dessein qu'elle pouvoit avoir conçu une fois. Elle se dit néanmoins, pour se consoler, que l'abattement où elle avoit vu Caderousse étoit un commencement de la maladie qui venoit de le saisir, et cela servit à lui ôter quelque soupçon qu'elle avoit eu que c'étoit peut-être par quelque dégoût qu'il avoit pris pour sa personne.

Tels étoient les sentiments de l'un et de l'autre, lorsque la maladie de la duchesse de Caderousse, empirant tout d'un coup, fit songer sérieusement à son mari qu'il en seroit délivré avant deux jours. En effet, elle rendit l'esprit vingt-quatre heures après [1], entre ses bras, le priant, s'il l'avoit jamais aimée, d'avoir soin de leurs enfants [2], et de ne se jamais remarier. Il le lui promit, résolu de lui tenir parole, et il fut même bien aise qu'elle eût exigé cela de lui, prévoyant que la marquise de Rambures, se fondant sur son bien plutôt que sur son mérite, pourroit le solliciter de l'épouser.

D'abord que le grand deuil fut passé, ou, pour mieux dire, qu'il se fut écoulé quelques jours, pendant lesquels c'est la coutume de contrefaire l'affligé d'une chose dont on a souvent beaucoup de joie, il parut dans le monde comme auparavant, et tâcha d'avoir quelque conversation avec la duchesse d'Aumont, pour savoir d'où venoit sa colère. Mais elle eut encore plus de soin de le fuir qu'il n'en eut de la chercher, tellement que ses peines furent inutiles. Il retourna aussi chez madame de Rambures, qui le reçut plus froidement qu'à l'ordinaire; de quoi il ne s'étonna pas grandement, parce qu'il la savoit bizarre et fantasque. Il alla donc toujours son chemin, c'est-à-dire que, se sentant plus homme

1. Sur la première femme du duc de Caderousse, Voy. ci-dessus, p. 371.
2. De son premier mariage le duc de Caderousse eut un seul fils, Jacques-Louis d'Ancezune de Cadart de Tournon, duc de Caderousse, qui épousa, avant 1700, Madeleine, fille du marquis d'Oraison.

qu'il n'avoit fait l'autre fois, il voulut lui en donner des marques à l'heure même. C'étoit quelque chose de bien touchant pour une femme de son humeur, et peut-être qu'elle ne s'étoit jamais fait violence que cette fois-là sur l'article ; mais, s'étant mise en tête de l'épouser, elle lui dit que ce n'étoit plus le temps ; « que la force de l'amitié qu'elle avoit pour lui lui avoit fait passer autrefois par-dessus toute sorte de considération ; mais que, si ses feux étoient aussi ardents qu'il le vouloit faire paroître, il en pouvoit chercher l'accomplissement par des désirs légitimes, et non pas par où il en vouloit venir. » Ce retour auroit eu de quoi l'affliger, s'il eût été fort amoureux ; mais, y ayant plus de débauche à son fait que de passion, il prit la chose en raillerie, et lui dit qu'il étoit sûr que ce qu'il en faisoit n'étoit que pour l'éprouver ; qu'elle savoit à quoi sa femme l'avoit obligé en mourant, et qu'elle vouloit voir, sans doute, s'il seroit homme de parole. « A quoi vous a-t-elle donc obligé, Monsieur ? lui répliqua-t-elle. — A ne me jamais remarier, Madame, lui répondit-il, et vous ne voudriez pas que je faussasse mon serment. » Je ne sais si elle avoit connoissance ou non de cette circonstance ; quoi qu'il en soit, elle traita cela de bagatelle, et, pour lui rendre le change, elle lui dit que M. de Rambures l'avoit priée de même, en mourant, d'être sage ; que son exemple la remettoit dans le bon chemin, dont elle n'étoit sortie que pour l'amour de lui, et qu'elle lui en auroit obligation toute sa vie.

Elle disoit tout cela d'un si grand sang-froid, que son air valoit encore mieux que ses paroles ; cependant Caderousse ne la pressa qu'autant qu'il se crut obligé de le faire pour son honneur, et il fut même ravi de son refus quand il fit réflexion que cela l'eût mis en concurrence avec plusieurs gens d'épée, un conseiller, deux hommes de finance, et même quelques bourgeois. La marquise, qui avoit coutume de succomber à la première tentation, se fit un grand mérite en elle-même de sa résistance; elle crut que cela lui feroit faire réflexion à ce qu'il auroit à faire, et que vingt-cinq mille livres de rente, jointes à une si grande vertu, étoient capables de le rembarquer, quelque répugnance qu'il eût à un second mariage. Sur ce pied-là, elle alla tête levée partout, et, pour commencer à faire la réformée, elle se mit à médire de tout le monde.

Cependant l'on continuoit toujours à jouer chez elle, et Caderousse ne laissoit pas d'y venir; mais il ne lui disoit plus rien, ce qui la faisoit enrager. Elle n'étoit pas plus heureuse au jeu qu'en amour, et, si elle gagnoit une fois, elle en perdoit quatre, ce qui la désespéroit pareillement. Tous ces sujets de chagrin la rendoient plus bizarre qu'à l'ordinaire, et par conséquent encore plus désagréable; tellement que, bien loin que Caderousse songeât à se mettre bien avec elle, tout son but ne fut que de lui gagner son argent. Le jeu de la bassette [1] étoit

---

[1]. La *bassette* étoit un jeu de cartes, un jeu de hasard, comme le *hoc* ou *hocca* et le lansquenet. L'abus de ces jeux devint tel que de nombreux arrêts du Parlement, plusieurs édits du Roi et ordonnances de police essayèrent de le combattre.

En 1661, le Parlement porte deux arrêts contre le jeu du hocca; en 1663, contre les académies de jeux en général;

alors extrêmement en vogue à Paris ; les femmes voloient leurs maris pour y jouer, les enfants leur père, et jusques aux valets : ils venoient regarder par-dessus l'épaule des joueurs, et les prioient de mettre une année de leurs gages sur une carte. Madame de Rambures y étoit encore plus chaude que tous les autres, et, quoiqu'on lui vînt donner tous les matins des leçons pour savoir la suite des cartes, où elle ne l'avoit pas bien retenue jusque-là, ou son malheur étoit plus grand que sa science.

en 1666, le Roi lance un édit dans le même but ; en 1680, la bassette, introduite en 1674 ou 1675 par l'ambassadeur de Venise Justiniani, est mise en cause pour la première fois devant le Parlement. L'arrêt, daté du 16 septembre, porte : « Comme, outre tous ces jeux de hazard cy-devant défendus, on en a introduit un depuis quelque temps, appelé la bassette, où l'on assure que ceux qui le tiennent ont une certitude entière de gagner avec le temps, et que les pertes faites audit jeu par plusieurs enfants de famille les ont engagez à emprunter de l'argent à tel denier que lesdits particuliers accusez d'usure ont voulu exiger d'eux, ledit procureur général estime estre obligé d'avoir recours à l'autorité de la cour pour faire renouveler les défenses générales prononcées contre tous les jeux de hazard, et encore plus grandes contre ceux qui donneront à jouer chez eux audit jeu de la bassette, et contre ceux qui y joueront. »

D'année en année les mêmes mesures sont renouvelées. Enfin, le 5 janvier 1685, « *Sa Majesté, estant en son conseil*, a défendu et défend très expressément à tous ses sujets, de quelque qualité et condition qu'ils soient, de plus continuer à jouer audit jeu de la bassette, soit ès assemblées publiques, *dans leurs maisons en particulier*, et sous quelque nom et prétexte que ce soit, à peine de trois mille livres d'amende, au payement de laquelle Sa Majesté veut que les contrevenants soient contraints par toutes voies, mesme par saisie et exécution de leurs biens, meubles, chevaux et carrosses. ».

On changea le nom du jeu. Le *hocca* s'appela *pharaon* ou *barbacolle* ; la *bassette* devint le *pour et contre*. Sous ces nou-

Un jour donc que Caderousse étoit venu de meilleure heure que les autres, comme la saison n'étoit plus de parler d'amour, elle lui parla de jouer, et, en étant tombé d'accord, elle se mit à tailler tête à tête. D'abord elle gagna quelque chose ; mais, la fortune changeant tout à coup, il lui fit un nombre infini d'*Alpiou* et de *Va-tout*, tellement qu'en moins de rien il lui gagna non-seulement tout l'argent comptant qu'elle avoit, mais encore trois mille pistoles sur sa parole. Une si grosse perte lui ôta le mot pour rire, qu'elle avoit au commencement du jeu ; et, en-

veaux noms les poursuites vinrent encore chercher les joueurs.

En 1679, le *Journal des Savants* produisit une théorie de probabilité pour le jeu de la bassette : on y voit clairement combien de chances étoient réservées à la friponnerie.

Disons maintenant comment se jouoit le jeu de la bassette : nous expliquerons ainsi différents mots qu'on lira plus loin. « Celui qui taille, lit-on dans le Dictionnaire de Trévoux, se nomme *banquier* ou *tailleur*. Il a en main cinquante-deux cartes ; ceux qui jouent contre lui ont chacun treize cartes d'une couleur : on les appelle le livre. Après que le tailleur a battu ses cartes, les joueurs découvrent devant eux telles cartes de leur livre qu'ils veulent, sur lesquelles ils couchent de l'argent à discrétion ; ensuite le tailleur tourne son jeu de cartes, en sorte qu'il voit la première qui étoit dessous. Après cela, il tire ses cartes deux à deux jusqu'à la fin du jeu : la première de chaque couple ou main est toujours pour lui, et la seconde ordinairement pour le joueur ; de sorte que, si la première est, par exemple, un roi, le banquier gagne tout ce qui a été couché sur les rois ; mais si la seconde est un roi, le banquier donne aux joueurs autant qu'ils ont couché sur les rois. »

L'alpiou (de l'italien *al più*) étoit, dit M. Fr. Michel, dans son *Dict. d'argot*, la marque que l'on faisoit à sa carte pour indiquer qu'on doubloit son jeu après avoir gagné.

On connoît le petit livret publié à cette époque sous le titre de : *Les désordres de la bassette*.

tendant venir du monde, elle n'eut le temps que de dire à Caderousse qu'elle le paieroit le lendemain, et qu'elle le prioit seulement de n'en point parler.

La compagnie étant entrée, et tous les joueurs étant venus les uns après les autres, on demanda des cartes ; mais la marquise, qui n'avoit plus d'argent, s'excusa de jouer sur un grand mal de tête. Le chevalier Cabre [1], petit homme de Marseille, qu'on avoit vu arriver à Paris sans chausses et sans souliers, mais qui par son savoir-faire étoit alors plus opulent que les autres, s'offrit de tailler à sa place. Chacun le prit au mot, et, ayant choisi des croupiers, l'après-dînée se passa dans l'exercice ordinaire.

Comme Caderousse sortoit, la marquise l'arrêta et lui dit qu'il trouveroit le lendemain son argent prêt, mais qu'il vînt de bonne heure, parce qu'elle vouloit avoir sa revanche. Il lui répondit que la chose ne pressoit pas, et qu'elle ne devoit pas s'incommoder; mais elle lui fit promettre qu'il viendroit à deux heures, et, pour lui tenir parole, elle sortit dès huit heures du matin et fut mettre des pierreries et de la vaisselle d'argent en gage chez Alvarès [2], fameux joaillier,

---

1. Le chevalier Louis de Cabre, qui fut chambellan du duc d'Orléans, régent, étoit fils de Louis de Cabre et de Marie d'Antoine. Il mourut sans alliance. Il appartenoit à une famille consulaire de Marseille dont les différentes branches furent maintenues dans leur noblesse par les commissaires vérificateurs en 1667.

2. On lit dans le *Livre commode des adresses*, par le sieur de Pradel, astrologue lyonnois, 1691, in-8, p. 26 : « Les garnitures de perles et de pierres fines sont commercées par les sieurs Alvarez et Maçon, rue Thibault-aux-Dez. »

pour quatre mille pistoles. Caderousse ne manqua pas au rendez-vous, et fut payé d'abord ; après quoi elle se fit apporter des cartes, et mit les mille pistoles qui lui restoient dans la banque. Elles ne lui durèrent pas longtemps : la fortune ayant continué de favoriser Caderousse, il les lui gagna en deux ou trois tailles ; et, lui demandant à jouer sur sa parole, elle perdit encore vingt mille écus.

Ce fut alors qu'elle commença à faire réflexion sur sa folie, et, les cartes lui tombant des mains, elle s'assit, se mit à pleurer, et enfin à faire toutes les grimaces qu'une femme extrêmement affligée est capable de faire. Caderousse la regardoit de tous ses yeux, pour voir à quoi cela aboutiroit, car, enfin, il prétendoit n'avoir pas joué pour rien ; aussi, après avoir serré l'argent qu'il avoit déjà touché : « Au moins, Madame, lui dit-il, il vous souviendra, s'il vous plaît, que vous me devez vingt mille écus. — Je le sais bien, Monsieur, lui répondit-elle, mais je ne suis pas en état de vous les payer de sitôt. L'argent que vous emportez vient de ma vaisselle d'argent et de mes pierreries ; et, à moins que nous ne nous accommodions, je ne sais que devenir. — Quoi ! Madame, lui repartit Caderousse, est-ce que vous prétendez quelque diminution ? — Ce n'est pas ce à quoi je pense, répliqua la marquise : entre gens comme nous, cela n'est guère en usage ; mais, si vous vouliez écouter une proposition, j'ai ma fille aînée[1], qui sera un

1. La fille aînée de madame de Rambures, Marie-Renée de Rambures, sœur du marquis de Rambures qui fut tué en 1679, en Alsace, par accident, étoit alors un parti consi-

bon parti : je me lierai les mains, et vous y trouverez bien autant votre compte qu'à vous faire payer de ce que je vous dois. » Caderousse, qui ne se souvenoit de ce qu'il avoit promis à sa femme qu'à l'égard de madame de Rambures, c'est-à-dire qu'à l'égard de sa personne, qui étoit perdue de réputation, étant bien éloigné d'être dans les mêmes sentiments pour sa fille, qui n'avoit pas encore été en état de se laisser corrompre, lui répondit que c'étoit une chose à quoi il falloit qu'elle pensât plus sérieusement, et à quoi il devoit penser aussi lui-même; que la nuit leur porteroit conseil à l'un et à l'autre, et qu'il la verroit le lendemain. Elle eut de la peine à le laisser aller, ou plutôt à lui laisser emporter son argent.

Aussi lui dit-elle que, s'il se résolvoit d'accepter la proposition, il se donnât bien de garde d'en faire un méchant usage; qu'elle s'attendoit qu'il le lui rendît, et qu'à moins que de cela il n'y auroit rien à faire. — Caderousse lui dit qu'elle dormît en repos là-dessus, et, faisant réflexion à la chose, il la trouva si avantageuse, qu'il fut dès le lendemain matin dire à madame de Rambures que, si elle avoit parlé de bonne foi, il étoit prêt de passer le contrat.

Madame de Rambures, qui n'avoit pas dormi de toute la nuit, de crainte qu'il ne la rebattît encore de la dernière volonté de sa femme, fut ravie de se voir à la veille de ravoir son argent,

dérable ; elle n'avoit pas d'autre frère, et, de ses deux sœurs, l'une fut religieuse, l'autre épousa, en 1686, le marquis de Polignac. — Marie-Renée de Rambures fut en effet la seconde femme du duc de Caderousse.

et, envoyant quérir à l'heure même son notaire, le contrat fut dressé sans y appeler aucuns parents. En effet, il n'y avoit guère d'apparence qu'ils eussent consenti à une chose si désavantageuse pour mademoiselle de Rambures, laquelle étoit une grosse héritière et d'une des meilleures maisons de Picardie.

La chose étant arrêtée de la sorte, madame de Rambures lui dit que c'étoit au moins à condition qu'il seroit fidèle à sa fille, et qu'il ne reverroit plus la duchesse d'Aumont. Et comme il vouloit toujours lui nier qu'il eût jamais été bien avec elle, elle lui dit qu'elle ne parloit point sans savoir; que, sans rappeler le passé, elle avoit pris assez d'intérêt en lui pour s'éclaircir de leur intrigue; et là-dessus, lui contant tout ce que nous avons rapporté ci-devant, elle le mit dans un si grand étonnement qu'il eut peine à croire ce qu'il entendoit.

Il falloit qu'elle prît ce temps-là pour lui faire un tel aveu, car dans un autre il ne lui auroit jamais pardonné cette tromperie. Cependant il lui demanda si elle avoit encore la lettre de la duchesse, et, ayant su que oui, il la pria de la lui rendre, lui promettant, moyennant cela, et moyennant aussi qu'elle gardât le secret, de ne lui en jamais rien témoigner.

La marquise lui promit l'un et l'autre, et, lui ayant rendu la lettre, il s'en fut trouver la duchesse d'Aumont, à qui, après avoir fait un récit sincère de tout ce qui s'étoit passé, il dit qu'il étoit sur le point d'épouser mademoiselle de Rambures, qui étoit un mariage avantageux; que néanmoins le procédé de la mère étoit si cruel, qu'il romproit toutes choses, si cela la satisfaisoit ; qu'elle venoit de lui rendre sa lettre, qu'il lui rapportoit avec protestation qu'il n'avoit jamais été homme à lui faire une réponse pareille à celle qu'elle avoit reçue ; que, bien loin de là, il l'avoit toujours autant aimée et autant estimée que quand elle avoit eu de la bonté pour lui ; qu'il ne disoit point cela par intérêt, étant à la veille d'épouser une femme avec laquelle il s'efforceroit de bien vivre, mais pour lui faire seulement connoître la vérité. Madame d'Aumont trouva ce procédé fort sincère, mais fort peu galant. Faisant mine néanmoins d'en être la plus contente du monde, elle lui répondit qu'elle seroit au désespoir de s'opposer à son bonheur ; qu'elle souhaitoit qu'il eût toute sorte de contentement dans son mariage ; qu'elle le prioit seulement d'épargner la réputation de celles qui avoient eu de la considération pour lui.

Madame d'Aumont étoit en l'état que nous venons de dire quand le marquis de Biran fit dessein de l'aimer. Son entreprise n'étoit pas difficile dans le fond, puisqu'elle avoit déja été sensible ; cependant, à bien examiner toutes choses, elle l'étoit plus qu'on ne pensoit : car, soit que cette dame eût du chagrin de l'affaire de Caderousse, ou qu'elle voulût plaire à son mari, qui continuoit dans sa dévotion, elle s'y étoit jetée elle-même, ou du moins elle en faisoit semblant ; de sorte que les dames de la Cour la citoient à leurs filles, les maris à leurs femmes, comme un exemple de vertu. Biran, qui avoit eu plusieurs commerces qui lui avoient appris qu'il n'y avoit rien si de trompeur que les apparences, ne s'étonna point des discours qu'elle lui tint à la première entrevue, non plus que de lui voir un habit à grandes manches¹, tel qu'en portent toutes les femmes qui sont bien aises de faire accroire qu'elles sont dévotes. Elle lui dit qu'elle ne savoit si elle le devoit voir, lui qui étoit perdu de réputation dans le monde; qu'il aimoit également le vin et les femmes, et que, pour un homme de condition, il menoit une vie si débordée, qu'il n'y en avoit point de pareille; qu'elle avoit ouï faire mille histoires de lui, mais toutes si désavantageuses, qu'elle ne pouvoit s'en ressouvenir sans horreur; que c'étoit dommage qu'il employât si mal son esprit, lui qui en avoit tant, et qui auroit pu se procurer quelque bonne fortune; que toutes les dames le devoient fuir comme la peste, lui qui n'en voyoit pas une qu'il n'allât dire aussitôt tout ce qu'il savoit et tout ce qu'il ne savoit pas; que l'indiscrétion étoit la plus méchante qualité qu'un homme pût avoir, et que tous ceux, comme lui, qui en étoient entachés, n'étoient bons qu'à pendre.

Biran la laissa dire tout ce qu'elle voulut; mais, après qu'elle eut déchargé son petit cœur, il lui dit qu'il ne s'étonnoit pas que la médisance l'eût si peu épargné; qu'il ne vouloit pas nier qu'il eût fait de petits tours de jeunesse;

1. Les robes des femmes avoient habituellement des *manches d'ange*, et ces manches ne passoient guère le coude. Les ecclésiastiques et les personnes en deuil portoient des bouts de manches, sortes de manchettes qui se cousoient au bout des manches du pourpoint. Pour les femmes mêmes, la manche longue devint ainsi une marque de piété ou de deuil.

mais que ce qui les avoit fait éclater, c'est qu'il étoit en compagnie de gens qui faisoient trophée de leurs débauches; que, s'ils l'eussent voulu croire, elles n'auroient pas passé les murailles où elles avoient été faites; mais que, pour son malheur, ils ne s'étoient pas trouvés de son sentiment; qu'il vouloit dorénavant se séparer d'eux, et mener une vie plus conforme à son inclination; qu'il lui avouoit que son penchant étoit pour les dames, et même pour la pluralité; mais qu'il ne vouloit plus avoir d'attache que pour une seule personne, c'est pourquoi il la choisiroit telle qu'elle en vaudroit la peine.

Biran crut en avoir assez dit de ce premier coup, et, la retournant voir fort souvent, il l'accoutuma peu à peu à la laideur de son visage : car, pour être fils d'une femme qui avoit passé en son temps pour une fort belle personne[1], et d'un père qui avoit eu bonne mine, il avoit un nez si épouvantable, qu'un chien de Boulogne[2] qui en auroit un pareil seroit regardé avec ad-

---

1. La mère du marquis de Biran étoit Charlotte-Marie de Daillon, fille de Timoléon de Daillon, comte du Lude. Elle mourut à vingt et un ans, le 15 décembre 1657. (Voy. ci-dessus, t. 2, p. 425.)

2. Les chiens de Boulogne, comme les chiens d'Artois, les bichons, les barbets, les chiens de Barbarie, étoient des chiens de chambre ou de manchon. Le *chien de Boulogne* venoit d'Italie, de Bologne, que l'on prononçoit Boulogne, comme Tolose se prononçoit Toulouse; Rome, Roume; homme, houme, etc. A Bologne, dit-on, on les empêchoit de croître en les frottant, pendant les jours qui suivoient leur naissance, à toutes les jointures du corps, avec de l'esprit de vin. La vogue des chiens de Bologne avoit succédé à la mode des doguins, qui avoient, de même, le nez camus.

miration. Quoi qu'il en soit, son esprit suppléa bientôt à ce défaut[1]. La duchesse, qui se faisoit un plaisir merveilleux de ses saillies, oublia dans un moment sa dévotion, et, quoiqu'elle se fût fait un grand mérite auprès de son mari de courre souvent les églises, elle n'eut plus de soin de lui donner ce contentement. Comme Biran étoit homme à découvrir bientôt les sentiments d'une femme, il s'aperçut dans un moment de ce qui se passoit dans son cœur, et, ne voulant pas être longtemps sans voir ce qu'il avoit à espérer de ses services, il lui écrivit cette lettre :

LETTRE DU MARQUIS DE BIRAN A LA DUCHESSE D'AUMONT.

Il vous doit être bien glorieux d'avoir réduit un débauché à la raison. Je n'avois jamais aimé que je n'en eusse fait une déclaration à la même heure : l'on avoit beau me dire que cela marquoit peu d'amitié, je ne suivois que mon penchant, et je le suivrois peut-être encore, si je n'étois tombé entre vos mains. Cependant, quelque considération qu'on ait pour les gens, on n'est point obligé à un silence perpétuel. Il y a un mois que je vous vois sans vous l'avoir osé dire : et vous devez être si contente de ce triomphe, que vous n'en devez pas exiger un plus grand.

La duchesse d'Aumont, malgré toute sa dévotion, avoit bien reconnu que Biran n'étoit pas insensible. Pour faire la prude, elle s'étoit de-

---

1. C'est ce marquis de Biran, devenu duc de Roquelaure, qui est le héros du *Momus françois*, recueil de contes et de mots d'un goût plus ou moins équivoque, publié en 1718, in-12.

mandé plusieurs fois à elle-même comment elle en useroit quand il viendroit à se découvrir; mais, quoiqu'elle eût fait résolution de l'éprouver longtemps devant que de lui faire connoître la moindre chose, elle ne se put empêcher de lui faire cette réponse :

Réponse de la Duchesse d'Aumont au Marquis de Biran.

Je ne sais à quoi attribuer les sentiments que j'ai pour vous. Je sais bien que je ne vous aime pas assez pour dire que votre déclaration me plaît; mais aussi je ne vous hais pas assez pour m'en offenser. Après m'être bien examinée, je ne puis croire autre chose sinon qu'il entre un peu de vanité dans mon fait. Je sens que je serois ravie de faire dire que vous seriez devenu honnête homme auprès de moi. C'est donc à vous à voir si vous voulez changer de vie, car sans cela je ne saurois me résoudre à vous voir, et je vous dirois franchement que vous pouvez prendre parti ailleurs.

C'en étoit assez dire à un homme intelligent pour lui faire voir qu'il étoit heureux. Aussi Biran ne manqua pas de lui aller assurer à l'heure même qu'il ne vouloit plus vivre que de la manière qu'elle lui ordonneroit. Cependant, comme il étoit jeune, et qu'auprès d'une belle femme son tempérament le rendoit toujours amoureux, il s'exprima avec tant d'agrément, qu'après qu'elle eut tiré promesse qu'il seroit plus discret qu'il n'avoit été avec les autres, elle lui permit d'espérer. Biran lui baisa la main en signe de remerciement ; mais elle s'approcha si près de lui, pour voir peut-être s'il ne puoit point, qu'elle lui donna si belle, qu'il la baisa. Elle y trouva tant de plaisir, qu'elle ne se souvint pas que, pour soutenir son caractère de prude, il falloit faire semblant, du moins, de se retirer ; et Biran, de son côté, ayant trouvé une haleine admirable, se sentit transporter : de sorte, en un instant, que la force de son tempérament lui fit faire une chose qui arrive assez souvent aux jeunes gens. Quand la duchesse n'auroit pas été assez habile pour s'en apercevoir, sa jupe, qui étoit toute gâtée, ne lui permettoit pas d'en douter. Elle ne sut dans ce moment quel parti prendre, ou de la sévérité, ou de la douceur : car, si, d'un côté, elle n'étoit pas fâchée de le voir si sensible, elle n'étoit pas bien aise, de l'autre, que cet accident l'eût remis dans un état plus modéré, et qui lui donnoit moins de plaisir. Ainsi, comme, toute dévote qu'elle vouloit paroître, elle étoit personne à se laisser maîtriser par ses sens, elle se fâcha de ce qui venoit d'arriver, et lui dit qu'elle étoit ravie qu'il n'eût pas tardé plus longtemps à se faire connoître ; qu'il étoit sans façon du moins, s'il étoit peu respectueux, mais que cela suffisoit pour la rendre sage.

1. On se rappelle les reproches faits à Louis XIV par madame de Montespan. Louis XIII, dit Tallemant, pensant faire le bon compagnon, disoit : « Je tiens de mon père, moi ; je sens le gousset. » Et quant à Henri IV, madame de Verneuil ne craignit pas de lui dire un jour que bien lui prenoit d'être roi ; que sans cela on ne le pourroit souffrir, et qu'il puoit comme charogne. A ce compte-là, le baron de Fæneste étoit noble comme le Roi.

Biran, qui avoit peur qu'elle ne prît l'autre parti pour n'être pas en état de lui rendre service si tôt, lui répondit qu'il s'étonneroit de se voir quereller, s'il ne savoit que toutes les dames étoient injustes; que c'étoit à lui à se plaindre de ce qu'elle l'obligeoit à tant de respect; qu'il se voyoit contraint de prendre des plaisirs qu'elle auroit pu rendre plus grands si elle avoit voulu; qu'il ne pouvoit que faire si la jupe étoit gâtée; qu'elle savoit comment cela arrivoit; qu'il n'y avoit qu'à en avoir une autre, et que, si elle en vouloit une toute semblable, il n'y avoit pas si longtemps qu'elle l'avoit achetée que le marchand n'en eût encore de quoi en faire une à la pièce. Cette petite dispute se termina bientôt : Biran, qui avoit de grandes ressources, fut dans un moment ressuscité, et, voulant faire un meilleur usage de ses forces qu'il n'avoit fait l'autre fois, il chercha à faire sa paix par des caresses. La dame, qui n'avoit pas vu renaître les plaisirs si promptement, ni avec Caderousse, ni avec son mari, fut touchée d'un si grand témoignage d'amour; et, comme elle étoit encore échauffée de ses premiers mouvements, elle ne fit qu'une résistance si médiocre, que Biran la jeta sur un lit. Elle éprouva là que ceux qui ont dit qu'il ne falloit jamais mesurer un homme à la taille ont raison : car, quoique Biran ne fût qu'un demi-homme en comparaison des deux dont elle avoit tâté, il en fit autant lui seul qu'ils en faisoient tous deux ensemble. Comme elle le vit si emporté, elle le pria de se modérer un peu, lui faisant entendre que les choses violentes n'étoient pas de longue durée. Mais il lui dit qu'elle verroit encore tout autre chose quand il seroit en haleine ; ce qui l'auroit beaucoup réjouie, si elle n'eût su qu'il étoit Gascon.

Ils avoient pris tous deux tant de goût au métier, qu'ils ne s'étoient pas aperçus qu'il y avoit un juste-au-corps[1] du duc d'Aumont sur le lit, que les valets de chambre avoient oublié par mégarde. Après le premier acte, Biran le remarqua et dit à la duchesse qu'il le falloit ôter. Mais elle, pour lui faire voir le mépris qu'elle avoit pour son époux, lui dit qu'elle voudroit qu'il y fût aussi, et qu'elle le feroit servir lui-même de matelas. Cette réponse ne plut pas à Biran, tout débauché qu'il étoit, et il crut qu'une femme qui étoit capable de dire une chose comme celle-là l'étoit encore de tout faire sans rougir. Néanmoins elle lui recommanda le secret, s'il vouloit que leur commerce durât longtemps. Cependant, pour faire accroire au monde que sa dévotion n'étoit pas ralentie, elle fut le même jour à l'Hôtel-Dieu, où, de la même main dont elle avoit touché ce que je n'ose dire, elle ensevelit un mort.

Cette entrevue fut suivie de beaucoup d'autres, mais de moindre rapport pour la dame que n'avoit été celle-là ; ce qui lui fit dire à Biran qu'elle ne s'étoit pas méprise quand elle avoit dit qu'il étoit Gascon. Le duc ne s'aperçut nullement de ce commerce, et fut au contraire si infatué de sa femme, qu'il commença à prôner

1. Le juste-au-corps étoit une partie de l'habillement, sorte de veste qui tomboit jusqu'aux genoux, serrant le corps et montrant la taille. Le juste-au-corps, autrefois uniquement reservé aux gens de guerre, étoit alors à la mode dans toutes les classes, et on le portoit en drap, en velours, etc.

lui-même sa vertu. Cependant les trois amis se demandoient souvent des nouvelles de leurs maîtresses ; en quoi il n'y eut que le chevalier de Tilladet qui fut de bonne foi : car il dit tout d'un coup, sans se laisser donner la gêne, que la duchesse de la Ferté étoit la meilleure femme du monde et de la meilleure composition ; que cependant il ne croyoit pas qu'elle l'obligeât à être constant ; qu'elle étoit d'un appétit désordonné, et qu'il faudroit avoir d'autres forces que les siennes pour ne pas tomber sur les dents. Biran et Roussi lui répondirent que c'étoit peut-être sa faute ; que, quand on s'attachoit auprès des dames, il falloit renoncer à tous ses amis, et qu'il n'avoit peut-être pas encore quitté le comte de Tallard. Il leur avoua qu'il le voyoit bien quelquefois, mais que, depuis que Tallard s'étoit mis en tête de faire monsieur le duc cocu, j'entends à l'égard de la comtesse de Maré[1], sa maîtresse, il n'avoit plus de considération pour lui ; qu'il s'étonnoit comment le plaisir d'avoir le reste d'un prince du sang étoit si grand qu'il en fît oublier d'autres où l'on avoit paru si sensible ; que pour lui, bien loin d'en être de même, il étoit tout prêt à retourner à ses anciennes inclinations ; qu'il y trouvoit quelque chose de plus solide et de plus touchant qu'avec les femmes ; qu'elles avoient toutes des défauts dont il ne se pouvoit accommoder, et qu'en un mot il n'en avoit point trouvé, depuis qu'il étoit au monde, qui ne fussent comme si elles venoient d'accoucher ; que, petites et grandes, elles étoient toutes de même

---

1. Voy. ci-dessus, t. 3, p. 240.

taille à un certain endroit de leur corps; que pour lui la nature lui avoit été assez ingrate pour ne pas avoir sujet de s'en louer; qu'une des plus belles qualités étoit de se connoître, et que, grâce à Dieu, celle-là ne lui manquoit pas.

Biran et Roussi trouvèrent qu'il avoit raison en beaucoup de choses, et peu s'en fallut qu'il ne les dégoûtât de leurs maîtresses. Cependant, comme elles récompensoient ces défauts par quelque chose d'assez engageant, ils ne voulurent pas tout à fait se régler sur lui. On demanda à Roussi en quels termes il en étoit avec la sienne, à quoi il répondit qu'il étoit assez malheureux pour en être mal traité. Le chevalier de Tilladet s'écria, là-dessus, que cela étoit impossible, qu'elle étoit de trop bonne race, et qu'il leur vouloit donner le change. En effet, la dame n'étoit pas si cruelle qu'il le vouloit faire accroire, et, quoiqu'il n'en eût pas encore tiré les dernières faveurs, elle lui avoit fait comprendre qu'il ne tenoit pas à elle, et qu'elle ne manqueroit pas dès qu'elle le pourroit.

Cette dame, qui étoit de belle taille, au corps de fer près, qu'elle portoit comme ses deux sœurs, et dont le visage étoit d'ailleurs extrêmement agréable, avoit un mari le plus contrefait de tous les hommes. Esope, qu'on nous représente comme un magot, étoit un ange auprès de lui; car il étoit de la taille d'un nain, avoit le nez et les lèvres horribles, et, pour achever de le peindre, il lui sortoit de l'un une écume perpétuelle, pendant qu'il couloit de l'autre une matière dont on reprend souvent les petits enfants. Si l'on examine le reste, c'est encore pis, si cela peut se dire : il est bossu devant et derrière, a les bras plus courts l'un que l'autre, et, jusqu'aux jambes, on ne voit rien qui ne fasse peur. Cependant, ayant tant sujet de se plaindre de la nature, elle l'a récompensé d'une belle qualité : il a de grands talents pour les dames ; et si sa figure ne rendoit tout ce qui vient de lui désagréable, il pourroit suffire à toutes celles qui en voudroient tâter. Cela est cause qu'il se rabat sur la première venue, et il en a souvent des faveurs qui l'obligent d'avoir recours au chirurgien.

Une aventure comme celle-là l'avoit brouillé avec sa femme, à qui il avoit déjà fait le même présent plusieurs fois. Ainsi, comme elle ne couchoit plus avec lui, elle fit entendre au comte de Roussi qu'elle avoit assez d'estime pour lui accorder toutes choses, mais que la conjoncture demandoit qu'il se donnât patience. Cependant, pour entretenir chalandise, elle lui dit qu'il pouvoit toujours prendre d'avance ce qu'elle lui pouvoit accorder, et il se trouva si heureux de ces accessoires qu'il jugea que sa fortune n'auroit point de pareille s'il en pouvoit jamais venir plus avant.

La querelle du duc et de la duchesse avoit fait grand bruit dans le monde, et, comme le duc avoit récidivé plusieurs fois et que la duchesse avoit juré qu'elle ne le lui pardonneroit plus, on n'osoit presque s'entremettre de les réconcilier. Si le comte de Roussi se fût déclaré auparavant, il auroit empêché cet éclat, et l'envie qu'elle auroit eue de tâter de l'amant lui auroit fait souffrir le mari avec tous ses défauts. Mais par malheur il n'étoit venu qu'après la querelle, si bien qu'il eut le temps de s'ennuyer. Pour ce qui est de la duchesse, quoiqu'elle ne manquât pas d'appétit, elle prenoit son mal en patience, d'autant plus qu'elle voyoit son amant devenir tous les jours de plus en plus amoureux. Elle croyoit donc le lier par des chaînes si fortes qu'elle les rendroit éternelles ; et, comme elle espéroit que le temps amèneroit toutes choses, elle vivoit, comme on dit, d'espérance.

La duchesse de La Ferté étoit la plus mécontente des trois. Le chevalier de Tilladet tâchoit à faire comprendre à Tallard que la comtesse de Maré ne lui donneroit jamais les plaisirs qu'ils avoient eus ensemble, et sur ce pied-là il prétendoit le réchauffer. Mais lui, qui se faisoit un plaisir de débusquer le fils du premier prince du sang, bien loin de l'écouter, persistoit dans son entreprise, où il eut un si heureux succès que le duc d'Enghien[1], jaloux de se voir en concurrence avec lui, résolut la quitter la comtesse.

Comme, selon ce qu'en dit Bussy, qui est un excellent auteur en ces sortes de choses, le nombre touche beaucoup une femme, celle-ci fit ce qu'elle put pour le retenir ; mais le duc d'Enghien, sachant qu'elle avoit envoyé la nuit même un courrier à Tallard, à qui elle mandoit des choses extrêmement tendres, il s'en fut chez elle, où, ajoutant à l'air chagrin qu'il a naturellement celui qu'il avoit par accident, il lui dit qu'elle étoit indigne de l'amour d'un prince comme lui ; qu'elle savoit que, depuis qu'il l'aimoit,

1. Le duc d'Enghien, fils du grand Condé, connu sous le nom de M. le prince Henri-Jules, étoit né le 29 juillet 1643.

il avoit eu autant de complaisance pour elle que si c'eût été une reine; qu'il s'en étoit brouillé avec la duchesse [1], qui étoit la meilleure femme du monde ; que Monsieur le prince son père [2] n'en avoit pas été plus content; qu'il lui avoit prédit plusieurs fois ce qui lui arrivoit aujourd'hui, mais qu'il avoit toujours été si aveuglé qu'il n'en avoit voulu rien croire; qu'elle verroit si Tallard feroit pour elle ce qu'il avoit fait ; que ce n'étoit pas pour lui reprocher, mais que les marques de son amour avoient paru si éclatantes que Corneille le jeune avoit pris sujet de là de faire la pièce de *l'Inconnu*. En effet, c'étoit ce duc qui lui avoit fourni une partie de sa matière, par les fêtes qu'il lui avoit données, et il n'y avoit ajouté qu'un peu d'intrigue [3].

La comtesse nia fortement le commerce qu'elle avoit avec Tallard, et, prenant le parti de la dissimulation, parti assez ordinaire aux femmes,

1. Le prince Henri-Jules épousa, le 11 décembre 1663, Anne de Bavière, fille d'Edouard de Bavière, prince palatin du Rhin, et d'Anne de Gonzague, laquelle étoit sœur de la reine de Pologne et fut adoptée par le Roi son beau-frère.

2. Voy., sur le grand Condé, une note importante de M. Boiteau dans cet ouvrage, t. I, p. 198.

3. La comédie de *l'Inconnu*, par Thomas Corneille, est de l'année 1675. Le titre porte qu'elle est « mêlée d'ornements et de musique ». Dans son Avis au lecteur, l'auteur dit : « Dans le sujet de *l'Inconnu* vous ne trouverez point ces grandes intrigues qui ont accoutumé de faire le nœud des comédies de cette nature, parce que *les ornements qu'on m'a prêtés*, demandant beaucoup de temps, n'ont pu souffrir que j'aie poussé ce sujet dans toute son étendue. » — D'après l'indication fournie par le pamphlet que nous annotons, le marquis de la pièce, toujours occupé à faire de galantes surprises à la comtesse, ne seroit autre que le duc d'Enghien.

elle lui dit que c'étoit comme cela qu'en usoient ceux qui vouloient se dégager; que les prétextes ne manquoient jamais, mais que la difficulté étoit de justifier ce qu'on disoit. Elle en alloit dire bien davantage, si le duc d'Enghien, perdant patience, n'eût tiré une lettre de sa poche, que ses bienfaits lui avoient fait recouvrer des mains de ceux qu'elle employoit dans ses amours, et, la lui faisant voir, il lui demanda, tout en colère, si c'étoit là un prétexte ou une vérité. Il est aisé de juger de sa confusion à cette vue : elle demeura un quart-d'heure comme s'il lui eût coupé la langue, pendant quoi le duc ne discontinua point ses reproches. Enfin, étant las de tant parler, il passa aux effets, qui fut de casser des porcelaines dont il lui avoit fait présent. Elle se jeta sur lui pour l'empêcher de faire un plus grand désordre, ce qui l'irrita encore davantage. En effet, il fit réflexion, dans ce moment, qu'une femme qui avoit été si insensible à tout ce qu'il lui avoit dit, et qui l'étoit si fort à une perte de si petite conséquence, ne l'avoit jamais aimé que par intérêt.

Ainsi il recommença à se venger sur ce qu'il lui avoit donné, et ce fut un si grand fracas qu'on n'en avoit jamais vu de pareil. La comtesse, voyant tant d'emportement, lui dit qu'elle s'en plaindroit au Roi, et qu'il n'entendoit pas qu'on traitât de la sorte une femme de sa qualité. Mais lui, qui étoit fier au delà de l'imagination, lui fit réponse qu'il ne savoit à quoi il tenoit qu'il ne lui fît couper la jupe. Si elle eût eu autant de force que de courage, elle l'auroit dévisagé après ces paroles. Aussi se jeta-t-elle sur lui toute furieuse, et le duc fut obligé de lui donner un soufflet pour se dégager de ses mains.

Il sortit ensuite, pour n'être pas obligé de recommencer un combat si indécent. Mais à peine fut-il hors de sa chambre, que, presque aussi tranquille que si de rien n'eût été, elle ne songea qu'à faire tirer les meubles d'un logis au cul-de-sac de Saint-Thomas du Louvre qu'il lui avoit meublé, et où ils se voyoient souvent. Elle monta donc promptement en carrosse; mais le duc, après s'en être allé à l'hôtel de Condé, ayant fait réflexion qu'elle aimoit assez son profit pour se les vouloir approprier, s'y en fut lui-même et la trouva déjà qui déménageoit. Ce fut un sujet de nouvelle querelle, mais elle ne dura pas tout à fait tant que l'autre, car la comtesse, ne se tenant pas si forte en cet endroit qu'elle faisoit chez le maréchal son père [1], fut obligée de filer doux, bien fâchée néanmoins qu'une si bonne proie lui échappât.

Ce fut ainsi que finit l'intrigue du duc d'Enghien et de la comtesse de Maré : ce qui obligea le maréchal de Grancey de retrancher une partie de ses domestiques, pour l'entretien desquels le duc fournissoit à l'appointement ; car ce bonhomme, qui n'avoit pas l'esprit trop bien timbré, s'étoit mis en tête que le duc d'Orléans [2], qui aimoit sa cadette [3], l'épouseroit, et que le duc d'Enghien

[1]. Le maréchal de Grancey.
[2]. Philippe de France, duc d'Orléans, frère de Louis XIV, né le 22 septembre 1640. Il étoit veuf alors de madame Henriette, dont il a été tant parlé dans le second volume de cet ouvrage. (Voy. ci-dessus, p. 239, et lisez duc d'Orléans, et non duc d'Anjou.)
[3]. Elisabeth de Grancey, dame d'atours de Marie-Louise

feroit la même chose s'il pouvoit devenir veuf. Sur ce pied-là, c'étoit quelque chose à voir que sa maison : rien n'y manquoit, que d'avoir des officiers par quartier[1] ; et, hors de cela, l'on y faisoit tout aussi bonne chère qu'on pouvoit faire chez le Roi.

Quoi qu'il en soit, cette affaire s'étant terminée de la sorte, Tallard prit la place du duc d'Enghien, ce qui fit perdre espérance au chevalier de Tilladet de le posséder entièrement. La duchesse de La Ferté, qui savoit que c'étoit là la raison pour laquelle il n'en usoit pas avec elle comme elle l'y croyoit obligé, fut ravie de cet obstacle ; et, comme elle étoit plus emportée que sa sœur de Vantadour, elle lui continua ses faveurs, quoiqu'elle eût autant de lieu qu'elle de les lui refuser. En effet, elle s'étoit brouillée avec son mari, qui étoit un bon ivrogne, et qui, sans prendre garde qu'il ne pouvoit rien dire contre elle qui ne rejaillît sur lui, étoit le premier à en faire des médisances.

Tilladet, faute de mieux, entretint cette intrigue pendant quelque temps, et, le hasard ayant

d'Orléans, reine d'Espagne. Elle mourut en 1711 (26 novembre), à l'âge de cinquante-huit ans, sans avoir été mariée. Toute la famille de Grancey avoit une grande influence chez le duc d'Orléans, et l'illusion que se faisoit le maréchal avoit bien son excuse. Ainsi Hardouin de Grancey, docteur de Sorbonne, abbé de Rebec, de Beaugency, de Reuilly et de Saint-Benoît sur Loire, fut premier aumônier de Monsieur ; et la comtesse de Maré fut, après la mort de sa mère, gouvernante de Mademoiselle, depuis duchesse de Lorraine, et des princesses filles du duc d'Orléans.

1. Les charges étoient très multipliées chez le Roi et chez le duc d'Orléans, et nombre d'officiers y servoient par quartier, c'est-à-dire par trimestre.

voulu qu'elle devînt grosse de son fait, ce fut une étrange alarme. Comme Tilladet n'avoit pas pour elle cet amour délicat qui fait qu'on craint pour la personne aimée, il lui dit, quand elle lui fit confidence de cet accident, qu'elle avoit tort de s'en mettre en peine ; que son mari n'étoit pas plus à craindre pour elle que le maréchal[1] son père ne l'avoit été pour sa femme ; qu'elle avoit eu un enfant du duc de Longueville dans le temps qu'elle ne couchoit point avec lui ; qu'elle ne s'en portoit point plus mal pour cela, ni qu'elle n'en alloit pas moins la tête levée.

Ces raisons ne satisfirent point la duchesse de La Ferté ; au contraire, elle se scandalisa de lui voir des sentiments si indifférents, et, ayant pleuré et gémi pendant une heure, elle trouva moyen de l'attendrir, ce qui étoit une chose fort extraordinaire pour lui. Cependant, comme il n'étoit pas un homme de grand expédient, il lui avoua franchement qu'il ne savoit quel emplâtre y mettre ; mais que, si elle vouloit, il avoit des amis qui étoient assez éveillés pour l'assister au besoin. D'abord que la duchesse l'entendit parler de la sorte, elle fit encore plus de cris qu'elle n'avoit fait auparavant ; elle lui demanda s'il étoit fou de vouloir dire ces sortes de choses à personne, et si ce n'étoit pas proprement la vouloir perdre.

Tilladet, pour lui faire quitter tout d'un coup ces vaines frayeurs, crut qu'il n'étoit pas besoin de finesses avec elle, et, lui avouant ingénuement que son amour n'étoit point un coup de l'étoile,

---

1. Voy. dans ce volume, p. 230 et 234.

mais une chose préméditée entre Biran, Roussi et lui, il la fit trembler quand elle vint à faire réflexion que son secret étoit entre les mains de gens accoutumés à ne céler que ce qu'ils ne savoient pas. Elle en fit de grands reproches à Tilladet, qui, bien loin de lui dire quelque chose pour la consoler, lui soutint que le seul moyen de la tirer d'affaire étoit de leur faire part encore de ce qui se passoit. Enfin, après bien des paroles de part et d'autre, la duchesse, qui ne pouvoit être dans un pire état que celui où elle se trouvoit, consentit à tout; si bien que Tilladet dit à Biran et à Roussi dans quel embarras ils se trouvoient.

Toute l'affaire roula sur Biran, qui étoit plus intrigant que l'autre. Aussi Tilladet ne lui eut pas plutôt fait son rapport, qu'il lui dit qu'il y trouveroit bientôt remède. Celui qu'il y trouva fut de faire une partie de débauche avec le duc de La Ferté, qui étoit de ses amis, c'est-à-dire ami de cour, car je ne prétends pas que ce mot signifie ce qu'il devroit signifier. La Ferté, qui étoit toujours prêt pour ces sortes de choses, accepta le rendez-vous, qui étoit à l'Alliance[1], dans la rue des Fossés, au faubourg Saint-Germain. Roussi fut de la débauche avec le duc de Ventadour et Biran, qui alloit à ses fins et qui en auroit joué une douzaine comme eux; il leur dit, quand il les vit en pointe de vin, que leur exem-

1. C'est-à-dire: à l'enseigne de l'Alliance. Avant l'usage de numéroter les maisons, on les désignoit et on les reconnoissoit par leurs enseignes, enseignes parlantes généralement, formées de sujets allégoriques ou autres, taillés dans la pierre, incrustés dans la façade des maisons, ou peints et formant tableaux.

ple ne lui donnoit point d'envie de se marier ; que leurs femmes portoient le haut de chausse, et qu'il ne leur étoit pas permis de coucher avec elles quand ils vouloient.

Ventadour, écumant de la bouche comme un cheval qui se joue de son mors, se trouva choqué de ces paroles, et lui répliqua que, s'il ne couchoit pas avec sa femme, c'étoit parce qu'il en avoit de plus belles. Mais Biran lui contredisant tout exprès, il le mit tellement en colère, qu'il jura qu'il ne seroit pas plutôt chez lui qu'il lui passeroit son épée au travers du corps, ou qu'elle lui obéiroit. Pour ce qui est du duc de La Ferté, il n'avoit pas été si longtemps sans faire paroître son extravagance ; il avoit déjà tiré tout ce qu'il portoit, et, l'ayant montré à la compagnie, il dit qu'il vouloit qu'on le lui coupât s'il ne faisoit son devoir dès qu'il seroit arrivé à sa maison. C'étoit un plaisir de voir la passion de ces deux hommes, qui étoient aussi fous l'un que l'autre ; mais ce qui étoit encore plus plaisant, c'est que Biran et Roussi faisoient mine de n'en vouloir rien croire. En quoi celui-ci jouoit d'autant mieux son personnage qu'il espéroit qu'une pareille action l'alloit mettre au comble de la joie.

Ils quittèrent ces deux ducs en leur faisant ainsi la guerre, de quoi ceux-ci étant encore tout remplis en arrivant chez eux, ils montèrent d'abord dans la chambre de leurs femmes, où ils débutèrent par des juremens. La duchesse de La Ferté, qui, en conséquence des avis que Biran avoit donnés à Tilladet, avoit été avertie par lui de tout le manège, fit semblant de trembler à sa voix, et, quoique son ordinaire fût de parler plus haut que lui, elle ne sonna mot en cette occasion. La Ferté, qui se faisoit un point d'honneur de tenir parole à Biran et à Roussi, la voyant si souple, se coucha auprès d'elle, où il tâcha de se mettre en état de la caresser. La duchesse, qui savoit jouer son rôle, fit la pleureuse, se plaignit qu'il ne la recherchoit que lorsqu'il revenoit de débauche, et par de petites résistances elle l'anima tellement, qu'elle crut qu'il pourroit accomplir l'œuvre dont il n'avoit auparavant que la volonté. En effet, toutes choses se passèrent selon son désir ; après quoi, son mari ne demandant qu'à dormir, il passa toute la nuit d'une pièce, pendant que de son côté elle eut sujet d'avoir plus de repos. Quand La Ferté eut cuvé son vin, elle voulut le lendemain matin le faire retourner à l'ouvrage, soit que le métier lui plût ou qu'elle eût peur qu'il ne se ressouvint pas de ce qui s'étoit passé ; mais il se trouva si pesant, qu'après avoir essayé d'en venir à bout, il fut obligé de faire retraite.

Cependant Roussi étoit aux écoutes pour savoir ce qu'il avoit à espérer de ses petits soins ; mais il avoit manqué à une chose, qui étoit d'avertir sa maîtresse ; tellement que, le duc de Ventandour s'y étant pris aussi brutalement avec elle que La Ferté avoit pu faire avec sa femme, elle ne voulut jamais le souffrir. Le petit bossu jura et pesta de bonne sorte ; mais, s'étant aguerrie à tout cela depuis qu'elle étoit avec lui, elle le laissa dire et ne fit que ce qu'elle voulut.

Roussi, sachant de quelle manière la chose s'étoit passée, lui en sut non-seulement mauvais gré, mais pensa encore se brouiller avec elle. Il lui reprocha que c'étoit le considérer bien peu que d'avoir trouvé une si belle occasion et ne s'en être pas servie. Elle ne put disconvenir de l'un, mais nia l'autre fortement, rejetant sur lui toute la faute, dans laquelle elle lui assura qu'elle ne seroit jamais tombée s'il lui eût fait part de ce qui se passoit. Il fallut bien qu'il s'en contentât, et de la petite oie, qu'elle lui continua en attendant mieux. Cependant, quoi que ce fût quelque chose de beau que ce qu'elle lui donnoit, y ayant peu de corps semblables au sien, si ce n'est celui de la duchesse d'Aumont sa sœur, comme l'appétit croît en mangeant, il se sentoit excité tous les jours de plus en plus à la consommation du plaisir entier. La duchesse de même ne pouvoit sentir de telles amorces sans désirer la même chose. Ainsi leurs désirs étant communs, ils s'émancipèrent à de petites libertés qui les firent tomber insensiblement dans le précipice qu'ils avoient évité depuis si longtemps. La duchesse, qui avoit peur des suites, n'eut pas plutôt commis la faute qu'elle s'en repentit. Elle s'en prit à ses yeux ; mais Roussi, lui remontrant qu'elle retrouveroit l'occasion qu'elle avoit perdue avec son mari, la consola tellement, qu'elle se résolut de s'abandonner à la Providence. Il eut donc tout ce qu'il souhaita ce jour-là, et quelques autres suivans. Mais le duc de Ventadour, qui avoit passé sa fantaisie ailleurs, ne lui ayant rien dit, la crainte du tablier fit qu'elle se priva d'un plaisir où elle étoit encore plus sensible qu'une autre.

Ce fut de grandes alarmes jusqu'au temps qu'elle put avoir des marques de sa stérilité.

Mais enfin, ayant vu ce qu'elle désiroit de voir, tout se calma, à la réserve de son amour. En effet, comme elle avoit éprouvé des forces qui n'étoient pas ordinaires, la privation d'un tel plaisir lui fit tant de peine, que pour avoir une couverture, elle témoigna à tout le monde que, puisque Dieu lui avoit donné un mari, elle seroit bien aise de vivre dorénavant avec lui en meilleure intelligence. Quoiqu'on ait toujours du penchant à juger mal de son prochain, on crut qu'une si grande résignation étoit l'effet des conversations fréquentes qu'elle avoit avec la duchesse d'Aumont, car celle-ci étoit toujours regardée comme une béate[1], et Biran, qui avoit accoutumé d'être indiscret, avoit été si sage à son égard, que personne ne se doutoit de leur intrigue. En effet, il eût été difficile de la soupçonner sans passer pour médisant ; car elle ne se contentoit plus d'ensevelir les morts, elle alloit encore les mettre en terre : ce qui lui donnoit une si grande réputation, que, si elle fût morte dans ce moment, on l'auroit sans doute canonisée.

L'Avocat, dont il a été parlé dans la première partie de cet ouvrage[2], sachant que la duchesse de Ventadour faisoit tant d'avances pour se raccommoder avec son mari, voulut en avoir le mérite. Il les vit séparément l'un et l'autre, et, leur ayant fait trouver bon qu'il leur donnât à manger, il emprunta une maison à un village au-dessous de Montmartre, où il leur fit bonne

---

1. Le béat, c'est le saint qui n'est pas encore canonisé.
2. Voy. t. 2, p. 429.

chère. Plusieurs autres personnes s'y trouvèrent aussi et le louèrent fort de son repas, qui avoit été mieux apprêté qu'il ne fut payé ; car au bout de six mois le traiteur fut obligé de lui faire donner assignation, et, s'il ne l'eût menacé de lui faire arrêter son carrosse[1], il ne l'auroit pas contenté sitôt.

La suite de ce repas eut le succès pour lequel il avoit été fait. Le duc et la duchesse couchèrent ensemble, ensuite de quoi elle songea à faire venir son amant, avec qui il lui étoit permis maintenant de se divertir tout à son aise. Par malheur pour elle il étoit allé à la Ferté-sur-Joire, terre qu'a son père aux environs de la ville de Meaux[2]. Ainsi elle fut obligée de presser son retour par une lettre dont voici la copie :

Lettre de la Duchesse de Ventadour au Comte de Roussi.

Vous ne me direz plus que je ne vous aime pas. *Je me viens de raccommoder avec mon magot pour l'amour de vous, et, comme je crois être entre les bras d'un singe quand je suis obligée de le souffrir, je crains à tous*

---

1. Il n'étoit pas rare qu'un créancier fît arrêter le carrosse même d'un grand seigneur. Segrais raconte, entre autres vicissitudes du comte d'Elbène, qu'un créancier étant parvenu à l'attirer jusque dans la rue à la suite d'une visite qu'il lui avoit faite, osa, de son autorité privée, le faire saisir par quatre hommes, jeter dans un carrosse de louage, et conduire, de son chef, dans une prison, où le comte resta trois jours.

2. Nous écrivons autrement le nom de cette ville, appelée aujourd'hui La Ferté-sous-Jouarre.

moments qu'il ne m'étouffe. Jugez s'il est sacrifice plus sanglant que le mien. Cependant vous m'abandonnez lorsque j'ai le plus besoin de consolation, et de plus vous m'abandonnez sans me le dire; si vous ne revenez bientôt, je vais mourir. Mais qu'importe? aussi bien n'ai-je plus guère à vivre, et je sens bien que, si je ne meurs de tristesse, je mourrai du moins de joie quand je vous tiendrai entre mes bras.

La fin de cette lettre étoit trop touchante pour ne pas monter promptement à cheval. Roussi prit la poste, et trouva la dame si affamée qu'il lui fut impossible de la contenter. Enfin, en étant sorti le mieux qu'il put, elle ne lui donna point de repos qu'il ne lui eût accordé une nouvelle entrevue, et, celle-ci étant suivie de plusieurs autres, elle le mit si bien sur les dents, qu'il fut obligé d'avouer que l'excès nuit en toutes choses.

Les affaires de ces trois amans étoient en cet état quand Biran se brouilla avec la duchesse d'Aumont. Comme il avoit un régiment de cavalerie, et qu'en temps de paix comme en temps de guerre, le Roi n'exemptoit personne de son devoir, il fut obligé d'aller faire un tour à la garnison, où ayant vu la femme de La Grange, intendant des troupes[1], il en devint amoureux, ou, pour mieux dire, il chercha à passer son temps avec elle. Cette petite femme, à qui mille

---

1. L'intendant des troupes étoit chargé de veiller à l'approvisionnement des objets nécessaires à l'armée. Dangeau (*Journal*, t. 1, p. 314, à la date du 22 mars 1686) parle de M. de La Grange, intendant d'Alsace.

officiers avoient inspiré la vanité, ne se vit pas
plutôt un amant de la trempe de Biran, qu'elle
méprisa tous les autres; et, ayant peur qu'un
homme de la cour ne se rebutât si elle le faisoit languir, elle ne le fit attendre que jusqu'à ce
qu'il lui demandât quelques faveurs.

La duchesse d'Aumont, qui avoit admiré plusieurs fois la constance qu'il avoit eue pour elle,
n'en étoit pas si bien assurée qu'elle n'eût pris
des mesures pour être avertie s'il retournoit à
son penchant. Ainsi, ayant su peu de jours après
ce qui se passoit, elle entra dans une jalousie
qui ne lui laissa plus de repos. Elle lui écrivit
donc en des termes qui témoignoient son ressentiment; mais, quoique Biran l'aimât, elle avoit
tort d'être absente, et, toute charmante qu'elle
étoit, il se contenta de lui donner de belles paroles, pendant qu'il continua avec l'autre son petit commerce, qui dura tant qu'il fut obligé d'être
à la garnison.

Ainsi, n'ayant point changé de conduite, il
outra tellement la duchesse que, quand il fut de
retour, elle ne le voulut plus voir. Ce fut alors
qu'il reconnut le tort qu'il avoit eu de préférer
une petite bourgeoise, plus laide que belle, à une
femme de qualité toute charmante. Cependant
son repentir ne fut pas capable de lui faire obtenir sa grâce, si bien qu'il lui prit fantaisie de retourner à la garnison pour insulter celle qui étoit
cause de son malheur. Voilà sans doute une résolution bien bizarre pour un homme d'esprit,
et qui venoit de témoigner tant de tendresse à
une femme; mais, ne croyant que ce moyen-là
pour regagner la confidence de l'autre, il arriva

auprès de la petite La Grange, à qui pour premier compliment il débuta que, ne pouvant pas être toujours à son régiment et étant obligé d'en laisser le soin au lieutenant de sa compagnie, il prétendoit qu'il veillât aussi bien sur sa conduite que sur celle de ses cavaliers; que pour l'engager à le faire avec plus d'affection il vouloit qu'il partageât ses faveurs avec lui; que, du tempérament dont il la connoissoit, il savoit qu'elle ne se pouvoit passer d'homme, et qu'il aimoit mieux lui en donner un de sa main que de s'en rapporter à son choix.

Il est aisé de juger l'effet que fit ce compliment sur une personne qui se ressouvenoit d'avoir été traitée, il n'y avoit pas encore long-temps, comme si elle eût été aimée. Elle s'en trouva si surprise qu'elle auroit cru que c'eût été un songe, si Biran, pour ne lui laisser aucun lieu de douter de la vérité, n'eût lâché en même temps son lieutenant après elle. Comme ce procédé étoit extrêmement choquant, elle voulut prendre son sérieux; mais Biran, prenant le sien, lui dit qu'il n'y avoit point d'autre parti à prendre, sinon qu'il révéleroit à son mari tout ce qui s'étoit passé entre eux. Ce fut bien pour la faire tomber de fièvre en chaud mal, s'il m'est permis de parler de la sorte. Elle lui demanda s'il étoit fou ou ivre; mais, voyant qu'il n'étoit ni l'un ni l'autre, et qu'il continuoit toujours sur le même ton, elle eut recours aux pleurs, qui ne le touchèrent guère. Cependant, comme il crut que c'étoit vouloir exiger trop d'elle tout en un moment, il se relâcha à lui accorder un délai de vingt-quatre heures, pendant lesquelles il dit au lieutenant de faire ses affaires.

Jamais on n'avoit ouï parler d'une conduite comme celle-là, et c'étoit ce qui désespéroit la petite La Grange ; mais, se voyant entre ses mains, la crainte qu'il n'exécutât ses menaces la fit résoudre, non pas à faire ce qu'il disoit, mais à tâcher de gagner le lieutenant, afin qu'il lui fît accroire tout ce qu'elle voudroit. Elle lui promit pour cela non-seulement la protection de son mari, mais encore une assez bonne somme. Mais celui-ci, qui étoit pitoyable comme un homme de guerre, lui fit réponse qu'elle se trompoit si elle le croyoit capable de mentir à son colonel ; et, comme il avoit pris ses manières depuis le temps qu'il le hantoit, il ajouta qu'elle avoit tort de faire la réservée ; qu'elle avoit peut-être accordé des faveurs à gens qui ne le valoient pas, et qu'il lui conseilloit d'en user plus honnêtement, si elle vouloit qu'on en usât bien avec elle.

S'il est vrai ce que la médisance rapporte, il faut croire qu'elle fit réflexion à un discours si pressant. Quoi qu'il en soit, le lieutenant se vanta, après être sorti d'avec elle, qu'elle s'étoit rendue à la raison ; et on y ajouta d'autant plus de foi qu'il dit de certaines circonstances de ses beautés cachées dont on ne pouvoit parler si assurément à moins que de les avoir vues. Elle crut après cela qu'elle étoit en repos du côté de son mari ; mais Biran poussant les choses jusqu'à l'extrémité, il lui envoya un homme exprès à un endroit où il étoit allé, pour l'avertir que, s'il vouloit sauver l'honneur de sa femme, il falloit qu'il revînt en diligence; autrement qu'il alloit faire naufrage dans un rendez-vous qu'elle avoit donné. La Grange quitta les affaires du Roi pour les siennes, mais ce fut pour essuyer mille railleries piquantes qu'il lui fit; de sorte que, comme il n'étoit pas d'ailleurs trop prévenu de la vertu de sa moitié, il commença à faire méchant ménage avec elle, et la renvoya peu de temps après chez ses parens ou dans une religion.

Biran, ayant fait cette belle manœuvre, s'en retourna en poste à Paris, où il prouva à la duchesse d'Aumont la violence de son amour par le tour scélérat qu'il venoit de faire. La duchesse, qui n'étoit pas différente de la plupart des femmes, qui aiment le sacrifice, fut ravie de celui-ci, et, après s'être fait prier quelques moments, elle le remit enfin dans ses bonnes grâces.

En ce temps-là l'on continuoit toujours à jouer chez la marquise de Rambures, où le chevalier Cabre s'étoit si bien introduit qu'il étoit devenu le tenant. Caderousse, qui connoissoit le tempérament de la dame, en étoit au désespoir, par l'intérêt qu'il étoit obligé de prendre à sa conduite, après être entré dans sa famille. Cependant il n'y pouvoit que faire, la marquise étant d'un âge à faire plutôt des réprimandes aux autres qu'à souffrir qu'on lui en fît. En effet, elle n'étoit pas à ignorer qu'un commerce si honteux la ruinoit de réputation; mais sa folie, qui alloit jusqu'à l'excès, fut enfin au-delà de toute sorte d'imagination. Elle devint jalouse de ce petit homme, qui voyoit une certaine madame Sallé[1], femme d'un maître des comptes, et encore quelques autres femmes. Elle s'emporta extraordinairement contre lui, lui reprocha sa naissance et l'honneur qu'elle lui faisoit. Mais lui, qui, depuis qu'il avoit de l'argent, commençoit à se donner des airs de qualité, la traitant mal à son tour, lui dit qu'un homme tel qu'il étoit, quand il avoit de l'honneur, valoit mille fois mieux qu'une femme de qualité qui n'en avoit point; qu'il ne s'étoit pas loué à elle pour faire le métier de porteur de chaise; qu'il ne l'avoit que trop caressée et qu'il étoit temps qu'il en caressât d'autres qui lui fissent moins de peine.

C'en étoit assez dire pour faire mourir de douleur une femme amoureuse. Aussi le prit-elle à cœur tellement qu'elle devint sèche comme un bâton, et, le chagrin rongeant tous les jours son esprit de plus en plus, enfin elle acheva ses jours, qu'elle ne pouvoit plus passer aussi bien dans le monde avec honneur. Quand elle se vit à l'extrémité, elle envoya chercher Cabre, et, sachant qu'il refusoit de venir, elle y renvoya une seconde fois, le priant de ne lui pas refuser cette grâce. La petite Sallé, qui ne l'aimoit que parce qu'il se laissoit voler quand il tailloit à la bassette, lui dit que cela étoit vilain de refuser une femme en l'état où elle étoit, et, l'ayant obligé à monter en carrosse, elle y entra avec lui, résolue de l'attendre à la porte.

1. M. Jacques Sallé, précédemment auditeur des comptes, fut nommé maître des comptes en 1674. Il servoit, comme M. Ladvocat, non le maître des requêtes, mais le maître des comptes, pendant le semestre d'hiver.

Caderousse étoit dans la maison, et, le voyant venir, il crut que son dessein étoit d'achever de la piller; à quoi il n'avoit pas perdu de temps pendant qu'il l'avoit vue, si l'on en croit la renommée. Quoi qu'il en soit, comme l'intérêt rend tout le monde ardent, lui qui n'aimoit point à dégaîner fit le brave, et, se postant sur une porte, lui demanda à qui il en vouloit. Cabre lui dit nettement : « A madame de Rambures. » A quoi l'autre ayant répondu un peu en colère qu'il ne l'avoit que trop vue, et que ce n'étoit plus le temps, le discours s'échauffa de sorte que, s'il ne fût survenu des valets, ils auroient peut-être tiré l'épée. Cabre jugea à propos de ne pas avoir affaire à cette populace ; mais, quelque sage que fût ce conseil, on le poursuivit jusques à son carosse, où la vue de madame Sallé, qui étoit connue pour ce qu'elle étoit, excita plutôt les injures que de les apaiser.

Pendant que cela se passoit, le duc de Roquelaure vint à mourir de chagrin [1], et l'on voulut que ce fût pour avoir fait une méchante affaire en achetant le comté d'Astarac, qui appartenoit à la maison d'Epernon, et pour avoir perdu cinquante mille écus au jeu. Comme néanmoins il étoit gouverneur de Guyenne, et que ce gouvernement lui avoit beaucoup valu, ses affaires se trouvèrent encore en assez bon état pour faire désirer à plusieurs filles des plus huppées de la cour de pouvoir épouser le marquis de Bi-

---

1. Le duc de Roquelaure mourut le 11 mars 1683. Cf. t. 1, p. 163.

ran. Mais c'étoit au roi à le marier, et il ne sut pas plus tôt la mort de son père qu'il lui fit proposer que, s'il vouloit songer à mademoiselle de Laval [1], fille d'honneur de madame la Dauphine, il lui donneroit deux cent mille francs et le brevet de duc. Ces offres étoient trop avantageuses pour les refuser. La demoiselle étoit d'une des premières maisons de France, aimable de sa personne, ayant de l'esprit infiniment, et enfin revêtue de toutes les bonnes qualités que l'on pouvoit désirer. Aussi le duc du Lude [2], oncle de Biran, et qui lui tenoit lieu de père, remercia d'abord le roi des bontés qu'il avoit pour lui, et, sans le consulter, l'assura qu'il seroit disposé à lui obéir; mais, l'ayant trouvé, il fut surpris de ne lui pas voir pour cette affaire toute la chaleur qu'il dût avoir, et lui en ayant demandé la raison : « Parce, lui répondit Biran, que le Roi prend trop de soin de mademoiselle de Laval. » Ce peu de paroles fit comprendre au duc du Lude qu'il falloit qu'il eût ouï quelque chose de certains discours qui s'étoient faits à la cour sur ce sujet; mais, comme ce duc ne voyoit rien d'égal au brevet qui étoit proposé par ce mariage, il fit ce qu'il put pour lui insinuer l'ambition qui le tourmentoit lui-même. Biran voulut encore lui contredire; mais lui, se fâchant aussitôt, lui répliqua qu'il ne falloit point couvrir d'un prétexte comme celui-là un refus qui ne procédoit que

1. Voy. t. 2, p. 426, 448.
2. Le duc du Lude étoit, comme Roquelaure, un duc à brevet. Ses lettres de duché-pairie furent commandées le 31 juillet 1675. Il mourut en septembre 1685.

d'une autre passion ; qu'il étoit averti de bonne part qu'il voyoit mademoiselle de Bois-franc¹ avec assiduité ; s'il n'avoit point de honte de songer à entrer dans la famille d'un homme qui ne devoit son bien qu'à ses rapines et à ses usures ; qu'il ne le vouloit plus voir après cela, et que, s'il ne venoit avec lui tout de ce pas remercier le Roi, il n'avoit que faire de compter jamais ni sur son amitié ni sur sa succession².

Ce qu'avoit dit le duc du Lude de mademoiselle de Bois-franc étoit vrai ; Biran l'aimoit depuis un mois ou deux. La duchesse d'Aumont en avoit été si jalouse qu'elle n'avoit pas craint d'éclater. Cependant Biran, se voyant pressé de la sorte par son oncle, résolut de se faire un mérite auprès de la duchesse du mariage qu'on lui proposoit. C'est pourquoi, comme ce qu'il avoit dit du Roi n'étoit pas capable de l'arrêter, il prit le parti de contenter son oncle, et s'en fut avec lui remercier ce prince. Il se retira ensuite dans sa chambre, où s'étant fait donner

1. L'état de la France pour 1669 indique comme trésorier général des maisons et finances de Monsieur, duc d'Orléans, aux gages de 4,800 livres par an, M. Joachim Seiglière, sieur de Boisfranc. Sa fille, Marie-Magdeleine-Louise de Seiglière de Boisfranc, née en 1664, épousa, le 15 juin 1690, Bernard-François Potier, duc de Gèvres, et mourut le 3 avril 1702. — Madame de Caylus, dans ses *Souvenirs*, assure que M. de Roquelaure avoit pensé à l'épouser elle-même. (Edit. *Michaud*, Paris, Didier, p. 494.)
2. La succession du duc du Lude devoit en effet revenir à Roquelaure, puisque le duc n'avoit eu d'enfants ni de sa première femme, Eléonore de Bouillé, ni de la seconde, Marguerite-Louise de Béthune, veuve du comte de Guiche.

du papier et de l'encre, il écrivit en ces termes à la duchesse :

Lettre du Marquis de Biran a la Duchesse d'Aumont.

e viens de remercier le Roi de ce qu'il m'a choisi pour épouser une demoiselle qu'il n'a pas haïe. C'est vous en dire assez pour vous apprendre que je ne l'aimerai jamais, et que vous serez toujours maîtresse de mon cœur. Si vous vous étonnez que je fasse un pas comme celui-là, prenez-vous en à vous-même, et non pas à moi, qui ne crois pas manquer d'honneur pour cela. Je veux vous témoigner que, bien loin d'aimer mademoiselle de Bois-Franc, comme vous vous êtes imaginée, je ne me marie que parce qu'on le veut, ou plutôt parce que j'épouse une personne qui ne pourra jamais vous donner de jalousie.

La duchesse d'Aumont trouva dans cette lettre des consolations merveilleuses. « Ah ! le pauvre garçon ! s'écria-t-elle aussitôt, qui eût cru qu'il eût été de si bonne foi que de vouloir être cocu pour l'amour de moi ! » Et, après plusieurs exclamations de cette sorte, elle eut la malice de lui demander un rendez-vous pour le lendemain, sachant que le jour d'après il devoit être marié. Biran, que je nommerai dorénavant le duc de Roquelaure, puisqu'il devoit être déclaré tel par le Roi, n'eut garde de refuser le cartel, et, pour lui faire voir qu'il ne vouloit vivre que pour elle, il se ménagea si peu que jamais il n'avoit fait paroître tant de courage. La paix s'étant faite aisément de cette manière, elle lui dit qu'au moins il se ressouvînt qu'il n'alloit avoir que les restes d'un autre, et qu'il songeât à se conserver. Il le lui promit formellement, et, comme elle avoit pris toutes ses précautions là-dessus, elle crut qu'il lui garderoit parole. Néanmoins, comme c'étoit du fruit nouveau pour lui, et que les jeunes gens ne font pas toujours ce qu'ils promettent, il n'eut pas plutôt mademoiselle de Laval entre ses bras, qu'il la traita, non pas comme sa femme, mais comme une maîtresse. Si elle eût voulu dire tout ce qu'elle savoit, peut-être eut-elle avoué que ce n'est pas toujours les plus grands hommes qui sont les plus vigoureux; mais, comme elle avoit plus d'un jour à vivre avec lui, et qu'elle ne vouloit pas en user si franchement avant que de le connoître, elle fit toutes les grimaces que ses parents lui avoient dit de faire, pour lui faire accroire qu'il en avoit eu les gants.

Biran étoit trop habile pour s'y méprendre ; néanmoins, comme il étoit aussi bien instruit qu'elle qu'il falloit garder le secret, il feignit d'en être le plus content du monde, principalement aux gens qui venoient lui faire compliment sur son mariage [1].

En effet, pour insinuer mieux qu'il avoit l'esprit libre, il se fit coiffer avec des cornettes et des fontanges, et, tenant la place de sa femme, il reçut les dames qui la venoient

[1]. Dans les éclaircissements dont il a fait suivre le second volume de ses *Mémoires sur madame de Sévigné*, M. Walckenaër a donné, sur l'usage qu'on avoit de visiter les jeunes mariés le lendemain de leurs noces, une longue et très curieuse note, à laquelle nous renvoyons le lecteur. (Voy. son ouvrage, t. 2, p. 390-392.)

voir. Si bien que, comme il n'y avoit pas grande clarté dans la chambre, elles s'en seroient retournées sans prendre garde à la supercherie, s'il ne les eût désabusées par un attouchement qui leur étoit sensible.

Ces folies ne pouvant pas toujours durer, sa femme, qui n'étoit pas d'humeur à se passer de la cour, le fit ressouvenir qu'il y avoit quatre jours qu'il n'y avoit été. Il fut ravi que cela vînt d'elle, pour plus d'une raison : car, outre qu'il n'étoit pas toujours en état de lui rendre service, il étoit bien aise de se conserver pour la duchesse d'Aumont, avec qui il avoit résolu d'entretenir commerce. Il trouva qu'il y avoit bal ce jour-là à Saint-Germain; mais la plupart de ceux qui y dansoient ayant oublié à sa vue qu'ils étoient obligés de se ménager, ils l'amenèrent boire à une lieue de là, si bien qu'ils n'étoient pas encore revenus quand le Roi dit qu'il étoit temps de commencer. On fut chercher les danseurs, et, ceux qui y étoient allés leur ayant annoncé la volonté du Roi, ce fut la chose du monde la plus pitoyable quand ils vinrent à paroître devant lui. Le Roi, voyant ce qui en étoit cause, s'en alla plus tôt que de coutume, et Biran n'osa paroître, de peur qu'il ne l'accusât d'avoir été l'auteur de la débauche. D'ailleurs il n'étoit pas plus en état de se montrer que les autres, principalement devant un prince qui, étant extrêmement sage de lui-même, s'apercevoit aussitôt des moindres excès. La nuit ayant dissipé toutes les exhalaisons vineuses qu'il pouvoit avoir, il se trouva le matin au lever du Roi, qui lui demanda fort obligeamment de ses nouvelles et de celles de sa femme. Il lui répondit, en goguenardant, qu'il faudroit bien d'autres fatigues à l'un et à l'autre pour les faire mourir. Cependant ce qu'il avoit dit au Roi n'étoit rien en comparaison de ce qu'il dit à sa femme. Etant revenu à Paris, elle lui demanda quel accueil il avoit reçu; sur quoi prenant un grand sérieux, il lui répondit qu'il avoit tout lieu imaginable de se louer de Sa Majesté; qu'elle ne l'avoit pas plus tôt vu qu'elle lui avoit dit fort obligeamment qu'elle ne vouloit plus se ressouvenir de ce qu'avoit fait monsieur de Biran, et que ce ne seroit plus que de ce que feroit monsieur de Roquelaure.

La dame fut ravie de ce qu'il paroissoit si content, et, ne se doutant en aucune façon pourquoi il avoit dit ces paroles, elle lui exagéra la bonté du Roi, lui demanda si l'on pouvoit dire les choses avec plus d'esprit et plus de bonté. Biran avoua que cela étoit impossible, et, après avoir encore renchéri par dessus, il lui dit qu'il trouvoit cette pensée si juste qu'il vouloit s'en servir à son égard; qu'il lui promettoit donc qu'il avoit oublié tout ce qu'avoit fait mademoiselle de Laval, et qu'il ne se mettroit jamais en peine que de ce que feroit madame de Roquelaure. Si la duchesse avoit pu retenir sa langue après ce reproche, elle l'eût fait sans doute aux dépens d'une partie de son sang; mais, n'y ayant plus de remède, elle tâcha de cacher la confusion où elle étoit.

Le commerce qu'il avoit avec madame d'Aumont dura encore quelque temps; mais, ayant une jeune femme tous les jours auprès de lui, quelque abstinence qu'il pût faire, la duchesse s'aperçut devant peu qu'une femme étoit plutôt capable de servir à trente hommes qu'un homme à deux femmes. Comme elle étoit gourmande sur l'article, elle chercha quelqu'un qui la pût consoler de la perte qu'elle avoit faite, et, comme l'archevêque de Reims [1], frère du marquis de Louvois, se radoucissoit auprès d'elle depuis quelque temps, elle fit un jugement avantageux de mille apparences heureuses qui se trouvoient en lui. En effet, il étoit marqué à la marque que Caderousse estimoit si essentielle pour être habile homme en amour, et qu'il avoit spécifiée quand il avoit parlé du prince de Courtenay à la marquise de Rambures. Ce prélat aussi ne faisoit aucune abstinence qui pût diminuer son embonpoint, et, s'il avoit à craindre quelque maladie, ce n'étoit que parce qu'il en usoit quelquefois en homme qui croyoit que rien ne pouvoit nuire à sa santé.

Cet endroit étoit fort touchant pour la duchesse, qui aimoit l'excès en beaucoup de choses; néanmoins, il avoit encore une autre qualité qui servit autant à la gagner : ce fut qu'étant homme d'église et elle dévote, elle crut qu'on leur verroit tout faire, s'il faut parler de la sorte, sans qu'on y trouvât à redire. Elle étoit en cette

---

1. Charles-Maurice Le Tellier, archevêque et duc de Reims, maître de la chapelle de musique du Roi, intermédiaire de Sa Majesté vis-à-vis des gens de lettres et des artistes depuis la mort de Colbert, étoit frère du marquis de Louvois. Né en 1642, il mourut le 22 février 1710. (Voy., dans cette collection, les notes de M. Ed. Fournier sur un pamphlet, *le Cochon mitré*, qui attaque le galant archevêque. — *Variétés historiques*, t. 6, p. 209.)

pensée quand l'archevêque, qui croyoit qu'une lettre faisoit autant d'effet que la parole, lui envoya celle-ci :

Lettre de l'Archevêque de Reims a la Duchesse d'Aumont.

e vois bien des femmes, mais je n'en vois point qui me plaisent tant que vous. J'enrage que je ne sois du monde pour vous le pouvoir dire ouvertement : l'on me verroit à vos pieds sans me soucier ni de l'alliance que j'ai avec votre mari, ni des jaloux que je pourrois faire ; mais il faut déférer quelque chose au rang que je tiens, qui n'empêchera point pourtant que je m'y rende si vous l'avez agréable. Songez, cependant, que l'intérêt que les gens comme moi ont d'être discrets assure la réputation d'une femme, laquelle court grand risque avec les galants de profession.

La duchesse n'étoit pas fâchée que l'archevêque l'aimât, mais elle trouva cette déclaration trop cavalière, et elle eût voulu que, comme elle faisoit profession de piété, il lui en eût fait quelque mention, c'est-à-dire qu'il lui eût témoigné moins de confiance dans son entreprise. C'est ainsi qu'elle cherchoit les apparences de vertu quand elle y avoit renoncé absolument. Mais l'archevêque n'étoit pas un homme à s'amuser à ces bagatelles, lui qui alloit droit au fait et dont la coutume étoit de ne ménager personne ; aussi, voyant qu'il n'avoit point de réponse de son billet, il s'en fut chez elle, où, le visage rouge comme un chérubin : « Vous me jugez donc bien indigne, Madame, lui dit-il, de votre amitié, puisque vous ne daignez pas seulement m'apprendre quelque chose de ma destinée ? — Moi, je ne sais que vous répondre, lui dit la duchesse; cependant, vous devriez bien vous dire vous même que qui se plaît à écrire des choses qui ne sont point, mérite bien qu'on ne lui fasse point de réponse. »

L'archevêque, qui s'étoit attendu à un traitement plus rigoureux, fut ravi qu'elle ne le payât que d'incrédulité. En effet, il sentoit des choses qui lui permettoient de croire qu'il ne seroit pas longtemps sans la convaincre. Ainsi, tout rempli d'espérance : « Madame, lui dit-il, je ne sais à quoi servent toutes ces façons entre gens comme nous, qui ne manquent pas d'expérience. Pourquoi vous dirois-je que je vous aime, si je ne vous aimois pas? Dois-je souhaiter de perdre mon temps dans le siècle où nous sommes, où on peut si bien l'employer, et ne le devrois-je pas compter pour perdu si je recherchois des faveurs où je me trouverois peu sensible? Je vous aime, premièrement, parce que vous êtes tout aimable; mais j'ajouterai à cela que vous êtes belle sans être coquette, ce qui me plaît encore plus que tout le reste. Je vous dirai aussi que c'est parce que vous êtes vertueuse, et que toutes les autres ne le sont pas ; mais prenez garde de ne pas interpréter ce mot au pied de la lettre : la vertu ne consiste pas à être farouche, mais à savoir goûter les plaisirs sans que les apparences nous découvrent. Pour vous, vous pouvez avoir cette qualité au suprême degré quand il vous plaira, et l'on vous verroit faire toutes choses, qu'on n'en auroit pas seulement le moindre soupçon. »

La duchesse pensa se fâcher, lui entendant dire que les apparences étoient belles en elle ; elle crut que c'étoit l'accuser tacitement de galanterie, et, comme le soupçon règne toujours parmi le crime, elle le pria, mais d'un ton qui marquoit quelque ressentiment, de vouloir s'expliquer mieux. Il lui accorda volontiers sa demande, et lui dit qu'il ne doutoit point qu'elle n'eût été vertueuse, mais qu'il seroit fort fâché qu'elle la fût toujours ; qu'il n'étoit pas homme à aimer sans espérance, et que, comme un feu s'éteint faute de matière, de même un homme se retiroit bientôt d'auprès d'une femme quand il voyoit qu'il n'y avoit rien à faire.

Il lui expliqua ainsi les mystères amoureux, en quoi il avoit meilleure grâce que dans la chaire ; aussi y étoit-il entré plusieurs fois sans sentir ce qu'il disoit, au lieu qu'alors il étoit si ému qu'il ne l'avoit jamais été davantage. Aussi voulut-il voir tout d'un coup ce qu'il avoit à espérer : c'est pourquoi il se mit à vouloir caresser la dame, qui se défendit quelque temps ; mais, feignant de ne pouvoir résister à un homme de sa force, elle se laissa enfin coucher sur un lit, où la trop grande ardeur de l'archevêque fut cause qu'elle ne prit point de part au plaisir qu'il avoit goûté. Comme il étoit homme à retourner toutes choses à son avantage, il lui dit que, pour avoir quarante ans passés, c'étoit encore être assez prêt à rendre service aux dames ; que devant qu'il fût un moment il n'y auroit rien de perdu pour elle, et qu'il se méconnoîtroit bien s'il demeuroit court dans l'affaire dont il s'agissoit. En effet, il se sentit bientôt une nouvelle vigueur, et, se mettant à la caresser, il fut fort surpris de voir qu'elle tâchoit de se dérober de dessous lui. Il crut d'abord que c'étoit des façons ; mais, les efforts qu'elle faisoit continuellement ne le tenant pas incertain davantage de la vérité, il ne voulut pas faire davantage le coup de poing avec elle, et lui demanda froidement d'où venoit tant de changement? « Comment ! lui dit-elle tout en colère, vraiment vous m'alliez faire de belles affaires ! j'allois commettre un inceste, si je n'y eusse fait réflexion : vous êtes parent de mon mari, et il auroit fallu que j'eusse été à Rome. »

Il fut impossible à l'archevêque de s'empêcher de rire à ce discours. Il lui dit cependant qu'elle étoit bien simple de dire ce qu'elle disoit ; qu'il n'étoit nullement parent du duc d'Aumont, et qu'une marque de cela, c'est que, si lui, qui parloit, étoit à marier, et que le duc eût une sœur, rien ne l'empêcheroit de l'épouser. La duchesse n'avoit pas la conception prompte en matière de cas de conscience ; ainsi il lui fallut expliquer celui-là plus au long, et c'étoit quelque chose sans doute de plaisant de voir qu'une femme qui venoit de faire un adultère voulût faire la scrupuleuse. Aussi tout cela n'étoit que pure grimace ; mais comme, depuis qu'elle étoit dévote, elle s'étoit accoutumée à en faire beaucoup, elle ne prit pas garde qu'il y avoit des rencontres où elles n'étoient nullement de saison.

L'archevêque appréhendoit après cela qu'elle

ne lui fit quelque difficulté sur son caractère ; mais l'exemple de tant d'évêques qui avoient des maîtresses avoit tellement frappé l'esprit de cette dame, qu'elle ne pensa pas seulement à lui en parler. Ainsi les choses allèrent le mieux du monde, et dans peu il prit dans son cœur la place que Roquelaure y avoit tenue. La raison en étoit plausible : c'est qu'il n'avoit point de femme avec qui il couchât tous les jours, raison qui, comme nous avons dit ci-devant, avoit arraché l'autre de son cœur. Roquelaure avoit trop d'esprit pour être longtemps sans s'apercevoir de ce commerce, et, comme la chose lui tenoit au cœur, il fut chez la duchesse, qu'il accabla de reproches. Elle se retrancha sur la négative, l'appela mille fois impertinent ; mais, toutes ces injures ne lui ayant pu faire prendre le change, il sortit outré, la menaçant de la perdre.

La duchesse en avertit aussitôt l'archevêque, qui, ne voulant pas donner le temps à Roquelaure de faire quelque folie, le fut trouver, et lui dit qu'ayant toujours été de ses amis, il espéroit qu'il lui accorderoit une prière ; qu'il ne s'amuseroit donc point à finasser avec lui, qu'il lui avouoit de bonne foi qu'il étoit bien avec madame d'Aumont, laquelle il savoit l'avoir aimé ; qu'il ne falloit prendre des femmes que ce qu'elles vouloient, et non pas prétendre les retenir par force ; qu'à ce qu'il pouvoit connoître, il étoit cause lui-même de ce changement ; qu'il ne devoit pas se marier ; qu'une belle femme comme madame d'Aumont n'aimoit pas à partager les caresses d'un homme avec une autre ; qu'enfin, il ne lui diroit autre chose sinon qu'il lui auroit une obligation infinie de se faire un peu de violence pour l'amour de lui, et qu'en revanche il pouvoit compter sur ses services et sur son amitié.

Biran étoit des amis de l'archevêque; mais, ayant peine à digérer un morceau comme celui-là, il lui fit réponse qu'il s'étonnoit qu'il lui demandât d'avoir quelque égard pour une femme qu'il avoit tant de sujet de haïr, surtout après la déclaration qu'il venoit de lui faire lui-même; qu'il falloit du moins le laisser dans l'incertitude, et non pas l'accabler par un aveu si choquant; qu'il tomboit d'accord que les dames n'étoient pas obligées d'aimer toujours, mais que, si elles vouloient qu'on en usât honnêtement avec elles, il falloit que de leur côté elles en usassent bien aussi avec ceux à qui elles avoient donné leur amitié; que, si la duchesse d'Aumont vouloit rompre avec lui, elle devoit du moins l'en avertir auparavant; mais de n'apprendre les choses, comme il venoit de faire, que quand elles étoient faites, c'étoit le pousser un peu trop pour qu'il pût répondre de sa discrétion.

C'étoit quelque chose de surprenant que de voir deux rivaux raisonner ainsi ensemble sur leur bonne fortune; mais la différence de profession de l'un et de l'autre faisoit qu'il n'y avoit rien à craindre; outre que l'archevêque étoit en possession, à cause du crédit de son frère, de se faire porter respect. En effet, cela fut cause que Roquelaure se modéra plus qu'il n'auroit fait avec un autre. Cependant il ne lui voulut rien promettre, et, l'archevêque étant allé rendre compte de son message à la duchesse, elle fut extrêmement en peine.

L'archevêque résolut d'y retourner une seconde fois, et, deux visites si près l'une de l'autre ayant donné quelque curiosité à la duchesse de Roquelaure, elle en demanda le sujet à son mari, qui n'avoit pas donné au prélat plus de contentement qu'il n'avoit fait l'autre fois. Comme il étoit encore tout bouffi de colère et qu'il ne cherchoit qu'à décharger son cœur : « C'est, Madame, lui dit-il, qu'il me vient parler pour sa maîtresse, qui a été la mienne, et il désire que je n'en dise point de mal, ce que je n'ai garde de lui promettre. — Pourquoi donc, Monsieur? lui répondit la duchesse. C'est une chose à quoi la considération vous engage ; outre qu'il est toujours honnête à un homme d'en bien user avec une femme qu'il a aimée. Mais ne sauroit-on savoir qui c'est? et vaut-elle assez la peine de vous mettre dans l'inquiétude où je vous vois? — Non, Madame, elle ne le mérite pas. C'est la duchesse d'Aumont, puisque vous le voulez savoir, et elle ne vaut pas mieux que ses sœurs, qui s'en font donner par Roussi et par le chevalier de Tilladet. — Ah! Monsieur, s'écria en même temps la duchesse, trêve de raillerie, et ne m'épargnerez-vous pas plus que les autres? La duchesse d'Aumont! un exemple de vertu et de sainteté, et à qui il seroit à désirer que toutes les femmes ressemblassent. — Dites, Madame, plutôt un exemple de tromperie et de perfidie : je la ferai connoître devant qu'il soit peu, et, puisque l'archevêque de Reims en use si mal avec

moi, je ne vois pas que je sois obligé d'en user
mieux avec lui. »

Roquelaure, tout spirituel qu'il étoit, lâcha
ces paroles un peu légèrement : car, quoiqu'il ne
se souciât pas de faire connoître à sa femme
qu'il avoit été bien avec la duchesse, c'étoit
néanmoins lui faire voir que sa passion duroit
encore ; ce qu'il étoit obligé de cacher. Aussi la
duchesse ne doutant point de la chose, elle se
prit à pleurer, et lui dit que, s'il ne l'aimoit pas,
du moins devoit-il avoir la discrétion de ne la
pas prendre pour confidente de ses amours ;
qu'elle avouoit qu'elle n'avoit ni la beauté ni
le mérite de la duchesse d'Aumont, mais que
c'étoit moins sa faute que la sienne de ne l'avoir
pas choisie plus à son gré. Roquelaure, qui
étoit meilleur mari qu'on n'avoit cru et qu'il
n'auroit cru lui-même, voyant cette nouvelle
querelle, fut obligé de ne plus songer à l'autre,
pour apaiser celle-ci. Il lui en coûta quelques
caresses, et, n'y ayant rien qui aide plus à remettre une femme de belle humeur, elle voulut
s'enquérir encore plus particulièrement qu'elle
n'avoit fait des circonstances de son intrigue. Il
lui en avoit trop dit pour ne pas achever ; ainsi
il lui apprit en peu de mots tout ce qu'elle vouloit savoir, lui promettant néanmoins qu'il lui
seroit si fidèle qu'elle n'auroit point sujet de
s'en alarmer. La duchesse, qui aimoit la cour et
tout ce qui étoit de la faveur, lui dit alors que,
s'il parloit de bonne foi, il ne lui refuseroit pas
une grâce qu'elle avoit à lui demander, qu'elle
le prioit pour l'amour d'elle que la chose n'allât pas plus avant avec l'archevêque de Reims ;

qu'autrement ce seroit lui faire voir qu'elle lui tenoit encore au cœur ; ce qu'elle ne vouloit pas croire de lui, après tous les témoignages qu'il venoit de lui donner de son amitié. Roquelaure se crut obligé de le lui promettre, et la dame, toute ravie de sa victoire, écrivit en même temps un billet de sa main à l'archevêque de Reims pour l'avertir qu'elle avoit obtenu ce que son mari lui avoit refusé. Voici ce qu'il contenoit :

Lettre de la Duchesse de Roquelaure a l'Archevêque de Reims.

Le soin que je prends de la réputation de mon mari et de celle de madame d'Aumont m'a fait le tant prier de ne pas écouter son ressentiment, qu'il m'a accordé ce que je lui demandois. Comme je sais que vous prenez part à la dame, vous pouvez l'en avertir, et même lui montrer ce que je vous mande. Elle sera peut-être fâchée que j'aie tant de connoissance de ses affaires ; mais les miennes m'obligent à lui faire voir que je sais tout, afin qu'elle en use bien avec moi. Belle et aimable comme elle est, je craindrois toujours que mon mari ne l'aimât ; et je suis obligée, étant si eloignée d'avoir tant de mérite, de lui faire connoître que, quoique je ne sois pas méchante naturellement, il est dangereux néanmoins d'offenser une personne qui a son secret entre les mains.

Cette lettre, qui avoit été écrite sans la participation du duc de Roquelaure, ayant été envoyée pareillement sans qu'il en eût connoissance, réjouit extrêmement l'archevêque. Il n'étoit pas besoin néanmoins de lui mander de la montrer : il n'y auroit pas manqué, quand même on ne lui en eût pas donné l'ordre. En effet, il prétendoit que cela achèveroit de chasser Roquelaure du cœur de la duchesse, dont il auroit par conséquent l'entière possession. Aussi lui dit-il, en lui faisant voir qu'elle alloit connoître le peu de fonds qu'il y avoit à faire sur la discrétion de ces sortes de gens, qu'il falloit être folle pour s'y confier, et qu'il ne comprenoit pas comment il y avoit tant de femmes qui y faisoient si peu de réflexion. La duchesse, étant si bien prévenue, n'eut garde de ne pas sentir quelque ressentiment à la lecture de cette lettre ; cependant elle fut plus sensible à la joie de savoir que Roquelaure s'étoit radouci qu'à la crainte de se voir à la discrétion de sa femme. L'archevêque, qui alloit à ses fins, fut fâché de lui voir tant de tranquillité là-dessus ; et ils alloient peut-être commencer déjà à se quereller, si elle ne lui eût fait connoître que l'état où elle étoit ne procédoit que des assurances que la duchesse de Roquelaure sembloit donner qu'elle en useroit toujours bien tant qu'elle n'attireroit point son mari ; que, son dessein étant de ne le jamais voir, il étoit donc inutile de se faire des craintes mal à propos.

Roquelaure, n'ayant plus tant de sujet de se louer de l'amour, chercha à s'en consoler dans une autre sorte de plaisir qui étoit toujours à la mode, je veux parler du vin, à quoi tous les jeunes gens qui venoient à la cour étoient obligés de s'adonner, s'ils vouloient faire coterie avec ceux qui s'appellent petits-maîtres [1]. Et ce qui rendoit ce désordre plus commun, c'est que, quelque réprimande qu'en eût faite le Roi, il n'avoit pas été à son pouvoir de se faire obéir. Cependant on auroit eu lieu d'espérer que l'âge les auroit fait rentrer en eux-mêmes, si l'on n'eût vu que les barbons comme les autres commençoient à s'en mêler. Entre ceux-là il n'y en avoit point qui les mît plus en humeur que le marquis de Termes [1], homme dans un désordre épouvantable, et qui avoit quitté sa femme pour vivre avec la marquise de Castelnau [3], laquelle avoit si

1. On prétend que ce nom de *petits-maîtres* commença à s'établir en France lorsque le duc de Mazarin, fils du maréchal de La Meilleraie, fut reçu grand-maître de l'artillerie en survivance de son père : on appela petits-maîtres les jeunes seigneurs de son âge. On donna ensuite ce nom aux jeunes gens qui prétendoient briller plus que les autres ; et Saint-Evremont nous montre déjà cette qualification tombée dans le discrédit parce qu'on l'appliquoit à la bourgeoisie.

2. « M. De Termes étoit de la même maison que M. de Montespan et n'avoit de noble que de la naissance et de la valeur. Il étoit pauvre, et si bas qu'il fit l'impossible pour être premier valet de chambre du Roi.» (Saint-Simon, *Comment. sur le Journal de Dangeau*, t I, p. 81.) — M. de Montespan ne tenoit à l'illustre maison de Saint-Lary, d'où le duc de Bellegarde et son frère le marquis de Termes, que par les femmes. La sœur du duc de Bellegarde avoit en effet épousé le bisaïeul du marquis de Montespan, dont la femme fut aimée de Louis XIV, et l'aïeul du marquis épousa aussi une Saint-Lary.

3. Louise Marie Foucault, fille du maréchal de ce nom, étoit veuve, depuis le 2 déc. 1672, de Michel II de Castelnau, fils lui-même d'un maréchal de France. La marquise avoit aimé, paroît-il, le duc de Longueville, qui se moquoit d'elle. Quand il mourut, madame de Castelnau apprit vite les vrais sentiments du duc, et, le 8 juillet 1672, madame de Sévigné écrivoit : « La Castelnau est consolée. »

bien renoncé à la pudeur, que, quoique son mari, qui lui avoit servi un temps de couverture, fût mort, elle ne laissoit pas de paroître publiquement le ventre plein. Ils étoient ordinairement dans une maison en Brie, appelée Fontenay, et il ne venoit à la cour qu'à la dérobée; mais il y faisoit toujours parler de lui. Au reste le désordre où il vivoit lui avoit attiré plusieurs affaires, et une entre autres où personne n'avoit jamais pu voir clair. Comme il étoit un soir dans cette maison, il vint descendre un homme dans une hôtellerie du village, lequel pria qu'on le menât au château. Or, c'étoit la coutume que, tant que le marquis de Termes y étoit, le pont-levis étoit levé, ce qui faisoit dire qu'il travailloit à la fausse monnoie [1]. Mais, celui-ci s'étant fait connoître à un signal, on l'abaissa incontinent, et il lui fit fort bonne chère. Le lendemain matin cet homme s'en retourna à son hôtellerie, où il trouva huit cavaliers qui étoient aussi arrivés la veille, et, montant à cheval avec eux, ils s'en vinrent tous de compagnie du côté du château, dont le marquis de Termes étoit sorti avec un gentilhomme de ses amis et avec tous ses domestiques, à qui il avoit fait prendre les armes. Ce marquis rangea tout cela en un gros, et, les autres s'étant rangés de même, l'on commença à combattre de part et d'autre à bons coups de mousqueton et de fusil. Il y en eut quatre ou

1. Nombre de gentilshommes en province se mêloient de fabriquer de la monnoie : on a vu que le père de madame de Maintenon avoit été accusé de ce crime. Les Grands jours d'Auvergne, par Fléchier, donnent des renseignements curieux sur ce sujet.

cinq d'estropiés, et, après que le combat eut duré près d'un demi-quart d'heure, tout d'un coup quatre cavaliers de ces étrangers se détachèrent des autres et vinrent embrasser le marquis de Termes, qui les mena dans le château, où il y avoit un grand déjeuner.

Cette affaire fit grand bruit à la cour, et le Roi donna ordre qu'il fût arrêté; mais madame de Montespan, qui, à cause de son mari [1], étoit de ses proches parentes, et qui étoit encore alors fort bien auprès du Roi, empêcha qu'il ne reçût cet affront. Cependant on lui fit demander ce que tout cela vouloit dire, car ce n'étoit ni duel, ni assassinat, puisque c'étoit de l'infanterie contre de la cavalerie, et que les choses s'étoient passées ainsi que je les viens de rapporter; mais n'en ayant pas voulu dire la vérité, on écrivit au président Robert [2], qui a une maison dans le voisinage, où il étoit alors, de mander ce qu'il en savoit. Ce président, pour satisfaire aux ordres de la cour, fit ce qu'il put pour éclaircir ce mystère; mais, après bien des perquisitions, il ne put mander autre chose que ce que je viens de dire, dont le Roi fut obligé de se contenter.

Après cette affaire, il lui en arriva bientôt une autre, pour laquelle le Roi n'auroit eu garde d'écouter madame de Montespan, quand même elle auroit eu si peu d'esprit que de vouloir s'entremettre en sa faveur. Il fut soupçonné de poison, crime alors fort en usage en France [3], et qui avoit

1. Voy. la note 2. ci-dessus, p. 465.
2. Louis Robert, président en la Cour des Comptes depuis 1679. Il avoit été d'abord intendant en Flandres.
3. Les mémoires de la Fare ne parlent pas autrement : « Ce qui donna l'idée de ce crime, *qui étoit alors fort commun*

envoyé en l'autre monde beaucoup de gens qui se portoient bien. Ce qui le fit soupçonner fut qu'une femme qui avoit été condamnée à la mort pour le même sujet l'accusa d'être venu chez elle sous prétexte de se faire dire sa bonne aventure, et chargea en même temps un homme qui avoit été son écuyer de lui être venu demander du poison. Or, on craignoit qu'il n'eût envie de faire un grand crime, car il y avoit longtemps qu'il étoit mécontent, d'autant que le Roi avoit pris tout le bien de sa femme, qui étoit fille d'un partisan; et comme on ne pouvoit avoir trop de précaution là-dessus, on jugea à propos de s'assurer de sa personne. Il est difficile de dire au vrai s'il étoit coupable ou non, car on tâcha autant qu'on put de dérober au public la connoissance de son affaire. On dit même qu'on fit passer son écuyer par les oubliettes, d'autres disent qu'il fut empoisonné. Quoi qu'il en soit, cet homme n'ayant pu déposer contre lui, il revint à la Cour, où, trouvant la jeunesse si disposée, comme nous avons dit, à faire la débauche, il se mit non-seulement de la partie, mais devint encore un des chefs.

Le duc de La Ferté, qui s'étoit séparé tout à fait d'avec sa femme, fit grande amitié avec lui par la sympathie qu'ils avoient à cet égard. Roquelaure, quoiqu'il fît un peu le sage depuis qu'il étoit marié, ne put refuser néanmoins à ses anciens amis de se trouver à leurs parties

en France, fut l'affaire de madame de Brinvilliers, fille du lieutenant-civil d'Aubray. » Nous ne rappellerons pas les scandaleuses affaires de ce temps, portées à la trop fameuse chambre des poisons, etc.

de plaisir ; si bien que, s'y fourrant encore avec
un grand nombre d'autres debauchés, ce fut de
quoi donner matière à bien des nouveautés. On
n'eut garde d'épargner là le prochain, et, après
avoir médit de tous les gens de la cour, de Termes dit que, comme Noël approchoit, il falloit
faire des paroles qu'on pût chanter au lieu de
noëls. On trouva sa pensée fort juste ; et, comme
l'on savoit qu'il se mêloit de faire des vers, on
lui donna de l'encre, du papier et une plume,
pour voir comme il s'en acquitteroit. Son dessein
étoit de travailler sur eux-mêmes, sur leurs femmes et sur toutes celles qui faisoient parler d'elles.
Mais restant encore un peu de jugement à Roquelaure, il lui dit qu'il n'étoit pas de bon sens
d'apprêter aux autres matière de rire à leurs dépens, et que d'ailleurs il alloit entreprendre une
chose impossible, le nombre en étant trop grand.
Il se rendit à de si bonnes raisons, et, changeant
ainsi de pensée, il résolut de faire quelque chose
sur la maison royale. Roquelaure, sachant son
dessein, l'approuva, moyennant que son style
ne fût pas trop peste : car il le fit ressouvenir que
le Roi n'aimoit pas les railleurs, et qu'il étoit
bien aise de ne se point faire d'affaire. Cela fut
cause que de Termes, qui avoit déjà fort bien
débuté, raya ce qu'il avoit écrit, et il mit à la
place les noëls que voici :

1. Nous avons déjà vu ce mot employé plus haut.

NOELS NOUVEAUX.

O messager fidèle
Qui reviens de la cour,
Apprends-nous des nouvelles;
Qu'y fait-on chaque jour?
Chacun à l'ordinaire
Y passe mal son temps;
Les gens du ministère
Y sont les seuls contens.

Que fait le grand Alcandre
Au milieu de la paix?
N'a-t-il plus le cœur tendre?
N'aimera-t-il jamais?
L'on ne sait plus qu'en dire,
Ou l'on n'ose en parler;
Si ce grand cœur soupire,
Il sait dissimuler.

Est-il vrai qu'il s'ennuie
Partout, hors en un lieu [1];
Qu'il y passe la vie
Sans chercher le milieu?
Si nous en voulons croire
Au moins ce qu'on en dit,
Il y fait son histoire;
Mais sa plume est son v...

Sa superbe maîtresse [2]

1. Maintenon. (*Note du texte.*)
2. Montespan. (*Id.*)

En est-elle d'accord ?
Voit-elle avec tristesse
La rigueur de son sort ?
L'on dit qu'elle en murmure
Et que, sans ses enfans,
Elle feroit figure
Avec les mécontens.

Que fait dans son bel âge,
Monseigneur le Dauphin ?
Est-il toujours si sage ?
Va-t-il son même train ?
Il n'aime que la chasse,
Cela lui coûte peu ;
Quand ce plaisir le lasse
Il revient à son feu.

Madame la Dauphine
A-t-elle du pouvoir,
Comme l'on s'imagine
Qu'elle en devroit avoir ?
Son pouvoir se publie ;
Mais l'on s'aperçoit bien
Que sans la comédie
Elle ne pourroit rien.

La divine princesse,
La charmante Conti,
A-t-elle la tendresse
Toujours de son parti ?
Elle en a de son père
Et peu de son époux ;
Mais pour monsieur son frère,
Il en a pour eux tous.

La princesse de Nante[1]
Fait-elle du fracas?
Est-elle bien contente
De ses tendres appas?
Elle a sujet de l'être,
Si le duc de Bourbon[2]*,*
Qui commence à paroître,
Lui fait changer de nom.

Du colonel des Suisses[3]
Ne nous direz-vous rien?
Fait-il ses exercices,
Y réussit-il bien?
Il a beaucoup d'adresse,
Grand esprit et grand cœur,
Fierté, beauté, jeunesse,
Et de la belle humeur.

Que fait-on chez les dames[4]
Dans ce charmant séjour?
Le commerce des flammes
Y règne-t-il toujours?
Les amans sans ressource
Font voir, pour leur malheur,
Peu d'argent dans leur bourse,
Peu d'amour dans leur cœur.

Des dames renommées[5]

---

1. Fille de madame de Montespan et du Roi. (*Ibid.*) — Elle épousa le duc de Bourbon.
2. Petit-fils du prince de Condé. (*Ibid.*)
3. C'étoit le duc du Maine.
4. Sur les dames en général. (*Ibid.*)
5. D'Olonne, Meklebourg, de Fiesque. (*Ibid.*)

Ne dit-on que cela ?
Sont-elles réformées ?
Ont-elles dit holà ?
Chez les aventurières
L'amour règne toujours :
Ainsi que les rivières
Celles-là vont leur cours.

En est-il d'assez fières
Pour se faire prier ?
D'autres assez sévères
Pour ne rien octroyer ?
Dans toutes les ruelles
De différens états,
L'on a vu les plus belles
Faire le premier pas.

Comment font les coquettes
Qui n'ont point d'agrément,
Et qui comme allumettes
Brûlent pour un amant ?
Dans le siècle où nous sommes
Chacun est indigent :
Elles trouvent des hommes
Quand elles ont de l'argent.

De Termes ayant fait ce que vous venez de lire, il y en eut qui le trouvèrent bien, d'autres mal, disant que cela étoit trop sérieux. Il répondit qu'on ne s'en prît pas à lui, mais à Roquelaure, qui avoit voulu, comme ils savoient, qu'il fît quelque chose de moins libre que ce qu'il avoit envie de faire. La Ferté dit que Roquelaure étoit un sot ; dont tout le monde convint, et lui-même tout le premier, quoique ce ne fût que sous cape.

C'est pourquoi il jura qu'il ne chanteroit que les couplets de la princesse de Conti et de madame de Maintenon. Chacun savoit aussi bien que lui que c'étoient les meilleurs ; mais, comme on commença à entonner depuis le premier jusqu'au dernier, il fut obligé de faire comme les autres. On eut bientôt appris par cœur ces noëls nouveaux, et ils coururent bientôt dans les meilleures compagnies. Le prince de Condé, qui, contre son ordinaire, avoit quitté sa maison de Chantilly pour venir passer une partie de l'hiver à Paris, étant curieux de toutes sortes de nouveautés, on le régala de celle-ci, dont on avoit supprimé néanmoins l'article de la princesse de Conti[1]. Il demanda à celui qui lui faisoit ce présent d'où vient que le duc d'Orléans, lui, son fils[2], le prince de Conti[3] et le prince de La Roche-sur-Yon[4] n'y étoient pas. A quoi l'autre ayant répondu que l'auteur n'avoit voulu parler que du Roi et de ses enfans : « Donnez-moi donc, lui dit-il, celui de la

1. Marie Anne de Bourbon, fille de Louis XIV et de mademoiselle de La Vallière, mariée, le 16 janvier 1680, à Louis Armand de Bourbon, prince de Conti. Voy. ci-dessous.
2. Le prince Henri-Jules, fils du grand Condé. Nous avons déjà rencontré son nom.
3. Louis Armand de Bourbon, prince de Conti, né le 4 avril 1661, fils d'Armand de Bourbon, prince de Conti, et d'Anne Marie Martinozzi. — Il mourut le 9 nov. 1685. — Voy. la note 1, ci-dessus.
4. François-Louis de Bourbon, prince de la Roche sur Yon, frère d'Armand de Bourbon, prince de Conti, naquit le 30 avril 1664. Il devint lui-même prince de Conti, en nov. 1685, après la mort de son aîné, et épousa sa cousine, fille du prince Henri-Jules et petite-fille du grand Condé.
Le prince de Conti et le prince de la Roche sur Yon firent en 1685 la campagne de Hongrie. On connoît les emportements du Roi à leur égard.

princesse de Conti, car elle est aussi bien sa fille que mademoiselle de Nantes.» L'autre se trouva embarrassé de cette réponse et vouloit chercher quelque détour ; mais le prince de Condé lui commanda de lui obéir. Ainsi il vit celui qu'on vouloit cacher; de quoi ayant averti le prince de Conti, son neveu, il lui conseilla de se venger de l'auteur, qui n'étoit pas encore connu. Cependant on ne manqua pas d'attribuer cela à la cabale, comme étant capable de toutes sortes de sottises ; et, s'y trouvant un faux frère, de Termes fut décelé et abandonné au ressentiment du prince de Conti, qui, sans attendre le conseil du prince de Condé, s'étoit déjà déterminé, sur la connoissance qu'il en avoit eue, à le récompenser de ses peines. En effet, il lui fit donner des coups de bâton, et le duc de La Ferté en auroit eu sa part, pour l'approbation qu'il avoit donnée à ce couplet, s'il ne se fût allé jeter à ses pieds et lui demander pardon[1]. Quoique la punition fût un peu rude pour de Termes, personne ne le

1. Le bâton n'étoit pas seulement l'arme des vengeances quand il s'agissoit de châtier un poëte ou quelque bourgeois. Les gentilshommes ne se l'épargnoient pas. Ainsi le cardinal de Sourdis fut bâtonné par le duc d'Epernon, et il eut l'honneur, dit Tallemant, d'être le prélat le plus battu de France. Le comte de Bautru passa aussi par le bois, ce qui fournit un bon mot à sa verve intarissable. — Dans la hiérarchie des offenses dont connoissoit le tribunal des maréchaux de France, la bastonnade venoit entre le démenti et le soufflet. — Le traitement dont fut l'objet le marquis de Termes n'a donc rien d'étonnant. Dangeau, à la date du 17 déc., assez près de Noël, comme on voit, 1686, confirme le rapport de notre texte, et Saint-Simon, dans son commentaire, entre, sur ce fait, dans d'assez longs détails. (*Journal de Dangeau*, I, 81.)

plaignit, et l'on trouva qu'il la méritoit bien, puisqu'à l'âge qu'il avoit il étoit assez fou pour oser médire d'une fille qui appartenoit de si près au Roi, et qui d'ailleurs étoit mariée à un prince du sang.

Si les noëls étoient devenus publics en peu de temps, l'affront qu'avoit reçu l'auteur ne fut pas davantage à se publier. Ainsi, comme les hommes ont coutume d'estimer une personne selon le bien ou le mal qui lui arrive, on vit que le marquis de Termes devint bientôt le mépris de tous les honnêtes gens. Ses amis lui conseillèrent de s'en retourner à Fontenay; mais, par malheur pour lui, sa femme, à qui appartenoit cette terre, l'avoit obligé d'en sortir, tellement qu'à moins que d'aller dans le fond de la Gascogne il n'avoit point de retraite. Il ne laissoit pas cependant de se montrer encore à la cour, et le prince de Conti, voulant se moquer de lui, lui dit un jour, en présence de tout le monde, qu'il falloit qu'il eût des ennemis; qu'on faisoit courir le bruit qu'il lui avoit fait donner des coups de bâton; que cela n'étoit pas vrai, et qu'il l'appeloit à témoin si ce n'étoit pas une imposture.

Cette aventure défraya la conversation pendant quelques jours; mais, comme tout s'oublie avec le temps, on n'en parla plus au bout de trois semaines, et il n'y eut que ceux qui y prenoient intérêt qui s'en ressouvinssent. Cependant il étoit arrivé du changement dans les amours du comte de Roussi et du chevalier de Tilladet, aussi bien que dans celles du marquis de Biran. Roussi s'étoit rebuté de sa maîtresse pour un méchant présent qu'elle lui avoit fait, et, quoiqu'elle l'eût reçu de son mari, il ne voulut pas s'exposer davantage à acheter ses faveurs à un tel prix. La duchesse de Vantadour, qui avoit filé doux sur la débauche de son mari pour la couverture qu'elle en avoit, n'en ayant plus de besoin, se mit à pester contre lui, et ses parens lui conseillèrent de suivre l'exemple de la duchesse de La Ferté, sa sœur, qui s'étoit séparée du sien [1]. Mais elle n'en voulut rien faire, espérant que Roussi reviendroit à elle, et qu'ainsi elle en auroit encore besoin. Elle fit valoir ce refus au petit bossu, qui n'en usa pas plus honnêtement. Au contraire, continuant toujours dans ses débauches, non seulement il entretint la réputation où il étoit d'être parfaitement débauché, mais il eut encore bientôt celle de grand fripon. Le chemin pris pour y parvenir fut de se transformer dans le sentiment des p...... qu'il voyoit, et, étant tombé entre les mains d'une, qui joignoit à son métier celui de savoir filouter, il lui aida à tromper de pauvres dupes, qui étoient assez fous pour attribuer le tout au hasard [2]. Cependant, comme

---

1. Le *Journal de Dangeau*, et surtout le commentaire de Saint-Simon, font bien connoître le ménage du duc de Ventadour : « Madame de Ventadour étoit fort belle et fort agréable, son mari très laid et très contrefait. Ils étoient très mal ensemble, et les choses étoient allées souvent fort loin... On se soucioit peu du mari, dont la débauche et une absence continuelle de la cour ne lui donnoient pas grande considération..... » (*Journal de Dangeau*, t, 23.)

2. La démoralisation même des classes élevées étoit alors arrivée à un point que les pamphlets ne sont pas seuls à signaler. Le jeu, dont la mode, ou plutôt la fureur, avoit été apportée d'Italie, étoit une des principales causes de cette corruption incroyable. On, — je dis les gens qui sembloient devoir être le moins susceptibles de succomber à la

il est difficile qu'en continuant toujours le même métier l'on ne soit à la fin reconnu, il arriva qu'un homme d'Angers perdit mille écus, ce qui fit que toutes choses furent découvertes. Cela se passa de cette manière : Cet homme, qui étoit riche, aimoit les femmes, et un filou, ayant reconnu son inclination, le mena en voir une à petit couvent au faubourg Saint-Jacques, qui sert ordinairement de retraite à toutes les filles qui ont eu quelque affaire et à toutes les femmes qui sont mal avec leurs maris pour quelque galanterie. Il lui fit accroire que c'étoit une femme de qualité, et celui-ci, qui ne connoissoit pas encore Paris, la trouva si à son gré que, pendant un mois entier, il ne fut point de jour sans lui rendre visite.

La dame ne manqua pas de lui témoigner de la reconnoissance, et, cela l'ayant rendu encore plus amoureux, il la pria de vouloir sortir de ce couvent, où il ne la pouvoit voir si commodément qu'il vouloit. La dame, le voyant tout à fait engagé, feignit de se rendre à ses raisons, et, étant allée chez une de ses amies, qui ne valoit pas mieux qu'elle, elle lui fit valoir pour une grande grâce la permission qu'elle lui donnoit de l'y venir visiter. Dès la seconde fois il y trouva le duc de Vantadour et deux ou trois autres dames, l'une desquelles ayant proposé de jouer à la bête [1] en attendant qu'il fût heure d'aller à la comédie, on fit si bien qu'on l'y engagea. Cepen-

tentation, — on ne se faisoit aucun scrupule d'aider un peu ou de corriger la fortune. L'abus ne cessa pas entre Mazarin et la marquise de Parolignac, un des personnages de *Candide*.

1. Le jeu de la bête ou de l'homme étoit un jeu où le perdant payoit, non sa mise, mais celle de tous les joueurs.

dant, pour lui faire croire que ce n'étoit que pour passer le temps, on ne fit valoir les marques que fort peu de chose ; mais le duc, deux de ces dames, qui étoient du jeu, faisant bête sur bête, et les mettant toujours l'une sur l'autre, enfin il se trouva mille écus sur le jeu, et ce fut alors qu'avec des cartes apprêtées tout exprès on donna si beau jeu à cette pauvre dupe qu'il crut que la fortune le favorisoit. Il fit donc jouer, mais ce fut pareillement pour faire la bête, tellement qu'il fallut mettre tout ce qu'il avoit d'argent devant lui et faire bon du reste. On ne joua plus guère après cela ; on donna avec de pareilles cartes la vole au duc, et il demanda à cet homme de lui faire un billet de ce qu'il lui devoit. Il fallut qu'il en passât par là, quelque soupçon qu'il eût que cela n'étoit pas arrivé naturellement ; mais, après être sorti (car il n'étoit plus question de comédie), il s'informa plus particulièrement qui étoient ces femmes, et, sans qu'il lui fût besoin de faire de grandes enquêtes, il en apprit tout autant qu'il en vouloit savoir.

Il fut au conseil après cela, et, les avocats lui ayant dit de faire informer contre la maîtresse de la maison, sans désigner le duc autrement que sous le nom d'une personne de qualité, il obtint décret de prise de corps contre elle. Cet homme crut qu'il falloit le lui faire savoir devant que de l'exécuter, afin que, si elle vouloit lui faire rendre son billet d'amitié, on ne lui fît point cet affront. Cet avis lui donna l'alarme : elle en fut parler au duc de Vantadour ; mais le petit bossu lui dit de ne point avoir de peur, et qu'il la garantiroit de tout. L'homme dont il étoit question, n'ayant pas reçu une réponse conforme à sa demande, mit les archers en campagne, et, la dame ne voulant pas toujours demeurer cachée, elle envoya dire au duc qu'elle alloit tout dire s'il ne la sortoit d'affaire promptement. C'en fut assez pour le mettre en colère, lui qui s'y mettoit de peu de chose. Il s'en fut dans la maison, la maltraita de paroles et de la main, et la menaça de lui faire donner les étrivières par ses laquais. Il se trouva par hasard que cette femme étoit demoiselle [1], et, quelqu'un lui ayant conseillé de le faire venir devant les maréchaux de France [2], elle en obtint l'ordre au grand étonnement du duc. Cette affaire ne pouvoit qu'elle ne fît grand bruit, l'homme qui avoit été dupé la contoit à tout le monde; ainsi chacun en étant abreuvé, ses amis lui dirent que, pour l'assoupir entièrement, il falloit qu'il rendît le billet. Il écuma extraordinairement à cette proposition; mais L'Avocat, qui se mêloit

1. Nous rappelons que la demoiselle étoit la bourgeoise mariée ou la fille noble. — Une des premières règles du tribunal des maréchaux de France étoit celle-ci : « Il ne suffit pas que l'une des parties soit justiciable du tribunal pour le rendre compétent : elles doivent l'être toutes les deux. » Or, le tribunal ne jugeoit que les nobles. « Les femmes ou les veuves des gentilshommes, des militaires ou des nobles, ont toujours eu le droit de recourir à la justice de MM. les maréchaux de France pour obtenir des réparations. » (De Beaufort, *Recueil concernant le tribunal de Nosseigneurs les maréchaux de France*. Paris, 1785, 2 vol. in-8, t. I, p. 72 et p. 73.).

1. Les maréchaux de France étoient compétents dans les affaires relatives aux « billets ou promesses stipulées d'honneur, lorsque les deux parties sont gentilshommes, militaires ou nobles. » (*Ibid.* p. 80.) Ce débat étoit d'autant plus fâcheux pour le duc de Ventadour qu'il y avoit eu déjà une affaire entre le duc d'Aumont et lui devant le tribunal des maréchaux.

de tout, comme nous croyons déjà l'avoir dit, lui disant d'un ton de juge qu'il n'en falloit point appeler, il en convint, pourvu qu'on lui donnât soixante pistoles. Ainsi un homme qui avoit deux cent mille livres de rente en fonds de terre faisoit des bassesses inconcevables pour si peu de chose.

Il est aisé de juger qu'une conduite si misérable n'étoit guère agréable pour la duchesse sa femme, laquelle, étant déjà de méchante humeur pour la perte de son amant, ne se pouvoit consoler de sa destinée. Cependant il lui fut force de prendre patience. Le petit homme n'étoit pas d'humeur à prendre un autre train de vie, et en effet, quinze jours après ou environ, il lui arriva encore une autre affaire, non pas si vilaine à la vérité, mais qui étoit toujours fort honteuse pour un duc et pair. Etant entré dans un honnête lieu, au faubourg Saint-Germain, dans la rue des Boucheries, il vint des sergents qui saisirent son carrosse[1] à la requête d'un marchand qu'il ne vouloit point payer. Il descendit aussitôt pour en tuer quelqu'un; mais, les sergents étant déjà bien loin avec le carrosse, il entra dans la boutique d'un chirurgien qui étoit devant, où on lui avoit dit qu'un de ces sergents s'étoit sauvé. Il le demanda au maître de la maison, qui, ne voulant point qu'il arrivât de meurtre chez lui, lui dit qu'il n'y avoit personne, de quoi il se mit si fort en colère qu'il cassa toutes les vitres de la boutique; puis, étant monté en haut, il donna vingt coups d'épée

---

1. Voy. ci-dessus, p. 440, note 1.

dans les matelas, et fit ainsi plusieurs actions extravagantes.

L'Avocat, non celui dont je viens de parler, mais le maître des requêtes dont on a fait mention si honorablement dans la première histoire contenue en ce volume [1], ayant su ce qui lui étoit arrivé, vint le voir aussitôt. Il lui dit qu'il eût à se consoler, et qu'il feroit mettre le sergent en prison ; qu'il tenoit l'ordonnance entre les mains, par laquelle il étoit défendu de saisir les meubles et les carrosses des officiers de la couronne, et que pour une pareille chose il y en avoit eu un qui avoit été trois mois dans le cachot. Le duc, l'ayant remercié, le pria de songer à cela, et il n'eut garde d'y manquer, quoiqu'il eût bien mieux fait de juger de pauvres parties dont il y avoit deux ans que le procès lui étoit distribué. Mais c'étoit le caractère de l'homme d'être le solliciteur banal de tout le monde, pendant qu'il ne pouvoit pas faire une panse d'a touchant ce qui le regardoit. Aussi ses affaires étoient en si bon état qu'il y avoit déjà deux ou trois ans que ses gages étoient saisis, et lui qui parloit de faire donner main-levée aux autres laissoit crier tout le monde après lui, sans se remuer non plus qu'une pierre.

Il avoit été de même le solliciteur touchant la séparation de la duchesse de La Ferté, laquelle, ayant employé sous main le crédit que son galant avoit auprès du ministre, avoit si bien accommodé son mari, qu'elle l'avoit dépouillé de tout son bien. Cependant le chevalier de Til-

1. Voy. t. I, p. 429.

ladet n'avoit pas laissé de la voir encore quelque temps ; mais, étant devenu amoureux d'une petite bourgeoise, laquelle étoit bien autrement tournée, il la quitta brusquement et sans garder aucunes mesures. Elle en eut tant de chagrin qu'elle demeura six mois sans vouloir écouter personne; de quoi tout le monde s'étonna, croyant qu'elle étoit d'un tempérament à ne s'en pouvoir passer un jour seulement. Madame de Bonnelle, qui étoit la meilleure femme du monde, et qui avoit porté impatiemment tous les contes qu'elle avoit entendu faire d'elle, la loua beaucoup du parti qu'elle prenoit. Cette pauvre femme se tuoit de dire qu'on voyoit bien que tout ce qu'on avoit dit étoit médisance, ce qu'elle assure encore aujourd'hui, se fondant sur ce qu'une femme qui a été féconde pendant son mariage le seroit encore s'il étoit vrai qu'elle eût tant de penchant à la galanterie. Quoi qu'il en soit, il n'y avoit plus des trois sœurs que la duchesse d'Aumont qui eût encore son compte, et l'archevêque s'en acquittoit si bien qu'elle avouoit qu'il n'y a rien de tel que les gens d'église pour faire les choses comme il faut. Son mari, qui étoit toujours à la cour, et qui d'ailleurs n'avoit garde de se défier d'une femme qui continuoit de porter de grandes manches et de visiter les hôpitaux, disoit aussi à tout le monde qu'il avoit sujet de se louer de son choix ; que dans le siècle où l'on étoit il n'y avoit rien de plus rare que d'avoir une femme vertueuse, et que c'étoit une grâce dont il avoit à rendre grâces au ciel particulièrement. Personne n'avoit garde de lui contredire ; la duchesse avoit si bien joué son rôle qu'elle étoit encore regardée comme une sainte ; mais, lorsqu'elle y pensoit le moins, il arriva un accident qui fit tout découvrir, et ce qui la désespéra davantage, c'est que ce malheur arriva par son beau-fils.

Le duc d'Aumont en avoit un, comme nous avons dit, de son premier lit ; et comme il étoit déjà assez grand, il l'avoit envoyé en Italie, afin que les pays étrangers pussent aider à le rendre encore plus honnête homme. Au retour de son voyage, ce jeune homme, qui étoit vigoureux et plein de santé, trouvant chez sa belle-mère une femme de chambre fort jolie, en devint amoureux ; ayant trouvé moyen de la séduire, il commença avec elle le métier qui est si fort en usage à la cour. Cette fille trouva cela le meilleur du monde ; et, quoiqu'elle fût plus âgée que lui, et qu'elle dût par conséquent prendre plus de précaution pour cacher ses affaires, néanmoins, comme c'est le propre de l'amour d'ôter la raison, ils en manquèrent tellement l'un et l'autre que la duchesse s'aperçut bientôt de ce petit commerce. Elle prit le parti ordinaire des dévots et des dévotes, qui est de faire grand bruit des défauts de son prochain. Peu s'en fallut même qu'elle ne mît la main sur cette fille ; mais enfin, faisant réflexion que cela ne seroit pas bien à une femme de qualité, elle se contenta, après lui avoir dit mille injures, de lui faire commandement de sortir de sa maison. Il est aisé de juger de l'affliction de la fille à un commandement si funeste à son amour ; elle se fondit toute en larmes, et le marquis de Villequier, c'est ainsi que s'appelle le fils aîné ou duc d'Aumont, l'ayant trouvée en cet état, se mit aussi à pleurer, voyant qu'il alloit être privé de sa présence. La fille se sentit en quelque façon consolée de voir qu'il prenoit tant de part dans son affliction, et le regardant tendrement : « Madame a grand tort, lui dit-elle, d'en user avec tant de rigueur; elle n'est pas plus sage que les autres, et si M. le duc savoit ce que je sais, il n'auroit garde d'en être si content. » C'en étoit assez dire à un jeune homme, et surtout à un beau-fils, qui a toujours la haine dans le cœur pour une belle-mère. Pour contenter sa curiosité, il lui demanda avec empressement ce qu'elle vouloit dire, et, voyant que la crainte de s'exposer à quelque traitement fâcheux la rendoit plus retenue, il lui protesta non seulement qu'il ne prenoit point de part à ce qu'elle lui diroit, mais même qu'il en seroit ravi. Avec de telles assurances, elle ne balança plus à lui ouvrir son cœur; elle lui dit que le duc de Roquelaure avoit été bien avec la duchesse, mais que, depuis son mariage, leur commerce s'étant beaucoup ralenti, l'archevêque de Reims avoit pris sa place. « Quoi! mon oncle! s'écria en même temps le marquis de Villequier, tout étonné; ah! j'ai peine à le croire, et tu n'es assurément qu'une médisante — Il faut vous le faire voir, lui dit-elle, puisque vous êtes incrédule, et ce sera aussitôt que monsieur le duc ira à Versailles. » Le marquis de Villequier n'eut rien à dire après des offres si raisonnables, et, l'ayant voulu questionner, elle lui répondit que, puisque tout ce qu'elle lui pouvoit dire étoit inutile, il falloit qu'il se donnât patience. Cepen-

dant, comme elle craignoit que la duchesse ne
l'obligeât à sortir devant que l'occasion s'en
présentât, elle lui fit demander pour toute grâce
qu'elle voulût bien qu'elle demeurât encore deux
jours seulement dans la maison.

Si la duchesse eût su pourquoi, elle se seroit
bien donné de garde de le lui permettre ; mais,
ne se défiant de rien, elle ne voulut pas pousser
à bout une fille qui pouvoit avoir quelque connoissance de ses affaires. En effet, quoiqu'elle
en eût usé en habile femme, c'est-à-dire qu'elle
eût conduit ses intrigues sans le secours d'une
confidente, néanmoins elle se souvenoit que
cette fille avoit trouvé une fois le duc de Roquelaure qui sortoit de sa chambre à une heure indue ; et, comme elle savoit qu'elle ne manquoit
pas d'esprit, elle eut peur qu'elle n'eût été personne à vouloir savoir ce qu'il y venoit faire si
souvent. Elle ne se méprenoit pas à son calcul.
Cette fille, qui étoit curieuse comme le sont
toutes celles de son sexe, n'avoit pas voulu en
demeurer au soupçon après cette circonstance,
elle avoit cherché à s'éclaircir. Elle avoit remarqué d'ailleurs que souvent il y avoit eu deux
places de foulées dans le lit, tellement qu'elle
s'étoit mise en embuscade. Elle n'y avoit pas
été longtemps inutilement. Elle avoit vu entrer
et sortir le duc de Roquelaure, et, voyant qu'il
n'étoit plus en grâce, elle avoit fait la même
chose à l'égard de l'archevêque de Reims, dont
les fréquentes visites lui avoient été suspectes.
Ce prélat avoit cru conduire ses affaires si habi-
lement, qu'il ne s'imaginoit pas que personne les
eût pu découvrir. Il avoit gagné un nommé du

Plessis, qui a été valet de chambre du duc, et qui occupe le petit hôtel d'Aumont, sous promesse de lui faire continuer toute sa vie la permission qu'il a de donner à jouer. De ce petit hôtel il y a communication au grand, et ce bon prélat y entroit toutes les nuits en gros manteau, dès qu'il savoit que le duc étoit à Versailles. Cette fille étoit trop éclairée pour ne pas guetter de tous côtés, d'autant plus qu'elle trouvoit toujours le lit en l'état qu'il devoit être quand le duc avoit couché chez lui; c'est-à-dire, en bon françois, qu'il paroissoit que la dame n'avoit pas couché toute seule. Elle croyoit néanmoins que c'étoit le duc de Roquelaure qui étoit toujours l'heureux; mais enfin le prélat lui apparut un jour avec une lanterne sourde à la main, et le nez dans son manteau, ce qui servit à la détromper. Depuis cela elle le vit encore assez souvent faire le même personnage, de sorte qu'elle crut qu'il n'y avoit qu'à poster le marquis de Villequier dès que son père seroit parti. Et en effet, étant allé le même jour à Versailles, il vit entrer l'archevêque en habit décent, ce qui ne lui permit plus de douter de ce qu'on lui avoit dit.

 Ce jeune homme n'étoit pas d'un autre caractère que la plupart des gens de la cour, quoiqu'il n'y eût pas longtemps qu'il y parût. Les autres l'avoient formé sur leur modèle, et il étoit si fou qu'il y en avoit aux Petites-Maisons qui ne l'étoient pas tant. Il en auroit donné des marques dans le même moment, sans la nuit qui l'empêcha de sortir, et lui ayant duré mille ans, tant il avoit d'impatience de faire une sottise, le matin ne fut pas plus tôt venu qu'il s'en fut à Versailles, où ayant assemblé un tas de fous comme lui, il leur conta tout ce qu'il avoit vu et comment cela s'étoit fait. En même temps cette grande nouvelle se répandit bientôt par toute la cour. Le marquis de Louvois ne voulut jamais croire qu'elle vînt de son neveu; mais, n'en pouvant plus douter après le témoignage de tant de personnes différentes, il lui lava la tête autant que son imprudence le méritoit. Le Roi étoit trop sage de même pour approuver tant d'indiscrétion; ainsi, sachant qu'il ne laissoit pas que de vouloir se présenter devant lui, il lui fit dire qu'il ne fût pas si hardi, et qu'il ne le vouloit jamais voir.

Le marquis de Villequier n'avoit jamais cru que les choses se passeroient de cette manière; au contraire, il s'étoit mis en tête que ses parents, devant ne pas aimer davantage sa belle-mère que lui, le féliciteroient de sa découverte; mais voyant combien il étoit loin de ses espérances, il prit le parti de s'en revenir à Paris. Cependant, quand il vint à demander son carrosse, on lui dit qu'il n'y en avoit plus pour lui, et que son père l'abandonnoit. Chacun en fit de même, de peur de déplaire à son oncle, qui s'étoit déclaré contre lui, et il se vit contraint à s'en revenir à pied jusques auprès de Saint-Cloud, où quelqu'un le reconnoissant et en ayant pitié, on le voitura jusques à Paris [1].

1. Le duc d'Aumont, sa femme, son fils et l'archevêque de Reims se trouvent face à face dans ce curieux passage de Dangeau: « M. de Villequier obtint de M. le duc d'Aumont, son père, la permission de le voir, et on le présenta ensuite

Ce fut une grande joie pour toutes les dames galantes que cette gorge-chaude, et elles se virent délivrées par-là de cent reproches qu'on leur faisoit tous les jours, qu'elles devoient ressembler à la duchesse. Cependant la jeunesse, ne se souciant guère que le Roi et le ministre se fussent déclarés contre le marquis de Villequier, fut en foule chez lui pour lui offrir service. Le prince de Turenne 1, fils aîné du duc de Bouillon 2, se montra des plus échauffés ; et, comme c'étoit un jeune étourdi qui s'étoit déjà fait mille affaires, non-seulement il résolut de le voir contre vent et marée, mais il lui applaudit encore partout, soutenant qu'il avoit eu raison. Le Roi, l'ayant su, lui fit fort mauvaise mine ; mais, cela ne l'ayant pas empêché de se présenter toujours devant lui, le Roi prit son temps pour lui faire une mercuriale. Un jour qu'il lui donnoit sa chemise, en qualité de grand chambellan, dont il avoit la

à la duchesse d'Aumont, sa belle-mère. Il avoit été racommodé quelques jours auparavant avec son oncle l'archevêque de Reims, et ce fut lui qui le présenta à M. et madame d'Aumont. » — En rapportant et rapprochant toutes ces circonstances, Dangeau donne une singulière portée à ces lignes qui paroissent d'abord si inoffensives.

1. Le prince de Turenne, dont madame de Sévigné disoit : « Comment vous fait ce nom ? » et : « C'est pour dégrader ce nom que je ne dis pas monsieur de Turenne tout court. » (Lett. du 21 déc. 1689 et du 8 janv. 1690.) — Le prince de Turenne étoit fils du duc de Bouillon et de Marie Anne Mancini. Marié, le 21 fév. 1691, avec Anne Geneviève de Lévis-Ventadour, fille du duc de Ventadour et de sa femme, trop connue par ce pamphlet, le prince de Turenne mourut, le 5 août 1692, des suites d'une blessure reçue à Steinkerque. — Voy. ci-dessus, p. 194.

2. Godefroy-Maurice de La Tour, duc de Bouillon, neveu du grand Turenne.

survivance[1], il toucha, de la frange qu'il avoit à des gants, le visage de ce prince[2]; et Sa Majesté, perdant le sang-froid qui est si admirable en lui, qu'on ne l'a jamais vu se mettre en colère, lui dit d'un ton furieux qu'il devoit prendre garde un peu mieux à ce qu'il faisoit; qu'il sembloit, quand il étoit auprès de lui, qu'il fît toutes choses par nonchalance; qu'il apprît que c'étoit le plus grand honneur qui lui pût arriver, et que sans la considération de son père et de son

1. De tous les grands officiers de la maison du Roi, le grand chambellan est celui qui approchoit le plus de S. M. — Dans les lits de justice, le grand chambellan avoit sa place aux pieds du Roi, sur un carreau de velours violet, semé de fleurs de lys d'or; aux audiences des ambassadeurs, il avoit sa place derrière le fauteuil du Roi, entre le premier gentilhomme de la chambre et le maître de la garde-robe; le jour du sacre, il recevoit des mains de l'abbé de Saint-Denis les bottines du Roi et les lui chaussoit; il lui vêtoit la dalmatique bleue et le manteau royal. « Quand le roy s'habille, il luy donne sa chemise, et ne cède cet honneur qu'aux enfants de France et au premier prince du sang. Lorsque le Roy déjeune ou qu'il mange dans sa chambre, c'est à luy ou aux premiers gentilshommes de la chambre à qui il appartient de le servir et luy donner la serviette. Le garçon de la chambre ou le porte-chaise porte aussi au sermon un siège de la chambre du Roi pour le grand chambellan. » (État de la France.)

2. Ce fait, rapporté par Dangeau, est confirmé par Saint-Simon. — Dangeau : « Jeudi 30 nov. 1684... Après le petit coucher, le Roi appela M. de Turenne et lui fit une forte réprimande sur ce qu'il le servoit peu respectueusement. » — Saint-Simon : « M. de Turenne, fils aîné de M. de Bouillon et grand chambellan en survivance, profita mal de cette correction et se fit enfin exiler. Un matin, en donnant la chemise au Roi, il ne se donna pas la peine d'ôter des gants à frange, de laquelle il donna par le nez au Roi fort rudement, qui le trouva aussi mauvais qu'il est possible de le croire. » — Journal de Dangeau, t. I, p. 75.

oncle¹ dont il portoit le nom et dont il révéroit la mémoire, il le rendroit si petit gentilhomme, qu'il y en auroit mille en France qui le vaudroient bien.

Ce fut une grande mortification pour ce jeune seigneur. Il voulut s'excuser ; mais, le Roi lui ayant tourné le dos, il fut obligé d'aller chercher ailleurs de la consolation ; et ce fut dans la débauche qu'il fut faire avec le comte de Briosne², fils du comte d'Armagnac³, grand écuyer de France, avec le prince de Tingry⁴, fils du duc de Luxembourg, et avec quelques autres seigneurs de son âge. Comme ils avoient, si j'ose parler de la sorte, le diable dans le corps, ils voulurent fumer après être saouls, non pas pour le plaisir qu'ils y prenoient, mais parce qu'ils savoient que cela déplaisoit au Roi. Ils furent de là prendre des courtisanes chez une appareilleuse, et,

1. Son père étoit le duc de Bouillon ; Turenne étoit l'oncle de celui-ci, grand-oncle par conséquent du jeune prince.
2. Henri de Lorraine, comte de Briosne, fils de Louis de Lorraine, comte d'Armagnac, et de Catherine de Neufville, fille du maréchal de Villeroi, né le 15 nov. 1661, grand écuyer en survivance depuis le 25 fév. 1677.
3. Louis de Lorraine, comte d'Armagnac, gouverneur de la province d'Anjou et des châteaux d'Angers et des Ponts-de-Cé, étoit né en 1641. De son mariage avec mademoiselle de Villeroy il eut neuf enfants, une fille, entre autres, mariée au duc de Cadaval, Portugais, et une autre mariée au duc de Valentinois.
4. Charles François Frédéric de Montmorency-Luxembourg, prince de Tingry, né le 28 février 1662, étoit fils de François Henri de Montmorency et de Madeleine Claire de Clermont-Luxembourg. Le prince de Tingry épousa le 28 août 1686 Marie Thérèse d'Albert, fille aînée du duc de Chevreuse. Il mourut jeune, et son plus jeune frère, connu jusque là sous le nom de chevalier de Luxembourg, et né en 1675, prit le titre de prince de Tingry, bien que son aîné eut laissé un fils.

les ayant fait masquer, ils s'en furent courre le bal [1], où ils firent mille désordres. Tout cela fut rapporté au Roi, qui avoit dans Paris des gens exprès pour l'avertir de tout ce qui se passoit; et il est aisé de juger combien cela augmenta l'estime qu'il avoit pour eux. Néanmoins, comme il aimoit M. le Grand [2], il lui dit qu'il veillât un peu mieux à la conduite de son fils ; qu'il seroit fâché, pour l'amour de lui, qu'il continuât dans ses débauches. Mais, quoi que pût faire M. le Grand, c'étoit vouloir s'opposer au cours de la rivière, que de prétendre le retenir [3].

Les dames étoient alors bien inutiles : non-seulement nos trois sœurs voyoient leurs intrigues décousues, mais les autres n'étoient pas plus heureuses qu'elles, toute cette jeunesse naissante faisant gloire de les mépriser. Cependant il lui arriva un petit désordre : étant allé dans un honnête lieu, il y vint des mousquetaires qui lui firent quitter la partie; et, comme elle n'avoit que de petits couteaux à son côté, il fallut filer doux. Le lendemain chacun prit une grande épée, et le Roi fut tout étonné de voir un si grand changement. Il en demanda la raison, et il ne la sut que trop tôt pour sa satisfaction. Ils retournèrent le lendemain dans le même

1. On voit à chaque instant de ces sortes de parties de plaisir improvisées. Tantôt des jeunes gens apprennent qu'un bal se donne quelque part, et ils entrent en passant, sans frais de toilette; tantôt, surtout en temps de carnaval, on se masque, on se déguise, et l'on va, par bandes, sans y être invités, dans toutes les maisons où l'on sait qu'il y a bal.

2. M. le Grand, c'est le grand écuyer; on disoit de même M. le Premier pour le premier écuyer de la petite écurie.

3. Ici, dans certaines éditions, est intercalé un long passage que nous avons donné nous-même, d'après les textes les plus anciens, dans notre second volume, p. 421-454.

lieu, mais les mousquetaires, qui avoient su qui ils étoient, ne s'y trouvèrent pas ; en quoi ils se montrèrent plus sages qu'ils n'avoient jamais été : car c'étoit encore une autre jeunesse qui ne faisoit pas moins de folies, et, si l'on n'en parloit pas tant que de l'autre, c'est qu'elle n'étoit ni de son sang, ni de sa qualité.

Les[1] dames, se voyant alors à louer, prirent le parti de se divertir entre elles ; mais comme, sans les chapeaux, les coëffes passent mal leur temps, leurs plaisirs furent si fades qu'elles s'en ennuyèrent bientôt. Ce qui étoit cause qu'on les abandonnoit ainsi, c'est que M. le Dauphin n'avoit nulle inclination pour le beau sexe ; il n'aimoit que la chasse, comme le disoit fort bien de Termes[2], et tous les jeunes gens se régloient sur lui. Toutes les dames qui prétendoient en beauté étoient fâchées de n'avoir pas été du temps du père, ou qu'il ne lui ressemblât pas[3]. [Ce n'est pas que le roi n'aimât encore son plaisir, mais l'âge avoit tempéré ces grands feux de jeunesse, de sorte qu'il ne lui en falloit plus tant.[4]] Enfin[5], comme elles étoient prêtes de se désespérer, M. le Dauphin[6] s'évertua, et, ayant

---

1. Ici commence, dans l'édition de 1754, un nouveau pamphlet, sous le titre de : *Amours de monseigneur le Dauphin avec la comtesse du Roure*. — Nous en avons donné un autre texte (t. 2, p. 185).
2. Dans le noël cité plus haut. — Cf. ci-dessus le pamphlet des *Amours du Dauphin*.
3. L'édition de 1754 intercale ici un passage qui fait le début de notre texte.
4. La phrase qui précède ne se trouve que dans cette édition.
5. Ici recommence, dans l'édition de 1754, le texte des *Amours du Dauphin*, différent de celui que nous avons donné ci-dessus.
6. Sur ces premiers amours du Dauphin, voyez les souve-

trouvé une certaine femme de chambre de madame la Dauphine à son gré, il se leva fort honnêtement d'auprès de sa femme pour aller coucher avec elle, lui ayant fait dire auparavant par un valet de chambre les sentiments qu'il avoit pour elle. La dame étoit trop sensible à l'honneur qu'il lui faisoit pour le refuser. Elle tâta du beau prince dans la chambre même de madame la Dauphine, où elle étoit couchée; mais Joyeuse, valet de chambre, qui y couchoit pareillement, s'étant aperçu du commerce, et fâché que Monseigneur y eût employé un autre que lui, en avertit le Roi, si bien que la femme de chambre fut chassée. Quoique toutes les dames fussent fâchées que cela eût si peu duré, comme elles croyoient qu'un si bon exemple alloit ramener pour elles le siècle d'or, elles se consolèrent bientôt. Madame la Dauphine ne le fut pas sitôt de cette aventure; elle en eut quelques paroles avec Monseigneur, et cela donna lieu à un couplet de chanson qu'on fit sur l'air d'un vaudeville qui a couru sur le milieu de l'hiver, et qui court même encore présentement. Voici donc quel est ce couplet:

Notre Dauphine est en courroux
Contre monseigneur son époux,
Qui commence de faire,
Eh bien,
Comme le roi son père,
Vous m'entendez bien.

Les dames ne s'étoient point flattées mal à

nirs de madame de Caylus, édit. Michaud (Paris, Didier), p. 496; — Journal de Dangeau, texte et notes, pp. 327, 336, 428, 437, etc., etc.

propos. L'exemple de Monseigneur fit des merveilles pour elles. Chacun crut qu'elles alloient devenir à la mode, et on s'empressa de leur témoigner de la passion. Elles n'eurent garde de faire les cruelles : car, comme elles avoient été quelque temps à louer, elles voulurent profiter du bon temps. Cependant Monseigneur s'étant mis en rut par ce que je viens de dire, il regarda des mêmes yeux qu'il venoit de faire la femme de chambre une des filles d'honneur de madame la Dauphine, qui étoit sœur de la duchesse de Caderousse[1]. Ce n'étoit pas pourtant une de ces beautés qui engagent malgré que l'on en ait, au contraire elle étoit plus laide que belle ; mais, la facilité qu'il avoit à la voir tous les jours l'enflammant tout de même que si c'eût été le plus bel objet du monde, il ne la trouva point qu'il ne lui dît quelques douceurs en passant. Il s'y seroit arrêté bien davantage, sans la crainte qu'il eut que cela ne vînt aux oreilles du Roi. C'est pour-

1. Entre les divers passages de Dangeau, commenté par Saint-Simon, que nous venons de citer, celui-ci nous a paru d'un intérêt particulier pour le pamphlet que nous annotons : « Monseigneur étoit amoureux de madame de Polignac, et cela avoit hâté son mariage. Elle étoit mademoiselle de Rambures, fille de madame la Dauphine, robine plaisante, bien de l'esprit et point du tout bonne. Cela dura toujours avec Monseigneur, jusqu'à ce qu'il découvrit que le marquis de Créqui, qui étoit dans cette intrigue, étoit pour le moins aussi bien traité que lui ; c'est ce qui fit l'éclat. Ils furent chassés, et madame de Polignac n'est pas revenue à la Cour depuis, seulement à la fin de sa vie, des moments, se montrer une fois ou deux l'année. Elle n'en fut pas moins galante, sans que son mari le trouvât mauvais. Elle joua tant qu'elle se ruina, et s'en alla en Auvergne, où elle mourut assez étrangement, ce dit-on, et fort lasse de vivre. » (Comment. de Saint-Simon sur le Journal de Dangeau. T. I, p. 428.)

quoi, pour se dérober à la contrainte où il étoit obligé de vivre, il jeta les yeux sur un confident qui pût dire non-seulement à la demoiselle le mal dont il étoit atteint, mais qui pût encore par lui-même insinuer au public qu'il en étoit amoureux. Le marquis de Créqui [1] lui sembla tout propre pour cela. C'étoit le gentilhomme le mieux fait de la cour, et il n'y avoit qu'une seule difficulté qui paroissoit, savoir que, comme il étoit marié nouvellement [2], cela ne portât préjudice à la réputation de la demoiselle. Il en dit son sentiment à ce marquis, en même temps qu'il lui fit confidence de son amour; mais lui, qui mouroit d'envie de rendre service au jeune prince, lui dit que cette difficulté ne devoit point arrêter, puisque, s'il ne considéroit que le *qu'en dira-t-on*, on parloit tout aussi bien d'une fille qui avoit un galant qui n'étoit pas marié comme quand elle en avoit un qui l'étoit; du reste, qu'on sauroit tôt ou tard dans le monde que si elle l'avoit écouté, ce n'étoit qu'en faveur du plus beau prince de l'Europe; ce qui lui rendroit sa réputation, quand même elle l'auroit perdue. Ces raisons n'étoient pas trop convaincantes, puisqu'il est sûr que, cette intrigue étant mise

1. François Joseph, marquis de Créqui, étoit fils du maréchal de Créqui et de Catherine de Rougé, laquelle étoit fille de ce Du Plessis Bellière dont la femme, Suzanne de Bruc, fut si compromise dans l'affaire de Fouquet; né en 1662, le marquis de Créqui fut tué au combat de Luzzara, en Italie, le 13 août 1702. Il ne laissa que des filles, qui moururent sans avoir été mariées.
2. Le marquis de Créqui épousa, à la date du 4 février 1683, Anne Charlotte d'Aumont, fille du duc d'Aumont et de sa première femme. — Voy. ci-dessus.

entre les mains d'un homme qui n'eût pas été
marié, on eût pu croire à la cour qu'il auroit eu
dessein pour elle; mais le jeune prince ayant
passé par dessus toute sorte de considération, il
chargea le marquis de dire à la belle tout ce qu'il
se sentoit pour elle de pressant.

Comme on vit à la cour dans une grande liberté, il ne lui fallut point prendre de grands
détours pour s'acquitter de sa commission : il vit
la demoiselle dès le même jour, et, lui ayant
conté quelques douceurs sans lui dire de quelle
part elles venoient, il en fut écouté si favorablement que, quand c'eût été pour lui qu'il eût parlé,
il n'en auroit pu concevoir de plus grandes espérances. Cependant, ne jugeant pas à propos
de lui faire un secret davantage de ce qui se
passoit : « Je vous viens de dire bien des choses,
Mademoiselle, lui dit-il, qu'il est impossible de
ne pas sentir quand on vous voit ; mais que direz-vous quand je vous apprendrai qu'il me faut
cependant étouffer tout cela en faveur d'un
prince qui me charge de la plus difficile commission qui fut jamais, puisqu'il devroit savoir
qu'on n'est pas plus insensible que lui ? »

La demoiselle, qui se douta dans ce moment que
le prince dont il vouloit parler étoit monseigneur
le Dauphin, se consola du changement, dont elle
ne se seroit pas consolée facilement si c'eût été
pour un autre. Elle lui demanda en même temps
qui étoit ce prince, et, ayant su que c'étoit celui
qu'elle soupçonnoit, elle lui dit sans faire beaucoup de façons qu'elle s'étoit déjà aperçue qu'il
ne la haïssoit pas; mais qu'il lui paroissoit dangereux de s'embarquer avec lui, parce que ma-

dame la Dauphine ne seroit pas d'humeur à le souffrir, ni le Roi non plus, qui avoit assez témoigné, de la manière qu'il avoit pris l'affaire de la femme de chambre, qu'il ne vouloit pas que ce prince eût des maîtresses. Le marquis répondit à cela que, si le Roi avoit été un peu rigoureux dans l'affaire dont il s'agissoit, ce n'étoit qu'à cause que l'objet n'en valoit pas la peine ; qu'il ne falloit pas qu'un grand prince aimât une femme de rien ; qu'il y en avoit assez de condition dans le royaume sans s'aller ainsi encanailler, tellement que quand le Roi le verroit dans les sentiments où il devoit être, il ne falloit pas croire qu'il y trouvât à redire, lui qui avoit éprouvé tant de fois combien il est difficile de se savoir commander.

La demoiselle, qui ne demandoit pas mieux que d'aider à se tromper elle-même, se paya de ces raisons ; elle fit une réponse aussi favorable que monsieur le Dauphin la pouvoit désirer, et ce jeune prince en étant devenu encore plus amoureux, il chercha quelque occasion pour lui parler autrement que par procureur. Il lui fut assez difficile de la trouver; on l'éclairoit[1] de près depuis l'affaire de la femme de chambre, et le marquis de Créqui lui fit accroire qu'on l'éclairoit encore davantage, afin de se rendre plus nécessaire. Tout le secret fut donc déposé entre ses mains pendant quelque temps, et il y eut beaucoup de gens qui crurent que c'étoit lui qui en étoit amoureux.

1. Epier, surveiller secrètement. Furetière donne comme exemple du mot *éclairer* dans ce sens : « Les princes sont plus esclairez que les autres hommes. »

Il avoit épousé une des filles du duc d'Aumont, du premier lit. C'étoit une jeune dame qui, dans une médiocre beauté, avoit beaucoup d'agrément. Elle aimoit son mari, et il lui eût été fâcheux d'apprendre cette nouvelle ; mais l'archevêque de Reims, qui n'avoit plus osé retourner chez la duchesse d'Aumont depuis l'éclat qu'avoit fait le marquis de Villequier, l'ayant trouvée à son gré, il résolut de s'établir auprès d'elle sur les ruines de son mari.

La facilité qu'il avoit de la voir en qualité d'oncle ayant encore augmenté son amour, il chercha à s'insinuer dans l'esprit du marquis, sous les plus beaux prétextes du monde. Il lui fit beaucoup de bien, et, non content de l'avoir gagné par là, il lui fit espérer que ce seroit lui qu'il feroit son héritier. Cependant, pour pouvoir voir la marquise à toute heure, il loua l'hôtel de Longueville[1], dont le derrière répondoit à l'hôtel de Crequi[2], et, ayant fait faire une porte de communication, le bon prélat étoit auprès d'elle depuis le matin jusques au soir. Il prit son temps pour lui apprendre que son mari étoit amoureux ailleurs, et ayant jeté le trouble dans son esprit par cette nouvelle : « Que vous êtes

---

1. L'hôtel de Longueville, voisin de l'hôtel de Rambouillet et de l'enclos des Quinze-Vingts, étoit situé dans la rue Saint-Thomas du Louvre. Il avoit porté successivement, d'après ses propriétaires, les noms d'hôtel de la Vieuville, de Luynes, de Chevreuse, et enfin d'Epernon. Bâti par Metezeau, décoré par Mignard, l'hôtel de Longueville finit par devenir, en 1749, un magasin de tabacs.
2. L'hôtel de Créqui étoit dans la rue des Poulies. Il fut bâti pour Charles de Créqui, l'année où celui-ci fut fait maréchal de France, en 1622.

folle, Madame, lui dit-il, de vous en fâcher, comme si vous n'aviez pas à lui rendre le change ! S'il a fait une maîtresse, vous n'avez qu'à faire un galant, l'un vaudra bien l'autre ; et je crois que c'est là le meilleur conseil qu'on puisse vous donner. »

La marquise ne topa pas à la chose ; au contraire, elle fut fort surprise de le voir dans ces sentiments, lui qui devoit l'en détourner si elle eût été de cet avis-là. Ainsi n'ayant pas trouvé son compte avec elle, il prit le parti de s'expliquer mieux, ce qu'il fit en termes si intelligibles qu'elle ne douta point qu'il ne voulût être de moitié de la vengeance. Elle trouva cela horrible pour un archevêque et pour un oncle ; cependant, comme elle en recevoit du bien et qu'elle en espéroit encore davantage à l'avenir, elle ne jugea pas à propos de le mortifier, comme elle auroit fait sans cette considération. Cela le rendit encore plus amoureux, s'imaginant qu'il y avoit de l'espérance pour lui ; et, pour boucher les yeux tout à fait au mari, il parla de le défrayer, lui et toute sa maison.

Le marquis, qui rapportoit toutes ces bontés à la qualité d'oncle, et non à celle d'amant, en fut si touché qu'il en témoigna partout sa reconnoissance ; mais le maréchal son père [1], qui n'étoit pas tout à fait si dupe que lui, approfondissant les choses un peu mieux, il reconnut bientôt d'où partoient toutes ces liberalités. Il

---

1. François de Créqui, maréchal de France, arrière-petit-fils du premier maréchal de Créqui, nommé dans la note précédente. François, maréchal de Créqui, mourut le 4 fév. 1687.

étoit assez fier pour en parler lui-même à l'archevêque, et pour lui faire honte de sa turpitude; mais, considérant qu'il avoit affaire à un homme qui ne se payoit pas de raison, il en parla au marquis de Louvois, et lui demanda justice. Ce ministre lui dit qu'il étoit bien fâché de ne pouvoir rien faire là-dessus ; que son frère n'écoutoit que sa passion ; c'est pourquoi, d'abord qu'il lui en parleroit, il croyoit en être quitte pour nier toutes choses; qu'il le feroit cependant ; mais que, s'il ne pouvoit rien gagner sur lui, comme il y avoit beaucoup d'apparence, il lui conseilloit de s'en plaindre au Roi.

Le maréchal trouva qu'il parloit de bon sens ; cependant, lui ayant fait connoître que toute la famille avoit intérêt que la chose ne se répandît pas dans le monde, il le conjura non-seulement de faire tous ses efforts pour le faire rentrer en lui-même, mais encore d'y travailler promptement. Le marquis de Louvois le fut trouver aussitôt; mais d'abord qu'il eut ouvert la bouche, l'archevêque lui reprocha que ce qu'il en faisoit n'étoit que par jalousie, et que, tout riche qu'il étoit, il étoit encore assez intéressé pour craindre que sa succession ne lui échappât. Le marquis de Louvois, sachant que tout ce qu'il lui pourroit répliquer seroit inutile, le laissa là, et fut redire au maréchal la conversation qu'il avoit eue avec lui. Il étoit cependant si outré que, sans considérer le tort qu'il lui feroit, il consentit que le maréchal en parlât au Roi. Cela fut fait à l'heure même. Le maréchal ayant demandé un moment d'audience à ce prince, il se jeta à ses pieds et le pria de ne pas souffrir que l'archevêque déshonorât sa famille. Le Roi, qui n'avoit pas des tout ce qu'il pensoit de l'intrigue du prélat avec la duchesse d'Aumont, fut fort fâché qu'il fît encore des siennes. Il fit appeler le marquis de Louvois, et, lui ayant demandé si son frère vouloit toujours ainsi donner du scandale, il lui commanda d'aller à l'heure même lui dire de sa part qu'il eût à s'en aller dans son archevêché. Le marquis lui répliqua qu'il étoit tout prêt d'obéir ; mais, comme il avoit affaire à un homme difficile à mener, il le supplioit d'en faire expédier l'ordre en bonne forme. Le Roi y consentit, et, une lettre de cachet ayant été faite sur-le-champ, le marquis fut trouver l'archevêque, et le salua d'abord de quelques plaintes bien fondées, l'accusant que pour l'amour de lui il falloit que le Roi se mît en colère ; mais, l'archevêque croyant qu'il avançoit cela de son crû, il se mit de son côté à lui reprocher ce qu'il avoit fait dans sa jeunesse ; tellement que c'eût été une affaire à ne pas finir si tôt, si le marquis de Louvois, tout en colère, n'eût coupé court à toutes choses en lui montrant la lettre de cachet[1]. Il fut fort surpris, et, n'ayant plus alors le mot à dire, il promit d'obéir. Le marquis de Louvois, ravi de l'avoir si bien mortifié, sortit après cela ; et le prélat, prenant le temps qu'on accommodoit toutes choses pour son départ, fut dire adieu à la marquise,

1. On lit à ce sujet dans le Journal de Dangeau, sous la date du mercredi 22 mai 1686 : « Je sus que M. l'archevesque de Reims avoit fait sortir de chez lui le marquis et la marquise de Créqui, sa nièce, qu'il y avoit fait loger avec tous leurs domestiques et leurs chevaux, qu'il nourrissoit. La marquise s'est retirée chez le maréchal de Créqui, qui l'a très bien reçue, et qui l'emmènera à Nancy. » (T. I, p. 338.)

qu'il conjura de se souvenir que c'étoit pour l'amour d'elle qu'il alloit souffrir l'exil.

Le marquis de Crequi fut délivré de cette manière des cornes que le bon prélat lui préparoit. Cependant, sans songer qu'il avoit peut-être été menacé de ce malheur à cause de l'intrigue dont il se mêloit lui-même, il la continua et ménagea quelques entrevues secrètes entre monseigneur et mademoiselle de Rambures. Comme toutes choses se savent à la longue, quelqu'un s'en aperçut, et, pour faire sa cour au Roi, il lui fit part de sa découverte. Le Roi, pour prévenir toutes les suites, résolut de la marier. Le marquis de Polignac[1], gentilhomme riche et distingué entre la noblesse d'Auvergne, lui faisoit les doux yeux : l'on sut l'engager adroitement à l'épouser, de sorte qu'il se déclara, au grand regret de madame sa mère, qui prétendoit le marier plus avantageusement. Elle lui en parla et fit tous ses efforts pour l'en détourner; mais la cour, qui redoubloit les siens à mesure qu'elle en avoit plus de besoin, prévalut enfin dans son esprit.

---

1. Voy. la note précédente. — Dangeau, à la date du 1ᵉ mars 1686, parle ainsi de ces mariages : « Madame de Polignac, qui avoit un décret de prise de corps contre elle depuis long temps, avoit cru pouvoir demeurer à Paris en sûreté et qu'on ne songeoit plus à ces affaires-là. Elle y est donc venue, et a fait proposer des mariages pour son fils; d'un côté elle a fait parler au comte de Grammont pour sa fille aînée, et de l'autre aux parents de mademoiselle de Rambures. Il y a eu des pourparlers sur tout cela, qui ont fait savoir au Roi que madame de Polignac étoit dans Paris, et on lui a envoyé ordre d'en sortir et de se retirer chez elle. » — On voit que notre pamphlet, qui parle de la répugnance qu'avoit la marquise de Polignac à marier son fils

Mademoiselle de Rambures qui, nonobstant qu'un si grand prince lui en coûtât, étoit bien aise d'être mariée, donna les mains sans l'en consulter ; et monseigneur le Dauphin, ayant appris cette nouvelle, en fut si touché, qu'il dit au marquis de Créqui qu'il ne la vouloit plus voir.
— Pourquoi donc? lui répliqua-t-il. Est-ce que vous êtes fâché qu'avec le plaisir que vous aurez d'être bien avec elle, vous ayez encore celui de faire un mari cocu? Je ne sais pas, mon prince, ajouta-t-il, de quelle manière vous êtes fait; mais, pour moi, j'y trouve tant de ragoût, que je préférerois toujours les bonnes grâces d'une femme médiocrement belle à celles d'une fille tout à fait accomplie de corps et d'esprit.

Il dit mille choses pour prouver son dire, et le prince se rendit à ses raisons, à condition toutefois qu'il feroit des reproches de sa part à mademoiselle de Rambures de ce qu'elle s'étoit engagée sans lui en parler. Elle s'excusa sur ce que le Roi le lui avoit commandé, et, pour abréger matière, le mariage se fit et fut consommé chez la princesse de Montauban[1], la tante, femme de grand appétit et digne sœur de madame de

avec mademoiselle de Rambures, est dans l'erreur, puisque madame de Polignac fit elle-même toutes les démarches nécessaires au mariage.

1. Charlotte Bautru, fille de Nicolas Bautru, comte de Nogent, et de Marie Coulon, fille d'un conseiller au Parlement. Mariée d'abord au marquis de Rannes, et devenue veuve, elle épousa Jean Baptiste Armand de Rohan, prince de Montauban, deuxième fils de Charles de Rohan, duc de Montbazon, comte de Rochefort et de Montauban, et de Jeanne Armande de Schomberg.

Rambures. Elle avoit épousé en premières noces le marquis de Rannes [1], fort honnête homme de sa personne, et qui avoit été tué en Allemagne, où il étoit lieutenant-général. Elle lui en avoit fait porter durant sa vie ; et, dès le lendemain de sa mort, elle avoit jugé à propos de ne pas demeurer veuve longtemps, parce qu'elle appréhendoit que, parmi les plaisirs dont elle ne se pouvoit passer, il ne lui arrivât quelque accident qui la scandalisât [2] dans le monde. Enfin, après s'être offerte au tiers et au quart sans que pas un n'en voulût, le prince de Montauban [3], cadet du prince de Guimené [4] et fils du duc de Montbazon [5], ce fameux fou que l'on auroit enfermé dans les Petites-Maisons, si ce n'est qu'on n'a pas voulu déshonorer le nom de Rohan, dont il est le chef, se présenta.

Devant que de parler du bonheur qu'il eut d'emporter sa femme [6], je veux dire un mot de

1. Nicolas d'Argouges, marquis de Rannes, colonel-général des dragons et lieutenant général des armées du Roi.
2. Scandalisée, c'est-à-dire donnée en scandale, déchirée, perdue de réputation.
3. Charles de Rohan, prince de Guéméné, duc de Montbazon, dit le prince de Montauban, étoit fils aîné de Charles de Rohan, duc de Montbazon, et de Jeanne Armande de Schomberg. Son fils, archevêque-duc de Reims, eut l'honneur de sacrer le Roi Louis XV.
4. Le duc de Montbazon, père du prince de Guéméné et du prince de Montauban, dont nous avons parlé dans les notes précédentes, étoit fils de Louis de Rohan VII, prince de Guéméné, grand veneur de France, mort le 19 fév. 1667, et de sa cousine germaine, Anne de Rohan, princesse de Guéméné. Le duc de Montbazon mourut fou et enfermé, à Liége. (Saint-Simon, *Comment. sur Dangeau*, t. I, p. 136.)
5. Voy. la note précédente.
6. *Var.*, édit. 1754 : « Avant que de parler du bonheur qu'il eut d'avoir sa femme. »

son père, à qui il ressemble tout à fait par la tête. Ce duc, après la mort du bonhomme le prince de Guimené[1], n'ayant pu avoir la charge de grand veneur qu'il avoit, et qui fut donnée au chevalier de Rohan, son frère[2], eut encore le dégoût que le Roi ne le voulut pas faire recevoir duc et pair, ce qui lui appartenoit pourtant comme aîné d'une maison qui jouissoit de cette prérogative. Le refus du Roi étoit fondé sur sa folie; mais lui, ne se rendant point de justice, il dit au Roi cent pauvretés qui dans la bouche d'un autre auroient été fort outrageantes; mais le Roi ayant pris le tout de la part d'où cela venoit, il se contenta d'envoyer quérir la princesse de Guimené, sa mère[3], avec qui il convint de le faire enfermer à la Bastille. Au bout de quelque temps sa prison ayant été changée en un ordre de s'en aller à une de ses terres, il se sauva en Flandres. Les Espagnols, qui connoissoient mieux son nom que sa tête, lui donnèrent de l'emploi avec une pension considérable. Ce-

1. Voy. les notes 3 et 4, à la page précédente.
2. Louis, chevalier de Rohan, frère du duc de Montbazon le fou, avoit été reçu en 1656 grand veneur, en survivance de son père; celui-ci étant mort en 1667, le chevalier de Rohan exerça sa charge jusqu'en 1670, qu'il s'en démit en faveur de Maximilien de Belleforière, marquis de Soyecourt. On connoît sa trahison : il fut décapité le 27 nov. 1674.
3. Journal de Dangeau : « Mercredi, 14 mars 1685 : Madame la princesse de Guéméné mourut à Rochefort; elle laisse 200,000 liv. de rentes en fonds de terre; elle est morte à 80 ans passés. » Saint-Simon ajoute : « Cette princesse est la belle-sœur de la célèbre madame de Chevreuse... Elle avoit beaucoup d'esprit, de beauté et d'agrément, dont tout usage lui étoit bon (à son mari) pourvu qu'il y trouvât profit, considération et grandeur. » (*Journal de Dangeau*, t. I, p. 135-136.)

pendant la campagne de Lille survint, et, le Roi s'étant approché d'Andermonde, les Espagnols lâchèrent les écluses et l'obligèrent de se retirer[1]. Le duc étoit dedans, et, voyant la retraite de notre armée, il se mit sur le rempart et cria à gorge déployée : *Le Roi boit!* Beaucoup d'autres folies jointes à celles-là obligèrent les Espagnols de le congédier. Il se retira je ne sais où, jusqu'à ce que ses parents l'eussent fait enfermer.

Voilà quel est le père du prince de Montauban, et à qui ressemblant l'on ne peut pas mieux, l'on tâcha d'en détourner la marquise de Rannes. On lui dit tout ce qu'on pouvoit dire là-dessus, à quoi l'on ajouta beaucoup de choses de sa gueuserie; mais l'envie qu'elle avoit d'être appelée princesse et d'avoir le tabouret fit qu'elle aima mieux être la femme d'un rejeton de fou et d'un gueux, que de ne le pas prendre.

Si c'étoit ici son histoire que j'écrivisse, je ferois voir comment elle n'a pas été longtemps sans s'en repentir; mais, n'en voulant plus parler qu'en tant qu'elle a du rapport avec le sujet que je traite, l'on saura que le lendemain des noces elle demanda à sa nièce si le marquis de Polignac valoit autant que Monseigneur le Dauphin. Elle fut scandalisée de cette demande, et, tout en colère, elle lui fit réponse qu'elle lui rendroit raison là-dessus volontiers, pourvu que de son côté elle lui voulût dire si le prince de

---

[1]. Cette campagne, qui est de 1667, coïncide avec la date de la mort du prince de Guéméné, le grand veneur, dont le duc de Montbazon se montra si mécontent de n'avoir pas la survivance.

Montauban valoit mieux que mille autres à qui elle avoit eu affaire. Elles se brouillèrent ainsi toutes deux, et la princesse de Montauban eut tellement la vengeance en tête, qu'elle fut avertir le marquis de Polignac qu'il devoit envoyer sa femme à la campagne. Cela lui donna lieu d'observer sa conduite, et il reconnut bientôt qu'il avait un rival du premier rang.

Le Roi s'en aperçut de même, aussi bien que madame la Dauphine; et, sachant tous deux que la marquise de Polignac ne s'éloigneroit point de la cour sans un ordre exprès, il lui fut envoyé en forme. Elle en fut inconsolable, aussi bien que monseigneur le Dauphin; et s'étant vus, elle lui demanda s'il ne vouloit point agir auprès du Roi pour détourner un coup si fatal à l'un et à l'autre. Monseigneur le Dauphin parut mou, et, la marquise s'en étant plainte au marquis de Créqui, il lui promit qu'il alloit faire de son mieux pour lui donner du courage. Et de fait, il lui dit qu'il étoit bien simple d'en user comme il faisoit; que le maréchal de Créqui étoit tout aussi fier que le pouvoit être le Roi, à la réserve qu'il n'avoit pas la souveraine puissance entre ses mains; cependant qu'il l'avoit mis sur le bon pied; qu'il suivît son exemple, et qu'il s'en trouveroit mieux devant qu'il fût peu de temps. Cette conversation n'ayant rien fait sur l'esprit de ce jeune prince[1], la marquise de Polignac lui ren-

1. « Vendredi 13 déc. 1686 : « On croit que le marquis de Créqui ira voyager, et que la Cour a conseillé à son père de lui faire prendre ce parti-là. On dit aussi que madame de Polignac ne paroîtra pas sitôt à la Cour. Monseigneur lui a fait dire par.... qu'il ne vouloit plus avoir de commerce avec elle.» (*Journal de Dangeau*, I, 428.).

voya les présens qu'elle en avoit reçus, et il les donna au marquis de Créqui. Elle s'en alla ainsi en exil, et le marquis de Créqui eut le même sort, le Roi ayant su par monseigneur le Dauphin les conseils qu'il lui avoit donnés[1]. L'archevêque de Reims, ayant appris cette nouvelle, en fut au désespoir, parce qu'il vit bien que cela alloit justifier ce marquis dans l'esprit de sa femme, à qui il avoit tâché d'insinuer que c'étoit pour son compte qu'il étoit si souvent auprès de la marquise de Polignac[2].

1. Voy. la note précédente, et ajoutez ce qui suit : « Le Roi dit au duc d'Aumont que son gendre, le marquis de Créqui, avoit envie de lui déplaire, puisqu'il demeuroit toujours ici, quoiqu'il lui eût fait conseiller par sa famille de s'absenter. Ainsi, apparemment, il partira demain. » (Journal de Dangeau, t. I, p. 437.) — Les *Mémoires* du Marquis de Sourches ajoutent quelques détails : « Le Roi fit voir à Monseigneur les lettres qu'on avoit trouvées dans la cassette, dans lesquelles le marquis de Créqui et cette dame (madame de Polignac) ne le traitoient pas avec tout le respect qu'ils devoient, ce qui ayant achevé d'aliéner son esprit contre cette dame, il consentit sans peine que le Roi exilât le marquis hors du royaume..... Le maréchal de Créqui fit tous ses efforts pour obtenir le pardon de son fils, mais le Roi demeura ferme dans sa résolution, et toute la grâce qu'il lui accorda fut de trouver bon que le marquis vînt prendre congé de lui publiquement, comme pour s'en aller voyager en Italie. » (Mémoires, t. II, pp. 229-233.)

2. L'édition de 1754 continue ce pamphlet, sous le titre de : *Amours de Monseigneur le Dauphin avec la comtesse Du Roure*, et son texte, presque entièrement différent de celui que nous avons donné, tantôt supprime, tantôt y ajoute de longs passages.

FIN DU TROISIÈME VOLUME.

TABLE DES MATIÈRES

CONTENUES DANS CE VOLUME.

	Pages.
Le Passe-Temps royal, ou les Amours de Melle de Fontanges.	3
Avertissement du Libraire au Lecteur	61
Suite de la France galante, ou Les derniers dereglements de la Cour (Amours de Mme de Maintenon).	65
Le Divorce royal, ou Guerre civile dans la famille du grand Alcandre.	157
Les Amours de Monseigneur le Dauphin avec la comtesse du Roure	185
Les vieilles Amoureuses (Mme de Lyonne)	209
Histoire de la marechale de La Ferté.	279
La France devenue italienne, avec les autres desordres de la Cour (les duchesses d'Aumont, de Ventadour et de La Ferté).	345

FIN DE LA TABLE.

www.ingramcontent.com/pod-product-compliance
Lightning Source LLC
Chambersburg PA
CBHW051127230426
43670CB00007B/710